FRUSTRAÇÕES

FRUSTRAÇÕES

ENFRENTANDO COM CORAGEM

NATALY MARTINELLI

Autora de *FOBIA*

TRANSFORME SEUS DESAFIOS EM FORÇA – COM MAIS DE 50 HISTÓRIAS REAIS QUE PODERIAM SER A SUA.

ALTA BOOKS

GRUPO EDITORIAL

Rio de Janeiro, 2025

Frustrações

Alta Books é uma empresa do Grupo Editorial Alta Books (Starlin Alta Editora e Consultoria LTDA.).

ISBN:978-85-508-2437-6

Impresso no Brasil — 1ª Edição, 2025 — Edição revisada conforme o Acordo Ortográfico da Língua Portuguesa de 2009.

Dados Internacionais de Catalogação na Publicação (CIP)

M383f

1.ed. Martinelli, Nataly

Frustrações : enfrentando com coragem / Nataly Martinelli. - 1. ed. - Rio de Janeiro : Alta Books, 2025.

400 p. ; 15,7 x 23 cm.

ISBN 978-85-508-2437-6

1. Autoconhecimento. 2. Superação. 3. Saúde emocional. 4. Psicologia. 5. Coragem. I. Título.

CDD 158.1

Índice para catálogo sistemático:

1. Autoconhecimento e desenvolvimento pessoal - 158.1

Grupo Editorial Alta Books

Produção Editorial: Grupo Editorial Alta Books
Diretor Editorial: Anderson Vieira
Vendas Governamentais: Cristiane Mutüs
Gerência Comercial: Claudio Lima

Produtora Editorial: Ana Clara Tambasco
Revisão: Renan Amorim
Diagramação: Rita Motta
Capa: Rita Motta

ALTA BOOKS
GRUPO EDITORIAL

Rua Viúva Cláudio, 291 — Bairro Industrial do Jacaré
CEP: 20.970-031 — Rio de Janeiro (RJ)
Tels.: (21) 3278-8069 / 3278-8419
www.altabooks.com.br — altabooks@altabooks.com.br
Ouvidoria: ouvidoria@altabooks.com.br

Editora **afiliada à:**

ASSOCIADO

Sumário

Introdução

Existem respostas que você não consegue achar;
são elas que o encontram.

Às sete da noite, o metrô de Londres transbordava numa agitação atípica, repleto além do habitual. Olhei ao meu redor e vi pessoas de diferentes idades e etnias. Enquanto algumas exibiam um cansaço visível, outras se perdiam em conversas animadas com amigos ou familiares, e ainda havia aquelas que pareciam estar absortas em seus próprios pensamentos.

Observando mais profundamente o lugar à minha volta, percebi que as pessoas ali representavam a diversidade de desafios e obstáculos que enfrentamos ao longo do caminho. Algumas delas lidavam com limitações físicas, enquanto outras deviam correr contra o tempo para chegar em casa, no trabalho ou em compromissos. Havia aquelas que enfrentavam barreiras linguísticas ou culturais, como estrangeiros tentando se adaptar a um novo país, e outros que simplesmente lutavam contra a fadiga para manter os olhos abertos.

Todas elas enfrentam seus próprios desafios diariamente, mas, ao cruzar com essas pessoas, sequer nos damos conta disso. E se, por apenas um dia, pudéssemos enxergá-las junto com suas histórias e superações? Será que teríamos mais paciência diante de um erro, mais compaixão em nossas ações, mais gratidão pela nossa própria vida?

Naquele instante, a música que tocava em meus ouvidos — *Paciência*, do Lenine — me fez refletir que muitas vezes queremos que as coisas aconteçam de forma rápida e imediata, o que nem sempre é possível; por isso, precisamos aprender a esperar e ter paciência para alcançar nossos objetivos e sonhos. A música nos convida a apreciar cada instante da jornada, mesmo que seja difícil, pois é isso que nos permite crescer e evoluir. "O que aconteceria se você apressasse a confecção de uma obra-prima?", perguntei a mim mesma. "Talvez ela nunca chegasse a se tornar uma", respondi, em meu monólogo mental, ainda no metrô.

Foi nesse momento que percebi que meu livro, embora já estivesse pronto, precisava ser reescrito para incorporar essa perspectiva e inspirar os leitores a encontrarem significado e propósito em suas próprias experiências de vida, independentemente dos desafios que pudessem surgir ao longo da existência.

Enfrentei muitas mudanças e imprevistos que me colocaram em caminhos diferentes dos que eu havia planejado. Nem sempre foi fácil chegar a este ponto, e muitas vezes tive que lidar com a frustração causada por obstáculos inesperados. Contudo, essas experiências foram essenciais para meu amadurecimento e crescimento pessoal, permitindo-me aprimorar este livro e oferecer mensagens mais profundas e significativas.

Muitas vezes, passamos pela vida sem nos dedicarmos a um processo interno de autoconhecimento por uma combinação de medo, falta de interesse e até mesmo por desconhecimento sobre a importância desse processo. Também há aqueles que precisam de um impulso para se mover nesse percurso, o que pode envolver subir e descer escadas, recalcular o trajeto e lidar com imprevistos. Podemos fazer uma analogia com o processo terapêutico, que é uma jornada fascinante, repleta de histórias únicas de superação, crescimento e transformação. Cada paciente traz consigo sua própria narrativa de vida, com alegrias, desafios, conquistas e, é claro, frustrações.

A palavra "frustração" vem do latim *frustrari*, que significa "enganar, fazer errar", tendo origem em *frustra*, que se traduz como "erro, ato feito em vão". Além disso, tem relação também com o termo *fraus*, que significa "mentira". A frustração é um sentimento "preso" dentro de nós que pode nos corroer, sendo mais intensa se não tivermos subsídios para lidar com ela. Ao mesmo tempo que nos pesa, a frustração nos ensina, pois ela torna possível compreendermos a nós mesmos e o modo como reagimos diante de situações indesejadas. É nela que ganhamos sabedoria e nos tornamos mais resilientes e criativos, pois cada indivíduo aprendeu a gerir suas frustrações de maneira singular.

As frustrações são inevitáveis na vida, como confirmei por uma enquete que conduzi em meu Instagram. Divórcio, dificuldades em empreender, conflitos familiares, perda de entes queridos, doenças e a não realização de aspirações acadêmicas são apenas alguns exemplos de experiências frustrantes que podem surgir em nosso percurso. Elas podem ocorrer sem aviso prévio, a qualquer momento. Entretanto, temos a escolha de adotar técnicas de enfrentamento e ações adaptativas para lidar com essas situações e crescer como indivíduos.

Assim, a verdadeira experiência da vida não consiste em evitar adversidades, mas sim em enfrentá-las com coragem e perseverança. Este livro é uma reflexão profunda sobre como identificar se estamos morrendo em vida e, mais do que isso, sobre como recuperar nosso fôlego de viver, mesmo diante das mais diversas frustrações que nos assolam. Ele oferece *insights* valiosos sobre como geri-las, aprender com elas e transformá-las em oportunidades para crescer, evoluir e criar uma trajetória louvável, mesmo diante dos desafios mais difíceis.

Convido você a explorar as experiências e sabedorias daqueles que compartilharam um caminho comigo no maior metrô que existe: o da nossa própria existência (um trem que nunca retorna). Eles descobriram como o enfrentamento corajoso das frustrações pode levar a um profundo crescimento pessoal e a uma intensa transformação. Encorajo você a adotar um novo olhar sobre como a frustração pode estar relacionada com questões cognitivas, fisiológicas, comportamentais e emocionais. Espero que as palavras contidas aqui possam inspirá-lo a enfrentar suas próprias frustrações com valentia e determinação, encontrando um novo significado e propósito em sua vida.

Para que os envolvidos se sentissem livres para se abrir e compartilhar suas experiências, todos os nomes de pacientes, amigos e conhecidos foram substituídos, visando questões éticas e morais. Entendo que as experiências aqui relatadas são como uma fotografia de um momento da vida de tais pessoas — aspectos que podem mudar com o tempo e, por isso, a meu ver, não devem criar associações permanentes, como um livro pode propor. Contudo, preservei os nomes e sobrenomes dos profissionais que, com seu conhecimento e sua experiência, contribuíram para esta obra. Todas as histórias são verídicas, e é precisamente sua autenticidade que estabelece um caminho para a conexão, assim como elas se entrelaçaram comigo, tecendo laços de compreensão e empatia.

Ao conhecermos essas histórias, tão parecidas com as nossas (ou completamente diferentes, mas motivadoras), percebemos que não estamos sozinhos. Cada um enfrenta suas próprias questões, e compartilhar essas experiências pode nos ajudar a lidar com nossas frustrações de forma mais saudável e a crescer como indivíduos.

Foi pensando nisso que, ao desenvolver o projeto deste livro e pesquisar sobre a influência de histórias reais no comportamento humano, decidi compartilhar uma série de ensinamentos que atravessaram a minha jornada chamada "vida".

Acredito que, ao decidir falar sobre um assunto, principalmente em formato de livro, nos tornamos mais aprendizes do que mestres. E foi isso que vivenciei na prática; afinal, somos seres em constante transformação. Aí está um dos grandes desafios que nos levam a algumas frustrações: a expectativa de que as coisas não mudem, quando, na verdade, nós mudamos o tempo todo.

Precisei reescrever vários pontos, ler e reler muitas vezes, até concluir que a única coisa que não mudamos é o nosso passado. É exatamente por isso que muitas pessoas se apegam a ele, devido à sensação de segurança e imutabilidade que ele proporciona. As pessoas que você conhecerá nesta obra enfrentam desafios, assim como você; são pacientes, amigos e conhecidos que compartilharam vivências para que, olhando para trás, por onde eles passaram, você possa se identificar e evoluir hoje, no seu presente.

Depois de ter aprendido muito com a escrita deste livro, que levou mais de dois anos entre atendimentos de pacientes, várias pesquisas, inúmeras leituras, mudança de país, transformações pessoais e muitas outras circunstâncias, não vejo nenhuma frustração como histórias a serem escondidas.

Nem sempre é fácil falar sobre frustrações, mas se isso puder ajudar alguém, não deixe de fazê-lo.

.1.

A PRESSÃO DE SERMOS IGUAIS

Em uma manhã muito bonita, enquanto desfrutava de um saboroso café, com o meu computador ao meu lado, buscava inspiração para transmitir a essência da vida em palavras neste livro. Olhando à minha frente, contemplei uma árvore majestosa, com galhos de diferentes tamanhos e curvaturas. Entretanto, devido ao meu ângulo de visão, não conseguia ver o caule e a base da árvore através da janela.

Ao refletir sobre a vida e seus desafios, percebi que a analogia da árvore pode ser muito significativa. Algumas sementes não germinam, outras crescem pouco e há aquelas que dão frutos. É importante lembrar que passar pelas diversas estações da vida traz a verdadeira estrutura e o real aprimoramento. Assim como as árvores, precisamos nos adaptar a diferentes ambientes e situações para crescer e florescer.

Por vezes, é um verdadeiro desafio aceitar a lei da vida e respeitar o tempo que as coisas levam para acontecer. Como o psiquiatra e psicoterapeuta suíço Carl Gustav Jung já dizia, nada acontece ao acaso no Universo. Para corroborar esse pensamento, me deparei com a música

Depressa a Vida Passa, de Renato Braz. A letra da canção retrata de forma poética a passagem do tempo e a efemeridade da vida.

"Depressa a vida passa, mal se sente
E tudo já parece diferente
O que doeu um dia, hoje dormente
O amanhã não se lembra do presente
E mal tudo é passado, mais recente
Recomeça a tecer o recorrente
A cada ruga tudo é mais ausente
O tempo foge e sempre leva a gente
Fascina como a infância é inocente
Eterno no vigor do adolescente, num idoso ainda
Crepita o sol poente
Fascina como tudo é transparente
Depressa a vida passa e de repente
Desfaz-se n'água a face que a ressente"

A vida passa muito mais rápido do que podemos imaginar, fazendo com que ferimentos que pareciam sinalizar o fim de nossa existência se tornem apenas cicatrizes de marcos da nossa história. Essa música, de forma poética, demonstra que tudo vira passado, não importando quanto lutemos contra o tempo; ele não para, e as rugas em nosso rosto comprovam isso, mesmo que ainda haja um pouco do fascínio da infância em nossa alma. No fim, o tempo leva tudo, até nós mesmos. Tudo se torna transparente e se desfaz, como a água que escorre pelas nossas mãos quando tentamos segurá-la.

Nos deparamos com perdas e fins de ciclos que nos levam a experimentar frustrações e tristeza. No entanto, assim como a árvore atravessa diferentes estações, cada uma com suas peculiaridades, também precisamos aprender a lidar com as diferentes fases da vida, reconhecendo que nem sempre temos controle sobre as circunstâncias. Aprender a se adaptar e aceitar o que não pode ser mudado é fundamental para superar as dificuldades e alcançar a verdadeira plenitude da vida. E a música que nos lembra da efemeridade do tempo, também nos convida a valorizar cada momento e a encontrar beleza e significado em nosso trilhar.

Pensando nessa analogia, percebi o quanto as frustrações estão relacionadas com os diversos ciclos de evolução, assim como os galhos da árvore representam as diferentes áreas da nossa vida. Cada galho pode simbolizar um tipo específico de frustração. Além disso, diversos sentimentos universais, como raiva, ciúmes, inércia, rejeição, insegurança, culpa e medo, estão intimamente conectados às frustrações e podem compor os diferentes tipos de frustrações que enfrentamos.

Ao observar a imagem, você pode perceber que o medo é o precursor de muitos outros sentimentos que têm como resultado as frustrações. Por quê? Porque ele gera as condutas de fuga, luta ou congelamento. Essas reações são movimentos naturais diante de situações ameaçadoras ou desafiadoras. Assim como a árvore enfrenta ventos fortes e tempestades, nós enfrentamos desafios na vida que despertam medo e nos levam a reagir de maneiras distintas. Ao sentir raiva, por exemplo, alguns podem querer extravasar isso através da "luta", enquanto outros vão pelo caminho da "fuga". O ciúme gera o mesmo estado, assim como a rejeição, a insegurança, a culpa e tantos outros.

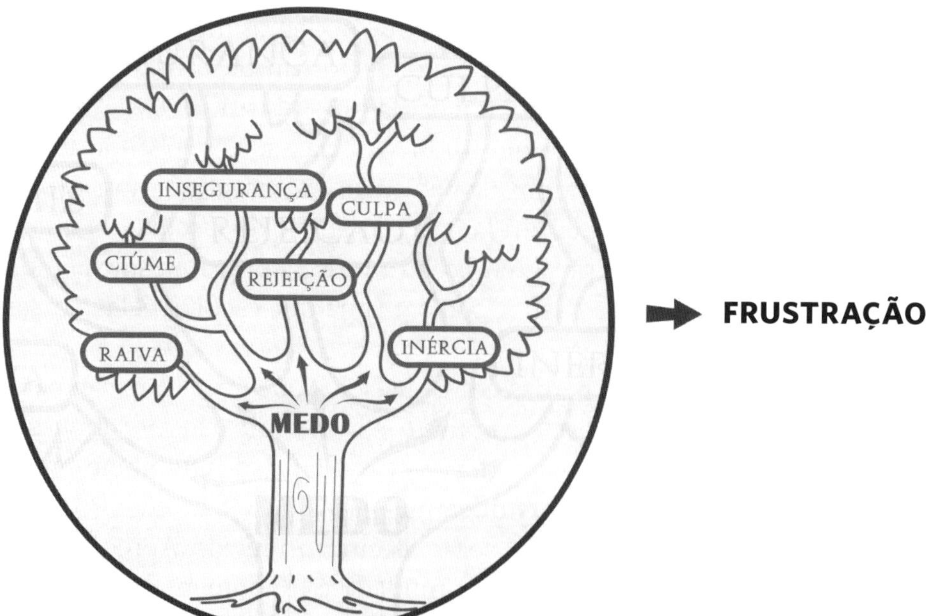

Dessa forma, podemos compreender que existem pelo menos seis tipos de frustrações, estando o medo presente em cada uma delas. Assim, vamos analisar vários casos para que você consiga se identificar e reconhecer os desafios que tem enfrentado. Essas frustrações podem estar presentes nos diferentes galhos da nossa vida, afetando a realização profissional, os relacionamentos interpessoais, o autodesenvolvimento, a saúde, o bem-estar, as realizações pessoais e a espiritualidade.

Ao escrever este conteúdo em uma das melhores universidades de negócios do mundo, minha reflexão sobre a frustração se aprofunda. Percebo, cada vez mais, como a frustração pode estar enraizada em feridas culturais e como as cognições são conflitantes perante o padrão social. Nesse ambiente acadêmico de prestígio, é inevitável considerar a quantidade de profissionais talentosos que desejariam estar nesse espaço, mas que, por não se encaixarem nos padrões estabelecidos, enfrentam barreiras e limitações para acessá-lo.

Esse exemplo de vida inspirador que desejo mencionar é o de Amy Cuddy, renomada psicóloga e autora americana. Ao longo de sua trajetória acadêmica, Amy sempre demonstrou uma notável capacidade intelectual. Porém, aos 19 anos, sua vida foi impactada por um grave acidente de carro que resultou em uma redução significativa de seu QI (Quociente de Inteligência), dois desvios-padrão abaixo do seu estado anterior.

Os desafios enfrentados por Amy foram significativos, especialmente em relação à conclusão de sua graduação, que exigiu um tempo consideravelmente maior do que o de seus colegas. Durante a palestra *Sua linguagem corporal molda quem você é*, apresentada na plataforma TED Talks, Amy Cuddy revela que, em meio às dificuldades e aos comentários negativos sobre sua capacidade de se formar, ela chegou a experimentar a sensação de ser uma impostora.[1]

A experiência de Amy revela o quanto fugir do padrão trouxe *insights* valiosos para sua vida. Essa fuga envolve vários aspectos, sejam eles relacionados à aparência, à personalidade, ao comportamento, às

---

1 CUDDY, Amy. *Your body language may shape who you are*. TEDGlobal, jun. 2012. Disponível em: https://www.ted.com/talks/amy_cuddy_your_body_language_may_shape_who_you_are.

decisões ou até mesmo aos sintomas ou desafios que cada um carrega. São justamente essas querelas que podem fazer toda a diferença.

O psicólogo americano Howard Gardner diz que possuímos múltiplas inteligências, capazes de interagir entre si. Segundo ele, existem nove inteligências múltiplas. Nem todos reconhecem ou estão prontos para a pluralidade do ser humano e, por isso, acabam visualizando apenas um caminho.

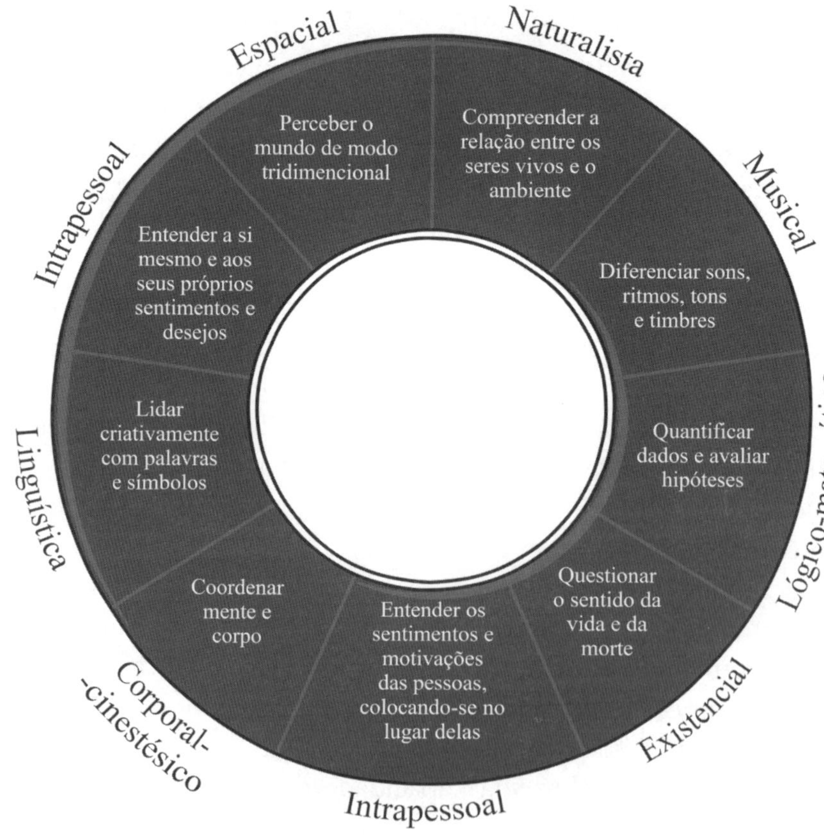

É importante destacar também a importância da ação como uma forma de inteligência. Isso está alinhado com um post que analisei no LinkedIn, onde foi mencionado um TED Talks sobre o poder da paixão e da perseverança. A palestrante, Angela Lee, abordou a questão dos melhores e piores alunos. Ela constatou que alguns dos alunos de melhor desempenho não possuíam um QI extraordinário. Após anos de experiência no ensino, ela concluiu que o que precisamos na educação é de uma compreensão mais profunda dos alunos e do processo de aprendizagem, sob uma perspectiva motivacional e psicológica.

Na área da educação, muitas vezes tendemos a avaliar o desempenho dos alunos com base no QI. Mas e se o sucesso na escola e na vida dependesse de algo além da capacidade de aprender de forma rápida e fácil? Uma pesquisa conduzida por Angela revelou uma característica que se destaca como indicador significativo de sucesso: a garra. A garra envolve paixão e perseverança em relação a metas de longo prazo. Ela implica em resistência, em manter o foco nos objetivos futuros dia após dia, ao longo de anos, e trabalhar arduamente para torná-los realidade. Ter garra significa encarar a vida como uma maratona, não apenas uma corrida rápida. Para isso, é preciso estar disposto a enfrentar falhas, erros e frustrações, e recomeçar, levando em conta as lições aprendidas.

Ao considerar as diferenças individuais, as múltiplas inteligências e a importância da resiliência, ampliamos nossa compreensão do sucesso e do desenvolvimento pessoal, tanto na educação quanto em outras áreas da vida. No entanto, nem todos reconhecem ou estão prontos para aceitar a diversidade humana, o que os limita à visão de um único caminho.

E quando esse caminho é levado para outra esfera? Perceba que, em todos os momentos, estou falando de comunicação, seja por meio de vídeos do TED Talks ou da escrita. Mas enquanto me acomodava em uma nova cafeteria para continuar o trabalho, deparei-me com uma mulher sentada ao meu lado, imersa em um mundo de alucinações. Ela conversava intensamente com personagens fictícios, como se estivessem vivos e presentes ali. Essa experiência despertou minha curiosidade, pois pude perceber que, mesmo em um estado de confusão e ilusão, a mente humana continua em busca de expressão e significado. A mulher, presa em suas alucinações, revelava uma profunda frustração, mas também uma busca constante por compreensão e conexão.

A vida é uma dinâmica em constante movimento. Assim como as rodas de um carro permitem nosso deslocamento, as múltiplas inteligências mencionadas anteriormente podem ser comparadas a pneus que impulsionam nossa jornada pela estrada da vida, tanto em sua dimensão externa quanto interna. Viver é estar em movimento constante.

E para nos movimentarmos, precisamos dos estímulos certos e da energia necessária, fatores que são adquiridos por meio da resiliência.

Para ilustrar, pensemos em um brinquedo bem comum: o ioiô. Você já brincou com um? É fascinante observar o que algumas crianças são capazes de fazer com esse brinquedo! Ele desce e retorna ao ponto de partida, quase como mágica. Muitos realizam manobras incríveis, mantendo o controle e fazendo com que a cordinha fina suporte o constante movimento. Assim somos nós, diante de nossas frustrações. Se desenvolvermos a resiliência, poderemos ir e vir, sem perder nossa essência! Mas para isso, precisamos de duas qualidades:

Resiliência = Flexibilidade + Resistência

Essas duas virtudes beneficiam-se mutuamente ao estarem alinhadas, pois se complementam na formação da resiliência. Ser demasiado flexível pode conduzir à perda da própria identidade, como acontece com quem cede constantemente até perder o reconhecimento de si mesmo. Por outro lado, uma resistência rígida demais impede a absorção das lições que a vida oferece, potencialmente conduzindo a um ciclo repetitivo de erros.

Dessa forma, ao equilibrarmos flexibilidade e resistência, replicamos o movimento do ioiô: vamos longe, mas nunca a ponto de nos perdermos de quem somos. Diante de um desafio, é útil refletir sobre:

1. Quais são os meus limites? Até onde posso ir sem comprometer o que é essencial para mim?
2. O que estou disposto a ceder? O que é inegociável para mim?
3. Como posso transformar esse aprendizado em uma ferramenta para evitar repetir essa frustração no futuro?

Analisar racionalmente nossas frustrações pode ser a chave para desenvolvermos resiliência, cultivando tanto a flexibilidade quanto a resistência. Podemos aprender muito sobre resiliência e adaptação a mudanças com nosso próprio cérebro. Ele possui uma capacidade chamada "neuroplasticidade", que lhe permite reorganizar seus neurônios para se adaptar a mudanças ambientais e pessoais. Esse processo nos capacita a reaprender e a nos reajustar continuamente.

Existem evidências de que o treinamento motor pode proporcionar adaptações estruturais e funcionais (plasticidade) em diversas áreas motoras, por exemplo, no gânglio basal, no cerebelo e no núcleo rubro.[2] Ou seja, seu cérebro é capaz de ser treinado mesmo após enfrentar desafios.

O que a neuroplasticidade nos ensina é que somos capazes de reaprender e nos reorganizar diante de frustrações, sejam elas físicas ou mentais. Entretanto, essa adaptação não acontece por acaso: exige esforço.

Nesse contexto, a frustração desempenha um papel importante, comparável aos desafios que encontramos ao dirigir, como buracos, congestionamentos ou sinalizações. Esses obstáculos podem surgir tanto das nossas próprias aspirações e desafios individuais quanto das expectativas e normas culturais impostas pela sociedade. Somos pressionados a nos encaixar em determinados moldes, que se assemelham às regras de condução de veículos, abrangendo questões relacionadas a normas culturais, aparência física, sucesso profissional, relacionamentos, identidade de gênero, orientação sexual, entre outros aspectos. Existe também a preocupação de sermos excluídos ou não sermos aceitos caso não sigamos essas expectativas, assim como no trânsito, onde tememos causar acidentes ou enfrentar penalidades por não cumprirmos as regras. A única diferença é que, no trânsito, as regras nos protegem; já na vida, esses moldes nos ferem, nos tornando cada vez mais reféns do sistema.

Essa analogia nos faz refletir sobre a importância dos momentos em que nos sentimos tentados a abrir mão da nossa autenticidade. Desde a infância até a vida adulta, somos expostos a "benefícios" que nos incentivam a deixar de ser autênticos. Por exemplo, um adolescente que se adapta à maioria pode se tornar popular; um profissional que molda suas opiniões para ecoar as preferências da liderança pode ser promovido com mais facilidade. Contudo, a pergunta que devemos fazer é: a que custo?

---

2 DE ZEEUW, Chris I.; YEO, Christopher H. Time and tide in cerebellar memory formation. *Current Opinion in Neurobiology*, v. 15, n. 6, p. 667-674, dez. 2012. Disponível em: https://www.sciencedirect.com/science/article/abs/pii/S0959438805001571?via%3Dihub.
HERMER-VAZQUEZ, Linda *et al.* Distinct temporal activity patterns in the rat M1 and red nucleus during skilled versus unskilled limb movement. *Behavioural Brain Research*, v. 150, n. 1-2, p. 93-107, abr. 2004. Disponível em: https://www.sciencedirect.com/science/article/abs/pii/S0166432803002262?via%3Dihub.

Vivemos em uma sociedade que constantemente nos cobra resultados, seja na escola, no trabalho ou em outros contextos da vida, como nas redes sociais. Mas será que todas as pessoas de fato precisam alcançar resultados seguindo o mesmo caminho? Ou ainda, precisam alcançar exatamente o mesmo resultado que todos os outros?

A resposta é não. Você não precisa ser como todos os outros. Na verdade, o mundo precisa que você seja quem você é!

Atualmente, estou em um momento inspirador na escrita deste livro. Ao olhar para trás, percebo quão importante foi percorrer o caminho da minha primeira obra até a experiência que estou vivendo agora. O ato de escrever, que um dia foi um desafio para mim, se tornou um dos meus prazeres, mas isso só aconteceu porque persisti e mantive minha autenticidade.

Cada experiência de vida é única, e nem o sucesso nem a felicidade são definidos pelas normas impostas pela sociedade. Ao abraçarmos nossa verdadeira essência e seguirmos nossos próprios caminhos, podemos alcançar uma realização autêntica. Portanto, é vital refletir sobre os desafios atuais e buscar aquilo que realmente trará prazer e satisfação no futuro. Você já considerou quais dificuldades de hoje poderão se transformar em fontes de alegria para você amanhã? Reflita sobre isso.

No que tange à autenticidade, o livro *Diferente: quando a exceção dita a regra*, de Youngme Moon (Best Business, 2011), discute como muitas empresas e marcas recorrem à imitação para alcançar sucesso, o que com frequência resulta em mediocridade. Num cenário ideal, deveríamos estabelecer uma identidade única para nos conectarmos com um público específico, demonstrando autenticidade no mercado. No entanto, a autora vai além das marcas, ressaltando a importância da nossa individualidade como seres humanos e o perigo de seguirmos apenas o caminho já trilhado pelo rebanho coletivo. O livro enfatiza que nossa singularidade é um diferencial competitivo, tanto no âmbito profissional quanto no pessoal, e reforça a necessidade de confiarmos em nossos instintos, em vez de aderirmos cegamente ao que é ditado pela maioria.

Refletindo sobre a sociedade, me lembro de um episódio recente que vivenciei ao sair de uma estação de metrô: uma multidão se reunira em torno de uma senhora que fora atropelada em um acidente. Alguns passantes tiravam fotos do carro, outros faziam chamadas para a

Emergência e havia aqueles que apenas assistiam, impelidos pela curiosidade. Esse episódio me fez ponderar sobre a fascinação humana pelas dificuldades alheias. Tal comportamento é um exemplo de *schadenfreude*, uma palavra alemã composta por "*schaden*", que significa "dano", e "*freude*", que significa "alegria", ou seja, o termo caracteriza as pessoas obtêm prazer ou satisfação com os infortúnios de outras pessoas. Essa observação reforça a ideia de que a frustração e a dor são aspectos intrínsecos da condição humana e despertam diferentes reações em cada indivíduo.[3]

Ainda que algumas pessoas possam sentir uma sutil satisfação por não serem elas próprias as afetadas pelo sofrimento, outras vivenciam a dor alheia de maneira profunda, devido à empatia. Essa habilidade revela uma das mais nobres capacidades humanas: a de estabelecer conexões significativas com os outros e com o mundo natural ao nosso redor.

O *schadenfreude* também está ligado ao inconsciente e à nossa tendência natural de nos compararmos com outras pessoas. Com a autoestima abalada, a comparação tende a ser feita com quem parece estar em posição menos favorável, podendo assim elevar o estado mental. Para refletir sobre isso, pense em um estudo realizado com 32 torcedores de futebol que usaram almofadas de eletromiografia anexadas ao rosto para medir seus sorrisos e expressões de desagrado enquanto assistiam a vídeos de pênaltis de futebol. Nos clipes, eram mostrados bons e maus resultados para o time alemão e seus oponentes, os holandeses, em Würzburg, na Alemanha, em 2015. O resultado? Quando os holandeses perdiam um gol, os sorrisos dos torcedores alemães surgiam mais depressa e eram mais amplos do que quando o próprio time alemão marcava um gol.[4] Em outra pesquisa, perguntou-se aos pais se eles seriam mais felizes em um mundo onde os filhos dos outros fossem mais feios que os seus; a maioria respondeu que sim, mesmo que seus próprios filhos continuassem feios. Assim, pode existir uma chama do *schadenfreude* que nos impulsiona sem que nem mesmo percebamos.

---

3 SMITH, Richard H. *The Joy of Pain*: Schadenfreude and the Dark Side of Human Nature. Reino Unido: Oxford University Press, 2014.

4 SMITH, Tiffany Watt. *Schadenfreude*: The Joy of Another's Misfortune. Nova York: Little, Brown Book Group, 2018.

O *schadenfreude* pode, então, parecer um consolo inconsciente diante das frustrações ao qual muitos recorrem para se sentirem melhores. Cabe a nós, de forma consciente, compreender que as frustrações são essenciais para o nosso crescimento e que não devemos nos apegar ao *schadenfreude*, mas buscar em nós mesmos recursos para a superação. Ao reconhecer a interação entre a comunicação, a dinâmica da vida e a resiliência, podemos entender melhor a busca por significado, conexão e superação, mesmo em face das adversidades. Explorar e compreender esses aspectos é vital para alcançarmos uma maior harmonia e plenitude em nossa vida, assim como uma árvore que se fortalece nutrindo seus galhos e raízes.

Na mesma linha, enquanto uma árvore se ramifica em diversos galhos, busquei integrar novas inspirações ao conteúdo já existente. Durante o processo de reescrita deste livro, percebi que estava experimentando uma espécie de renascimento, onde era necessário criar raízes profundas, e não apenas expandir os galhos existentes. Embora a origem da semente remeta a algo pré-existente, me vi diante de um novo desafio criativo. Nesse caminho, tive que harmonizar passado e presente para recontar essa história sob uma luz diferente.

Na semana em que redijo este capítulo, recebi uma ligação de Clara, uma paciente cuja história narrei em meu primeiro livro, *Fobia: enfrentando com coragem* (Alta Life, 2021). Tendo me mudado para Londres, durante um período optei por suspender meus atendimentos clínicos para focar outros empreendimentos. Contudo, mantive a disponibilidade para atender somente antigos pacientes em situações emergenciais, com um intervalo adequado entre as consultas. Foi nesse contexto que Clara reentrou em minha vida profissional, trazendo uma profunda relevância à ligação entre meu passado e o presente.

Ela havia superado sua fobia de agulhas e sangue, mas agora encarava a manifestação da ansiedade em outras áreas de sua vida, afetando sua autoconfiança e seu bem-estar emocional. Em seu contato comigo, ela expressou um sentimento de desmoronamento, temendo que os desafios enfrentados a conduzissem a um profundo abismo. Ela lutava para não cair no espaço desconfortável da frustração, movida por uma busca por segurança, inclusive financeira. Clara se inclinou ao sofrimento como meio de atingir uma recompensa, refletindo a nossa tendência humana de preferir a dor conhecida ao desconhecido angustiante. Contudo, assim como uma flor que enfrenta a incerteza para florescer em sua plena beleza, Clara começou a entender a importância de se permitir cair para, então, se reerguer.

Quando conhecemos pessoas com aparências e comportamentos estranhos ou não familiares, nossa reação inicial é manter distância, pois o ser humano naturalmente teme o desconhecido. Em muitos casos, diante do novo, podemos nos sentir superiores e mais propensos a desumanizar aqueles que diferem de nós, transformando o medo do desconhecido em ódio e violência, como observamos com frequência em cenários de intolerância. Nessas situações, as partes racionais do cérebro podem ser ofuscadas por esse medo.[5]

Da mesma forma, Clara temia o desconhecido, mas tinha consciência de que é lá que temos a chance de evoluir. Afinal, ela sempre verbalizou apreciar uma frase de Clarice Lispector que diz que "até cortar os defeitos pode ser perigoso, pois não sabemos qual defeito sustenta o edifício inteiro". Embora Clara tivesse aprendido a lidar com seus maiores medos tangíveis, alguns pilares para seu amadurecimento precisavam de tempo para se solidificar. Ela sempre procurou proteger as pessoas ao seu redor, como sua mãe, seu irmão — com crises de epilepsia — e até a sua gestora, colocando-se em segundo plano. Agia assim, em grande parte, devido a uma busca inconsciente por proteção, originada do sentimento de desamparo na infância. Durante esse período, ela esperava o cuidado de seus pais, mas foi sua avó quem assumiu majoritariamente esse papel.

A recente crise de ansiedade de Clara surgiu como uma nova forma de interpretar seus medos. Ela percebeu que, para enfrentar sua ansiedade de maneira mais abrangente, precisava explorar esses pilares emocionais e compreender como influenciavam sua vida. Clara começou a questionar suas crenças e medos subjacentes, percebendo que proteger os outros nem sempre significava proteger a si mesma. Ao permitir-se desabar, Clara criou um espaço para seu crescimento pessoal e para seu processo de autodescoberta.

---

5 PERRY, Bruce D.; SZALAVITZ, Maia. *O menino que foi criado como cão*: e outras histórias de uma psiquiatra infantil sobre a vida, a morte e os sentimentos. Porto Alegre: Artmed, 2007.

Clara compartilhou uma mensagem comigo sobre a qual gostaria que você refletisse: "Eu quero deixar um convite para que possamos nos livrar daquele papel de parede todo embolorado e horrível, e consigamos olhar além, tratando e cuidando dele, lhe dando uma nova roupagem. Não é porque custou muito caro, foi muito difícil ou porque achamos que não teremos nada melhor que o papel precisa continuar ali. Há coisas boas acontecendo o tempo todo, e existem papéis de parede muito mais bonitos; talvez não mais bonitos, mas mais compatíveis com aquilo que estamos vivendo. Não há motivo para deixar a casa sempre como é, tudo precisa de reparo."

E as reflexões não pararam por aí. Uma semana depois, recebi de Clara um monólogo sobre sua experiência.

"Nos últimos dias, estive pensando sobre frustração e nos ganhos que tive ao tratar minha fobia. Eu não conseguia realizar exames ou frequentar clínicas devido ao medo que sentia ao ver sangue e agulhas. Ao longo da terapia, descobrimos que há muito mais por trás desses medos. Isso me lembra uma frase da Clarice Lispector que adoro. Ela diz que 'os fatos são sonoros, mas o que importa são os silêncios por trás deles'. Acho que essa fala diz muito sobre fobias.

"Consegui fazer exames e verificar minha saúde, graças à coragem. Mas não apenas ela, pois se é preciso coragem para começar, talvez curiosidade e resiliência sejam o que você precisa para continuar. O ganho imediato foi em minha qualidade de vida: simplesmente por não passar mal, não sentir meu coração acelerar, não hiperventilar, por conseguir ver filmes com cenas explícitas, ter conversas sobre o assunto e acompanhar as pessoas que amo em consultas e hospitais. Isso é um ganho impagável.

"Falar sobre frustrações é desafiador, pois acredito que seja o sentimento que mais conheço. O problema é que a frustração se disfarça como raiva, que até então eu achava que era o sentimento que eu mais conhecia. Agora, quando penso em frustração, tenho duas percepções. Ela pode ser o sentimento de se sentir pequeno demais para uma caixa, querer romper com isso e não poder — talvez porque você tem um potencial construtivo ou destrutivo —, mas por algum motivo decide não rompê-lo. Privadamente, a frustração vem desse movimento de não caber.

"Por outro lado, a frustração também remete à paralisação, quando não sou capaz de me colocar em movimento, realizar algo que quero. Nesse sentido, consigo fazer uma conexão melhor com a fobia, pois não conseguia fazer o movimento de ir ao médico e cuidar da minha saúde, por exemplo. Talvez isso tenha relação com o fato de eu nunca ter me priorizado, de sempre ter colocado os outros — e até mesmo o meu cachorro — como prioridade. Talvez a fobia tenha vindo para dizer que eu existo e importo, que preciso olhar por e para mim. Talvez todas as frustrações que vêm desse lugar de não olhar e de ignorar, se acumulem.

"Pois, na realidade, ninguém além de nós mesmos pode se responsabilizar por nossas necessidades depois que nos tornamos adultos, especialmente quando não sabemos quais são essas necessidades, não as verbalizamos e as frustrações vão se acumulando. Talvez seja isso que as crianças que ainda não verbalizam sintam: o desejo de algo e a incapacidade de se expressar de forma que os outros entendam.

"Essas maneiras de olhar para a frustração fazem sentido para mim no que diz respeito a reprimir tanto um potencial construtivo quanto um destrutivo. Construtivo no sentido de pensar se posso fazer mais, se preciso me limitar, se escolho me limitar, e então fico frustrada. Ou destrutivo, quando quero explodir, brigar, entrar em conflito. O conflito é algo bom quando gerenciado, é necessário para o crescimento, mas não posso estabelecê-lo, porque não é o momento adequado ou porque não me sinto fortalecida para isso no momento; e enquanto isso, há a paralisação, a sensação de não ser capaz, de não conseguir, de que não dará certo. Essas foram as duas formas de observar que fizeram sentido para mim, e decidi falar sobre elas porque é o início de algo que ainda não sei o que é."

Enquanto transcrevo esse relato da Clara, lembro-me de como meu marido, a grande inspiração para eu escrever minha primeira obra, também passou por um processo de verbalização e ressignificação de seus sentimentos de frustração ao falar sobre alguns dos seus desafios e sobre como o movimento trouxe benefícios incalculáveis em uma das aulas do curso que ele vem realizando em Londres. Essa travessia revela o imenso poder que temos de enfrentar as adversidades, entrelaçando o real ao imaginário em um mosaico de coragem que ressoa através das histórias que escolho narrar.

Da mesma forma que a paciência e a dedicação são cruciais no cultivo de um jardim, elas se mostram indispensáveis no processo criativo e na jornada pessoal de superação. A história do meu marido, transitando entre desafios e aprendizados, ecoa a importância de nutrir nossos projetos e sonhos, mesmo diante de rotas inesperadas ou árduas.

Nossa existência, assim como as sementes que brotam em diferentes solos, é marcada por adversidades e bênçãos desiguais. Algumas sementes florescem em ambientes propícios, enquanto outras precisam lutar por cada raio de sol, criando defesas para sobreviver. Essas narrativas não estão aqui para serem comparadas ou julgadas, mas para iluminar a rica diversidade de experiências que compõem o tecido da vida. Com essa reflexão, convido você a conhecer, nos próximos capítulos, histórias reais de algumas sementes em crescimento que, de uma forma ou de outra, fizeram e fazem parte do meu jardim.

.2.

RAÍZES E RAMIFICAÇÕES:

Entre a concepção e a complexidade da vida

Toda forma de vida tem sua origem embrionária, assim como cada contexto da vida está intrinsecamente ligado à sua concepção. Ao explorarmos as raízes mais profundas da nossa existência, é inevitável que sejamos conduzidos ao ponto de partida da vida, historicamente associado ao ato sexual. É nessa energia primordial que a maioria dos seres humanos é concebida, e é através do processo natural de reprodução que a humanidade se nutre e se perpetua.

No entanto, com os avanços tecnológicos e científicos, novos métodos de concepção têm surgido, ultrapassando os sistemas tradicionais conhecidos. A reprodução assistida, como a concepção em laboratórios, tornou-se uma alternativa viável. Essa realidade nos incita a refletir sobre o papel do sexo na reprodução humana, a explorar nossas raízes e a compreender a importância da energia sexual em nossas origens, assim como as diferentes formas pelas quais ela se manifesta.

Essas questões são fascinantes, pois nossas origens estão envoltas em mistério e nos instigam a buscar um maior entendimento. Alguns aspectos relevantes a considerar são a energia e os sentimentos presentes durante o ato da concepção. O livro *Wombology: Healing the Primordial Memories and Wounds Your Grandmother's Daughter Gave to You* (iUniverse, 2009) aborda a influência das emoções dos pais sobre a gestação e sobre o indivíduo que vai nascer. Por exemplo, se um pai carrega consigo raiva ou ressentimento por não desejar a gravidez e a gestante vive com o medo de ser abandonada, esses conflitos no relacionamento podem afetar diretamente o ambiente uterino e o desenvolvimento do feto. O autor também explora uma perspectiva espiritual, mencionando casos de bebês que sobreviveram a tentativas de aborto, sugerindo que se uma alma está pronta para vir à Terra, a humanidade não pode impedi-la. Essas reflexões nos convidam a compreender a importância da energia emocional durante o processo de concepção e nos levam a refletir sobre o poder transformador desse momento na vida humana e como ele pode ecoar de geração em geração.[1]

Esse eco também pode transmitir influências resultantes do processo gestacional. Por exemplo, quando uma gestante enfrenta situações angustiantes, como desastres naturais ou maus-tratos por parte de seu parceiro, é possível que ela transmita sinais de angústia ao feto. Esses sinais podem interferir no equilíbrio do desenvolvimento cerebral e gerar sentimentos de desproteção na criança. Por outro lado, um ambiente materno permeado por sentimentos de carinho e compreensão tem o potencial de ativar mecanismos genéticos que impulsionam o crescimento.[2]

Adicionalmente, a genética desempenha um papel importante na herança de características individuais, incluindo a propensão ao controle emocional. Já se sabe que nossas decisões e até mesmo nossa personalidade possuem uma forte conexão com o nosso DNA. Por exemplo, as preferências de sabor, como o fato de gostar mais de café do que de chá, podem ser influenciadas por diferenças genéticas sutis nos receptores gustativos. Estudos também evidenciam que a genética exerce influência na escolha de amigos e parceiros românticos, como demonstrado

---

1 JOHNSON, Psyd C. J. *Wombology*: Healing the Primordial Memories and Wounds Your Grandmother's Daughter Gave to You. Indiana: iUniverse, 2009.

2 VERNY, Thomas R.; WENTRAUB, Pamela. ***Bebês do amanhã:*** arte e ciência de ser pais. Caxias do Sul: Millennium, 2004.

em uma pesquisa realizada com 168 casais nos EUA. Ademais, há indícios de que fatores genéticos também estão relacionados ao interesse por exercícios físicos, conforme comprovado por outra pesquisa.[2]

Em resumo, já nascemos com disposições para nos interessarmos mais ou menos por algo; portanto, as "escolhas" que fazemos em nosso dia a dia, sejam elas simples ou complexas, também são definidas por essa carga genética, ainda que não tenhamos consciência disso.

Isso me fez lembrar de um caso específico em que estive envolvida. Assim como as sementes que germinam de forma inesperada, alguns filhos vêm ao mundo como uma surpresa para seus pais, enquanto outros casais anseiam por ter um bebê, mas enfrentam desafios para conceber. E assim como as árvores que enfrentam dificuldades em seu processo de crescimento, os pais podem enfrentar frustrações ao dar boas-vindas a um novo membro da família que necessita de internação por um período. Todavia, assim como as árvores se adaptam às condições do solo e do clima para sobreviver, os pais podem aprender a lidar com as circunstâncias e os desafios que surgem durante a jornada da paternidade e maternidade.

Embora eu não fosse especialista em atendimento infantil, uma mãe insistiu que eu atendesse sua filha de dez anos, que enfrentava uma fobia de agulha e injeção. Normalmente, eu teria recusado o pedido, mas a persistência da mãe e minha intuição me levaram a agir de outra forma. Acredito ser importante confiar em nossa intuição, pois, muitas vezes, ela sabe mais do que imaginamos. No fim, aceitei atender a criança, e a experiência impactou a minha vida de forma profunda e inesperada.

Paralelo a isso, eu atendia outra paciente, que ansiava por ter um filho, mas enfrentava dificuldades para conceber. Ela já havia passado por diversos tratamentos e três tentativas fracassadas de fertilização *in vitro*.

Nesse contexto, é crucial reconhecer que a perda de um feto interrompe um projeto de vida e planos estabelecidos pelo casal (Defey *et al.*, 1992). Isso abrange desde a preparação do quarto do bebê e a montagem do enxoval até a criação de expectativas relacionadas a passeios em família e ao acompanhamento do crescimento do bebê. Portanto, é totalmente compreensível que ela estivesse sofrendo com tristeza e angústia diante das perdas vivenciadas, bem como uma sensação de impotência.

Conhecendo-a melhor, percebi que parte desse anseio se originava em uma infância onde ela se sentiu rejeitada pelos pais e estava sempre buscando fazer tudo para todos, ansiando por atenção e amor. Em suas palavras, transparecia que sua vida só tomaria um rumo quando tivesse um filho em seus braços. Essa cliente tentou se dedicar a projetos profissionais, mas nenhum dos que iniciou teve força para prosperar. Sua saúde seguia um caminho similar, com trocas frequentes de medicação para lidar com a ansiedade e a depressão, sem, contudo, conseguir aliviar o persistente sentimento de tristeza e a apatia que a consumiam.

Ela sempre voltava ao discurso de que sua mãe não lhe dava atenção e focava apenas suas irmãs, ainda que de forma superficial. Sua relação com o marido se assemelhava a uma relação entre pai e filha, havendo uma escassez de momentos de carinho e uma falta de intimidade sexual. Todos os caminhos apontavam para a solidão que ela sentia. Mesmo em suas amizades, não se sentia acolhida. Tinha dificuldades em estabelecer um equilíbrio saudável entre dar e receber nas relações interpessoais, gerando dificuldades em se sentir valorizada e amada.

Para ajudá-la nesse processo, realizei um exercício baseado no livro *Spiritual Fertility: Integrative Practices for the Journey to Motherhood* da Dr. Julie Von (Hay House Inc., 2019), o qual lhe convido também a fazer.

1. Crie uma lista com o nome das pessoas que você sente que estão torcendo para que você alcance seus objetivos;
2. Peça a elas o apoio que você precisa. Isso pode ser feito por meio de uma mensagem de texto, pessoalmente ou como preferir;
3. Pergunte a si mesmo quais são as pessoas na sua vida por quem você está torcendo;
4. Agora, pergunte-se: essas pessoas retribuem a energia que você compartilha ou elas exigem mais do que você pode oferecer?

Muitas vezes, dizemos "eu te amo" quando precisamos ouvir o quanto somos amados. Como você pode expressar sua gratidão àqueles que estão ao seu lado e, ao mesmo tempo, satisfazer suas próprias necessidades de amor e apoio? E como você pode começar a abrir mão daqueles relacionamentos que exigem mais do que eles oferecem?

Em um experimento, pesquisadores descobriram que, se você der uma porção do seu sorvete favorito às pessoas por oito dias seguidos, elas vão acabar gostando menos dele.[3] Ou seja, se você busca constantemente agradar as pessoas, você perde a apreciação delas com o tempo. Pense por um momento: a quem você tem destinado seu sorvete preferido? Essa pessoa tem demonstrado um apreço recíproco?

Também é importante considerar como você gasta seu tempo com colegas de trabalho, família e amigos, e como isso interfere em sua vida.

De forma complementar a esse exercício, imagine que sua energia essencial é como o combustível de um carro em que você é o motorista. Assim como um carro, algumas atividades, interações e conversas podem consumir seu combustível mais rápido, enquanto outras podem recarregar suas energias.

Quais atividades, interações e conversas drenam seu combustível mais depressa? E quais pessoas, lugares e rituais te abastecem? Ao acompanhar e observar esses padrões, você pode tomar decisões mais conscientes sobre como aproveitar seu tempo e sua energia, priorizando aqueles que realmente a apoiam e nutrem.

O caso dessa paciente, que ansiava pela atenção dos familiares, e o caso da primeira, com seu temor profundo por agulhas e injeções, demonstram que passamos por frustrações e medo. Em ambas as situações, há um desejo por um olhar reconfortante dos pais ou cuidadores. Esses sintomas podem desviar nossa atenção da raiva interna não expressada, que pode se manifestar de diferentes formas, como ansiedade, medo, insegurança ou até mesmo comportamentos autodestrutivos. Por isso, no processo terapêutico de ambos os contextos, estimulei a busca do olhar para si, visando a expressão das emoções reprimidas, além da exposição gradativa às situações temidas.

Para tornar o tratamento dessa criança com fobia mais envolvente, foi essencial integrar elementos lúdicos. Contei com a ajuda da enfermeira Joana da Silva Correia Moriggi para essa finalidade. Ela é experiente na assistência a pacientes com diversos sintomas e na administração de medicamentos em crianças. Juntas, planejamos mostrar a ela que

---

3 MOON Youngme. *Diferente*: quando a exceção dita a regra. Rio de Janeiro: Best Business, 2011.

existem várias abordagens divertidas para enfrentar esse desafio, buscando tornar o processo mais agradável e estimulante.

Logo no primeiro dia de trabalho, senti uma conexão instantânea com Joana, a ponto de ela se sentir à vontade para compartilhar um fragmento de sua vida comigo. Ao convidá-la para trabalharmos em conjunto, percebi que estava passando por um momento de frustração, pois não conseguia mais enxergar o impacto positivo que seu trabalho tinha na vida das pessoas, incluindo a dela mesma.

"Meu coração se encheu de amor, uma sensação de frio na barriga, quando Nataly me convidou para participar deste trabalho. Era exatamente a resposta que eu estava buscando, a oportunidade de fazer algo em benefício das pessoas."

Ela também compartilhou alguns desafios pessoais que enfrentou, como a luta persistente para engravidar, que lhe causou tristeza, frustração, solidão, longas cirurgias e processos de fertilização sem sucesso. Apesar do longo tempo de espera, o desejo de ser mãe nunca diminuiu, algo que me chamou atenção. No entanto, seu marido, a princípio, não estava disposto a considerar outras alternativas, como a adoção. Após um período de reflexão, ele finalmente aceitou. Alguns anos se passaram, e seu filho, Felipe, veio ao encontro de seu colo.

Enquanto ela compartilhava sua história, eu fazia uma conexão com o caso da segunda paciente, que desejava muito ter um filho, e senti um forte impulso para uni-las. Considerava mostrar que existem várias formas de conceber um filho, mas que a vontade dela precisava permanecer acesa, aprendendo a se conectar com a alma de seu bebê. Com a autorização da paciente, convidei Joana para se juntar a nós em outro trabalho, contando sua história, já que estava passando por uma situação semelhante à que Joana tinha passado.

"Minha cabeça não parava de pensar em como seria aquele encontro, um misto de felicidade e medo, pois falar sobre as coisas que eu havia passado não seria tão fácil assim. Quando começamos nossa conversa e eu ouvi aquela mulher chorando e contando sua trajetória, parecia que eu estava revivendo a minha própria história. Pude compartilhar com ela tudo o que passei e mostrar que existiam outras formas e possibilidades de se tornar mãe. Ao final da nossa conversa, saí do consultório com a sensação de ter plantado uma sementinha naquele coração que tanto sofria por não ser mãe."

Às vezes, o apoio vem das pessoas que menos esperamos, mas, para isso, é preciso que estejamos abertos para receber esses encontros, sem medo e sem julgamento.

Ao longo do processo, fui compreendendo por que aceitei atender a criança. O relato de Joana realmente plantou uma semente na outra paciente. Durante a terapia, ela se mostrou mais receptiva a outras alternativas, algo a que antes mostrava resistência.

O que essa cliente não esperava era que todas as suas experiências a preparavam para algo maior. Seu estado emocional estava em constante melhora, a ponto de reduzir significativamente a necessidade de medicação. Todavia, certa manhã, ao pegar o celular do marido para consultar o endereço de um estabelecimento, deparou-se com uma mensagem que a deixou sem saber se deveria chorar ou gritar: uma mulher mostrava-se preocupada com a possibilidade de estar grávida de seu marido. Em outras palavras, duas notícias surgiram ao mesmo tempo: a traição e a possibilidade de o marido ter um filho fora do casamento.

Após o ocorrido, pediu que sua sessão fosse antecipada, pois isso desencadeou uma série de emoções, como tristeza, raiva, confusão e decepção. Decidiu guardar esse segredo do marido enquanto refletia sobre os caminhos que poderia tomar.

Ao longo da sessão, algumas perguntas vieram à tona:

"Será que o meu marido realmente gosta de mim? Por que ele me escolheu?"

Na visão dela, a traição resultava da falta de intimidade no relacionamento. Contudo, reconhecia que essa situação era impulsionada pela desvalorização do marido, o que provavelmente contribuía para a perda de sua libido. Essa insegurança era tanto em relação a ela mesma quanto à dinâmica do relacionamento com o seu marido.

A traição abalou sua autoconfiança e a fez questionar seu próprio valor e sua atratividade. Esse sentimento refletia-se na forma como ela se relacionava com o marido, pois a falta de valorização que percebia por parte dele alimentava ainda mais seus sentimentos de insegurança e depreciação pessoal.

É incrível o quanto homens e mulheres relacionam traição com falta de sexo. Parece até uma associação automática; por isso, ela não pensou assim simplesmente por acaso.

Vivemos em uma sociedade que associa a masculinidade ao desejo sexual, e na falta desse elemento no lar, algumas pessoas acham a traição justificável. Mas será que o sexo é realmente o principal motivo?

O terapeuta de casais Gary Neuman, autor de *A verdade sobre a traição masculina* (BestSeller, 2010), fez um estudo para responder a essa pergunta, e levou mais de dez anos para que a pesquisa fosse concluída. O objetivo era entender o pensamento masculino e os motivos por trás das traições. Assim, foram apontados vários campos: sentimentos, trabalho, vida a dois, filhos, sexo, sedução, amor, traição, família, amigos e hobbies.

A pesquisa envolveu 25.500 participantes via questionário e mais 200 participantes via entrevistas feitas no consultório do Dr. Neuman. O resultado, segue abaixo:

48% – Insatisfação é emocional
32% – Emocional e sexual
8% – Insatisfação é sexual
12% – Outros motivos

Neuman explora diferentes aspectos da insatisfação emocional que podem afetar um relacionamento, como sentir-se desconectado da parceira, demandas por mais recursos financeiros, queixas em relação à função paterna e constantes cobranças e desvalorização.[4] Nesse contexto, a falta de comunicação autêntica e verdadeira pode contribuir para a desconexão emocional entre o casal. Quando um dos parceiros não se sente à vontade para expressar suas verdadeiras vontades, necessidades e desejos por medo de possíveis julgamentos ou conflitos, isso pode levar a um distanciamento emocional e à dificuldade de estabelecer uma conexão genuína com o outro.

---

[4] NEUMAN, M. Gary. (2010). *A verdade sobre a traição masculina*: descubra as causas da infidelidade e o que fazer para evitá-la. Rio de Janeiro: BestSeller, 2010.

Por tais motivos, a primeira vontade dessa paciente era se separar, mas como dependia financeira e emocionalmente do marido, sentia que não estava preparada para dar um passo desse tamanho naquele momento. Desde nosso nascimento, precisamos lidar com rupturas: sair do ventre, desconectar-nos da mãe — antes tão unida pelo cordão umbilical, perder o leite materno após determinada etapa de nossa vida e assim por diante. No livro *Casamento: término e reconstrução* (Integrare, 2009), a autora Maria Tereza Maldonato ressalta que a separação pelo término do casamento se assemelha a essas "perdas" sofridas ao longo da existência.[5]

Um dia após a sessão, recebi uma ligação da Joana, que estava pensando muito na paciente nos últimos dias. Com a permissão dela, acabei passando seu contato para Joana, para que pudessem conversar novamente. As duas desenvolveram uma amizade e se tornaram um grande apoio uma para a outra. Ela compartilhou com Joana o que estava acontecendo em sua vida conjugal.

Sem o conhecimento do marido, a paciente manteve-se vigilante, acompanhando secretamente a troca de mensagens entre ele e a amante. A confirmação da gravidez e a consideração de um aborto foram pontos cruciais para ela, despertando-a para uma encruzilhada emocional que exigiu mais do que uma simples reação.

Relembramos, em um momento de nossa sessão, uma história inspirada nos valores culturais de uma vila Zulu, situada nas colinas da África do Sul, onde a cabra mais valiosa da comunidade havia desaparecido de forma misteriosa. O chefe da vila, um ancião dotado de grande sabedoria, confiou a um grupo de jovens a tarefa de localizar o animal. Eles descobriram-na amarrada em frente à casa de um jovem que, sob pressão e desapontado consigo mesmo, confessou seu ato ao ancião, explicando que o desespero de não conseguir sustentar sua família o havia levado a perder a razão. O desfecho revelou a essência da justiça e empatia da cultura Zulu: em vez de punir severamente o jovem, o ancião o incumbiu da tarefa de cuidar das cabras por um ano, com o intuito de ensinar-lhe honestidade e responsabilidade. Paralelo a isso, a

5 MALDONADO, Maria Tereza. (1986). *Casamento:* término e reconstrução. Petrópolis: Vozes, 1986.

comunidade se uniu para assegurar que a família do jovem não passasse necessidades, prevenindo futuros atos de desespero por parte de outros.

A essência dessa história — transformar conflitos em oportunidades para o fortalecimento comunitário e a promoção da empatia, mantendo a justiça — ressoou profundamente em Heloísa, a levando a agir de uma maneira diferente em relação à traição e à gravidez. Ela resolveu conversar com o marido e mostrar que já sabia de tudo.

"Percebi que, em todas as trocas de mensagem, você se mostrou imparcial em relação ao aborto do seu filho. Você tem vontade de tê-lo?", perguntou ela. O marido respondeu que sim. Ela então questionou: "Você ama essa mulher?", ao que ele respondeu: "Não, só fiquei com ela uma noite e nem a conheço direito."

Então, ela fez uma pergunta surpreendente: "Você tem vontade de recomeçar nossa relação junto com essa criança?" O marido ficou confuso e questionou: "O que você está falando? Que você quer ser mãe dessa criança?" Ela confirmou: "Sim, eu quero criar essa criança junto com você. Será que a mãe dela aceitaria?" Sua decisão demonstrou sua disposição em acolher a criança e reconstruir sua relação com o marido, mesmo diante das circunstâncias desafiadoras.

Um pouco mais aliviada após ter tomado uma atitude, compartilhou sua decisão com Joana. Ao ouvir a amiga, Joana expressou sua surpresa com as coincidências da vida: "Estou acompanhando uma mulher no hospital que também estava considerando abortar seu filho, que foi fruto de uma única relação sexual. Ela mencionou que o homem era casado." A paciente reagiu, dizendo: "Não deve ser a mesma pessoa. Curitiba é muito grande! O nome dela é Flávia." Joana respondeu: "Não acredito! Acho que estamos falando da mesma pessoa. Como isso pode acontecer?"

"Você sabe o telefone dela?", perguntou a paciente. "Eu tenho o número, pois me comprometi em ajudá-la. Combinei de enviar o contato da Nataly para que ela pudesse começar uma terapia antes de tomar qualquer decisão", disse Joana.

"Quando chegar em casa, posso conversar com meu marido e fornecer-lhe o telefone dela. Assim, poderemos certificar se é a mesma pessoa", disse a paciente.

Mais tarde, realmente foi confirmado que era a mesma pessoa. Ambas ficaram perplexas com a situação, assim como eu. Acredito que tudo acontece por uma razão, e o encontro entre nós foi um presente divino.

Joana foi o grande elo entre Flávia e a paciente, mostrando que Flávia poderia conceber aquela criança e entregá-la ao pai, já que ele demonstrava interesse em criá-la. Com a autorização da paciente, Joana contou a Flávia que conhecia a esposa do homem com quem ela teve relação sexual. "E se eu lhe contasse que essa mulher está tentando engravidar há anos?" Enquanto Joana narrava um fragmento da história da paciente, Flávia ficou muito emotiva e começou a repensar a possibilidade de ter a criança e deixá-la com o pai, especialmente porque ela já tinha um filho de outro relacionamento.

O marido da paciente estava cada dia mais envolvido com o processo e convidou Flávia para conhecer sua esposa. As duas tiveram uma longa conversa, e Flávia decidiu levar a gravidez adiante, sob a condição de que eles arcassem com todas as despesas médicas necessárias, inclusive a laqueadura.

A paciente acompanhou todos os ultrassons e, a cada procedimento, as duas se aproximavam mais, a ponto de Flávia verbalizar que não haveria melhor mãe para aquela criança.

Chegou o dia do nascimento, porém um outro desafio estava prestes a acontecer. A criança nasceu com alguns problemas de saúde e foi levada imediatamente para a UTI. Foram dias de angústia e muito medo, mas uma coisa é certa: o pai mostrou-se extremamente presente em todas as etapas, algo que a esposa desejava desde o início do casamento. Os dois nunca estiveram tão unidos como agora, envolvidos com o cuidado da filha. Em relação a Flávia, após o parto, o casal não manteve mais contato com ela, conforme combinado entre as partes.

Acho importante comentar que, na data em que escrevo este capítulo, é Dia das Mães no Brasil, e enquanto narro essa história, recebi uma linda mensagem dessa paciente.

"Quero começar dizendo o quanto seu Dia das Mães foi significativo para mim. Eu passei o dia inteiro pensando em você, enviando-lhe todo o amor e a luz que você merece. Sua presença em minha vida tem sido uma bênção inestimável, e é graças a você que hoje eu comemoro o

Dia das Mães com tanto amor e alegria. Refletindo sobre a forma como minha filha foi concebida, percebo que a dimensão material desse acontecimento é insignificante quando comparada à dimensão espiritual. Minha menina foi concebida por meio da Fé, da esperança, da empatia, da compaixão e, acima de tudo, do amor. Você foi um presente de Deus em minha vida, transformando a dor em um oceano de amor que transborda em meu coração. Todos os dias agradeço a Deus por ter você em minha vida e por todo o amor que irradia de sua essência. Querida fada madrinha, agradeço-lhe do fundo do meu coração por tornar este Dia das Mães o meu presente como mamãe. Sua presença e seu apoio têm sido fundamentais em minha jornada como mãe, e sou imensamente grata por tudo o que você fez e continua fazendo por nós."

Emocionou-me receber uma mensagem como essa, pois ela prova o quanto o amor é capaz de se sobrepor à dor. O sentimento de rejeição que essa mãe carregava no peito era grande, embora reprimido. Além de sentir-se rejeitada pelos pais, ela experimentou outro sentimento de rejeição ao vivenciar uma traição. Ainda assim, conseguiu, no amor, liquidar o ciclo de rejeição, evitando que uma criança também sofresse com as dores de abandono. Nesse ponto, é interessante citar que indivíduos que sentem rejeição, abandono ou são abusados, sobretudo na infância, precisam de estímulos físicos, como abraços e carícias — mesmo que em um primeiro momento os recusem, por não saberem como receber tal afeto.

No caso relatado, eles mostraram-se comprometidos com a criação da filha. No entanto, é importante reconhecer que nem sempre essa é a realidade. De acordo com o livro ***Criando filho homem sem a presença do pai*** (M. Books, 2020), estima-se que duas em cada três crianças nascidas sejam criadas por mães solo, o que evidencia a relevância desse tema.

Neste aspecto, no jardim da minha vida, há um exemplo inspirador que gostaria de mencionar: meu professor de tênis no Brasil, Lucas Marcolin, que passou por diversas adversidades desde o início de sua vida. Sua mãe biológica trabalhava como profissional do sexo e ele não teve a oportunidade de conhecer seu pai. Além disso, sua avó lutava contra o alcoolismo, sua irmã mais velha sofreu abuso sexual perpetrado por seu tio e seu irmão estava envolvido com o tráfico de drogas.

Lucas foi adotado aos 7 anos, após sua irmã biológica sofrer queimaduras de terceiro grau ao derramar água quente em si mesma e ser abandonada no hospital pela mãe. Desde os 5 anos, seu irmão o drogava com cocaína e maconha, além de largá-lo no centro da cidade, forçando-o a voltar para casa a pé. Naquela época, muitas coisas não faziam sentido para ele, mas hoje sua história demonstra uma notável resiliência.

Antes de ser adotado, ele tinha que ganhar dinheiro cuidando de carros na rua para ajudar em casa. Atualmente, seu irmão está preso por envolvimento com o tráfico de drogas. Sua história envolveu passagens por internatos e um processo de adoção conturbado, que causou sentimentos de abandono e tristeza. Quando vieram buscá-lo, após o incidente com sua irmã, sua mãe pediu que ele fugisse. Ele conseguiu fugir na primeira e na segunda tentativas, mas foi capturado na terceira. Apesar de tudo o que aconteceu, Lucas sentia muito amor por sua mãe. Ele relata como foi difícil entrar em uma Kombi com várias crianças, enquanto sua mãe chorava. Ele se sentiu desesperado, sem saber o que aconteceria. Foi levado para uma casa lar, ou casa de acolhimento.

A separação de filhos e pais pode ser um evento traumático e, dependendo das circunstâncias, seu efeito pode ser um grande influenciador no desenvolvimento de estresse, hiperatividade, impulsividade, agressividade e carência nas crianças, repercutindo em sua juventude e vida adulta. Algumas pessoas sustentam a ideia de que crianças pequenas não são afetadas pela separação devido à sua falta de compreensão da situação. Porém, considerar isso é extremamente imprudente, pois mesmo sem a habilidade de verbalizar suas emoções, a criança absorve a experiência, o que gera um sentimento reprimido cuja origem ela sequer compreenderá.

Revisitando o capítulo da vida de Lucas, recordamos sua primeira estadia numa casa de acolhimento, marcada por regras rígidas e privações, entre elas, a árdua limitação do tempo de banho a meros três minutos, sob uma água que mal aquecia. Lucas, ansiando por um pouco mais de conforto, ultrapassava esse limite com frequência, o que o levava a enfrentar punições severas — repreensões que ecoavam em seu coração com a dor da saudade de sua mãe.

Em sua busca por ajuda, ele levou suas queixas aos responsáveis pela casa lar, um ato de coragem que acabou revelando a existência de sua irmã. O conhecimento desse fato o conduziu a uma nova morada, um lugar onde as sombras do passado começaram a se dissipar diante da presença de cuidadoras que, aos seus olhos, assemelhavam-se a anjos. Foi nesse refúgio de amor e compreensão que Lucas começou a tecer os fios do que viria a compreender como o verdadeiro significado do amor, uma lição que iluminaria seu caminho dali em diante.

Aos tenros 7 anos, Lucas deu seus primeiros passos em direção a um novo destino ao adentrar as portas de uma ONG dedicada a prática do tênis. Foi nesse solo fértil de aprendizado e jogo que seu caminho cruzou com o daquele que viria a se tornar seu pai. A adoção não foi apenas um ato formal, ela nasceu de um vínculo profundo, selado no momento em que Lucas, movido por um sentimento espontâneo, chamou o responsável pela ONG de "papai". Esse gesto singelo, mas carregado de significado, pavimentou o caminho para uma vida reimaginada ao lado de sua nova família.

É relevante destacar que, embora a adoção se desdobre num leque de impactos positivos, ela não está isenta de desafios. Com frequência, crianças em lares adotivos, bem como aquelas formalmente adotadas, enfrentam batalhas íntimas contra transtornos de apego. Da mesma forma que uma gravidez carrega suas próprias complexidades, o processo de adoção é permeado por nuances únicas. Proponho, portanto, uma nova analogia para adentrarmos a temática da adoção, com um olhar atento à influência do subconsciente na moldagem do ser da criança adotada.

Imagine que cada pessoa é como uma obra de arte única, um quadro composto por diferentes cores, formas e texturas. Essa obra de arte começa a ser criada desde o momento da concepção, quando a mente da criança começa a se desenvolver. Nessa criação, a mãe desempenha um papel significativo, pois suas experiências e emoções são registradas no subconsciente da criança em desenvolvimento. O consciente da criança é como a superfície do quadro, onde ela tem consciência imediata do que está acontecendo ao seu redor. O subconsciente, por sua vez, é como as camadas intermediárias, onde as vivências da mãe e outros estímulos são armazenados e podem influenciar o desenvolvimento da criança, mesmo que ela não tenha consciência disso. Já o inconsciente é como as profundezas do quadro, contendo pensamentos, desejos e influências mais profundas, muitas vezes fora do alcance da consciência da criança. Esses aspectos da mente são fundamentais para a formação da criança adotada, pois influenciam suas percepções, emoções e comportamentos, e devem ser considerados no contexto da adoção.

Na gestação, esse quadro começa a ganhar forma, sendo desenhado pelos pincéis, tintas e recursos dos pais biológicos, que deixam suas marcas no subconsciente da criança. As informações registradas no subconsciente, juntamente com as experiências vivenciadas após a adoção, moldam a trajetória e o desenvolvimento da criança, criando uma pintura única e especial.

Assim, quando uma criança é colocada para adoção, é como se essa obra de arte "inacabada", que acompanhará toda a nossa vida, recebesse um novo conjunto de pincéis, tintas e recursos. Isso pode resultar em um conflito de estilos entre as influências biológicas e as experiências adotivas. Da mesma forma, muitas crianças adotadas enfrentam um conflito de identidade, sem se sentirem pertencentes a uma família ou outra, experimentando sentimentos de rejeição e dificuldade em se encaixar. Esses conflitos podem ocorrer de forma nítida, mas, na maioria das vezes, são inconscientes, representando uma busca interna por integrar as diferentes partes do quadro de sua mente.

Assim, torna-se compreensível que a criança possa carregar consigo um emaranhado de percepções e emoções intrincadas, particularmente em relação à figura materna. Influenciada por suas experiências anteriores, ela pode inadvertidamente sentir-se rejeitada ou abandonada. Essas emoções, que muitas vezes têm origem no passado, podem ser projetadas, sem intenção, sobre a mãe adotiva, e, possivelmente, estendidas aos outros membros da família adotiva.

Nesse contexto, torna-se imperativo acolher a criança adotada de braços abertos, reiterando incansavelmente o amor que a envolve. A adoção manifesta-se como uma expressão sublime de amor em duas vertentes. Inicialmente, pelo gesto altruísta da mãe biológica, que, movida por circunstâncias pessoais e em meio a uma tempestade de emoções, opta pela adoção, num ato de proteção e sobrevivência, tanto para si quanto para seu filho. Tal decisão, embora carregada de amor, é também permeada por uma profunda angústia.

Por outro lado, o amor transborda igualmente dos corações dos pais adotivos, cuja escolha de acolher a criança em seu lar e em suas vidas é marcada por uma profunda entrega e um intenso comprometimento. Esses atos tecem uma rede de segurança emocional para a criança adotada, prometendo um futuro onde o amor, em suas múltiplas formas, será a bússola que guiará cada passo da jornada.

É sob essa luz de amor incondicional que os pais adotivos devem navegar, iluminando a vida do filho adotado com a certeza de um afeto inabalável. Contudo, é uma verdade inexorável que, em algum momento, a criança poderá se deparar com sombras de rejeição e uma ânsia profunda por aprovação, fruto de um subconsciente que ressoa com a ausência das suas primeiras figuras de amparo ou a impossibilidade de elas permanecerem ao seu lado. Assim, torna-se essencial que os pais adotivos enfrentem e ressignifiquem suas próprias vivências subconscientes de rejeição ou abandono. Esse processo de autoconhecimento é fundamental para forjar um vínculo autêntico com a criança, uma ponte sólida, construída sobre a confiança mútua, garantindo que o amor e a segurança sejam os pilares que sustentarão a nova estrutura familiar.

Lucas sempre se considerou uma criança muito carente, pois frequentemente se sentia excluído. Na época em que foi adotado, seu pai adotivo não tinha uma esposa, mas, depois de um tempo, ele tentou reconciliar-se com sua antiga companheira. Para Lucas, essa mulher era uma pessoa maravilhosa, que o ajudava com suas tarefas e lhe proporcionava amor. Seu pai, por outro lado, não tinha muita paciência e era mais impositivo e firme em suas atitudes.

A presença dessa mulher em sua vida foi significativa, porque o que determina como a criança sobrevive a um trauma físico, emocional ou psicológico é o amor, o apoio e o incentivo dos adultos em quem ela confia.[6]

O pai de Lucas era um visitante constante na escola do filho, convocado a comparecer naquele lugar devido às brigas nas quais seu filho se envolvia. Aos 7 anos, ele enfrentava o desafio de contar até 10, uma tarefa árdua para sua jovem mente. Nesse sentido, é pertinente ressaltar

6 PERRY, Bruce D.; SZALAVITZ, Maia. *O menino criado como cão*: o que as crianças traumatizadas podem nos ensinar sobre perda, amor e cura. São Paulo: nVersos, 2020.

que, quanto mais avançada a idade da criança no momento da adoção e quanto mais intensa a sua exposição a contextos adversos, mais acentuado é o risco de surgirem obstáculos em seu desenvolvimento cognitivo.

O relacionamento afetivo do pai não foi adiante, e Lucas encontrou-se, uma vez mais, residindo apenas com seu pai e sua avó, preenchido por um renovado senso de vazio. A educação nunca despertara seu interesse, o que provocava conflitos frequentes com o pai. Esse, por sua vez, almejava que seu filho se dedicasse aos estudos, então adotava uma postura autoritária, na tentativa de fazer com que o filho reconhecesse a importância do aprendizado.

Posteriormente, o pai de Lucas uniu-se a outra mulher, que tentou assumir o papel maternal na vida do jovem, embora sua aceitação nessa função fosse marcada por grande resistência. A relação entre eles era tumultuada, permeada por desentendimentos constantes.

Aos 13 anos, abalado por um profundo sentimento de alienação, inclusive na escola, ele tentou suicidar-se sem sucesso, motivado por uma avassaladora sensação de desenraizamento. Aos 14 anos, se envolveu com substâncias ilícitas, recorrendo à maconha como um meio de anestesiar-se diante da dureza de sua realidade, buscando nas drogas uma companhia para sua solidão.

Uso de substâncias ilícitas e comportamentos compulsivos que podem levar à dependência (como os vícios em drogas, compras, jogos, tecnologia, sexo, trabalho, atividade física, entre outros) são estratégias que o indivíduo encontra para aliviar e eliminar rapidamente o peso das emoções.

Além disso, o ato de fumar também é considerado uma gratificação oral, tendo uma conotação infantil, de acordo com a teoria freudiana, semelhante ao ato de chupar o dedo.[7] Podemos usar a analogia proposta pelo psiquiatra e psicanalista argentino Eduardo Kalina, que compara a droga ao espinafre do Popeye. Nesse sentido, a substância oferece uma força sobre-humana instantânea. No entanto, o problema surge quando o efeito imediato gerado pela substância (ou por qualquer outro comportamento) se dissipa, e o indivíduo se depara novamente

---

7 BEATTIE, Geoffrey. *The Conflicted Mind*: And Why Psychology Has Failed to Deal With It. Reino Unido: Routledge, 2017p.

com a realidade, percebendo que o problema não foi resolvido de maneira efetiva. Isso gera frustração, o levando de volta ao comportamento compulsivo. Dessa forma, um ciclo vicioso é criado, fazendo com que o sujeito desenvolva a dependência.

A dependência funciona como uma máscara que consegue, por um tempo, sobrepor as emoções reais do indivíduo.

Ou seja, o ciclo torna-se o seguinte:

1. Diante de uma frustração, há uma busca por alívio rápido e imediato através do uso de uma substância (ou de outro comportamento compulsivo);
2. Surge então o alívio da frustração e a sensação de resolução do problema;
3. Com o fim do efeito gerado pela substância (ou comportamento), instala-se a percepção da realidade e do problema que não foi resolvido, ocasionando uma nova frustração, com o reinício do ciclo, e assim sucessivamente.

Portanto, como é imperativo o entendimento de que a dificuldade em enfrentar a frustração é um prenúncio significativo para a inclinação a comportamentos aditivos. No episódio de Lucas, sua batalha transcendeu os limites do vício, abraçando também a luta contra um sentimento de ostracismo no ambiente escolar, onde era alvo de bullying e se via assombrado pela discrepância econômica em relação aos seus pares, de classes mais favorecidas.

A saga de Lucas ilumina a urgência de uma introspecção coletiva acerca dos valores que nossa sociedade exalta, em especial a ênfase nas disparidades de riqueza. A perpetuação de uma cultura que idolatra o acúmulo material engendra, sem querer, um solo fértil para a desigualdade, o bullying e a exclusão social.

Atingindo a marca dos 15 anos, Lucas, embora navegasse em águas internas agitadas, encontrou refúgio e compreensão em um relacionamento amoroso. Entretanto, as tormentas emocionais que o afligiam não estavam apaziguadas, conduzindo-o à beira de uma nova tentativa de suicídio, evidenciando os profundos dilemas que continuavam a perturbá-lo.

Aos 16 anos, ele encontrou um propósito para sua vida: dar aulas de tênis. No ano seguinte, seu caminho tomou um rumo tumultuado, culminando em sua expulsão de casa devido ao comportamento errante, marcado por constantes estados de embriaguez e pelo consumo de drogas. Sem um lar, Lucas buscou refúgio junto a amigos e, aos fins de semana, na casa de sua namorada, onde era acolhido pela família dela como um deles. Nesse período conturbado, uma luz surgiu por meio da figura de seu tio, irmão de seu pai, que não apenas o amparou financeiramente, mas também o encorajou a almejar um futuro mais promissor.

Foi durante seus almoços solitários em uma praça, após as aulas do cursinho, que Lucas mergulhou em um mundo à margem do seu próprio. Ali, entre mendigos e suas narrativas carregadas de vícios, violências e relatos de encarceramentos por crimes graves, ele confrontou-se com o abismo humano. Apesar das adversidades intransponíveis que mantinham essas almas cativas nas ruas década após década, essa interação inesperada agiu como catalisadora de uma transformação profunda em Lucas.

Enquanto aquelas almas permaneciam presas às ruas, incapazes de alterar seus destinos, mesmo na maturidade de seus 40 ou 50 anos, para Lucas, tal encontro marcava o início de uma metamorfose. Essa vivência o impeliu a mergulhar com renovado fervor em sua vocação para ser treinador e a reconstruir os laços com sua família. Retornando ao lar, Lucas renasceu; transformado, hoje ele carrega uma missão nobre: ser um farol para crianças que enfrentaram adversidades análogas às suas. Logo, é pelos meandros sinuosos da existência que se esculpem as mais belas histórias de resiliência e renovação.

Quando Lucas compreendeu que o ônus do amor começava por ele mesmo, absorveu lições inestimáveis através dos obstáculos que superou. Assim como no aprendizado de um novo esporte como o tênis, que exige determinação, persistência e uma habilidade singular de adaptação, Lucas aplicou esses preceitos à sua própria trajetória. Ele percebeu que enfrentar e transcender desafios, extrair sabedoria dos próprios equívocos e cultivar resiliência eram competências cruciais, não somente nas quadras, mas também no vasto campo de sua existência diária.

Ademais, as lições ministradas por Lucas revelaram sua notável habilidade para estabelecer conexões profundas com aqueles ao seu redor, criando um ambiente de acolhimento e motivação. Tenho o privilégio de atestar isso por meio da conexão especial que ele estabeleceu comigo. Nossas aulas ultrapassavam o aprendizado convencional, transformando-se em momentos ricos para o compartilhamento de histórias e experiências. As quadras se tornaram um refúgio de confiança, um espaço onde habilidades eram desenvolvidas, desafios eram enfrentados e, mais importante, medos eram confrontados.

O medo pode nos imobilizar, estreitando o horizonte de novas possibilidades e caminhos a serem explorados. A apreensão diante do desconhecido e da incerteza pode nos reter, barrando o avanço rumo aos nossos sonhos. Contudo, é essencial reconhecer que o medo integra intrinsecamente o processo de aprendizado e evolução.

Por outro lado, a autoconfiança insuficiente surge como outro desafio marcante. Muitas vezes, podemos nos questionar sobre nossas habilidades e talentos, especialmente diante do imenso desafio de criar um filho. Tal incerteza pode provocar dúvidas quanto a nossa aptidão parental. É vital reconhecer que cada ser é detentor de habilidades únicas. As estratégias que se mostram efetivas para um indivíduo podem não ter o mesmo resultado para outro; assim, é imprescindível explorar e vivenciar métodos variados, buscando descobrir a abordagem que mais se harmoniza com as necessidades específicas do momento.

Mas como se tornar pai ou mãe em um cenário de escassez econômica? E quais são as possíveis implicações das restrições financeiras na criação de um filho? Essas respostas podem ser encontradas na história de uma mulher admirável, Elisa. Ela cresceu em uma família em que os pais engravidaram muito jovens e não possuíam recursos financeiros suficientes para sustentar uma família. Ela percebia que seus pais enfrentavam dificuldades e, por vezes, sentia que eles não estavam plenamente preparados para assumir aquela responsabilidade naquele momento.

Quando ela tinha 9 anos, sua família decidiu se mudar para outro estado em busca de melhores oportunidades, uma vez que a situação econômica da família era precária e eles chegaram a passar fome. Após a mudança, Elisa não precisou mais lidar com a falta de alimentos, mas assumiu novas responsabilidades: seus pais começaram a trabalhar o dia todo e demoraram para matriculá-la na escola, o que fez com que ela assumisse o papel formal de cuidadora de seus irmãos mais novos.

Para que Elisa conseguisse um momento para brincar ou estudar, era preciso que todas as tarefas domésticas do dia tivessem sido realizadas e que a mãe estivesse em casa para tomar conta dos irmãos e do lar.

Nesse cenário, o processo de desenvolvimento de Elisa abrangeu um relacionamento caracterizado como "parentificação", onde se atribui à criança as funções de um adulto, conjecturando uma inversão de papéis entre pais e filhos. Como resultado disso, a garota assumiu responsabilidades e comportamentos adultos muito antes de estar madura, sacrificando assim suas próprias necessidades de atenção, conforto e autocuidado.

Sujeitos que passaram por um processo de "parentificação" muitas vezes experimentam ansiedade por abandono e à perda, e demonstram dificuldade em lidar com a rejeição e a decepção nas relações interpessoais. Isso enfatiza o peso que nossas experiências têm sobre as pessoas que nos tornamos, direcionando nossas escolhas conscientes e, até mesmo, as inconscientes.

À medida que o tempo passava, os cuidados que Elisa deveria ter consigo mesma eram suprimidos, visto que seu foco estava sempre voltado ao cuidado com seus irmãos menores. Em sua jornada para assumir um papel de adulto precocemente, ela ansiava por reconhecimento e elogios de seus pais, algo que nunca se concretizou.

"Uma lembrança marcante para mim é que comer sempre trouxe uma sensação de conforto. Antes, minha mãe controlava a quantidade de comida no meu prato, mas aos 9 anos, essa responsabilidade foi transferida para mim. Eu tinha que cuidar dos meus irmãos e servi-los; um deles tinha 6 anos e o outro apenas 10 meses. Foi um desafio enorme, e confesso que não sei como consegui lidar com a responsabilidade de cuidar de uma criança tão pequena", relembra Elisa.

Essas palavras evocam o caso descrito por Dorothy Corkille Briggs em seu livro *A autoestima do seu filho* (Martins Fontes, 2019). Briggs narra com sensibilidade a história de uma criança de 8 anos, que se percebia como a "ovelha negra" de seu núcleo familiar. Essa dolorosa sensação de alienação e não aceitação semeava ansiedade e tensão em seu coração. Entre as memórias mais distantes e significativas da infância, destaca-se a percepção de que o ato de comer não era apenas uma necessidade física, mas um bálsamo emocional, sendo um refúgio das turbulentas emoções internas.[8]

É uma realidade comum e, ao mesmo tempo, profundamente humana a formação de um vínculo entre comida e emoções, desde os primeiros anos de vida. Essa associação muitas vezes nasce nos momentos ternos de alimentação, quando o carinho se mescla às sensações gustativas. Observar a expressão de contentamento nos rostos de nossos cuidadores ao saborearem uma refeição deliciosa também deixa marcas emocionais duradouras. Dessas experiências iniciais, brota, em muitos de nós, a tendência a procurar na comida um porto seguro de conforto e alívio emocional, especialmente em momentos permeados por frustrações, tensão, solidão ou rejeição.

Ainda pretendo abordar a história de Elisa e o modo como suas experiências influenciaram sua vida, especialmente após a formação de sua própria família. Contudo, é essencial considerar aspectos como a gestação e a situação econômica das famílias. Segundo a pesquisa *O poder de escolha*, realizada pelo Fundo de Populações das Nações Unidas (UNFPA), os 20% mais ricos do Brasil apresentam a taxa mais baixa de fecundidade, com uma média de 0,77 filhos por mulher. Em contraste, os 20% mais pobres são os que têm mais filhos, com uma média de 2,9 filhos por mulher. Esse resultado está intimamente relacionado ao acesso à informação, uma vez que mulheres que têm de 5 a 8 anos de estudo, têm uma média de 3 filhos, enquanto aquelas que têm mais de 12 anos de estudo, têm 1,18 filhos.[9]

Nesse contexto, é valido destacar que mulheres pertencentes a famílias de baixa renda enfrentam maiores riscos de violência, um fator que tem implicações profundas durante a gestação e depois dela. Um estudo sobre a violência durante a gravidez revelou uma ligação

8 BRIGGS, Dorothy Corkille. *A autoestima do seu filho*. São Paulo: Martins Fontes, 2002.

9 FUNDO DE POPULAÇÃO DAS NAÇÕES UNIDAS. *O poder da escolha*: direitos reprodutivos e transição demográfica. Brasília, 2018. Disponível em: https://brazil.unfpa.org/sites/default/files/pub-pdf/SWOP_2018.pdf.

preocupante desse fator com problemas no vínculo entre mãe e filho nos primeiros 2 anos de vida da criança. Analisando 295 pares de mãe e filho, constatou-se que 48,8% das mulheres experimentaram violência ao longo da vida, e 15,9% durante a gravidez. Essa violência demonstrou ter uma associação estatisticamente significativa com diversos desafios enfrentados por essas mulheres, incluindo estresse, depressão pós-parto (DPP), distúrbios do sono infantil, qualidade do vínculo entre mãe e filho, e problemas de internalização em crianças em fase pré-escolar. A qualidade desse vínculo foi diretamente impactada pela violência, sendo o estresse e a DPP fatores que contribuem para esse cenário, enquanto os problemas de internalização na criança foram diretamente ligados às falhas nesse vínculo.[10]

Em relação ao desenvolvimento infantil, é importante mencionar as contribuições de Erik Erikson, um renomado psicólogo do desenvolvimento.[11] Ele propôs uma teoria que inclui oito estágios psicossociais de desenvolvimento, cada um marcado por uma "crise de identidade". O primeiro estágio, que ocorre durante o primeiro ano de vida, é conhecido como "confiança versus desconfiança". Nesse estágio, a criança aprende a acreditar que suas necessidades básicas serão supridas, estabelecendo assim uma base de confiança em si mesma e no mundo ao seu redor. Contudo, se suas necessidades não forem atendidas de forma consistente e afetuosa, a desconfiança pode se instalar, levando a criança a desenvolver uma visão desconfiada do mundo e dos outros. Isso pode predeterminar a visão futura do indivíduo em relação ao mundo.

Além disso, durante a primeira infância, por volta dos 2 ou 3 anos de idade, surge o estágio de "autonomia versus dúvida". Nesse estágio,

---

10 BURIOL, Viviane Costa de Souza. *Impacto da violência sofrida pela mulher no vínculo mãe-filho e na saúde mental da criança em idade pré-escolar mediados pelo estresse e pela depressão materna pós-parto*: coorte IVAPSA. 2022. Tese (Doutorado em Saúde da Criança e do Adolescente). Programa de Pós-Graduação em Saúde da Criança e do Adolescente, Universidade Federal do Rio Grande do Sul, Porto Alegre, 2022. Disponível em: https://www.lume.ufrgs.br/handle/10183/257521.

11 BURIOL, Viviane Costa de Souza. *Impacto da violência sofrida pela mulher no vínculo mãe-filho e na saúde mental da criança em idade pré-escolar mediados pelo estresse e pela depressão materna pós-parto*: coorte IVAPSA. 2022. Tese (Doutorado em Saúde da Criança e do Adolescente). Programa de Pós-Graduação em Saúde da Criança e do Adolescente, Universidade Federal do Rio Grande do Sul, Porto Alegre, 2022. Disponível em: https://www.lume.ufrgs.br/handle/10183/257521.

a criança é encorajada a explorar e a desenvolver sua autonomia. Se os cuidadores apoiam as tentativas da criança de agir por si mesma e incentivam sua independência, ela desenvolve confiança em suas habilidades e na capacidade de tomar decisões. No entanto, se a criança é desencorajada, criticada ou limitada em suas tentativas de independência, ela pode começar a duvidar de suas próprias capacidades. Acredito que seja nesse estágio que a criança interior é ferida com mais frequência, pois o sentimento de ser valorizado é essencial para progredir com sucesso nos estágios de desenvolvimento de Erikson. Caso contrário, podemos ficar presos em qualquer fase, impactando nosso desenvolvimento subsequente.

Portanto, nem sempre os desafios da infância, sejam eles físicos, cognitivos ou mentais, estão necessariamente associados à baixa condição financeira. Muitas vezes, esses desafios podem ser expressões de motivos não tão aparentes, que exigem uma investigação mais aprofundada do ponto de vista psicológico.

Isso me faz lembrar de outra criança que atendi, a Mayra, de 7 anos. Quando ela chegou ao meu consultório, notei que estava bastante desconfiada e resistente. Sua postura deixava claro o seu incômodo. Durante a conversa inicial, a mãe revelou que Mayra já havia passado por duas tentativas de terapia, mas acabou desistindo em ambas as ocasiões, pois não se sentiu confortável e até fugiu do ambiente terapêutico.

"Você é a minha última tentativa", disse a mãe.

Decidi insistir, pois a escola me alertou sobre a importância do processo terapêutico para a Mayra.

Ao me sentar na frente da Mayra, comecei a observá-la, a fim de tentar compreender o que se passava em sua mente infantil, que já havia enfrentado tantas frustrações mesmo sendo tão nova. Eu via em seu olhar muita ingenuidade, mas, ao mesmo tempo, uma incompreensão; era como se ela não quisesse estar ali. Sabendo do seu histórico, decidi iniciar a terapia com atividades que envolvessem movimento, em vez de materiais escolares, como desenhos ou leituras.

"Bom dia, Mayra! Que bom que você está aqui hoje!"

"Não quero ficar aqui!", Mayra logo se posicionou, mostrando sua resistência, agora para além da postura.

“Entendo que pode parecer um pouco assustador estar em um lugar novo, mas aqui vamos fazer coisas bem legais! O que acha de jogarmos bola na quadra de basquete?”

“Pode ser”, respondeu ela, ainda relutante.

“Você sabia que eu gosto muito de jogar bola? Vamos lá!”

Depois de algum tempo jogando basquete juntas, Mayra sentiu-se à vontade para perguntar:

“Por que eu tenho que vir aqui?”

“Vamos caminhar pelo jardim, Mayra, eu vou te contar uma história. Você sabe como é um jardim, né? Tem muitas plantas diferentes, e elas precisam de cuidados para crescerem fortes e saudáveis. Assim como as plantas, nossas emoções também precisam de cuidados, para nós nos sentirmos bem.” Ela olhou para algumas flores e então eu continuei: “Você já reparou como o jardim muda ao longo das estações? No verão, as plantas florescem e ele fica cheio de cores e vida. Já no inverno, as folhas caem, e o jardim fica mais quietinho, como se estivesse descansando. Assim como o jardim muda, as nossas emoções também mudam. Às vezes, estamos felizes e animados; em outros momentos, podemos sentir tristeza, raiva ou medo. E tudo bem sentir essas emoções, porque faz parte da nossa vida. Mas é importante aprendermos a cuidar dessas emoções para nos sentirmos bem. É como se fôssemos jardineiros cuidando do nosso próprio jardim emocional. E a terapia pode nos ajudar nisso, pode nos ensinar a cuidar das nossas emoções, a entender o que elas significam e a lidar com elas de forma saudável. Podemos aprender coisas novas juntas, nos divertir e descobrir formas diferentes de cuidar do nosso jardim emocional. O que você acha disso, Mayra? Parece legal?”

“Um pouco”, falou ela, começando a ceder.

“Sim, parece bem legal!”

Plantamos, então, um modesto feijão, pois assim ela poderia observar sua evolução de forma mais rápida e se sentir mais envolvida com o processo e curiosa em relação a ele. Durante o cultivo, permiti que ela assumisse a liderança, revelando sua curiosidade e seu interesse pela atividade.

Segundo relatos dos pais, a menina enfrentava obstáculos no aprendizado escolar, demonstrava inquietação em sala de aula e tinha um comportamento agressivo com os colegas, chegando a morder. Essas atitudes eram específicas do ambiente escolar e não ocorriam em outros contextos. Durante as aulas, houve situações em que ela se levantava e erguia as carteiras, proclamando ser a She-Ra.

A identificação da criança com personagens fictícios, como She-Ra — um ícone de poder e força —, pode ser interpretada como um mecanismo de escapismo. Nesse cenário imaginário, ela encontra uma fonte de autoconfiança e valorização, contrastando com as inseguranças enfrentadas em seu cotidiano escolar. A agressividade e o comportamento disruptivo observados podem ser vistos como manifestações de conflitos internos ou carências emocionais não resolvidas.

Ao adotar a persona de She-Ra, Mayra parece empregar a figura da heroína como um veículo para expressar, de forma simbólica, esses sentimentos turbulentos. Essa personificação vai além de uma simples fantasia, ela reflete um anseio profundo da criança em espelhar as qualidades da personagem, principalmente em contextos onde ela se sente desvalorizada e vulnerável. Essa escolha revela não apenas uma fuga da realidade, mas também um esforço inconsciente para lidar com suas emoções e construir uma identidade mais empoderada e segura em meio às adversidades.

Com relação à gestação de Mayra, tudo transcorreu de maneira normal, sem intercorrências. No entanto, a mãe carregava consigo uma reflexão: como conciliar os cuidados das três filhas. Com o trabalho fora de casa e uma rede de apoio distante, essa responsabilidade se tornava ainda mais desafiadora. Além disso, o marido precisava viajar a trabalho com frequência, o que aumentava a pressão. Nesse contexto, muitas mulheres enfrentam o desafio de assumir múltiplos papéis e se desdobrar para atender todas as demandas, o que pode gerar uma sensação de sobrecarga e inquietação. Essa sobrecarga constante pode levar ao esgotamento físico e emocional, além de gerar sentimento de culpa, frustração e insegurança. Portanto, é fundamental que as mulheres tenham acesso a suporte emocional, apoio prático e oportunidades de autocuidado, para enfrentar esses desafios e preservar seu bem-estar.

Após entrar em uma fase de adaptação, um novo desafio surgiu. Aos 2 anos de idade, Mayra começou a apresentar crises epiléticas.

Os pais demonstraram preocupação, medo e incerteza ao lidar com essa situação, especialmente porque já haviam convivido com a sobrinha do pai, que sofria de epilepsia e precisou passar por uma cirurgia para remover um tumor cerebral.

Apesar de Mayra ter sido levada a vários neurologistas, nenhum deles conseguiu dar um diagnóstico preciso para suas crises. Nessa inconstância de respostas, ou os médicos faziam indicações de remédios, ou adotavam a conduta oposta, alegando não haver indicação de nenhuma medicação por serem crises espaçadas. Diante dessa incerteza, os pais refletiram muito sobre a situação e decidiram seguir sua intuição, optando por não utilizar as medicações indicadas por alguns profissionais.

Nessas visitas a neurologistas, alguns deles solicitaram uma avaliação cognitiva mais detalhada. Mayra chegou a realizar diversos testes, incluindo o WISC (*Wechsler Intelligence Scale for Children*), que é um teste psicológico amplamente utilizado para medir a inteligência e as habilidades cognitivas de crianças e adolescentes. A mãe verbalizou que houve um médico que, após receber o laudo da avaliação, afirmou que seria muito difícil Mayra conseguir ingressar em uma faculdade no futuro.

Após a avaliação inicial, dois sintomas chamaram minha atenção: a epilepsia e a dificuldade de aprendizado. Estudos mostram que as dificuldades de aprendizagem estão presentes em uma grande percentagem das crianças com epilepsia de ausência (breves episódios de "desligamento" ou perda de consciência). Esse fator pode representar um desafio para os processos de assimilar informações, manter a atenção e se concentrar, assim como pode interferir na memória de curto prazo, tornando mais difícil para a criança lembrar-se de informações recém-aprendidas. Isso pode afetar as habilidades de leitura, escrita e compreensão de textos, o que pode levar a dificuldades na aprendizagem de matérias que exigem tais competências.[12]

No entanto, diagnósticos não definem seres humanos; portanto posso garantir que a história de Mayra está longe de acabar, assim

---

12 PINTO, Maria João de Castro Santos. *Dificuldades de aprendizagem em crianças com epilepsia de ausências*: experiência de um hospital terciário. 2016. Tese (Mestrado Integrado em Medicina). Faculdade de Medicina de Coimbra, Coimbra, 2016. Disponível em: https://estudogeral.uc.pt/handle/10316/37155.

como outras histórias que cruzaram meu caminho e agora estão no seu. Prepare-se para entender como reunir coragem para enfrentar suas frustrações da mesma forma que pessoas comuns, como você, já reuniram. No próximo capítulo, você terá a oportunidade de explorar o impacto dos diagnósticos em nossa vida e aprenderá a enxergá-los como oportunidades, em vez de meras frustrações.

.3.

DIAGNÓSTICOS:
Caminhos para liberdade ou barreiras invisíveis?

Minha predileção por observar as pessoas, a natureza e tudo que há ao meu redor é amplificada pelo *Mindfulness*, uma prática milenar do budismo que Ellen Langer adaptou para a psicologia contemporânea. Esse método me auxilia a me concentrar no presente, atenuando o estresse e a ansiedade. Através do *Mindfulness*, busco clareza mental e emocional, engajando-me plenamente com o momento atual.

Conhecida também como "atenção plena", essa técnica permite à pessoa sentir-se confortável para não julgar os pensamentos automáticos ou lutar contra eles. A intenção é permitir que eles surjam, mas sem lhes dar atenção, para que assim eles deixem de ocupar a mente. A atenção plena considera duas partes fundamentais: atenção e aceitação.

Neste processo de aceitar e se atentar, o *Mindfulness* explora cores, texturas, objetos, cenários e sensações, induzindo a pessoa a focar plenamente o momento presente. Isso ajuda a treinar a habilidade de concentração de maneira gradual, aprimorando a observação do mundo ao redor e a conexão com o aqui e o agora.

É importante considerar que, muitas vezes, não conseguimos enxergar verdadeiramente os outros. Em vez disso, limitamo-nos a perceber apenas sua aparência externa e, num movimento involuntário, projetamos nossos próprios desejos, expectativas e crenças sobre eles. Nessa perspectiva, é mais fácil dar um diagnóstico com base em sintomas físicos do que um diagnóstico de natureza mental. Contudo, será que ambos não possuem a mesma importância?

Na realidade, corpo e mente estão intrinsecamente conectados, sendo um equívoco pensar que uma doença mental não terá repercussões físicas e vice-versa. Talvez você já tenha ouvido falar de *MindBody Self*. Em resumo, esse conceito reconhece a interconexão entre mente e corpo, entendendo que eles influenciam um ao outro de forma indissociável. Assim, ambos os aspectos — físicos e mentais — são partes integrantes da experiência humana.

A autopercepção e as emoções humanas são influenciadas por fatores que vão além do comando cerebral. Por sua vez, o eixo coração-cérebro tem um papel importante nesse processo. Caso você queira aprofundar seus estudos do conteúdo sobre mente-corpo, sugiro que leia o livro *The Mindbody Self* (Hay House Inc., 2017) do neuropsicólogo Dr. Mario Martinez. Outra leitura que me vem à mente é *Cure – A Journey into the Science of Mind Over Body* (Crown, 2016), de Jo Marchant, um livro no qual a escritora, ao demonstrar de que forma corpo e mente interagem, estuda como a meditação com foco na atenção plena e as conexões sociais calorosas afetam a saúde do indivíduo.

É interessante o relato da autora sobre um experimento envolvendo 262 pacientes diagnosticados com síndrome do intestino irritável, conduzido pelo pesquisador Ted Kaptchuk, de Harvard. Esses pacientes foram divididos em três grupos: o primeiro não recebeu nenhum tratamento; o segundo recebeu um placebo administrado por um médico que parecia distante e descuidado; e o terceiro recebeu um placebo administrado por um médico atencioso e caloroso.

Foi dito a todos os participantes que estavam recebendo um placebo sem ingredientes ativos. Como resultado, os voluntários do primeiro grupo tiveram uma melhora de 28%, apenas por estarem no ensaio. Os do segundo grupo tiveram uma melhora de 44%. E os do último grupo, uma melhora de 62%. Nesse último caso, o uso do placebo foi tão efetivo quanto o uso de medicamentos reais para a síndrome do intestino irritável.

E o que isso demonstrou? Bom, os pesquisadores concluíram que fatores psicológicos podem ser aproveitados para o tratamento, pois a mente dá sinais ao corpo para que ele se prepare para a cura.

Sendo assim, é muito importante perceber corpo e mente como aliados, de forma monista, promovendo a redução do estresse, a distração ou o aumento de emoções positivas, incentivando a mente a fazer com que o corpo libere hormônios curativos ou redirecione recursos para respostas imunológicas.

Considere o seguinte: seu corpo produz e consome energia constantemente. Durante momentos de ansiedade, esse consumo aumenta ou diminui? É evidente que as reações químicas, físicas e biológicas decorrentes desse sentimento demandam mais energia, fazendo com que uma pessoa ansiosa tenha um gasto energético maior do que alguém em estado normal. Imagine agora duas pessoas, uma ansiosa e outra não, ambas infectadas com o vírus da gripe; qual delas teria mais energia disponível para o sistema imunológico combater a infecção? Obviamente, seria a pessoa não ansiosa.

Embora isso possa parecer claro quando explicado, na prática, nem todos reconhecem a profunda conexão entre mente e corpo, e como isso afeta o desenvolvimento de doenças físicas ou mentais. O exemplo da ansiedade e da gripe, ambos sintomas comuns e que ilustram bem essa dinâmica, também se aplica a doenças mais graves. Assim, se você está lidando com uma doença, seja ela física ou mental, já refletiu sobre essas possíveis ligações?

Nesse aspecto, um estudo envolvendo 85.748 adultos com transtornos neuropsiquiátricos e 87.420 indivíduos-controle saudáveis evidenciou que uma saúde física precária está intimamente ligada a transtornos neuropsiquiátricos como esquizofrenia, transtorno bipolar, depressão e ansiedade.[1] Esse achado levanta uma questão importante: estamos de

---

1 TIAN, Ye Ella *et al*. Evaluation of Brain-Body Health in Individuals With Common Neuropsychiatric Disorders. ***JAMA Psychiatry***, v. 80, n. 6, p. 567–576, abr. 2023. Disponível em: https://doi.org/10.1001/jamapsychiatry.2023.0791.

fato prestando a atenção necessária à nossa saúde mental? Será que ela é priorizada como deveria, principalmente quando somos confrontados com diagnósticos inesperados?

É comum que uma pessoa, diante do diagnóstico de uma doença que exige tratamentos intensivos, sinta-se ansiosa e, até mesmo, depressiva. Sendo assim, essa pessoa pode entrar em um ciclo no qual a doença física estimula o adoecimento mental que, por sua vez, agrava a doença física, e assim sucessivamente — o contrário também ocorre. Nesses momentos, é importante se livrar do peso dos rótulos e entender a importância de quebrar o ciclo, olhando para si como um todo.

Muitas vezes, carregamos rótulos do tipo "Eu sou ansioso", "Eu sou depressivo", entre outros. Mas você já parou para pensar quanto esses rótulos podem atrapalhar sua visão sobre si mesmo? Segundo ideologias psicanalíticas, essa autodenominação pode fazer parte da resistência à recuperação, contribuindo para que a pessoa desenvolva pensamentos negativos sobre si mesma. Portanto, considere o seguinte: você pode ter algum transtorno, mas você não é um transtorno! Ou seja, você pode ter ansiedade ou depressão, mas isso representa apenas um desafio em sua vida, não a sua essência; você é muito mais do que isso.

Se você está lidando com a depressão, considere este dado interessante: um estudo aponta que os indivíduos nascidos no início do século XX tinham somente 1% de probabilidade de desenvolver depressão aos 75 anos. Por outro lado, aqueles nascidos na metade desse século eram mais propensos a enfrentar depressão grave já aos 24 anos. Essa tendência pode estar parcialmente relacionada ao dado que diz que cerca de 40% das pessoas passarão por um evento traumático antes de alcançar a idade adulta.[2]

Essas informações reforçam a necessidade vital de cuidarmos da saúde mental de nossas crianças desde cedo. A prevenção e o apoio psicológico precoce podem ser cruciais para o desenvolvimento de uma vida adulta mais saudável e resiliente. E esse cuidado inicial também pode preparar o indivíduo para enfrentar, de maneira mais eficaz, os desafios associados a diagnósticos inesperados ou difíceis. Por um lado,

---

2 PERRY, Bruce D.; SZALAVITZ, Maia. *O menino criado como cão*: o que as crianças traumatizadas podem nos ensinar sobre perda, amor e cura. São Paulo: nVersos, 2020.

há a frustração de quem procura incessantemente por respostas, sem chegar a uma conclusão. Por outro, existe o choque e a dificuldade de aceitação que podem acompanhar um diagnóstico inesperado.

No primeiro caso, a frustração de não ter uma resposta pode ser aliviada com a obtenção de um diagnóstico, interrompendo o ciclo de medo e insegurança e, assim, proporcionando alívio e abrindo novas possibilidades. Mas como?

Para compreender melhor este tema, compartilharei a história de uma paciente que me enviou mensagens no WhatsApp há alguns meses. Ela apresentava uma significativa resistência em provar novos alimentos, o que gerava desafios e a tornava conhecida em seus círculos sociais pela sua seletividade alimentar. Essa situação provocava sofrimento e desgaste emocional, além de limitar sua nutrição, pois sua dieta se baseava em uma pequena variedade de alimentos. Como exemplo, ela mencionou que, mesmo diante de cinquenta sabores de sorvete disponíveis em uma sorveteria que frequentava, ela sempre optava pelo mesmo sabor. Essa limitação se manifestava constantemente em situações alimentares, resultando em comentários de outras pessoas como "isso é frescura" ou "talvez você escolha sempre o mesmo porque nunca teve que lidar com a falta de comida"; isso lhe causava frustração, ansiedade e tristeza.

Após a consulta com uma nutricionista, ela descobriu que tinha neofobia alimentar, uma condição que gera uma forte resistência a experimentar novos alimentos. Ao ser questionada sobre como se sentiu ao receber o diagnóstico, ela expressou alívio, pois finalmente tinha uma explicação para o comportamento de sua mente e de seu corpo. Também a deixou otimista o vislumbre de possibilidades de tratamento, motivando-a a cuidar melhor de si mesma e a dar menos atenção aos julgamentos alheios.

A obtenção de um diagnóstico preciso é um passo importante para desvendar a complexidade subjacente a determinados sintomas, como os observados na neofobia alimentar. Essa condição, envolvendo interações entre genética, capacidades sensoriais e aspectos psicológicos, revela-se mais complexa do que parece. Pesquisas com gêmeos indicam que até 78% desta condição podem ter uma base genética, destacando a relevância de abordagens familiares proativas, incluindo a introdução gradual de variados alimentos.[3]

Além disso, um estudo mostra a influência da capacidade olfativa na hesitação em experimentar novos sabores. Essa percepção olfativa, uma variação normal na experiência sensorial, contribui para a compreensão da neofobia alimentar. O mesmo estudo revela que pessoas com esse sintoma geralmente evitam buscar emoções fortes e aventuras, tendendo a exibir níveis mais elevados de ansiedade e uma menor abertura a novas experiências.[4]

Assim, a busca por diagnósticos pode funcionar como uma luz que ilumina os sintomas, permitindo-nos compreendê-los e, por consequência, cuidar deles. Afinal, como podemos tratar uma dor sem conhecer sua origem? Reconhecer a importância dos diagnósticos é essencial, pois eles oferecem informações valiosas para o tratamento e ajudam muitas pessoas a encontrar maneiras mais adequadas de gerir suas condições.

Contudo, receber um diagnóstico nem sempre acarreta essas sensações. No caso de Mayra, diagnosticada com epilepsia, seus pais passaram a dedicar uma atenção mais acentuada à sua saúde. Esse zelo extra refletia o instinto protetor dos pais, fortalecido pela consciência de uma vulnerabilidade na saúde da filha e pela comparação com a situação de uma parente próxima com uma condição semelhante. A similaridade dos casos aumentou a preocupação dos pais, que temiam que Mayra pudesse enfrentar dificuldades parecidas com as enfrentadas por aquela pessoa. A preocupação silenciosa dos pais, apesar de repleta de boas intenções, pode ter tido um impacto indireto sobre como Mayra percebia suas próprias capacidades e enfrentava desafios na escola, pois ela buscava demonstrar força em muitas de suas ações, por receio de se sentir frágil.

Nesse ponto, é essencial considerar a seguinte perspectiva: um diagnóstico nunca é idêntico, mesmo que a doença seja a mesma. Uma

---

[3] KNAAPILA, Antti *et al*. Food neophobia shows heritable variation in humans. ***Physiology & Behavior***, v. 91, n. 5, p. 573–578, ago. 2007. Disponível em: https://www.sciencedirect.com/science/article/abs/pii/S0031938407001126?via%3Dihub.

[4] DEMATTÈ, M. Luisa; ENDRIZZI, Isabella; GASPERI, Flavia. Food neophobia and its relation with olfaction. ***Frontiers in Psychology***, v. 5, n. 127, p. 1-6, fev. 2014. Disponível em: https://doi.org/10.3389/fpsyg.2014.00127.

única doença pode ter diversas origens, completamente distintas, como observado no caso de Mayra e de sua prima.

Uma das frustrações comuns ao receber um diagnóstico vem da tendência de se comparar com outros que possuem a mesma condição. Contudo, é vital evitar essas comparações. Embora haja sintomas e desafios que podem ser semelhantes, cada caso tem suas particularidades e histórias de sucesso com tratamentos específicos. Portanto, ao observar a experiência alheia, procure fazê-lo sob uma ótica positiva, buscando inspiração e esperança, em vez de desânimo.

Durante minha estadia em Londres, fiz amizade com uma mãe que olhou além das possibilidades de um diagnóstico. Durante a gestação, os médicos informaram que sua filha poderia nascer com Síndrome de Down. Em Londres, onde o aborto é legal, a interrupção foi sugerida devido à condição diagnosticada. Mesmo assim, a mãe optou por prosseguir com a gravidez, amando seu filho de maneira incondicional, independentemente das circunstâncias. Determinada em corpo, mente e alma, ela se preparou para dar tudo que seu bebê precisasse. Para surpresa de todos, ao nascer, percebeu-se que a criança não apresentava a síndrome. Atualmente, destaca-se na escola pela sua capacidade mental, apresentando notas excelentes e maturidade acima da média para sua idade. Essa história nos lembra que a ciência não é exata e os diagnósticos podem falhar. Com frequência, o "impossível" se torna realidade, evidenciando que existem muitos fatores, além do que parece óbvio, que ainda precisamos compreender melhor.

É importante destacar que a maneira como os pais veem seus filhos reflete profundamente na autoimagem deles, muitas vezes de forma inconsciente. Os pais, movidos pelo amor, buscam sempre o que julgam ser o melhor para os filhos, utilizando todos os recursos ao seu alcance — sejam eles mentais, financeiros ou de conhecimento. No entanto, é essencial evitar julgamentos precipitados sobre nossas próprias ações parentais ou as dos outros, pois mesmo com as melhores intenções, podemos inadvertidamente causar impactos emocionais negativos em nossos filhos.

Temos a tendência de dar muito enfoque aos erros, aos traumas e às tristezas da vida que escolhemos para nós, tudo em comparação com uma outra opção: outro emprego, outro relacionamento etc. Mas isso ocorre porque conhecemos apenas a dor da vida que escolhemos, e não a da que idealizamos. Se tivéssemos seguido por outro caminho, viveríamos outras dores, as quais nunca conheceremos justamente por estarmos onde estamos! É preciso entender que a dor inevitavelmente fará parte da jornada, mas nós somos responsáveis pela duração e intensidade dela, através do foco que lhe direcionamos. Portanto, quando se pegar pensando em como seria a vida sem aquele diagnóstico que você recebeu, lembre-se de que, mesmo sem ele, ainda existiria a possibilidade de você receber outros.

Muitas vezes, é na dor que as habilidades são moldadas. Mayra ainda não sabia disso, mas no futuro ela viria a entender. Antes de você conhecer mais sobre ela, convido-o a ler a história de uma pessoa de meia idade que, assim como muitos, precisou enfrentar os conflitos e as dores de diagnósticos amedrontadores.

Filha do meio em uma família de cinco irmãos, um deles falecido, cresceu imersa nos ecos de conflitos matrimoniais e ofuscada pela beleza incontestável de suas irmãs. Foi uma criança tímida, frequentemente lutando com episódios de enurese noturna, e viveu em um estado constante de vergonha, tanto de si mesma quanto do mundo ao seu redor.

Apesar de sua natureza retraída, ela nutria, na infância, uma forte admiração por Mônica, a personagem valente da *Turma da Mônica*, conhecida por sua disposição para brigar e enfrentar meninos. A admiração da garota por tais características era possivelmente um reflexo não consciente de um desejo de vingança, uma faceta de sua psique que ela própria ainda não compreendia.

Além disso, há uma camada adicional na conexão dela com Mônica: a questão física. Mônica, embora dentuça, se destaca por sua força e confiança, traços que transcendem o padrão convencional de beleza. Esse aspecto da personagem pode ter tido um impacto significativo na jovem, que vivia à sombra da beleza padrão de suas irmãs. A figura de Mônica poderia simbolizar para ela uma forma de autoaceitação e a compreensão de que a força e o caráter são mais valiosos do que a aparência física.

Era extremamente inteligente e uma boa aluna, mas possuía habilidades não desenvolvidas o suficiente, o que gerou muita frustração. A criatividade sempre esteve presente em sua vida e foi ela que a acolheu. De forma geral, teve uma infância feliz; vibrou com o Brasil na Copa do

Mundo de 1994 e guarda boas memórias de uma viagem de avião com uma amiga, experiência que a fez sentir-se muito adulta. Mas, em 1997, tudo mudou repentinamente; uma simples frase, um segredo, a levou a experimentar uma de suas maiores frustrações.

Sua irmã, já falecida, revelou-lhe que seu verdadeiro pai era um amigo da família, e não o homem que lhe deu o sobrenome. Ela lembra-se vividamente da expressão de arrependimento e surpresa da irmã, com as mãos cobrindo a boca, seguida pela frase "não devia ter te contado isso". Foi um momento de caos, um choque que causou imensa dor. Esse segredo abalou profundamente sua identidade e suas crenças sobre a família.

Desde aquele incidente, ela passou a ser uma aluna desinteressada, uma pessoa negligente e sentir-se vazia. Tentativas de estabelecer um relacionamento com seus pais biológicos foram infrutíferas, levando-a a vê-los como inimigos, o que aprofundou sua tristeza e sensação de vazio. A situação piorou quando, dois anos após a revelação, sua melhor amiga a "bloqueou" na vida real, escrevendo uma carta dizendo que não queria mais manter a amizade entre elas. Esse evento foi devastador e, logo em seguida, ela foi diagnosticada com anorexia e bulimia. Esses transtornos refletiam seu desejo inconsciente de desaparecer (anorexia) ou expelir (bulimia) aquilo que lhe causava angústia.

Com o tempo, conseguiu se recuperar e se casou, redescobrindo o sabor da felicidade. Apesar disso, a pressão exercida pela família do marido era extremamente intensa e, cerca de cinco anos após o casamento, ela se separou.

A vida é como uma montanha-russa, cheia de altos e baixos, e, após a separação, ela sentiu-se no topo por um tempo. Saía com amigos, divertia-se e sentia a liberdade, como se estivesse vivendo pela primeira vez. Contudo, apaixonou-se por um amigo, e esse amor, sendo tão velado, acabou por consumi-la internamente. Anos mais tarde, em 2011, sofreu um assalto, o que contribuiu para o desenvolvimento da síndrome do pânico.

Na dinâmica da síndrome do pânico, as pessoas podem vivenciar um paradoxo marcante: a angústia da separação torna-se a essência de sua condição. Elas enfrentam um medo intenso de se afastar dos outros e uma preocupação constante de não conseguirem lidar com situações por conta própria. Esse conflito interno gera um ciclo paradoxal complexo.

Além disso, é comum que essas pessoas sejam muitíssimo exigentes consigo mesmas, perseguindo constantemente a perfeição, apesar de saberem que é uma meta inalcançável. Quando cometem erros, sentem-se diminuídas e, com frequência, buscam apoio em figuras parentais ou em seus parceiros. Paradoxalmente, quanto mais dependem dos outros, mais reforçam a percepção de sua própria insuficiência, o que as leva a cometer mais erros e a necessitar ainda mais de apoio.

Esses indivíduos também tendem a impor uma pressão excessiva sobre atividades cotidianas, submetendo-se a uma autocrítica constante e a comparações com os outros. Essa dinâmica pode estar relacionada a modelos parentais que enfatizam a exigência ou a superproteção. Pais autoritários ou protetores em excesso podem instigar nos filhos uma necessidade implacável de autoexigência, resultando em uma busca incessante pela perfeição e uma sensação contínua de desproteção.

Essa ambiguidade interna cria nessas pessoas a sensação de que elas são incapazes de se proteger adequadamente, alimentando uma necessidade de controle absoluto sobre tudo ao seu redor. O sistema de alarme interno permanece sempre ativado, resultando em níveis elevados de estresse e desencadeando a desordem da ansiedade.

É importante compreender que a síndrome do pânico, assim como qualquer outro sintoma, pode ser vista como um caminho para a solução de problemas. Portanto, é essencial analisar essa condição e buscar compreender o que ela está tentando ensinar ou revelar sobre o próprio indivíduo, seu passado e, consequentemente, seu futuro.

Em meio às turbulências de sua vida, ela encontrou na arte um refúgio salvador, destacando-se em sua área. Contudo, as exigências de sua mãe, pressionando-a para enriquecer e sustentar a família, continuavam a ecoar em sua mente, como ondas que batiam contra seu abrigo criativo. Essas ondas se intensificaram, levando-a a enfrentar surtos psicóticos nos quais via, em todos os lugares, mensagens que pareciam ter sido enviadas por um rapaz que ela conhecia. Ela percebia essas mensagens em músicas, clipes, cartazes, camisetas e outdoors, acompanhadas de julgamentos severos. Dos flashes de lembrança que tinha, começou a corrigir seus defeitos baseada nesses julgamentos. Nesse período, recebeu novos diagnósticos: bipolaridade e depressão.

A experiência dela levanta questões mais amplas sobre o impacto dos diagnósticos psiquiátricos. Particularmente em crianças, tais diagnósticos podem moldar a percepção de suas capacidades e de seus limites. Isso se torna evidente ao observar o crescente número de diagnósticos de TDAH (Transtorno do Déficit de Atenção com Hiperatividade) em crianças. Questiona-se se métodos de avaliação alternativos — focados em identificar os perfis de aprendizagem visual, cinestésico ou auditivo — poderiam oferecer abordagens educacionais mais personalizadas. Essa estratégia poderia evitar rótulos limitantes e promover um ensino mais adaptado às necessidades individuais de cada criança, incorporando tecnologias como a realidade virtual para promover um aprendizado mais dinâmico e envolvente.

A perspectiva de que o estilo de ensino deve estar alinhado ao perfil de aprendizado do aluno é crucial, especialmente ao considerar crianças com TDAH. Essas crianças muitas vezes necessitam de movimento constante, pois têm uma percepção reduzida do próprio corpo. Esse movimento contínuo é vital para que elas consigam estabelecer uma conexão consigo mesmas, integrando corpo e mente. Nesse sentido, a consciência corporal é influenciada por diversos fatores, sendo o sistema vestibular, localizado no ouvido interno, um dos mais importantes. Ele é essencial para o equilíbrio e a percepção espacial, que são fundamentais para o processamento sensorial e, por consequência, para um aprendizado eficiente.

Ou seja, ao reconhecer e atender as particularidades de cada criança, seja na presença ou ausência de sintomas, enfatizamos a importância de um ensino adaptável e individualizado. Cada criança possui uma forma única de aprender, e é importante proporcionar um ambiente educacional flexível e adaptado às suas necessidades individuais, em vez de obrigá-las a se encaixarem em padrões que apenas as subjugam e criam sentimentos de inferioridade.[5]

Este enfoque não só fomenta um ambiente educacional mais eficiente, mas também serve como um passo crucial na desestigmatização

5 DAHLKE, Rudiger. *A doença como linguagem da alma na criança*. São Paulo: Cultrix, 2014.

dos diagnósticos de transtornos mentais. Ao promover a aceitação social dessas condições e a compreensão de suas nuances, possibilitamos que indivíduos diagnosticados se sintam mais confortáveis para buscar tratamento, beneficiando a si mesmos e a sociedade como um todo.

Nesse sentido, nos referimos não somente aos diagnósticos mentais, mas também aos físicos. No caso dessa mulher, um novo diagnóstico, descoberto em 2021, foi um grande baque: seu teste deu positivo para HIV (Vírus da Imunodeficiência Humana). É essencial ressaltar que quando um teste de HIV consta como positivo, isso indica que o indivíduo possui o vírus em seu organismo, mas não necessariamente significa que a doença AIDS (Síndrome da Imunodeficiência Adquirida) já o está afetando. Ou seja, é possível inibir o processo de desenvolvimento dessa síndrome com uma descoberta precoce do vírus, evitando a rápida progressão da doença. Por isso, é fundamental abordar esse assunto e desmantelar estigmas relacionados a ele.

Sem dúvidas, a AIDS é uma doença desafiadora, cercada de preconceitos e discriminação que fazem com que os indivíduos se sintam constantemente ameaçados, como se estivessem em uma corda bamba, equilibrando-se entre a incerteza do futuro e a pressão social. Eles enfrentam estigmas que os isolam e podem levá-los a acreditar que vivem com uma sentença de morte iminente. É um paradoxo emocional, onde culpa e injustiça se entrelaçam.

Mesmo diante dessas adversidades, é essencial olhar para nosso interior e compreender nossa falibilidade, assim como nossa incrível capacidade de amar e superar infortúnios. No contexto dessa jornada pessoal, é importante reconhecer que, tanto no contexto do diagnóstico quanto no da vitimização, há a possibilidade de ocorrer ganhos secundários de forma inconsciente.

Alguns indivíduos que se colocam como vítimas diante de um diagnóstico podem receber, sem perceber, benefícios desejados, como maior atenção do parceiro, da família ou até mesmo uma diminuição das responsabilidades. Esses ganhos secundários podem servir como uma espécie de gratificação ou justificativa para a inação.

É fundamental entender que esses padrões de vitimização são complexos e podem estar enraizados em questões emocionais, traumas passados e crenças inconscientes. Para explorar e compreender esses padrões, é necessário empreender uma jornada de autoconhecimento, a fim de trazer à consciência as dinâmicas subjacentes e promover mudanças positivas.

Nesse processo de reflexão, é relevante indagar-se sobre o que é realmente obtido por meio desses comportamentos. Perguntar-se: "O que eu ganho com isso?" e "Quais são as motivações subjacentes por trás das minhas ações?" pode levar a um confronto com aspectos internos menos explorados. Ao entender os ganhos secundários envolvidos, é possível desenvolver uma maior autopercepção e trabalhar para modificar padrões limitantes, adotando uma postura mais empoderada diante do diagnóstico ou de qualquer desafio que se apresente.

O caso relatado exemplifica bem esse processo de autoconhecimento. Inicialmente, ela enfrentou seus próprios conflitos internos; seu mundo parecia desabar e ela se viu perdida, sem saber como prosseguir. Foi nesse momento de crise que ela decidiu se acolher e enfrentar a menina amedrontada que se escondia em seu interior desde a infância, mascarada por suas notas e seu desempenho.

Com o tempo, ao se ouvir mais e olhar para dentro de si, ela percebeu que aquela criança, conhecida por sua performance, na verdade estava sempre em busca de algo mais: da atenção, do afeto e do amor de seus pais. Essas são necessidades comuns para uma criança, mas que, devido à sua capacidade e autossuficiência aparentes, pareciam não ser necessárias.

Vivendo a dor daquele diagnóstico, ela percebeu o valor de sua vida e passou a vivê-la de forma mais plena. É claro que nem todos os dias são bonitos e a dor ainda existe; a grande mudança foi aprender o significado desse sentimento e o quanto podemos permitir que ele permaneça. Ela me contou que sua relação com o filho melhorou; sua mãe a escutou e a acolheu e, mesmo que nem todos saibam os desafios que ela enfrenta, hoje ela os usa para lembrar-se constantemente de buscar a alegria. Pensando e agindo dessa forma, melhorou sua alimentação, seus hábitos e tomou outras medidas que a afastaram da depressão e da ansiedade.

Essa história é essencial para este livro, pois, ao escutá-la, eu me lembrava de como os diagnósticos podem ser pontos de virada, revelando necessidades emocionais profundas. Eduarda passou a vida buscando afeto, atenção e amor, muitas vezes sentindo-se desatendida em suas expectativas. No entanto, ao se deparar com o diagnóstico de HIV, ela se viu impelida a uma profunda reflexão pessoal. Nessa reflexão, descobriu uma verdade libertadora: o amor que ela buscava externamente sempre esteve ao seu alcance, pois ela podia, com compaixão e cuidado, oferecer esse amor a si mesma.

Por isso, uma das mensagens que gostaria de transmitir é que, em muitos casos, as doenças revelam faltas, e elas não são apenas de natureza biológica, mas também psicológica. Portanto, é essencial conhecer-se, compreender-se e, acima de tudo, acolher-se.

De forma similar, ao receber um diagnóstico, você pode sentir-se injustiçado e relutar em aceitar a doença, questionando-se "Por que eu?". Mas em contrapartida eu lhe digo, por que não poderia ser você? O fato é que o diagnóstico foi comprovado. Portanto, é importante concentrar-se nesse fato concreto, não na sua sensação de injustiça.

Enfrentar as limitações impostas por uma doença não é apenas uma questão de aceitar fatos inalteráveis, mas também uma profunda jornada interior. Essa viagem ao âmago do ser envolve mais do que lidar com limitações físicas; é sobre enfrentar um caleidoscópio de emoções — da ansiedade sobre o futuro à tristeza pelas atividades que não podem mais ser realizadas. Esse processo é um diálogo contínuo entre aceitação e desafio, entre reconhecer as restrições e descobrir novas formas de liberdade e expressão.

A aceitação de um diagnóstico — seja de epilepsia, anorexia, bulimia, bipolaridade ou HIV — convida-nos a uma odisseia de autoconhecimento e transformação. A última história discorrida, ilustra não apenas a luta, mas também a libertação que advém da aceitação. Através de sua experiência, ela nos ensina que ultrapassar os limites de uma condição médica é possível, mostrando que a doença não define a totalidade da existência. Ela revela que a verdadeira profundidade da vida não está em permitir que essas condições controlem cada aspecto de nossas jornadas, mas em encontrar força e propósito além delas.

Diante desse cenário, convido você a um mergulho introspectivo profundo. Imagine que uma revelação sobre sua saúde altera toda a sua perspectiva de vida: você recebe um diagnóstico indicando que seu tempo na Terra pode ser drasticamente limitado, talvez lhe restando apenas seis meses.

1. Com essa contagem regressiva em andamento, quais seriam as ações que você colocaria no topo de sua lista de prioridades?
2. Existem pessoas com as quais você ansiaria por reatar laços ou para as quais você desejaria expressar sentimentos há muito guardados?
3. Pense nos lugares que você sempre quis visitar ou nos espaços que têm um significado especial para você. Onde você gostaria de estar, absorvendo cada momento?
4. Reflita sobre como desejaria passar seus momentos finais e com quem gostaria de compartilhar essa preciosidade de tempo.
5. Considere aqueles sonhos que, até agora, foram postergados. Diante dessa nova realidade, você se sentiria impelido a dar-lhes vida?
6. Contemple a mensagem que você gostaria de deixar como um eco de sua existência para aqueles que são importantes em sua vida.
7. Por fim, considere as lições mais valiosas que a vida lhe ensinou. Como você pode compartilhá-las, transformando-as em um legado de sabedoria e crescimento pessoal?

Esse exercício é projetado para iluminar aquilo que é de fato fundamental em sua vida, despertando a valentia necessária para abraçá-la em sua totalidade, mesmo diante dos desafios mais árduos. Se você está em um caminho de autodescoberta, especialmente após um diagnóstico impactante, comece por ancorar-se nos fatos concretos, evitando perder-se em especulações. Em seguida, faça um mergulho profundo em seu ser, abraçando sua singularidade e o potencial inato de viver uma vida plena e significativa. Encorajo-o a dar os passos necessários para não mais adiar ou negligenciar aqueles sonhos e objetivos que você verdadeiramente deseja realizar.

Reconheço que, diante de um diagnóstico, muitas vezes projetamos nosso futuro como incerto — embora o seja mesmo para todos. Nesse ínterim, pode ser árduo adotar as sugestões anteriormente mencionadas, pois você pode estar atravessando uma espécie de luto. Assim sendo, no próximo capítulo, você desvendará as origens dessas emoções e será guiado a experienciar a vida, um dia de cada vez.

.4.

NAVEGANDO PELAS ÁGUAS DO LUTO

Mesmo que a empatia não seja sua característica mais forte, ainda assim você pode ter sentido uma conexão com o luto expresso nas histórias compartilhadas no capítulo anterior. Afinal, o luto não é apenas uma reação à morte literal, mas também uma reação à sensação de tê-la por perto ou de permitir que uma parte de nós "morra" — ainda em vida — diante de um desafio. Um diagnóstico, por exemplo, pode despertar um sentimento de luto no indivíduo, levando-o a acreditar que terá uma vida limitada tanto em termos de aproveitamento quanto de tempo disponível. No entanto, é importante questionar se essa percepção realmente reflete a realidade.

Compreender a profunda conexão entre mente e corpo revela-se essencial, pois um diagnóstico de doença física pode desencadear uma miríade de dores emocionais. Da mesma forma, feridas emocionais profundas têm o poder de se manifestar como doenças físicas, resultando em um intricado emaranhado de experiências. É nesse contexto que Mario Martinez, renomado neuropsicólogo, lança luz sobre as três feridas emocionais primordiais: abandono emocional, vergonha e traição. Como frutos de traumas profundos, esses sentimentos desencadeiam um complexo processo de luto.

É importante destacar que traumas têm o poder de criar situações de desconexão, afastando o indivíduo da realidade e fomentando uma tendência de se proteger contra a dor. Um exemplo claro é o caso, citado no capítulo anterior, da mulher que enfrentou um trauma ao descobrir que não era filha biológica das pessoas que sempre acreditou serem seus pais. Essa revelação desencadeou um intenso sentimento de abandono emocional, mergulhando-a em um profundo estado de luto, que exploraremos mais adiante. Da mesma forma, Mayra vivenciou a angustiante sensação de estar sempre "atrás" de seus colegas, independentemente de seus esforços, e experimentou a ferida corrosiva da vergonha, levando-a a um estado de luto.

Segundo as percepções de Martinez, indivíduos afetados pela ferida do abandono tendem a se sentir emocionalmente enclausurados e insensíveis, uma condição que se reflete fisicamente na contração do sistema vascular, gerando uma sensação de frieza. Em contraste, a vergonha é caracterizada por um aumento súbito na temperatura corporal, desencadeando uma resposta inflamatória que se manifesta fisicamente através de rubor facial e contração do corpo. Por outro lado, a traição é acompanhada por uma intensa sensação de calor, associada com frequência à ira, que resulta na liberação de hormônios relacionados ao estresse.

Por consequência, é comum observar sintomas físicos correlacionados da seguinte maneira, conforme descrito pelo autor:

1. Na ferida do abandono: observa-se frequentemente uma baixa imunidade, que pode se manifestar por meio de infecções;
2. Na vivência da vergonha: ocorre uma hiperimunidade, que pode resultar em alergias e doenças autoimunes, devido à inflamação;
3. Na traição: há uma propensão aumentada a acidentes cardiovasculares.

É válido ressaltar que uma mesma pessoa pode experienciar mais de uma ferida emocional ou a mesma ferida, intensificada por diferentes traumas. Por exemplo, da mulher do capítulo anterior, além de sentir a ferida do abandono, também vivenciou a ferida da traição. Quando se descobre que um pai ou uma mãe não é de fato quem se acreditava ser, o indivíduo enfrenta um colapso de referências, perdendo a confiança nos pais, na vida e até mesmo em seu futuro. A perda de confiança nos pais, fruto de uma verdade ocultada desde o nascimento, reverbera como uma profunda ferida de traição, trazendo um luto trágico e destrutivo, já que o indivíduo se sente enganado por seu primeiro núcleo de confiança.[1]

Martinez também discorreu em seu livro sobre uma experiência reveladora que vivenciou ao trabalhar com trezentas mulheres diagnosticadas com fibromialgia. Surpreendentemente, 99% delas apresentaram algum tipo de ferida de vergonha, como abuso sexual ou físico, em seu histórico de vida. Essa descoberta não só ressalta a persistência da vergonha, além dos eventos traumáticos, mas também ilumina o luto como uma resposta natural e complexa diante de tais experiências.[2]

Assim, situações como o término de um relacionamento amoroso, a perda de um ente querido, desastres naturais ou até dificuldades financeiras podem desencadear sentimentos profundos de perda, levando-nos a questionar nossa capacidade de seguir em frente. Na verdade, o luto está associado ao sentimento intenso de perda em geral, mesmo que essa perda seja abstrata, como a perda de esperanças, expectativas ou até mesmo da vontade de viver.

Mayra enfrentava um luto contínuo em meio às suas dificuldades escolares. Ela observava as letras, mas elas muitas vezes não formavam palavras compreensíveis para a jovem. Com o passar dos anos, sua frustração crescia à medida que ela passava horas tentando ler e entender textos, sempre assombrada pelo medo da reprovação, que era muito grande para uma menina tão nova.

A interação com a frustração revelou quão avassalador era seu desafio. Mayra se sentia deslocada e sem perspectivas, situação que impactava gravemente sua autoestima. Mesmo com o suporte contínuo de

---

1 SCHÜTZENBERGER, Anne Ancelin; JEUFROY, Evelyne Bissone. *Uscire dal lutto*: Superare la propria tristezza e imparare di nuovo a vivere. Roma: Di Renzo, 2011.

2 MARTINEZ, Mario. *The MindBody Code*: How to Change the Beliefs that Limit Your Health, Longevity, and Success. New York: Sounds True, 2016.

professores particulares, inúmeras horas de estudo e o apoio constante de seus pais, seu rendimento escolar ainda ficava aquém do esperado. A dificuldade era tão marcante que, ano após ano, Mayra encontrava-se à beira da reprovação, vivendo desafios que se assemelham a ideias discutidas no livro *A doença como linguagem da alma na criança* (Cultrix, 2014), de Ruediger Dahlke. Por exemplo, o medo de repetir o ano escolar pode despertar preocupações mais intensas, como o receio de ser deixada para trás ou abandonada pela mãe. Essas associações sugerem um sentimento no qual ser deixada para trás é comparável a uma perda irreparável.

Esse medo está estreitamente relacionado ao receio de não passar nas provas, de não ser suficiente e de enfrentar o fracasso quando necessário. Muitas vezes, esse sentimento tem raízes na falta de confiança em si mesmo, afetando a confiança primária. Em alguns casos, pode também haver uma tendência ao perfeccionismo, com origem hereditária ou adquirida ao longo do tempo: a criança experimenta a sensação de não ser suficiente e, nesse contexto, o medo de decepcionar e de passar vergonha caminham juntos. Além disso, é comum que ela acredite que somente será amada e valorizada se obtiver bons resultados, especialmente no contexto escolar.

Reconhecendo as complexidades e desejos de Mayra, propus aos seus pais que a ouvissem mais atentamente, considerando que uma transição para outra escola poderia ser proveitosa. Entretanto, suas irmãs, que também estudaram na mesma instituição, tiveram uma boa experiência educacional, influenciando os pais a optarem por continuar com a educação de Mayra na mesma instituição de ensino durante algum tempo.

Os desafios persistiam e Mayra ainda se sentia deslocada naquele método de ensino. Após demonstrar uma determinação incansável e persistir em expressar suas preocupações, após cinco anos, Mayra finalmente conseguiu que seus pais a ouvissem e concordassem em mudá-la de escola.

Foi uma mudança sensata e, no novo colégio, ela conseguiu se sobressair, pois o movimento — na Educação Física e na vida — era um fator considerado. A verdade é que cada escola possui seu perfil e, nessa nova, foi possível ela se encaixar, não em tudo, mas em partes.

"Como você está se adaptando à nova escola?", perguntei.

"Estou gostando! Sinto que agora faço parte do ambiente", respondeu Mayra, seus olhos brilhando. "Você não vai acreditar, entrei para o time de vôlei, o que tem sido incrível! Sua voz estava cheia de entusiasmo. Mas as aulas ainda são um desafio. Mesmo fazendo Kumon, frequentando aulas particulares e com a ajuda da minha mãe, continuo enfrentando dificuldades. Eu me esforço bastante, mas o conteúdo parece que não fica na minha cabeça. Me sinto muito burra."

À medida que ela falava, sua expressão se tornava mais sombria, refletindo a frustração que sentia.

"Veja, Mayra, todos têm maneiras diferentes de aprender e compreender. E você tem se esforçado bastante, isso é admirável", disse eu, tentando encorajá-la. "Sua mãe me contou que você teve uma convulsão recentemente. Isso é algo sobre o que você gostaria de conversar?"

Ela assentiu.

"É bem estranho... Nas últimas vezes, pude sentir que a crise estava chegando. Sabe, pouco antes de ela acontecer." Ela hesitou por um momento. "Lembra daquela coordenadora da minha antiga escola? Aquela de quem eu tinha tanto medo? Em especial quando fazia algo errado e precisava ir à sala dela?"

"Sim, você já havia me contado sobre o receio que sentia em relação a ela quando era mais nova."

"Pois é, ela surgiu na minha mente bem antes de as últimas crises começarem!", disse Mayra, como se um lampejo de compreensão iluminasse seu rosto.

É importante destacar que episódios dissociativos podem ocorrer com frequência em indivíduos sem transtornos específicos, inclusive em situações onde não há perigo iminente. Geralmente, esses episódios são respostas ao estresse.

"Quando a crise aconteceu, senti com mais intensidade que precisava ser melhor, tanto no esporte quanto na escola", explicou Mayra.

Mayra experimentou uma resposta imediata ao trauma, onde sentiu uma forte necessidade de se distanciar, desconectando-se do próprio corpo e do mundo ao seu redor.[3]

---

3 STEINBERG, Marlene; SCHNALL, Maxine. *The Stranger in the Mirror*: Dissociation—the Hidden Epidemic. New York: Harper, 2021.

Era fácil ver a frustração naquele diálogo, o que deixava claro que a desatenção, o desinteresse pelos livros, a demora para copiar as lições, a troca de letras na escrita e a dificuldade em fazer interpretações de textos não eram motivadas por rebeldia ou falta de vontade.

Buscando dar o seu melhor, Mayra vivenciou diferentes fases do luto quando não alcançava seus objetivos. O processo de luto costuma envolver estágios reconhecidos, como negação, raiva, barganha, depressão e aceitação. A negação costuma ser a primeira reação, pois é difícil aceitar a realidade da perda. À medida que a pessoa começa a enfrentar a realidade, é comum surgirem questionamentos acompanhados de raiva, do tipo: "Por que isso aconteceu comigo?"

Durante o luto, a agressividade pode surgir como uma forma de expressar a intensa raiva que acompanha a perda, pois agir dessa maneira parece um caminho mais rápido para lidar com uma realidade dolorosa e difícil de digerir. A raiva desencadeia a ativação do sistema límbico, responsável por preparar-nos para lutar, fugir ou congelar, todos sendo mecanismos de defesa contra ameaças. Nesse estado, a função do córtex pré-frontal, responsável por planejamento, pensamento, tomada de decisões e processamento de sentimentos, pode ser afetada, e isso nos leva a operar em um piloto automático emocional, fortalecendo atitudes agressivas em detrimento de respostas mais racionais.

Sendo assim, a agressividade demonstrada por Mayra na escola pode ser compreendida como uma maneira de reagir às emoções intensas e à frustração do luto, sensações com as quais ela não sabia lidar. Ela pode ter acreditado que agir de forma agressiva e com força a ajudaria a enfrentar a realidade dolorosa que estava vivenciando.

Mayra também teve seus momentos de barganha quando incutiu em uma nova escola todas suas expectativas de ser uma aluna melhor, pensando algo similar a "Se eu estiver em um novo ambiente, terei novos resultados, e vou me dedicar muito para isso". No entanto, ao perceber que essa negociação não atingiu as expectativas almejadas — já que os bons resultados se apresentaram somente nos esportes, e não nas disciplinas convencionais —, Mayra frustrou-se ainda mais, vivenciando sentimentos depressivos diante de uma baixa em sua autoestima.

Quando me dediquei a esse caso e entendi que Mayra estava reagindo a um luto, consegui olhar para dentro de mim e perceber um sentimento semelhante. Eu estava atendendo uma paciente que, após um longo processo terapêutico, deixou de comparecer às sessões sem nenhuma explicação. Aquilo me afetou de forma pessoal, como se eu estivesse enfrentando uma perda. A princípio, não quis aceitar o fato de ela ter apenas desistido da terapia — ou seja, ter desistido do meu trabalho, mas principalmente, dela mesma. Passei por fases como a negociação, buscando maneiras de compensar essa perda.

A palavra "perda" é recorrente em áreas como Psicologia, Medicina, entre outras. Como profissionais, enfrentamos a perda de pacientes, tanto daqueles que tentamos salvar literalmente a vida quanto daqueles em que buscamos despertar a vida.

Ao conversar com diversos colegas de profissão, muitos relataram que se sentem frustrados quando perdem um paciente devido à morte ou quando alguém com quem desenvolveram um vínculo decide abandonar a terapia sem explicações, mesmo necessitando claramente dela.

À medida que amadurecemos como profissionais, aprendemos a aceitar as circunstâncias e a respeitar o tempo de cada indivíduo. Reconhecemos que nem todos os pacientes estão prontos ou dispostos a prosseguir com o tratamento, independentemente das necessidades evidentes. É fundamental entender que cada pessoa tem o seu próprio ritmo e autonomia para tomar decisões.

No fim das contas, pensar em como ajudar Mayra em seu luto foi crucial para que eu identificasse um sentimento similar dentro de mim e, então, pudesse trabalhá-lo para compreender que todos nós estamos suscetíveis a perdas. Pensando nisso, pergunto-lhe: o que você pode aprender sobre si mesmo observando uma criança? Todos nós, mesmos adultos, ainda carregamos nossa criança interior; assim, quando nos permitimos ouvir e considerar como válidos os sentimentos das crianças ao nosso redor, aprendemos a também ouvir aquela que nos habita.

Nesse contexto, acabei conversando com uma colega e amiga de profissão especializada em tratamentos infantis e familiares. Foi esclarecedor ouvir as dicas que ela pôde me dar para auxiliar Mayra em seu processo de luto, considerando sua experiência e seu conhecimento. Mais do que as ideias e abordagens práticas que suas formações e sua vivência clínica trouxeram, o que mais me chamou a atenção foi a sua história de vida. E eu gostaria muito de compartilhá-la com você.

Vera Regina Miranda foi uma das minhas professoras durante a minha formação em Psicologia, e tive o prazer de aceitar o convite dela para atuar como monitora da turma em uma das disciplinas que ela lecionava. Naquela época, eu já nutria grande estima por ela e, anos depois, quando nos reencontramos, e ela se ofereceu para compartilhar sua história comigo, essa estima cresceu ainda mais.

Ela me contou que sua primeira experiência com o luto ocorreu ainda na juventude, quando perdeu seu namorado em um acidente de carro. No entanto, com o apoio necessário, ela conseguiu seguir em frente e, alguns anos depois, realizou seu sonho de formar uma família ao se casar.

Estávamos em um restaurante, e a cada garfada ela inspirava com intensidade. Naquele momento, percebi que estava prestes a conhecer uma ferida que havia deixado uma cicatriz profunda.

"Apenas três meses após meu casamento, meu pai teve um infarto fulminante e faleceu. Como se isso não bastasse, enfrentei o luto mais uma vez, com a perda precoce do meu irmão, meu grande amigo de vida, outra vítima de um acidente de carro."

"Lamento profundamente. A morte costuma ser uma experiência desafiadora, sobretudo quando ocorre de maneira tão repentina."

Mesmo diante da dor, Vera direcionou seus esforços para construir sua família. Após enfrentar muitas tentativas de engravidar e vivenciar um aborto espontâneo, ela e o marido optaram pela adoção, uma experiência que lhe trouxe imensa alegria. Essa vivência inspirou Vera a escrever e publicar um livro intitulado *Adoção: uma história de espera e amor* (Juruá, 1998).

"Eu imaginava que talvez a minha primeira filha fosse ser a única, mas em meio à alegria de sua chegada, para minha surpresa, depois de eu não pensar mais a respeito, acabei engravidando! E nasceu um lindo menino cabeludo para integrar minha família.

"Mais uma vez, sem que eu tivesse dado permissão, tive que enfrentar a doença grave desse meu bebê, que sofreu muito nos sete meses em que pude compartilhar da sua vida. Não tenho dúvidas de que essa foi uma das minhas frustrações mais dolorosas.

"Não compreendia por que esse filho chegou apenas para partir tão rápido, depois de ter sofrido tanto e nos fazer experimentar tanta impotência e tristeza. Ainda não consigo entender completamente, mas tenho certeza de que, diante de todas as experiências difíceis que vivemos, sempre temos a escolha entre desistir, desejar a morte ou adotar estratégias para sobreviver.

"Alguns dias depois, recebi uma carta da enfermeira-chefe na qual ela mencionava o quanto havia aprendido com o meu filho, a quem ela chamou de pequeno grande guerreiro. Lágrimas rolaram em meu rosto, pois eu sabia que, mesmo em seu curto tempo, ele deixou marcas positivas por onde passou."

Respirei profundamente e senti a dor que a empatia pode nos proporcionar em situações como essa. Como terapeuta, eu sabia que aquela era o tipo de dor que muitas mães não conseguem compreender e com a qual não são capazes de se conformar.

Nesse contexto, li um conteúdo sobre o luto que me fez refletir a respeito da fase de "aceitação", e acredito que ele pode ajudá-lo a lidar com essa situação, caso você esteja passando por ela. O conteúdo mencionava a importância de permitir-se sentir a dor no processo de luto. O luto surge a partir do sentimento de amor, pois a perda cria um vazio que nos faz sentir saudades. Assim como em muitos momentos da vida, o amor pode ser complexo, e no luto não é diferente.

É importante reconhecer que a aceitação não significa esquecer ou superar completamente a perda, mas sim encontrar um espaço para integrá-la à nossa vida, honrando a memória daqueles que partiram e encontrando maneiras de seguir adiante, com a dor sendo transformada em saudade. Cada pessoa tem seu próprio caminho e tempo para vivenciar e processar o luto, e é essencial respeitar essa individualidade.

Sendo assim, se você está vivendo um momento de luto, procure não se cobrar tanto e evite comparações com outras pessoas, pois cada indivíduo tem sua própria forma de lidar com a dor. Aceitar é uma palavra poderosa, mas também muito pessoal. Isso não significa que a pessoa esqueceu ou se conformou com a perda. Na minha perspectiva, aceitar é ser capaz de olhar racionalmente para a situação que está diante de si. Cada pessoa tomará as melhores decisões com base em sua compreensão da realidade.

Algumas dicas podem ajudar no processo de vivenciar o luto:

1. Dedique alguns minutos diários à escrita criativa, para ajudar a diminuir os níveis de cortisol no organismo;
2. Durante uma crise, mudar o foco pode ser útil. Procure objetos de uma cor específica ao seu redor e repita em voz alta seus nomes — por exemplo, todos os itens azuis ou todos os itens vermelhos, coisas como uma peça de roupa, um tapete, um quadro, uma parede etc.
3. Tenha hobbies para aproveitar os momentos livres e direcionar sua atenção para o prazer, em vez da dor.
4. Não se isole. Embora o luto seja uma experiência individual, estar com pessoas que você ama pode ajudar a valorizar o presente e encontrar apoio emocional.

Vera continuou contando sua história, mencionando também o prazer de conquistar a publicação de novos livros, a criação de jogos, a realização de palestras e muitos outros feitos. Mais uma vez, fiquei surpresa com sua capacidade de se reinventar diante de tantas frustrações. Ela passou por uma separação e também por um câncer de mama, que lhe exigiu muito, fazendo com que ela se submetesse a quadrantectomia, esvaziamento axilar, reconstrução mamária, quimioterapia e radioterapia, tudo isso enquanto estava no início de seu mestrado.

Diante de tamanho envolvimento com esse desafio, em uma sala hospitalar surgiu um propósito: junto a uma paciente que tinha um histórico similar ao dela, Vera desenvolveu uma filipeta com dados esclarecedores para pacientes oncológicos, já que percebeu o quanto aquilo era necessário. Depois, criou a associação *Amigas da Mama*, que hoje conta com diversos filiados, vive de doações e aceita voluntários das mais diversas áreas. A instituição atua realizando palestras e prestando serviços como cortes de cabelo, confecção de perucas, orientações sobre o uso de lenços, oficinas de artesanato para a elaboração de bazares, coral, entre outros.

"Quando retornei do hospital, após a intervenção cirúrgica, cheguei ao meu consultório e vi a porta arrombada. Uma semana depois, tive um surto: gritei sem controle e tive que consultar uma psiquiatra, que identificou o caso como um episódio de mania, possivelmente decorrente de um acúmulo de fatores estressantes não só deste ano, mas de toda a minha vida. Acabei retomando um processo psicoterápico e, desde então, venho tomando medicação para a manutenção de meu bem-estar e de meu equilíbrio emocional."

Ela compartilhou comigo outros desafios, como a recente descoberta do Parkinson, o adoecimento da mãe, com Alzheimer, e mais frustrações. Mesmo diante de tantos lutos e traumas vividos em diferentes contextos, ela optou por seguir em frente.

Aliás, psicólogos têm desafios em suas vidas pessoais! A verdade é que todos os indivíduos estão lidando com suas próprias batalhas, mas ao nos depararmos com elas em nosso dia a dia, raramente as percebemos. E se, por um breve momento, pudéssemos enxergar as pessoas não apenas por suas aparências, mas também por suas histórias e superações? Será que teríamos mais paciência diante de seus erros, mais compaixão em nossas ações e maior gratidão por nossa própria vida?

Espero que, por meio da história da Vera e de tantas outras que este livro aborda, você sinta que sempre haverá espaço para compartilhar suas frustrações. Não as guarde para si, pois o primeiro passo para ter subsídios para lidar com elas é reconhecer que elas existem.

Quando você nega sua dor, ela se alimenta da sua indiferença.

Por mais que o luto doa, é preciso senti-lo à nossa própria maneira e ver nisso um momento oportuno de introspecção para conhecermos melhor partes ainda escondidas em nosso interior. É preciso respeitar nosso tempo individual, mas também é importante entender que podemos trabalhar nossas dores para que elas sejam um aprendizado momentâneo, e não um estado permanente que nos faz reféns de outros desafios, como a depressão ou a ansiedade.

Por isso, é muito importante falar sobre o luto e a morte, pois ao compreendermos como reagimos diante dessas circunstâncias, podemos lidar de forma mais saudável com as emoções que surgem.

Enquanto alguns morrem apenas quando a vida acaba, outros vivem como se já estivessem mortos. Qual você escolhe ser? Está consciente e desperto para a vida? Existem várias formas de "morrer" enquanto ainda estamos vivos, e quero convidá-lo a embarcar em uma jornada sobre um tema que muitas vezes evitamos discutir, mas não deveríamos: a morte.

E por que é importante falar sobre nossa finitude? O valor da vida surge do reconhecimento de que um dia ela chegará ao fim. Negar a existência da morte é adiar uma dor que pode crescer e eclodir posteriormente e de maneira mais intensa.

Nesse sentido, determinado estudo demonstra que refletir sobre a própria morte pode aumentar o sentimento de gratidão, pois temos uma tendência a valorizar o que é raro ou escasso; por isso, nos depararmos com a morte nos faz ver a importância de dar valor à vida.

Além disso, refletir sobre a morte pode nos levar a expressar mais o que sentimos, a não deixar coisas importantes para depois e a viver de forma plena. Com a consciência de que o tempo é escasso, torna-se mais comum considerar cada momento único.

Quando não fazemos isso, é comum que o luto nos traga sentimentos de arrependimento, pensamentos de que poderíamos ter feito mais, sobretudo quando lidamos com desafios que incluem nosso primeiro núcleo, a nossa família.

Isso me fez recordar um caso de uma paciente que havia me procurado para realizar terapia no mesmo momento em que outras duas pacientes também estavam interessadas em começar o processo terapêutico. Minha secretária acabou agendando uma das pacientes para a semana seguinte, mas por alguma lei do destino, acabei me confundindo e liguei para a paciente que nem tinha marcado consulta. Enquanto a paciente que tinha marcado estava aguardando eu lhe chamar via sessão on-line, eu estava conversando normalmente com a paciente interessada. Assim, acabou acontecendo uma sessão que não estava programada, mas que foi importante para aquele contexto.

A paciente interessada começou a falar de sua demanda, e a conversa fluiu; para mim, estava tudo natural, pois achei que estava atendendo a paciente certa. Essa mulher estava sofrendo porque seu pai estava internado, com sintomas de COVID-19, e ela estava muito preocupada, pois residia fora do Brasil e não conseguia dar suporte à família como desejava. Ao mesmo tempo, ela se cobrava por ter aceitado um emprego fora do Brasil, meses antes do ocorrido. A paciente em questão sentia grande culpa e remorso por não poder estar próxima ao seu pai e aos seus familiares. Ela se perguntava se estava sendo egoísta por não colocar a família de origem em primeiro lugar, já que se mudou com a filha e o marido. Ela também se preocupava com o que seus parentes estariam pensando dela por ter aceitado esse emprego e não estar presente com o pai.

Nessa época, a preocupação dela se repetia em muitas famílias, pois a morte nunca fora tão comentada como quando vivenciamos o coronavírus. As notícias divulgavam estatísticas que nos deixavam assustados. Naquele período, você teve o sentimento de que a morte acontecia mais perto de nós?

Muitas pessoas, infelizmente, perderam familiares e amigos em um curto espaço de tempo, tornando difícil o ato de enfrentar o luto. E como essa reflexão pode nos afetar? É preciso olhar a vida com ainda mais gratidão. Diante do luto, alguns acabam deixando de enxergar as coisas positivas que existem. Por isso, reserve um tempo do seu dia para refletir sobre o quanto é bom estar vivo, sobre o quanto é gratificante estar aqui, agora, lendo este livro. Faça atividades que o ajudem a se sentir vivo e completo, para que essa gratidão se manifeste naturalmente. Além disso, concentre-se no que está sob seu controle, em vez de centralizar seus medos no que está totalmente fora dele, como a morte.

O que tem feito você se sentir vivo ultimamente? Existe algo que você desejou fazer ou alcançar, mas se conteve? Talvez agora seja a hora de revisar e dar alguns pequenos passos para conseguir isso. Inclusive, a terapia pode lhe ajudar nesse sentido, como ajudou pouco a pouco a paciente sobre a qual estávamos falando.

Ela sempre foi muito reservada, não se abria muito, mas nesse primeiro encontro já conseguiu perceber que não estava sendo egoísta ao cuidar de si e de sua família atual. Ao final da conversa, ela notou que a pessoa que mais lhe incentivou a dar esse grande passo na carreira foi justamente o seu pai, e isso lhe trouxe mais consciência e tranquilidade.

Enquanto isso, a outra paciente me aguardava, e precisei explicar a ela a situação inusual. No entanto, tinha um porquê para aquele atendimento ter ocorrido daquela forma e naquele momento; no dia seguinte o seu pai veio a falecer.

Lidar com a perda não é uma tarefa simples. No Brasil, em uma pesquisa com mil pessoas, que representavam a população, 68% dos entrevistados responderam não estarem prontos para lidar com a morte.[4] O que você responderia se fosse entrevistado?

Ao pesquisar sobre o luto, me deparei com um estudo desenvolvido pelo psiquiatra britânico John Bowlby, segundo o qual a experiência de luto de uma pessoa pode ser moldada pelo tipo de apego da infância. Seguro? Ansioso? Desorganizado? Evitativo? Nesse sentido, duas linhas de pensamento começaram a se desenvolver: aquela que dizia que o luto era uma parte dolorosa e pungente da experiência humana e aquela que dizia que o luto deveria ser tratado como um distúrbio de saúde mental ou condição médica.

Então, no início dos anos 2000, uma equipe de cientistas começou a desenvolver uma definição clínica para luto debilitante. Pesquisadores da Universidade de Yale, da Universidade de Utrecht e da Universidade de Oxford acompanharam indivíduos em luto nos primeiros dois anos após a perda. Seus estudos descobriram que, embora o luto "normalmente" se resolvia sozinho em cerca de 90% dos casos, nos outros 10%, ele persistia. Logo depois, o grupo de Yale apresentou um artigo propondo o transtorno do luto prolongado (PGD), como sua própria condição psiquiátrica.

O PGD é definido como um luto severo que dura mais de um ano após a morte do ente querido e caracteriza-se por pensamentos intrusivos e anseio pelo falecido, estando associado à tendência ao suicídio. É psicologicamente e neurobiologicamente distinto de luto agudo, transtorno depressivo maior, transtorno de ansiedade generalizada e transtorno de estresse pós-traumático, e é amplamente entendido como um transtorno de apego.

Pessoas que estão passando por um PGD tendem a sofrer uma perda prolongada e profunda de significado e ruptura em seu senso de identidade. Para onde vai a enorme parte de você que amou a pessoa falecida? Entender em que momento o luto se transforma em PGD é fundamental para que a pessoa encontre a ajuda necessária para gerir suas emoções, como no caso da paciente, que resolveu fazer terapia e, assim,

---

[4] ALVIM, Mariana. Solidão no luto: pesquisa inédita mostra dificuldades dos brasileiros para lidar com a morte. *BBC News Brasil*, São Paulo, 20 set. 2018. Disponível em: https://www.bbc.com/portuguese/brasil-45596113#:~:text=A%20pesquisa%2C%20baseada%20em%20uma,o%20percentual%20salta%20para%2033%25.

foi possível trabalharmos o luto. Pensando em ajudá-la, elaborei um roteiro de *Mindfulness* chamado *Lide Com a Perda*, que também auxiliou outros pacientes que estavam passando pela mesma situação. O roteiro está em anexo no fim deste de livro.

Em momentos de perda, encontrar as palavras adequadas pode ser um desafio; portanto, a chave é cultivar a empatia e um ouvido atento. Com frequência as pessoas transmitem, mesmo que de maneira sutil o que necessitam nestes tempos difíceis, e é através de uma escuta atenta e compassiva que podemos realmente entendê-las e apoiá-las. No processo de ouvir e apoiar os outros em suas lutas, descobrimos *insights* sobre como abordar nossos próprios traumas e lutos.

Traumas e lutos são inevitáveis, assim como as marés em nossa jornada, mas eles não são apenas correntes que nos arrastam, eles são faróis que nos guiam. Aprendemos não só a coexistir com essas experiências, mas a nos elevar acima delas.

Para isso, abraçar a dor, independentemente de sua magnitude, é um passo crucial, pois, muitas vezes, somos mais eficazes em causar dor do que em senti-la, sobretudo em momentos de angústia profunda. Encare esse desafio com coragem, permitindo-se experienciar plenamente suas emoções, e veja esse processo como uma orquestra de sentimentos que ressoa tanto alegrias quanto tristezas. Permita-se chorar, enfrentar o luto e sentir a tristeza, pois é nessa vulnerabilidade que residem lições valiosas. A dor, quando compreendida e aceita, pode ser transformada em um catalisador para o crescimento pessoal e a resiliência, reinventando seu significado em nossa vida e convertendo-se em uma fonte de força e sabedoria.

Por exemplo, pessoas que enfrentam uma doença podem acabar encontrando um propósito de vida ao ajudar outras a lidar com a mesma condição que elas têm, como no caso de Vera, que descobriu uma forma de auxiliar pessoas diagnosticadas com câncer de mama. Há também quem, após frustrações em relações, aprenda a buscar parceiros mais compatíveis. Portanto, não importa qual é a sua dor, mas sim o novo significado que você escolhe dar a ela a partir do que permitiu a si mesmo sentir.

Como revela um estudo que li, a euforia que sentimos ao nos descobrirmos apaixonados pode servir como uma forma de alívio da dor.[5] Ou seja, precisamos sentir para gerar conforto na própria situação dolorosa. Pensando dessa forma, que tal separar fotos de pessoas que você gosta muito e, quando sentir dor, acessar essas imagens como âncoras?

A dor associada à morte pode parecer uma constante inevitável, refletindo a complexa relação que temos com a vida — seja ela marcada por amor, indiferença ou desafio. Essa dor, quando contemplada, nos convida a refletir sobre o significado e o impacto da morte em nossa existência. Imagine se pudéssemos ver o fim não como um término absoluto, mas como um ponto de transição, um portal para novos começos?

Términos e renascimentos, existência e cessação, não são meros opostos em um espectro, mas sim aspectos complementares do grande ciclo da vida. Ao abraçar e enfrentar os finais, não só fechamos capítulos, mas também desbravamos novos horizontes. Cada conclusão é uma porta aberta para crescimento pessoal, novos aprendizados e a descoberta de significados renovados na vida.

Assim como términos e renascimentos marcam os ritmos do ciclo da vida, o luto se insere nesse processo como uma fase de profunda reflexão e compreensão. Ele nos revela que nem tudo está sob nosso controle, inclusive os aspectos mais fundamentais da nossa existência. Durante o luto, é comum tentar compensar a perda de controle buscando dominar aspectos externos — como o comportamento das pessoas ao nosso redor ou o ritmo de nossa recuperação emocional.

Para ilustrar isso, pense na sua relação com o dinheiro: quando você busca controlá-lo a todo custo, acaba se tornando refém dele; por outro lado, quando você consegue administrá-lo, consegue extrair o melhor que ele pode oferecer, sem se prender a ele.

Além do controle, a dificuldade de expressão também é comum em momentos de luto. Como enfatiza a psicanalista Alice Miller, "não é o próprio evento traumático que causa a doença, mas a incapacidade de expressar o que foi vivido, não tendo o direito de expressar sentimentos de raiva, humilhação, desespero, impotência ou tristeza, nem o direito

---

[5] VISÃO SAÚDE. Cinco sinais científicos de que está a apaixonar-se. Visão, São Paulo, 14 set. 2017. Disponível em: https://visao.pt/visaosaude/2017-09-14-cinco-sinais-cientificos-de-que-esta-a-apaixonar-se/.

de viver". Portanto, é importante aprender que compartilhar pode ser útil no processo de luto, juntamente com a compreensão de que algo chegou ao fim, mas ainda há vida dentro de nós, mesmo que a dor seja intensa. Afinal, como acrescenta Alice, "a alma humana é praticamente indestrutível, o ser humano tem mais recursos do que se pensa, e as chances de recuperação duram enquanto o corpo estiver vivo". Em outras palavras, há vida após o luto.

Assim como um sonâmbulo age sem ter consciência de suas ações, muitas pessoas têm vivido da mesma forma, agindo no piloto automático, sem se sentirem verdadeiramente vivas.

Sendo assim, este capítulo sobre luto não está logo no começo do livro por mero acaso, mas sim para que você reflita que, apesar da dor, é possível e preciso, viver. Mesmo depois de viver traumas e lutos é possível despertar para uma vida plena e feliz, não se esquecendo da dor, mas compreendendo que ela lhe deu a chance de ser mais forte para um propósito que talvez ainda seja desconhecido, mas um dia se revelará a você. Portanto, desperte e desfrute desta maravilhosa dádiva que é estar vivo! Existe, sim, uma vida após o luto, e o próximo capítulo te ajudará a perceber isso.

.5.

VIDA APÓS O LUTO

A fênix é uma ave mitológica que, para muitos, representa a esperança, pois sua história narra o renascimento após a morte. E se você pudesse vivenciar uma trajetória semelhante à da fênix? Valorizaria essa nova oportunidade? Como mencionado anteriormente, o luto nem sempre está ligado apenas à morte física, pois experimentamos momentos de "morte em vida" em diversas circunstâncias. Assim como a fênix, temos a oportunidade de renascer e encontrar um novo caminho após os desafios que nos mergulham na escuridão.

É comum que muitas pessoas associem sua própria vida à morte quando se sentem aprisionadas em situações difíceis, como relacionamentos abusivos, por exemplo. O famoso lema "até que a morte nos separe" pode levar alguém a literalmente morrer por não conseguir quebrar a promessa feita consigo mesmo. Essa postura coloca o indivíduo em um caminho rumo à autodestruição, dificultando sua capacidade de desfrutar de uma vida plena e abundante.

Nesse contexto, gostaria de compartilhar uma história que encontrei recentemente em um livro. Ela retrata uma conversa tocante entre um psicólogo e uma mulher idosa, de 70 anos, que recebeu o diagnóstico de câncer de mama.

"Você está morrendo para se livrar de quê?", questionou o psicólogo.

"Meu relacionamento", respondeu ela.

O psicólogo trouxe à tona a possibilidade do divórcio; no entanto, a paciente respondeu que não conseguiria se separar devido aos filhos — apesar de seu filho mais novo já ter 54 anos.

De acordo com a perspectiva do Biodécodage, uma abordagem terapêutica baseada no reconhecimento do significado e sentido biológico do sintoma, o câncer de mama pode estar relacionado a conflitos emocionais ligados ao instinto de nutrir, proteger e cuidar do outro em sua plenitude. Esses conflitos podem envolver não apenas filhos reais, mas também figuras simbólicas de filhos, como o cuidado de pais dependentes, sobrinhos, alunos, animais de estimação e projetos importantes.

Nessa visão, que é uma interpretação de ocorrências e não um embasamento científico, os seios femininos desempenham um papel central, pois possuem uma função biológica primordial: amamentar e nutrir. Na perspectiva da maternidade, os seios representam uma conexão profunda com o bem-estar dos demais.

Quando há conflitos emocionais não resolvidos relacionados a esse instinto de cuidado, pode surgir uma sensação de incapacidade, além da perda de ordem e de identidade. A mulher pode se identificar excessivamente com papéis externos, como "produtora" ou "cuidadora", e perder a conexão com sua essência. Existe o medo de que, ao não conseguir mais proteger e cuidar do outro, sua própria existência seja colocada em risco. É nesse contexto que o câncer de mama pode se manifestar como uma expressão máxima desses conflitos emocionais não resolvidos.

Na perspectiva da abordagem, é interessante notar que a mama pode ter uma conexão simbólica com o espaço mais íntimo da mulher, com seu "ninho". É comum que mulheres adotem a prática de apoiar o bebê de um lado para oferecer a mama, deixando o outro lado livre para protegê-lo. Essa associação pode levar à interpretação de que um câncer no seio está relacionado à necessidade de proteger um filho ou uma figura materna. Isso sugere que o aparecimento do sintoma pode estar ligado a um momento desencadeante anterior, frequentemente ocorrido na infância, quando uma crença ou padrão foi estabelecido.

Para ilustrar, pense no exemplo de uma pessoa que acessa uma memória da infância em que tinha apenas 3 anos e sua mãe enfrentava um período de depressão. Nesse momento, a criança sentia uma profunda impotência e desejava ardentemente poder ajudar sua mãe. É comum que os filhos expressem seu amor tentando fazer tudo o que podem pelos pais, e essa criança desejava ser mais velha para assumir o papel de cuidadora de sua mãe. Tal experiência deixou uma marca emocional significativa dessa pessoa, prendendo-a em uma estrutura na qual se coloca no papel de protetora e cuidadora.

É relevante observar que, muitas vezes, a escolha de uma profissão pode ser uma tentativa de reparar esse conflito interno. Essas pessoas sentem uma necessidade intrínseca de cuidar dos outros, buscando suprir as carências emocionais que surgiram na infância. Ao buscar profissões relacionadas ao cuidado e à proteção, elas procuram preencher esse vazio e encontrar um senso de propósito e satisfação.

A mama também pode representar conexões com o que é externo à mulher, como irmãos, marido, pai, primos, amigos e colegas. Por exemplo, pode surgir uma intensa necessidade de cuidar de um irmão e protegê-lo. Quando essa necessidade não é atendida internamente de maneira satisfatória, a biologia pode responder de forma adaptativa, aumentando a quantidade de glândulas mamárias. A origem emocional desse conflito pode remontar a um evento específico, como uma situação em que a paciente tinha 6 anos, e seu irmão de 2 anos sofreu um acidente. Nesse momento, a mãe disse à menina que ela deveria ter cuidado dele, pois era a "irmã mais velha".

O inconsciente generaliza essas crenças, resultando na mensagem de que é preciso cuidar do outro, aconteça o que acontecer. Isso pode levar as mulheres a assumirem o papel de cuidadoras e protetoras em todas as relações, porém é importante ressaltar que o excesso nessa dinâmica pode gerar conflitos, como vimos no caso da paciente com câncer que, mesmo diante de um casamento no qual não gostaria de estar, não tinha forças para sair dele por não querer decepcionar os filhos — mesmo que eles já estivessem em idade adulta. Ou seja, aqui é evidenciado um senso exagerado, e até mesmo desnecessário, de preservação dos filhos. Por isso, é fundamental lembrar da diferença entre controlar e acompanhar, encontrando um equilíbrio saudável que permita o cuidado do outro sem deixar de cuidar de si mesma.

Embora essa visão seja uma abordagem interpretativa, ela proporciona uma compreensão valiosa do caso de uma mulher de 70 anos que recebeu o diagnóstico de câncer de mama, bem como de outras pessoas em situações semelhantes. A conscientização a respeito dessas dinâmicas emocionais e a compreensão de seus padrões limitantes são passos importantes para que as mulheres superem desafios e estabeleçam uma conexão mais saudável e autêntica consigo mesmas. É crucial encontrar um equilíbrio saudável entre o cuidar dos outros e o cuidar de si, substituindo o controle pelo acompanhamento respeitoso.

O psicólogo persistiu em seu trabalho, buscando ajudar a mulher idosa a reconsiderar sua perspectiva e promover um crescimento emocional. Contudo, em determinado momento, ele percebeu que ela não estava totalmente aberta a mudar sua visão e explorar novas possibilidades. Diante dessa resistência, o psicólogo tomou uma decisão ética e responsável, interrompendo a terapia. Ele optou por devolver o dinheiro da consulta e explicar com clareza que não poderia oferecer a ajuda necessária à mulher.[1]

Como podemos resgatar alguém que se colocou na sepultura? É importante ressaltar que o objetivo do psicólogo não era curá-la do câncer, mas sim auxiliá-la a encontrar uma nova perspectiva de vida, valorizando cada momento, pois, como mencionado anteriormente, um diagnóstico não deve ser encarado como uma sentença de morte. A pergunta que surgia era: ela estaria disposta a receber ajuda?

Enquanto escrevo, não consigo tirar da minha mente uma paciente que atendi alguns anos atrás, a quem chamarei de Vitória. Parece que suas palavras estão ecoando em minha cabeça. "Sinto que este é o momento de eu ser vista e me tornar uma grande agente de mudança, principalmente para a minha família." Essas foram as palavras das quais me lembrei quando o nome dela veio à minha consciência.

Na época em que a atendi, a tia de Vitória tinha me procurado, preocupada, e decidiu presenteá-la com sessões terapêuticas, uma vez

---

1 HEER, Dain. *Sendo você, mudando o mundo*. Stafford: Access Consciousness, 2011.

que os pais da jovem enfrentavam constantes instabilidades financeiras. É crucial destacar que ela era filha única, o que tornava sua situação ainda mais singular.

Desde o início, fiz questão de ser genuína, deixando claro que só a atenderia se sentisse que ela estava verdadeiramente comprometida com o processo terapêutico, levando em consideração que Vitória tinha 25 anos naquela ocasião.

Impulsionada por um forte pressentimento, decidi entrar em contato com a tia e a mãe dela para sondar o interesse delas em participar deste livro. Fiquei surpresa e emocionada ao constatar que ambas aceitaram de pronto, em especial a mãe, que compartilhou que considerava minha mensagem um "presente divino". Suas palavras tocaram profundamente meu coração, assim como sua disposição em ser um instrumento de bênção na vida de outras pessoas, compartilhando a história e a experiência vivida por ela e sua filha.

Com base em seu histórico, pude identificar que Vitória já havia passado por diversos processos terapêuticos. Inicialmente, suas queixas englobavam ansiedade generalizada, ataques de pânico e fobia social. Além disso, ela recebeu o diagnóstico de TDAH aos 6 anos de idade, enfrentou episódios de bulimia, tinha dificuldade de interação com sua mãe e passou por instabilidades em seu relacionamento afetivo. Por recomendação médica, Vitória fazia uso de *Sertralina* e *Concerta* para auxiliar nos momentos de estudo.

Um aspecto que chamou minha atenção desde o início foi a dificuldade dela em aceitar o nome que lhe foi dado pelos pais, o que a fez escolher outro nome para si, um nome com o qual se identificava mais. Essa questão levantou reflexões sobre a importância do nome em nossa autoidentidade ao longo da vida, como afirmou Gordon Allport, um dos fundadores da psicologia da personalidade, em 1961: "A âncora mais importante para a autoidentidade ao longo da vida continua sendo o próprio nome."[2]

A gestação de Vitória não foi planejada, mas foi muito desejada. Durante os primeiros seis meses, tudo correu bem e a gravidez progrediu

---

2 JARRETT, Christian. How Your Name Affects Your Personality. ***BBC Future***, Reino Unido, 25 maio 2021. Disponível em: https://www.bbc.com/future/article/20210525-how-your-name-affects-your-personality.

de maneira saudável. Porém, no sétimo mês, a mãe de Vitória começou a experimentar fortes dores de cabeça, convulsões e problemas de visão. Vitória nasceu prematura, aos sete meses, mas as complicações sofridas por sua mãe a levaram a uma internação na UTI, e somente cinco dias após o nascimento de Vitória a mãe pôde enfim ver o rosto de sua tão esperada filha.

É relevante mencionar que a avó materna de Vitória também passou por complicações durante a gestação da mãe de Vitória, após ter sofrido um acidente de carro na reta final da gravidez. Meses após o nascimento da filha, a mãe de Vitória teve coqueluche severa, e as chances de sobrevivência eram consideradas muito baixas. Esses eventos destacam os padrões familiares e as adversidades enfrentadas. Vale ressaltar que o assunto do acidente de carro foi mantido em segredo na família, e a mãe de Vitória só soube do ocorrido por meio de suas tias.

O livro *Una Malattia Chiamata* (Di Renzo Editore, 2012), mostra que problemas não resolvidos, traumas e segredos familiares fazem os filhos sofrerem. Muitas vezes, certos traumas são mantidos em silêncio devido à sua intensidade, e os pais ou avós encontram dificuldades em processá-los, falar sobre eles e digeri-los. Esses segredos acabam se tornando um peso que é transmitido de geração em geração, afetando as crianças de forma significativa.

É comum que essas crianças manifestem sintomas semelhantes aos de seus pais, em especial quando atingem a idade em que o trauma primário ocorreu. Esse fenômeno é conhecido como "síndrome do aniversário" e foi amplamente estudado por Anne Ancelin Schützenberger, que reconheceu em sua família, e também em outras, que determinados traumas se repetiam em datas similares, de geração em geração. No contexto da compreensão de problemas não resolvidos, traumas e segredos familiares, é importante lembrar que cada indivíduo lida com os recursos que possui, tornando inútil a procura por culpados.

Aos 3 anos de idade, Vitória começou a manifestar dores de cabeça constantes e apresentava irritabilidade com certa frequência, padrões que se estenderam ao longo dos anos. Em muitos momentos, ela preferia se isolar e falava pouco. Esses comportamentos suscitaram preocupações e demandaram atenção especial por parte dos pais.

Embora suas notas fossem boas, ela demonstrava comportamento agressivo, envolvendo-se em brigas com frequência. Vitória tinha problemas para lidar com regras e limites estabelecidos, e também encontrava dificuldades em se concentrar nos estudos.

Na quinta série, Vitória começou a enfrentar situações de bullying devido às características de sua personalidade, como o fato de sempre estar isolada. É lamentável que muitas crianças tenham que se esforçar para se encaixar em um padrão imposto pela sociedade e, às vezes, até mesmo pelos seus próprios tutores. No entanto, é importante questionar se esse padrão de fato existe. Não somos todos únicos em nossas diferenças? Na infância, é especialmente difícil compreender essa ideia, o que pode causar sofrimento para muitos.

Alguns sofrem bullying por usarem óculos, enquanto outros são alvo por terem dificuldades de aprendizado. À medida que as crianças se tornam adolescentes, são criados "padrões" de estética que fazem com que eles se sintam obrigados a se moldar ao que erroneamente se espera deles. Por infelicidade, nem todos estão prontos para compreender o desenvolvimento dos outros. Assim, há um julgamento e uma falta de compreensão em relação a tudo o que parece "diferente" ou esperado. Esse é um assunto sobre o qual discorrerei no capítulo seguinte.

Durante as sessões terapêuticas, Vitória costumava expressar o quanto estar diante de outras pessoas era uma fonte de ansiedade para ela. Nesse sentido, é importante citar a distinção entre timidez e fobia social, pois a diferença fundamental reside no grau de desconforto que a exposição provoca na pessoa. Enquanto os indivíduos tímidos podem sentir um desconforto significativo, mas suportável, diante da exposição, aqueles com fobia social experimentam um desconforto intenso que pode resultar em sintomas físicos e comportamentos de evitação prejudiciais.

O medo constante de ser julgado está intrinsecamente vinculado à fobia social. Os indivíduos com esse transtorno temem ser alvo de críticas e rejeição, o que os leva a evitar situações sociais e a se isolar para evitar confrontar seus medos. Esse receio irracional de ser avaliado negativamente pelos outros pode ter origens em situações diversas, como gestação, experiências traumáticas passadas, crenças negativas sobre si mesmos e influências do meio, como a superproteção dos pais ou críticas excessivas, temas que abordo de forma mais minuciosa em meu primeiro livro ***Fobia: enfrentando com coragem*** (Alta Life, 2021).

É inevitável que sejamos julgados pelas outras pessoas; algumas delas aprovarão nossa postura, enquanto outras, não. A chave está em analisar o que esses julgamentos alheios despertam em nós. Se esses julgamentos nos incomodam, é provável que haja algum aspecto em que precisamos melhorar. Ao nos expormos mais, confrontamos nossas vulnerabilidades e temos a oportunidade de nos conhecer melhor. Portanto, pergunte-se: "O que eu faria se não estivesse sendo observado?" A resposta a essa pergunta pode revelar aspectos sobre sua verdadeira essência.

A busca incessante de Vitória por evitar a dor do julgamento e encontrar acolhimento, exerceu influência sobre seus relacionamentos afetivos. Independentemente do gênero, ela sempre valorizou a pessoa em si. Durante o período em que a acompanhei em terapia, ela estava envolvida em um relacionamento homoafetivo que, segundo seu discurso, contribuiu para elevar sua autoestima. Ela também afirmou que sua felicidade estava em fazer sua companheira feliz.

Essa dinâmica de terceirizar os próprios sentimentos gerava instabilidade emocional sempre que ocorriam brigas entre Vitória e sua companheira, tornando-a vulnerável às reações externas. Além disso, essa busca incessante por evitar o julgamento também teve impacto em sua trajetória profissional e em sua autoconfiança. Mesmo tendo um forte desejo de cursar Medicina e encontrar trabalho, Vitória não se sentia suficientemente confiante para acreditar que seria capaz de alcançar esses objetivos.

Durante o período da terapia, Vitória não tinha perspectivas definidas. Contudo, ao longo do processo terapêutico, ela começou a compreender a importância de impulsionar sua jornada, encontrando motivação para buscar emprego e sendo contratada para preencher uma vaga. Essa conquista trouxe um alívio momentâneo, mas também levou a uma redução na frequência das sessões, devido aos horários de trabalho. Nesse momento, foi crucial comunicar à família a importância de Vitória continuar com o acompanhamento psicológico e psiquiátrico, pois eu estava atenta aos desafios que poderiam gerar fragilidade e dor para ela.

Lembro-me de sair de uma sessão com Vitória e sua mãe com um sentimento de dever cumprido. Foi uma das últimas sessões em que estive com elas. Apesar de as duas estarem sentadas bem separadas no setting terapêutico, a última frase que sua mãe me disse foi que seu maior desejo era se aproximar mais da filha. Algumas sementes, contudo, precisam de tempo para germinar.

Com base nas experiências compartilhadas pela paciente, torna-se evidente que seu relacionamento com a mãe foi um desafio constante, marcado por frequentes brigas. Dentro do contexto familiar, a dinâmica parecia se inverter, de acordo com a perspectiva da paciente. Em várias ocasiões, ela sentia que exercia mais controle do que sua mãe, enquanto seu pai parecia adotar uma postura mais submissa em relação a ela. A interação de dar e receber, que flui de cima para baixo, e o fluxo do tempo, que transcorre do passado para o presente, desempenham papéis significativos nas relações familiares. É comum que algumas pessoas resistam a receber plenamente o que seus pais oferecem, buscando compensar essa falta de conexão emocional em diferentes áreas de sua vida. Entretanto, rejeitar os pais pode resultar em rejeitar a si mesmo, o que leva a sentimentos de vazio e insatisfação. Ao longo do tempo, o relacionamento dos pais da paciente passou por altos e baixos, alternando entre momentos de harmonia e conflito.

Ao mesmo tempo, Vitória sentia que sua mãe a cobrava muito e que nunca conseguia ser motivo de orgulho para ela. "Uma filha mais comportada, quieta, arrumada, com melhores notas! Ela sempre queria mais. Parecia que nunca estava bom o suficiente." Além disso, sua mãe nutria o desejo de que as pessoas vissem sua filha de forma diferente, buscando uma percepção mais positiva. No entanto, levanta-se a questão: estaria sua mãe pronta para encarar a si mesma e sua própria mãe de maneira diferente? É comum que, em muitas famílias, os pais transmitam parte de suas próprias imaturidades a um ou mais filhos.

Quando entrei em contato com a mãe de Vitória nessa semana para discutir o caso e incluí-lo no livro, fui surpreendida por peças importantes do quebra-cabeça, partes que, até então, eu não havia encontrado. A mãe começou compartilhando que Vitória foi o grande pilar de seu amadurecimento. Ela percebeu o quanto estava equivocada ao afastar as pessoas que a amavam, o que a motivou a reconstruir o relacionamento com o pai de Vitória, de quem chegara a viver separada por um tempo. Em seguida, ela expressou os desafios constantes que enfrentou em sua própria relação com a mãe, marcada por falta de intimidade e pela necessidade constante de esforço para se aproximar. Esses padrões acabaram sendo refletidos em seu relacionamento com Vitória, pois ela não sabia agir de forma diferente, e, inconscientemente, ela apenas reproduzia o comportamento de sua própria mãe.

É notável como a visão e os relatos da mãe de Vitória forneceram uma nova perspectiva para compreender as dinâmicas familiares e os desafios enfrentados pela jovem ao longo de sua vida. Essas revelações contribuem para um entendimento mais profundo do contexto e auxiliam na construção de uma narrativa mais completa sobre seu trajeto e seu processo de transformação.

Quando perguntei a ela se sua mãe havia passado por algum aborto antes de seu nascimento, ela compartilhou uma história que começou a explicar sua dificuldade de se aproximar e receber amor das pessoas. Ela explicou: "Meu pai, o avô da Vitória, casou-se com minha mãe porque ela engravidou de mim, mas ele havia acabado de sair de um noivado. A família do meu pai gostava muito da ex-noiva. Após um mês, minha mãe se sentiu traída pela família do meu pai ao descobrir que todos sabiam que a ex-noiva também estava grávida, e a atenção de todos foi direcionada à outra. Por causa disso, minha mãe não permitiu que meu pai tivesse contato com a filha da ex-noiva, que é minha meia-irmã. Eu nunca cheguei a conhecê-la pessoalmente, apesar de termos apenas dois meses de diferença de idade. Minha mãe sempre me impediu de conversar sozinha com meu pai para manter o controle da situação e também por medo. Mas, nos últimos meses, meu pai decidiu se impor e informou a minha mãe que estava indo para Porto Alegre para conhecer minha irmã. Até hoje, minha mãe não aceita essa ideia, e isso tem criado conflitos entre nós, embora eu estivesse feliz por ele. Minha irmã parece ser uma pessoa bem resolvida. É uma pena que ela não compreenda ainda o valor do perdão. Espero que minha meia-irmã seja a conexão familiar que sempre desejei."

A avó de Vitória, buscando evitar a dor da traição, acaba assumindo o controle da situação. Ela opta por permanecer em um estado de fuga, a menos que seja capaz de trazer para sua consciência que velhos sentimentos não são mortais, mas sim, libertadores. Nesse sentido, a avó pode encontrar um caminho de cura ao confrontar e processar suas próprias emoções, permitindo-se embarcar em uma jornada de autodescoberta e crescimento pessoal. Ela pode buscar uma nova perspectiva, considerando a ex-noiva do seu marido como a primeira e reconhecendo o seu próprio papel, como o segundo, compreendendo que desempenhou um papel significativo ao abrir espaço para que seu marido tivesse um relacionamento com ela. Ao aplicar as ordens do amor, promove-se a possibilidade de cessar o sentimento de injustiça e se permite assumir uma postura de autoperdão.

Na minha última pergunta, abordei como foi para ela lidar com o suicídio da filha, que ocorreu alguns meses após ela ter largado a terapia. Ela compartilhou: "Vitória trouxe vida para mim, e isso foi confirmado alguns meses antes de seu falecimento. Ela nasceu para me curar. Durante esse período, eu estava participando de diversos cursos que abordavam temas relacionados à cura e à libertação em minha árvore genealógica. Em um desses cursos, uma pessoa compartilhou sobre suas dificuldades em lidar com os conflitos envolvendo a criação de seus dois filhos, o que a deixava constantemente irritada e sem paciência, descontando muitas vezes nos próprios filhos. Essa pessoa decidiu estabelecer um propósito diário de ser mais tolerante e buscar um equilíbrio para gerenciar melhor essas situações. Inspirada por essa história, também decidi fazer o mesmo, escolhendo um propósito diário, por exemplo: 'Hoje eu não vou me irritar com Vitória.'"

Ela continuou: "Naquele mesmo dia, enquanto Vitória dormia, eu a toquei, e foi a primeira vez que veio um filme em minha mente, mostrando o quanto eu havia amadurecido com a ajuda dela. Um dia antes de ela cometer o suicídio, conversamos muito e estávamos muito próximas e conectadas. Vitória compartilhou coisas íntimas que a incomodavam. Eu consegui expressar o quanto eu via o esforço que ela fazia, inclusive para conseguir acordar e ir trabalhar, algo que estava sendo muito difícil para ela naquele momento. Vitória disse que eu era a única que conseguia enxergar isso, enquanto os outros, não."

Na visão da mãe, todos os sintomas que Vitória enfrentou estavam enraizados em uma dor proveniente de um distanciamento não compreendido. Essa percepção ressaltou a importância de uma conexão profunda e de um reconhecimento mútuo dentro dos relacionamentos familiares. É notável como a necessidade de ser visto e reconhecido é uma característica inerente ao ser humano.

Um exemplo vívido dessa busca por visibilidade ocorre neste momento, enquanto assisto às semifinais do torneio de tênis de Wimbledon na TV. É emocionante ver a empolgação demonstrada por várias pessoas que sabem que estão sendo filmadas, mesmo que por breves instantes. Isso ilustra o desejo humano de ser visto e notado pelos outros, buscando validação e uma sensação de pertencimento. De acordo com o filósofo John Dewey, essa busca reflete "a mais profunda das solicitações na natureza humana", que é o desejo de ser importante.

Essa necessidade de ser visto e compreendido também se manifesta em outras situações da vida. Por exemplo, em uma recente reunião de negócios, ouvi a história de um executivo que estava profundamente entristecido pelo falecimento de seu melhor amigo. A causa da morte é desconhecida, mas há suspeitas de que tenha sido suicídio. Seu amigo tinha dificuldade em permitir que os outros enxergassem seus problemas financeiros, vivendo em uma realidade que não correspondia à sua situação real.

Essa busca por ser visto e reconhecido em uma realidade desejada, mesmo que fictícia, é um fenômeno estudado na Teoria da Apresentação de Si, proposta por Erving Goffman. Ele destaca que as interações sociais são como performances, onde assumimos papéis e moldamos nossa apresentação de acordo com as expectativas e normas sociais. No caso do amigo do executivo, sua relutância em revelar seus problemas financeiros era uma forma de criar uma fachada para se adequar a uma realidade idealizada. Essa busca por ser visto em outra realidade pode surgir da necessidade de pertencer e evitar o julgamento ou a rejeição social.

No caso do empresário que estou compartilhando com você, os desafios se intensificaram quando, dois dias após o falecimento, a esposa de seu grande amigo foi diagnosticada com leucemia. Preocupado com a situação, o executivo tomou a frente para ajudar a família, mas percebeu que os rombos emocional e financeiro eram enormes. Nesse contexto, há uma estimativa do quanto a morte de um parceiro conjugal pode afetar ao outro. De acordo com uma pesquisa desenvolvida por nove anos por Nicholas Christakis, médico e sociólogo da Universidade Harvard, com 518.240 casais norte-americanos com idade entre 65 e 98 anos, a probabilidade de morte de um homem após o falecimento da mulher é 21% maior, e a da mulher, 17%, demonstrando que o luto pode ter um efeito intenso sobre os casais idosos.[3]

No fim das contas, assim como aquele empresário, todos nós estamos em busca de constante visibilidade e aprovação, alguns mais, outros menos: isso é inerente a um ser humano que convive em sociedade. No entanto, quando não há limites nessa necessidade, ela se torna prejudicial à saúde, sendo priorizada a qualquer custo, mesmo que isso valha sua própria vida. Note que o suicídio pode ser, em muitos casos, um grito em morte, um que uma pessoa não conseguiu externar em vida. Quantos gritos estamos prendendo em nossa alma? Quantos gritos estamos incentivando que outros prendam?

O suicídio é uma questão delicada e deve ser discutida abertamente, sobretudo se considerarmos que em média 11.821 casos são registrados todos os anos no Brasil, colocando o país na oitava posição mundial em número de suicídios. A nível global, são mais de 800 mil casos por ano. Conversar sobre o tema é a melhor forma de promover informações que podem contribuir para que as pessoas preservem a vida.[4]

No livro *Talvez você deva conversar com alguém* (Vestígio, 2020), a autora Lori Gottlieb expõe que, frequentemente, as pessoas falam de suicídio não por quererem morrer, mas por quererem dar fim ao seu sofrimento. Ela também menciona que existem situações que podem proteger a pessoa de cometer o suicídio, como ter crianças na casa, um animal de estimação querido ou uma fé religiosa.

---

3 ZORZETTO, Ricardo. *Unidos até na morte*. Pesquisa FAPESP, São Paulo, mar. 2006. Disponível em: https://revistapesquisa.fapesp.br/unidos-ate-na-morte/.

4 Suicídio: pesquisadores comentam relatório da OMS, que apontou altos índices no mundo. *Portal Fiocruz*, Rio de Janeiro, 12 set. 2014. Disponível em: https://portal.fiocruz.br/noticia/suicidio-pesquisadores-comentam-relatorio-da-oms-que-apontou-altos-indices-no-mundo.
Brasil é o 8º em número de suicídios no mundo, diz OMS. *Saúde Amanhã*, Rio de Janeiro, 22 set. 2014. Disponível em: http://saudeamanha.fiocruz.br/brasil-e-o-8o-em-numero-de-suicidios-no-mundo-diz-oms/.
SILVA, Bráulio Figueiredo Alves da *et al*. O suicídio no Brasil contemporâneo. *Sociedade e Estado*, v. 33, n. 2, p. 565-579, maio/ago. 2018. Disponível em: http://www.scielo.br/scielo.php?script=sci_arttext&pid=S0102311X2005000400027&lng=en&nrm=iso&tlng=pt.

O suicídio, na verdade, não começa no ato de se matar, mas sim na decisão de que não se merece mais viver ou que isso não vale a pena. Lembra-se do caso da paciente do psicólogo que foi diagnosticada com câncer? Seu suicídio mental pode ter adoecido seu corpo, já que ela não seria capaz de agir contra si conscientemente.

O luto dela, nesse caso, consistia em não conseguir sair de uma escolha que fez muitos anos atrás, e agora, com um diagnóstico, ela via a desistência como melhor opção. Na verdade, não foi o diagnóstico que a colocou no caminho da morte, mas sim seu desinteresse em viver uma vida com seu cônjuge, já que ela não tinha forças para terminar. O sentimento de perder a vida que se tem vai além da morte. Envolve perder sua liberdade, seus sonhos, sua rotina, seus desejos... e isso ela perdeu muito antes de descobrir sua doença. Por outro lado, muitas pessoas, diante de um diagnóstico como o de um câncer, acabam desistindo da vida por sentir que não poderão viver aquilo que escolheram para si. O choque os faz negar a realidade, como um mecanismo de defesa.

De forma similar, Vitória não cometeu suicídio no dia do ato, mas sim quando percebeu que vivia em um luto de não compreensão, no qual, desconexa consigo mesma, acabou tendo diversos diagnósticos psiquiátricos que refletiam a ausência de si mesma; ou seja, não se sentia pertencente a lugar nenhum, nem mesmo de si.

Quando uma pessoa se fecha dessa maneira, é como se cometesse um suicídio mental: entrega-se à morte ainda em vida e passa seus dias apenas esperando-a; ou então, em um momento de total desespero, ela atenta contra a própria vida. Podemos incentivar positivamente, oferecer um ombro amigo, aconselhar, mas a escolha de viver é pessoal. Portanto, espero que, caso você que está lendo este livro, sinta que está aceitando morrer em vida, seja por um relacionamento, um diagnóstico ou qualquer outra frustração ou trauma, entenda que não são minhas palavras que vão fazê-lo mudar de ideia, mas sim o que você refletir a respeito do que estou lhe escrevendo. Sugiro, então, um momento de introspecção no qual você responda:

1. De qual dor eu já me curei? Como consegui fazer isso?
2. Por que não posso fazer ainda melhor desta vez?

Esse convite à autorreflexão é importante, pois apenas nós mesmos conhecemos nosso íntimo, nossas armas e nossas fraquezas. Não importa qual é a dor que você esteja vivendo que o faz preferir a morte; com certeza você já superou algo em sua vida e, da mesma forma, é capaz de enfrentar esse desafio ao invés de desistir.

Quando optamos por "desistir", fazemos isso porque parece ser mais fácil. Grande engano, o caminho da desistência é mais árduo, porque você carrega muito peso ao trilhá-lo. Escolher enfrentar a dor de um divórcio, por exemplo, pode parecer mais intenso que a morte e, por um tempo, isso pode até ser verdade. No entanto, o tempo passa, e não é que a dor passe com ele também, mas a sua forma de olhar para ela se transforma, fazendo com que sua intensidade e importância diminuam.

É fundamental que encontremos dentro de nós a determinação para enfrentar os desafios e seguir adiante. Assim como a fênix, temos a capacidade de nos reinventar e encontrar um novo propósito após momentos difíceis. Essa capacidade de renovação encontra eco nas EQM – Experiências de Quase-Morte, um portal para narrativas que transcendem o ordinário. As histórias resultantes das EQM, que vão além de meras experiências comuns, não apenas relatam a sobrevivência, mas também uma transformação significativa. Elas oferecem uma perspectiva alternativa sobre a vida, na qual plenitude e significado emergem, mesmo em meio ao luto. Frequentemente vistas como fontes de inspiração, essas experiências desafiam nossa compreensão habitual e abrem um leque de possibilidades que vão além do convencional.

As EQMs são relatos fascinantes de vivências que ocorrem quando uma pessoa se encontra à beira da morte. Essas experiências, altamente individuais, costumam compartilhar características em comum, tais como a sensação de separação do corpo, a visão de uma luz intensa, encontros com entes queridos que já faleceram, uma revisão da própria vida e uma sensação de paz e transcendência. Elas desafiam nossa compreensão convencional da vida e da morte, convidando-nos a explorar os mistérios do além. Ao aprender sobre essas histórias reais de EQM, podemos encontrar esperança e inspiração, percebendo que a vida, após momentos difíceis, pode ser verdadeiramente transformadora e repleta de possibilidades.

Por que precisamos falar de EQM? Porque muitas pessoas que passam por esse acontecimento relatam desenvolver um maior apreço pela vida e apresentam mudanças significativas de valores, além de sentirem uma intensificação da sensação de propósito. Isso não implica que todos devam passar pelo processo de EQM para valorizar a vida, mas sim que podemos aprender, através das experiências daqueles que já passaram por ela, a superar a "morte em vida" e renascer, assim como a fênix, símbolo de renovação e transformação.

Antes de imergirmos nos relatos envolventes, é imperativo reconhecer que o domínio das EQM permanece um terreno fértil para debates intensos na esfera acadêmica, uma tapeçaria tecida com nuances delicadas e complexas. Especialistas de várias disciplinas têm oferecido interpretações que vão desde fundamentos neurológicos, psicológicos e culturais, até perspectivas espiritualistas mais profundas.

Não busco aqui arbitrar sobre a veracidade dessas experiências ou desafiar as crenças individuais, mas sim iluminar e trazer à tona uma série de narrativas autênticas que têm o potencial de enriquecer a apreciação pela vida. Portanto, permita-se conhecer, sem julgamentos, o que virá a seguir, pois somente assim, com a guarda baixa, conseguimos entender muitas coisas na vida que antes pareciam não ter explicação.

Considerando a perspectiva de Edson Amâncio, um dos autores que abordam o tema, é interessante destacar que ele fez uma grande constatação ao conduzir mais de cem entrevistas, além de se basear em sua própria experiência. Ele observou que a maioria das pessoas afirma ter transcendido completamente o medo da morte e a incerteza acerca da continuidade da existência após o falecimento físico.

Nesse contexto, o caso de Anita Moorjani emerge como um exemplo notável. Nascida em Singapura e tendo se mudado para Hong Kong aos 2 anos, Anita tornou-se poliglota, devido às suas origens e à educação que recebeu. Após anos dedicando-se ao meio empresarial, Anita enfrentou um diagnóstico devastador de câncer em 2002. Quatro anos depois, uma falência orgânica decorrente da doença levou-a a vivenciar uma profunda EQM, exemplificando de maneira extraordinária as descobertas de Amâncio sobre a transcendência do medo da morte.

"Os médicos comunicaram à minha família que eu sequer sobreviveria até o final do dia, que eu não sairia do coma e que aqueles eram meus momentos finais." Anita estava com tumores do tamanho de limões ao redor do pescoço, debaixo dos braços, no peito e no abdômen. Suas lesões de pele estavam abertas, permitindo a saída de toxinas. Com um peso de cerca de 39 quilos, ela enfrentava uma grave fraqueza muscular, o que a deixava presa a uma cadeira de rodas ou à cama e resultava em frequentes engasgos causados pelo acúmulo de líquido nos pulmões.

"Apesar de a minha estrutura física estar em coma e meus olhos físicos estarem fechados, eu era capaz de ver e ouvir tudo ao redor do meu corpo. Era como se eu não estivesse mais dentro dele, mas sim do lado de fora, observando-o deitado na cama do hospital. Contudo, o que mais me marcou foi a sensação extraordinária que experimentei. Ao estar fora do meu corpo, a dor desapareceu completamente. Todos os desconfortos que senti por anos simplesmente evaporaram. E o medo, o medo avassalador do câncer, também se desvaneceu. Fui envolvida por uma sensação incrível de leveza e liberdade, algo que nunca havia sentido em minha vida física. Além disso, lembro-me de sentir-me completamente livre, poderosa. Eram uma magnificência e um poder inacreditáveis que iam além de tudo o que já havia experimentado em minha vida física. Foi uma sensação verdadeiramente extraordinária. Eu me sentia envolta por um manto de amor incondicional, uma sensação indescritível."

Em seu relato, Anita continua descrevendo que encontrou, nesse "cenário" ao qual ela chama de reino, seu pai, e ali, sua alma se conectou a ele, com puro amor incondicional. Por muitos anos, Anita havia se sentido culpada pela vergonha que causou à família ao fugir de um casamento arranjado, comum em sua cultura hindu, mas não condizente com a criação britânica que recebeu. A dor sempre foi muito intensa, principalmente pelo desapontamento causado a seu pai, que faleceu antes que ela pudesse se casar. No entanto, em sua experiência de EQM, ela sentiu que foi capaz de se libertar de todo aquele peso, pois seu pai a acolheu com amor incondicional.

"Enquanto eu estava nesse reino, percebi que, quando morremos, deixamos para trás não apenas nosso corpo físico, mas também nosso gênero, cultura, raça, religião e todas as camadas de filtros e programação que acumulamos ao longo da vida. Tudo isso é deixado para trás. Tudo isso faz parte da vida física e não pertence ao reino da morte.

Então, se tudo isso é deixado para trás, o que atravessa para o outro lado? Percebi que o que atravessa é a nossa essência pura."

Nessa experiência, houve também uma profunda conexão de Anita com uma amiga que havia falecido dois anos antes. Anita relatou sentir-se cercada por seres de amor e percebeu que sua presença se manifestava onde sua atenção se concentrava. Durante esse momento, ela intuiu o desespero de seu irmão em busca de um bilhete de avião para vê-la, compreendendo que ele se sentiria profundamente triste caso ela partisse sem a oportunidade de se despedir. Foi então que uma clareza total a preencheu, fazendo-a compreender todas as decisões que a haviam conduzido até aquele instante, à beira da morte, naquela cama de hospital. Sentiu que seu pai queria que ela soubesse que, na verdade, aquele não era seu momento final e que, agora, compreendendo sua doença, ela tinha a capacidade de se curar. Ele continuava a dizer-lhe que seu propósito não estava concluído.

Ela permaneceu em coma por volta de trinta horas e, quando retornou, sabia de coisas que os médicos haviam falado até mesmo no corredor, 12 metros longe do quarto.

"No segundo ou terceiro dia, comecei a sentir uma euforia genuína. Percebi que tinha retornado, que havia viajado para o outro lado. Os médicos preferiam ser cautelosos e informavam à minha família que minha condição ainda era extremamente crítica. No quinto dia, os médicos conseguiram visualizar fisicamente que os tumores estavam encolhendo. Apenas pela palpação, perceberam que os tumores haviam diminuído cerca de 60% a 70%. Uma semana depois, foram realizados exames, raios-X e tomografias, revelando que os tumores estavam se dissolvendo de maneira mais rápida do que eles jamais haviam presenciado. Em três semanas, não havia mais vestígios de câncer em meu corpo."

Anita tornou-se palestrante em conferências e eventos ao redor do mundo, compartilhando sua experiência de EQM e sua jornada de cura do câncer. Ela enfatiza que "ninguém pode dizer quando você vai morrer, ninguém. E eu sou a prova viva disso." Diante de sua experiência, Anita destaca dois fatores principais: a importância de tomar decisões baseadas no amor, não no medo; e a importância de ouvir a si mesmo e ao próprio corpo.

Outro caso interessante de EQM ocorreu com o Dr. Eben Alexander III, neurocirurgião norte-americano que ficou em coma por sete dias após ter contraído meningite bacteriana grave. Ele era completamente cético quando um paciente relatava EQMs, até que ele mesmo viveu uma que fez com que ele mudasse toda a sua postura e se tornasse autor do livro *Uma prova do céu: a jornada de um neurocirurgião após a morte* (Sextante, 2013). Em sua obra, ele diz: "Sei a diferença entre a fantasia e a realidade, e posso assegurar que a experiência que estou tentando transmitir aqui, ainda que de forma vaga e insatisfatória, foi de longe a experiência mais real de minha vida."

Caso você não acredite no que acabou de ler, saiba que está tudo bem! Até mesmo pessoas que vivem situações de EQM relatam não acreditar nessa experiência antes de vivê-la. E se você acredita, tudo bem também! Espero que essas histórias tenham lhe incentivado, de alguma forma, a focar a vida que possui.

A grande importância de trazer esse assunto à tona, sobretudo em um capítulo em que abordamos a vida após o luto, é mostrar que a vida precisa continuar, independentemente das frustrações ou do seu medo. Anita, que você conheceu aqui, relatou também que, antes de seu diagnóstico, seu grande medo era justamente ter câncer, já que havia visto uma amiga próxima morrer com essa doença. Ela viveu, por muitos anos, evitando comer o que gostava, fazendo dietas e tomando decisões motivada pelo medo, e não por amor a si mesma. E sabemos que todo esse medo não a protegeu — muito pelo contrário.

O seu medo aproxima você da dor que ele alimenta. Pense sobre isso! Do que você tem medo constantemente? Que tipo de pensamento povoa sua mente de maneira intermitente? Onde está o seu foco, a sua vida? O medo muitas vezes pode esconder a nossa vitória. Pense em pessoas que persistiram apesar do medo; o que elas têm em comum? A perseverança. Mesmo diante de desafios, é ela que pode nos trazer de volta à vida quando não atingimos nossos propósitos.

Refletindo sobre perseverança, sou profundamente inspirada por uma figura notável, uma autora que admiro muito: J.K. Rowling. Ela enfrentou corajosamente os desafios e não desistiu diante dos "nãos" que a vida lhe apresentou. Antes de conseguir publicar o primeiro livro da série *Harry Potter*, Rowling enfrentou várias rejeições de editoras, o que a deixou insegura quanto ao sucesso de seu trabalho. Mesmo assim, ela persistiu, com determinação e não deixou que as adversidades a impedissem de seguir em frente com sua paixão pela escrita. Vale destacar que ela recebeu doze rejeições antes de finalmente encontrar uma editora que acreditasse em seu potencial. Esse exemplo de resiliência e perseverança é verdadeiramente inspirador e nos mostra que enfrentar obstáculos pode levar a conquistas incríveis

Contudo, os desafios de J.K. Rowling não pararam por aí. Ela passou por uma separação e enfrentou a dolorosa perda de sua mãe devido a complicações de uma esclerose múltipla. Além disso, Rowling enfrentou momentos de dificuldade financeira, chegando a ficar desempregada. Durante essa fase difícil, ela teve que lidar até mesmo com sintomas de depressão. Apesar de tantas adversidades, ela encontrou força para continuar escrevendo e compartilhando sua imaginação com o mundo.

O exemplo de J.K. Rowling nos ensina que a perseverança vai além das primeiras conquistas e que a vida é cheia de oscilações. Mesmo nos momentos mais desafiadores, é possível encontrar força interior e seguir em frente, com determinação. Sua odisseia é uma prova inspiradora de como a resiliência pode levar a conquistas extraordinárias, tornando-se um farol de esperança para todos nós em nossas próprias batalhas.

Muitas vezes, ao nos depararmos com desafios no caminho de perseguir nosso propósito e nossos objetivos, é comum permitirmos que a Síndrome do Impostor se instale em nossas mentes. A Síndrome do Impostor é um padrão comportamental em que as pessoas duvidam de suas realizações e têm um medo persistente de serem expostas como "fraudes". Essa sensação de ser um impostor em nossa própria felicidade pode ser intensa, trazendo à tona pensamentos críticos e autodepreciativos, como "passei neste concurso por sorte" ou "me acham inteligente, mas não sou realmente". Essas autocríticas são altamente destrutivas, minando a autoconfiança e impedindo as pessoas de abraçar novas oportunidades com determinação.

É fundamental reconhecer que esses tipos de pensamentos não definem nossa verdadeira capacidade e nosso real valor. Eles são fruto da nossa própria autopercepção e podem ser transformados com compaixão e determinação. Para aprender a lidar com a Síndrome do Impostor, a leitura pode ser uma excelente aliada, e uma obra que costumo recomendar aos meus pacientes é *O ano em que eu disse sim* (BestSeller,

2016), escrito pela renomada roteirista Shonda Rhimes. Nessa obra cativante, Rhimes compartilha suas experiências ao se permitir, durante um ano, dizer "sim" a tudo o que lhe causava medo e insegurança.

Esse processo teve início a partir de um "sim" particular que a motivou a obter um novo olhar sobre a vida. A cada vez que suas filhas pediam para brincar, ela respondia positivamente, redescobrindo a importância de estar presente na vida delas e também em sua própria vida. A partir desse momento, Shonda decidiu se abrir para novas experiências, enfrentar desafios e abraçar o desconhecido. Ela relata como o ato de dizer "sim" a oportunidades que antes a assustavam a levou a vivenciar experiências enriquecedoras e transformadoras. O medo de falar em público e a ansiedade social, por exemplo, foram gradualmente dissipados, dando lugar a uma nova confiança e autoaceitação. Ao enfrentarmos nossos medos e inseguranças, podemos descobrir nosso verdadeiro potencial e nos tornarmos mais autênticos, confiantes e felizes. A história de Shonda Rhimes nos mostra a importância de abraçar as oportunidades que surgem em nossa vida e como isso pode nos levar a um crescimento pessoal significativo.

Shonda esteve na lista da revista TIME como uma das cem personalidades mais influentes do mundo e teve seus roteiros trabalhados pela Netflix, conquistando grande sucesso. Quando pensamos em obter tais conquistas, o que nos vem à mente é que, dessa forma, torna-se mais fácil ser feliz, não é mesmo? Como se o sucesso e as conquistas grandiosas trouxessem, por si só, uma "obrigação" de que o indivíduo fique contente. É nesse ponto que mora o perigo: ser grandioso pode, em muitos casos, trazer frustrações.

Quem é grandioso ou famoso pode encontrar-se preso a uma constante necessidade de aprovação e de admiração externa, e essa pressão pode levar a sintomas como ansiedade e depressão. Um exemplo é a autocomparação, que ocorre quando o indivíduo, em um dia em que seu desempenho não é tão bom ou é menos reconhecido, culpa-se excessivamente por isso ou talvez compare seu momento atual com o auge de sua carreira.[5]

---

[5] MILER, Alice. *The Drama of the Gifted Child*: The Search for the True Self. Nova York: Basic Books, 2008.

Portanto, é prudente lembrarmos que artistas, atores e celebridades, esses faróis de admiração que iluminam nossos horizontes, também navegam em mares agitados de desafios emocionais. Eles podem sentir o eco vazio que ressoa após a queda do pano, o intricado labirinto de relações neste universo singular e a pressão quase tangível para se sobressair em um palco global. Assim, devemos nos abster de julgamentos severos ou de cobiçar suas existências, romantizadas por uma perfeição ilusória. A verdade é que cada ser humano, independentemente de seu estrelato, enfrenta suas próprias batalhas e caminha por sua própria senda de dificuldades; e apenas o próprio indivíduo sabe verdadeiramente como é ser quem ele é.

Assim como Rowling e Shonda Rhimes, você também pode estar enfrentando momentos desafiadores em sua vida. Mudanças nem sempre são fáceis, mas é crucial perseverar e manter a fé em nossos sonhos, assim como elas fizeram. Segundo as estatísticas, cerca de 98% das pessoas passam pela vida sem realizar seus sonhos, muitas vezes por receio do que os outros pensarão.[6] Mesmo, diante das adversidades, essas mulheres continuaram a confiar em sua criatividade e no seu propósito.

Portanto, guarde esta verdade no coração: mesmo nas sombras mais densas da existência, há sempre uma luz de tenacidade que nos guia. Podemos, e devemos, continuar a labutar com fervor e a perseguir nossos propósitos e nossas paixões mais ardentes. Espero que esses relatos tenham sido para você uma fonte de inspiração tão profunda quanto foram para mim, impulsionando-me a persistir nesta obra, apesar dos inúmeros desafios enfrentados. Não aguarde um céu sem nuvens para dar o primeiro passo. Caminhe sob a tempestade e veja o mundo se transformar ao seu redor!

E lembre-se, o caminho da ação é pavimentado por transformações. No próximo capítulo, desvendaremos que, por vezes, é exatamente aquela mudança que hesitamos em fazer que tem o poder de reconfigurar nossa vida de maneira sublime. Esteja preparado para abraçar essas metamorfoses, pois nelas reside a chave para um amanhã repleto de possibilidades e renovações.

---

6 FAIZ, Salama. ***Struggle Before Success***: An Untold Story. Al zehra, 2022.

.6.

VIRANDO A PÁGINA:
Correntezas de mudanças e quebra de preconceitos

A cada página que redijo neste livro, percebo sua vivacidade. Não é apenas uma impressão; sinto cada vez mais que, ao escrever sobre frustrações, estou me conectando com minha própria humanidade e com a das pessoas ao meu redor. Quando falo sobre a obra, mesmo que eu não peça, as pessoas se prontificam a compartilhar algo, muitas vezes verdades íntimas sobre si mesmas. E a camada mais profunda da vivacidade deste livro se expressa nas vezes em que eu nem mesmo o cito e, mesmo assim, histórias sobre o tema que estou abordando "caem no meu colo", como se fosse meu papel falar sobre elas com você.

Por isso, ao dissertar sobre mudanças, eu não poderia deixar de mencionar a coragem de uma pequena "jovem" que decidiu enfrentar um país desconhecido movida pela busca de autodescoberta. Essa garota, que deixou uma forte impressão em mim — como você já deve ter percebido — é a Mayra. Minha conexão com ela permaneceu constante; Mayra sempre esteve entrelaçada à minha caminhada. Sua mãe e eu mantivemos um intercâmbio frequente de mensagens, o que permitiu que eu continuasse a par das novidades, mesmo após finalizar o tratamento com sua filha. Foi por meio de uma mensagem onde a mãe de Mayra expressava profunda apreensão que tomei conhecimento do desejo da jovem de se mudar para outro país aos 16 anos.

"Ela reprovou no curso de inglês e está determinada a ir para o Canadá. No entanto, estou preocupada com como ela lidaria com a situação caso enfrentasse alguma convulsão." Aquela mensagem escondia o medo que os pais tinham de Mayra se decepcionar ou não conseguir lidar com um episódio desse tipo. Isso os deixava temerosos, especialmente porque eles estariam distantes demais para oferecer ajuda.

Enquanto os pais de Mayra viam a ideia com apreensão, para ela, o verdadeiro temor residia em continuar naquele país, naquela escola, naquela vida que parecia um lembrete constante de que ela não se encaixava. Para Mayra, retornar àquela escola, que um dia representou sua esperança de libertação, agora se assemelhava a uma sentença. Decidi marcar um café com sua mãe, pois isso parecia ser o que ela precisava. Não uma orientação de uma psicóloga, mas o olhar de uma mãe; uma mulher, como ela.

"Você acredita que ela preparou uma planilha com uma estimativa de valores comparando nossos gastos com ela aqui e os possíveis custos do intercâmbio?", indagou a mãe. "Ela parece ter pensado em todas as nossas objeções. Ao fazer uma análise detalhada das despesas, ela provou que o custo de vida seria bastante similar! Assim, nosso argumento principal perdeu força."

"E qual foi a reação de vocês?"

"Bem, não tivemos outra opção. Fomos com ela até a agência para conversar sobre a viabilidade do intercâmbio."

Mayra já havia visitado a agência com antecedência, antes mesmo de seus pais, e estava inteiramente informada sobre todos os detalhes. Ela compreendia que essa mudança representava uma oportunidade única de enfim encontrar seu lugar no mundo e ser compreendida por conta de suas singularidades.

O que ela não percebia era que, na verdade, não estava apenas "fugindo" de suas dores, mas sim tentando escapar de si mesma. No entanto, não importa quão distante fisicamente tentemos ir para nos desvencilharmos de nossos medos, eles permanecem enraizados em nosso interior. Naquele momento, ela ainda não compreendia essa realidade, e levaria anos até que ela entendesse que não precisava descobrir um local já existente para se encaixar. No futuro, Mayra perceberia que possuía a capacidade de criar seu próprio espaço e alimentar seu sentido de pertencimento.

Muitas pessoas, diante de frustrações que não conseguem digerir, optam por realizar grandes mudanças: de país, de visual, de profissão, entre outras. Isso pode fornecer um alívio temporário, como um remédio que trata os sintomas, mas não a doença. Portanto, se você sente uma grande sede de fazer uma transformação significativa, questione-se sobre a raiz de sua motivação: ela vem do desejo de mudar ou do medo de se aceitar como se é? Entender por que ou por quem queremos mudar é fundamental antes de tomar qualquer decisão.

Talvez isso não tenha sido compreensível na época em que você escolheu fazer uma grande mudança. E agora? Nesse caso, lidar com a mudança de forma receptiva e aberta sempre será o melhor caminho.

Mayra cresceu sob a tutela atenta de uma mãe muitíssimo envolvida em sua educação. Diariamente, sua mãe dedicava-se a esclarecer os conteúdos escolares, lendo e explicando cada lição, para assegurar o pleno entendimento de Mayra; além disso, ela acompanhava a filha às aulas de reforço. Sua abordagem, moldada pela experiência como professora universitária, era de uma presença constante e encorajadora. Paralelo a isso, o pai de Mayra, igualmente dedicado, desempenhava um papel crucial, criando um ambiente doméstico que favorecia os estudos e o crescimento intelectual da filha, mostrando que a educação era um compromisso compartilhado na família.

A questão era: como Mayra viveria em outro país sem seus pais? Tendo apresentado dificuldade na escola que usava sua língua materna, como seria viver em um país que usava justo o idioma no qual ela havia reprovado? Ninguém detinha as respostas, nem mesmo eu. Assim, minha única opção foi encorajar a mãe de Mayra a tomar uma decisão fundamentada nos verdadeiros desejos e no engajamento da filha, ao mesmo tempo em que vislumbrava as oportunidades que aquela experiência poderia proporcionar.

Sugeri à mãe que assistisse ao vídeo intitulado *O Poder Transformador do Desconforto*, apresentado por David Goggins. Goggins é reconhecido como um dos maiores atletas de ***endurance*** (capacidade de resistir aerobiamente por uma longa duração) e é considerado um dos indivíduos mais resilientes entre os SEALs, uma força de elite da Marinha Americana conhecida por realizar operações perigosas e complexas em todo o mundo. Mesmo enfrentando bullying persistente, preconceito racial, problemas de saúde e uma dinâmica familiar tumultuada, David Goggins optou por superar a autocompaixão e se reerguer. Ele percebeu que deveria confrontar as situações mais desafiadoras que um ser humano pode experimentar. O itinerário de Goggins revela que, para alcançar o sucesso, é necessário fortalecer a mentalidade e adotar uma abordagem que busque o desconforto. Ele incorporou o hábito de enfrentar desafios desconfortáveis diariamente, o que resultou em uma transformação significativa em sua vida.

Com a bênção de seus pais, Mayra embarcou rumo a uma nova etapa de vida no Canadá, deixando para trás as constantes presenças paterna e materna. Chegando ao novo país, ela se viu em uma residência onde a mãe anfitriã dispunha de pouco tempo em casa, assim como os filhos dela, que dividiam seu tempo entre as casas dos pais separados. Inicialmente, essa súbita "liberdade" a deixou temerosa. Enfrentando a barreira do idioma, Mayra hesitou em expressar seu desejo de mudar de residência. Ainda assim, reunindo coragem, ela abriu-se com a direção da escola sobre suas dificuldades, levando a um desdobramento inesperado: seu professor de inglês, por quem nutria grande admiração, ofereceu-lhe acolhida, apesar de não ter planos iniciais de hospedar mais um intercambista.

"Sinto que agora ganhei uma nova família." Essa mensagem aqueceu meu peito por saber que Mayra estava conseguindo estabelecer bons laços.

Longe de sua mãe e dos professores particulares, Mayra enfrentava um desafio árduo. Ela gravava cada aula meticulosamente e, ao voltar para casa, dedicava-se de forma exaustiva à transcrição do conteúdo, lendo e memorizando cada palavra com determinação. Era um processo lento e penoso, que exigia dela muito mais tempo e esforço do que aqueles gastos por seus colegas. Com persistência, ela se apoiava na turma de reforço de inglês, entregando-se integralmente aos estudos, mesmo que isso significasse inúmeras horas a mais empenhadas na leitura e no aprendizado.

Apesar dos inúmeros desafios que se impunham, Mayra nutria um amor profundo pela escola e pelas ricas experiências que aquele ambiente lhe proporcionava. Sua paixão transbordava em cada aspecto de sua vida escolar, a ponto de ela ser escolhida para integrar a equipe de vôlei, um feito que refletia sua notável habilidade esportiva.

Assim, quando Mayra retornou ao Brasil, enfrentou um profundo choque cultural e uma resistência intensa à ideia de se readaptar à realidade que antes a constrangia. Sua determinação em retornar ao Canadá era tão firme que ela usou como justificativa a necessidade de mais seis meses para aperfeiçoar seu inglês. Percebendo a autêntica alegria de Mayra e sua capacidade admirável de se adaptar e prosperar durante o intercâmbio, seus pais apoiaram sua decisão de voltar, permitindo-lhe completar um ano de vivências enriquecedoras no Canadá.

Próximo ao término da sua experiência de intercâmbio, houve na escola uma cerimônia de encerramento, e um momento estava reservado para homenagear os alunos que se destacaram. Mayra, meio em tom de brincadeira, disse a uma amiga que nunca esperaria ser uma das escolhidas. Para sua completa surpresa, foi o seu nome que ressoou pelo salão, convidando-a ao palco. Ela ficou tão atônita que teve que confirmar com as pessoas ao seu redor se realmente haviam chamado por ela, pois mal podia acreditar em seus próprios ouvidos. Receber aquele prêmio foi profundamente significativo para Mayra, pois marcava a primeira vez em que ela era reconhecida por atributos como criatividade, esforço, envolvimento e dedicação, e não apenas por suas notas. Aquele prêmio lhe mostrou que os resultados podem emergir de maneiras diferentes.

A frase "Milagre é uma mudança no pensamento que muda sua experiência. Fé é poder", extraída do livro *The Law of Divine Compensation* (HarperOne, 2014), de Marianne Williamson, sublinha que a verdadeira transformação se inicia em nossos pensamentos. Mayra abraçou essa nova realidade com tanta convicção que sua fé moldou profundamente sua experiência.

O reconhecimento pelas entregas e esforços individuais deve ser uma prática fundamental para educadores e pais; afinal, a nota máxima nem sempre é sinônimo de maior dedicação. Frequentemente avaliamos crianças pela sua habilidade de memorizar o conteúdo ensinado, sem reconhecer que, em muitas ocasiões, somos nós que temos muito a aprender com elas. Essa percepção pode abrir caminhos para uma educação mais empática e eficaz, onde o valor do esforço é tão importante quanto o resultado.

Particularmente, aprendi muito com Mayra e aprendo até hoje. Por exemplo, uma pergunta surgiu com força enquanto eu escrevia: por que muitas vezes precisamos passar por frustrações, assim como Mayra, para sermos veículos de transformações, tanto para nós quanto para os outros?

Tudo começou em um domingo, enquanto eu olhava algumas imagens de cores de cabelo. Em um primeiro momento, pesquisei o salão próximo à minha casa com a melhor reputação e fiquei impressionada com o trabalho dos profissionais envolvidos. Inclusive, algumas celebridades costumam frequentar esse mesmo local. No entanto, a primeira imagem que veio à minha mente, antes mesmo de pesquisar o valor, foi: "Isso vai ser inacessível para mim." Sendo assim, decidi buscar algumas imagens de referência do trabalho executado por esse salão para que outro profissional pudesse realizar um serviço similar.

Meu marido e minha filha já tinham cortado o cabelo em um salão pequeno, próximo à minha residência, por um valor acessível; acabei fazendo amizade com o cabeleireiro de lá e gostando do corte que ele havia feito. Sempre que eu passava em frente ao estabelecimento, ele me convidava para agendar as luzes e o corte de cabelo.

Naquele mesmo domingo, decidi ir ao respectivo salão para ver se o cabeleireiro conseguiria alcançar o resultado que eu desejava, inspirado pela foto de uma pessoa que havia feito o cabelo no "salão das celebridades". O cabeleireiro não mostrou nenhuma resistência em executar o serviço, então agendei o procedimento para terça-feira.

Fui muito pela simpatia do profissional e pelo receio de desagradá-lo caso fosse em outro local, pois passo quase todos os dias em frente a esse salão. Isso evitou que eu fosse a fundo para saber o valor do trabalho em outro salão. Agora, me pergunto se realmente priorizei minha vontade ou se coloquei barreiras logo de início para a minha primeira opção apenas por imaginar algo.

Cheguei ao salão por volta das nove da manhã e, logo de início, o proprietário me apresentou a uma outra cliente, a Carmen, que também era brasileira. Trocamos brevemente experiências que vivemos em Londres, e chamou minha atenção quando ela falou que costumava frequentar aquele salão por ser perto de sua casa, mas que, em certo período, deixou de ir por se sentir enganada com o preço que o proprietário cobrava após a realização do serviço; ela falou para eu ficar esperta.

O salão, situado diante de um lugar por onde ela frequentemente passava, acabou se tornando um ponto familiar em sua rotina. Com o tempo, o proprietário a abordou, questionando a razão de sua ausência. Ao ouvir que os preços estavam além de seu alcance, ele ofereceu uma nova proposta de valores para incentivá-la a retornar.

Em um primeiro momento, achei que seria o proprietário quem executaria o serviço, mas acabei sendo direcionada para uma profissional de sua equipe. Novamente, mostrei a foto da cor das luzes para a profissional que faria o procedimento. Em certo momento, Carmen comentou que eu havia sido atendida pela melhor profissional, mas embora ela tenha feito o seu melhor no meu cabelo, não alcançou a expectativa que eu tinha.

Quando o serviço foi finalizado, o proprietário me perguntou se eu havia gostado, e eu joguei a pergunta de volta para ele: "Você acha que ficou igual à imagem que eu trouxe?" Ele se prontificou a refazer a coloração, mas mesmo na segunda tentativa, não obtivemos o resultado esperado. Em vez das luzes caramelo que eu desejava, saí do salão com o cabelo ruivo, o que causou desaprovação não apenas nas pessoas ao meu redor, mas, acima de tudo, em mim mesma.

Em busca de compreensão sobre como outras pessoas lidam com experiências semelhantes, deparei-me com uma pesquisa da Universidade de Yale focada na insatisfação capilar. Os participantes revelaram que "dias de cabelo ruim" afetavam sua autoimagem, fazendo-os sentir-se "menos inteligentes, menos capazes e menos sociáveis, mas mais envergonhados". Isso ressalta a importância de tais experiências na autoestima e no surgimento de emoções negativas.

Além disso, a pesquisa destacou que a aparência do cabelo influencia de forma significativa, tanto homens quanto mulheres, na autopercepção e nas sensações pessoais. Esse fenômeno vai além do aspecto físico, impactando diretamente na autocrítica, na ansiedade social, no nervosismo e na confiança de uma pessoa.[1]

É compreensivo o quanto uma mudança no cabelo ou no visual que não sai como o desejado pode gerar frustração; afinal, inconscientemente sentimos como seguro aquilo que nos é familiar e, portanto, a mudança surge como uma provocação ao que é estável, um convite ao novo, que nem sempre estamos dispostos a experimentar.[2]

Diante disso, é fundamental refletir sobre o significado dessa mudança em nossa vida e entender o que ela representa para nós. Às vezes, a transformação no visual pode ser o reflexo de um desejo de renovação e crescimento pessoal, independentemente de qualquer decepção. Nesses momentos, a mudança pode ser uma oportunidade de nos reinventarmos e nos permitirmos abraçar uma nova fase com confiança e autoaceitação.

No mesmo dia, decidi ir ao salão frequentado pelas "celebridades" para verificar a possibilidade de corrigir o resultado anterior e fui muito bem recebida. Assim que cheguei, o profissional responsável me atendeu com ética, explicando que seria impossível refazer o serviço naquele momento devido aos muitos procedimentos pelos quais meu cabelo já havia passado no dia. Ele sugeriu que eu usasse um shampoo clareador por uma semana e, em seguida, retornasse para um pequeno retoque.

Essa atitude do cabeleireiro me trouxe uma sensação de alívio e confiança, pois ele priorizou a saúde do meu cabelo e o resultado final, em vez de buscar soluções imediatas que poderiam danificar ainda mais os fios. No dia seguinte, Carmen me enviou uma mensagem com algumas dicas de restaurantes, e aproveitei a oportunidade para compartilhar com ela o ocorrido no salão de beleza. Juntas, refletimos sobre o que foi possível aprender com essa experiência.

Após o incidente, consegui ser grata pelo que aconteceu, pois foi uma oportunidade para eu aceitar as mudanças que a vida estava me preparando. Percebi que não temos controle sobre o que pode acontecer, mas podemos nos adaptar a uma nova realidade com resiliência e

---

1 Daily Kent Stater. (2000, January 27). *Daily Kent Stater Digital Archive*. https://dks.library.kent.edu/?a=d&d=dks20000127-01.2.41&e=-------en-20--1--txt-txIN-------.

2 BOWLBY, John. *The Making and Breaking of Affectional Bonds*. Reino Unido: Routledge, 1979.

flexibilidade. Além disso, a experiência reforçou a importância de ser mais enfática na comunicação inicial — perguntando se o profissional realmente consegue alcançar o resultado esperado e estando atenta às minhas expectativas e necessidades.

Como profissionais, precisamos identificar nossos limites, mesmo que desejemos abraçar o mundo. Isso me fez lembrar de uma situação recente com uma parceira de negócios, que precisou adiar nossas reuniões algumas vezes seguidas. Inicialmente, interpretei isso como desinteresse; no entanto, priorizo ouvir em vez de tirar conclusões precipitadas, o que me levou a buscar mais respostas.

Ela me contou sobre sua ânsia de abraçar o mundo, e eu me vi refletida nela, lembrando-me de minha juventude, quando — ao tentar fazer tudo — acabei sofrendo uma grande queda. Muitas vezes, tentamos escalar montanhas que não deveriam fazer parte de nossa trajetória, consumindo tempo que deveria ser investido em nosso verdadeiro propósito. Se você sente que está sempre subindo, mas nunca chega ao topo, é hora de se perguntar: realmente é esta a montanha que devo escalar?

Há também situações em que, embora a montanha seja a correta, o momento para escalá-la não é ideal. Um exemplo disso foi quando me mudei para Londres e, por um período, precisei abrir mão de uma atividade que tanto aprecio: os atendimentos, pois sabia que não conseguiria me dedicar adequadamente aos meus pacientes enquanto estivesse focada em novos projetos e me adaptando a novas rotinas.

Dizer "não" também é uma forma de progresso. De nada serve uma agenda cheia se o coração estiver vazio, sem propósito e sem objetivos claros. Portanto, minha reflexão é um convite para que você reavalie o que realmente importa em sua vida.

Uma frase do livro *El alma del mundo* (Booket, 2016), de Frédéric Lenoir, ressoa profundamente em mim: "A verdadeira viagem do descobrimento não consiste em buscar novas paisagens, mas em ter novos olhos." Essa citação nos encoraja a olhar para dentro de nós mesmos e buscar a transformação interna que nos permitirá ver o mundo sob uma nova perspectiva.

A esperança de que o profissional do primeiro salão também tenha extraído aprendizado da situação se entrelaça de maneira interessante com a tocante espontaneidade da minha filha, de apenas 7 anos, ao compartilhar seus sentimentos sobre a mudança para Londres.

Enquanto observava o comportamento do profissional, percebi sua abordagem mais rígida junto à sua equipe. Essa experiência pode ter proporcionado a ele uma chance de reconhecer a importância de um envolvimento emocional genuíno, tanto com a equipe quanto com o trabalho, talvez estimulando uma mudança positiva em suas atitudes.

Por outro lado, a comoção que senti ao testemunhar a sabedoria de minha filha demonstra o poder das experiências genuínas. Suas palavras sobre a mudança para Londres transmitem uma profundidade de sentimentos. Segundo ela, precisamos pensar mais no que vamos ganhar do que no que vamos perder.

Quando questionei o que foi importante para ela ao mudar, ela disse a palavra "segurança". Achei esse ponto importante, pois mudanças realmente podem nos deixar inseguros. Como resolver isso? Isabella disse que o que a ajudou fomos nós, seus pais, e sua ursinha Lala, que ela sempre aperta quando se sente insegura, o que lhe dá forças.

Quais amuletos ou âncoras você utiliza para se sentir mais seguro? Esses objetos ou conceitos podem ser cruciais para direcionar nosso foco à força interior, em vez do medo enfrentado. Assim, não importa sua crença, possuir algo que traga paz e tranquilidade em momentos de ansiedade ou tensão durante transições é extremamente valioso.

A todo o tempo, a vida nos convida a enfrentar mudanças, e diante desse convite, se mostram dois tipos de pessoas no mundo: as conformadas e as inconformadas. A maioria das pessoas é conformada, pois por natureza, tendemos a nos manter naquilo que nos é habitual, afinal o novo assusta.

Pessoas conformadas acreditam estar sempre certas, pois estar certo nos poupa de procurar soluções e melhorias. Geralmente, o conformismo vem acompanhado de muita "certeza", escondendo muitas dúvidas.

Por outro lado, temos as pessoas inconformadas, aquelas que questionam tudo e não consideram quase nada como uma verdade absoluta. "Sempre foi assim" é uma frase que os faz tremer. "Por que sempre foi assim?" "Como podemos fazer diferente?"[3]

---

3 HEER, Dain. *Being You, Changing the World*. Stafford: Access Consciousness, 2017.

As mudanças e evoluções vêm dos inconformados. Por isso, para que o mundo se movimente, eles são extremamente necessários. E os conformados? Continuam alimentando a passividade do mundo, mantendo as coisas como sempre foram. Mas e se toda a humanidade fosse inconformada? Talvez o caos das constantes mudanças nos puxasse o pé.

Para tudo, é necessário ter as duas facetas: pessoas que olham para um copo e o veem meio cheio, e outras que olham para o mesmo copo e o veem meio vazio. Não é nosso papel julgar, mas entender qual é nossa posição dentro deste sistema e como exercê-la pode nos afetar. Mesmo sendo uma pessoa aparentemente conformada, em seu íntimo, seu papel talvez seja sair desse estado a partir de uma ruptura, frustração ou acontecimento. Sabe aquela velha história de "Tudo estava bem até que..."? Pergunte-se: tudo estava realmente bem? Ou você estava condicionado a achar que tudo estava como deveria estar?

Em um conto conhecido chamado *O amor*, Clarice Lispector aborda a história de Ana, uma mulher que tem uma vida tal como ela "escolheu" para si, cuidando da casa, do marido e dos filhos. Contudo, em sua cozinha sempre há um fogão prestes a estourar. Certo dia, Ana, ao passar de bonde na frente de um ponto de ônibus, observa um cego mascando chicletes, e aquilo a transporta a uma grande epifania que a leva a entrar em seu "jardim" interior e questionar sua própria vida.

Embora aquela epifania a faça repensar muitas coisas, Ana volta para sua casa e para sua rotina, e, ao fim do conto, ela apaga a "flama do dia", deixando brechas para a interpretação de que, embora ela tenha se deparado com possibilidades diferentes, ela, por assim dizer, as "apagou". Sabemos que Clarice não é linear; há muito sobre esse conto em suas entrelinhas subjetivas. Por exemplo, o nome escolhido para a personagem, "Ana", que mesmo colocado de trás para frente permanece "Ana"; ou seja, nem mesmo com a mudança, muda. Sendo assim, para o contexto que estamos analisando, a reflexão que vale é a seguinte: se você se deparasse com a possibilidade de mudar completamente sua história, isso lhe assustaria a ponto de "apagar" essa possibilidade ou lhe incentivaria a confrontá-la?

Mudar de forma significativa gera duas reações extremas de quem está perto de você: a primeira, o distanciamento: "Não acredito que você vai fazer isso!"; e a segunda, o ímpeto de mudar também: "Que legal, posso ir junto?" Saber bem de quem se cercar em momentos de grandes decisões e mudanças é fundamental para conseguir seguir com o incentivo necessário. Cai-se, mais uma vez, no conformismo: quem está ao seu redor é tão conformado/inconformado quanto você?

Como eu já citei neste capítulo, ao dizer que estou escrevendo um livro sobre frustrações, percebo que as pessoas se sentem acolhidas e prontas para compartilhar suas próprias histórias. Essa situação não foi diferente quando eu estava passando por um procedimento estético. A profissional com quem conversei começou a relatar alguns desafios pessoais que enfrentou em relação às mudanças que a vida incute. Um desses desafios envolvia sua irmã, que tem um filho autista.

Quando o marido da irmã descobriu que o filho tinha autismo, ele teve dificuldade em lidar com as responsabilidades e acabou se divorciando. Desde então, a família tem se unido para cuidar do menino, e a profissional que me contou o caso tem sido um grande apoio, inclusive cedendo seu apartamento no Brasil para ajudar com as despesas financeiras.

Perguntei a ela o que essa criança proporcionou à família, e ela prontamente me respondeu: união. Agora, todos têm um papel importante na logística que envolve o desenvolvimento do sobrinho. É incrível como podemos aprender e crescer com as diferenças. O quanto você se mostra disposto a respeitar e acolher quem é diferente?

Essa história é um exemplo genuíno de como a família pode encontrar forças para enfrentar desafios inesperados. Ela também ilustra a importância de estarmos dispostos a aprender com as experiências dos outros e a valorizar a diversidade de perspectivas que cada indivíduo traz consigo. A jornada de lidar com um sintoma frequentemente se revela como um motor vigoroso na busca por soluções que, por vezes, não são visíveis a olho nu. Isso realça a resiliência inerente a cada um de nós e fortalece ainda mais os laços familiares.

Enquanto escrevo, me recordo de uma amiga que compartilhou comigo a história de seu irmão. Após alguns anos de casado e com dois filhos pequenos, ele decidiu revelar à esposa e à família que era homossexual.

Embora receber essa notícia seja uma surpresa para os envolvidos, convém mencionar que pesquisas indicam que 2% entre todos os homens casados com mulheres são gays, sendo que um a cada cinco homossexuais é ou já foi casado com uma mulher.[4]

Esse cenário demonstra a dificuldade que muitos enfrentam em expor sua sexualidade e a tentativa de atender aos padrões sociais, o que gera sofrimento tanto para o indivíduo quanto para a família direta, como foi o caso da esposa do irmão de minha amiga. No momento da revelação, ela se sentiu profundamente desapontada, enganada, perplexa e magoada, uma vez que percebeu a atitude dele como egoísta, sobretudo por ter escolhido revelar essa informação apenas após já ter dois filhos. Como as crianças ainda eram pequenas, não tinham plena consciência de tudo o que estava acontecendo.

Quando ele resolveu contar a seus pais, ele mostrou um vídeo, o TEDxTallaght intitulado ***Homossexualidade: é uma questão de sobrevivência, não de sexo***, de James O'Keefe. Nesse vídeo, O'Keefe conta sobre quando seu filho, de 18 anos, assumiu sua sexualidade dizendo algo como: "Pai e mãe, tenho algo a falar que não é um problema, não é uma coisa ruim, é apenas diferente — sou gay." Seus pais responderam que amariam quem ele escolhesse amar, embora tivessem receio quanto à sua segurança e aos desafios que o preconceito oportuniza nesses casos.

Doze anos se passaram desde aquela revelação e, no vídeo, James O'Keefe conta que seu filho tem um magnetismo e um espírito encantador que os ajuda a se sentirem felizes e descontraídos. Para ele, a homossexualidade é uma questão de sobrevivência, e não de sexo; afinal, pessoas que fazem parte da minoria sexual são mais propensas a serem mais inteligentes, principalmente no que diz respeito à inteligência emocional.

Em sua palestra, O'Keefe cita estudos muito interessantes que vou descrever a você ao longo dessa discussão. Um deles é uma pesquisa que mostra que meninos e meninas com QI muito alto tinham o dobro de chance de serem homossexuais quando adultos se comparados àqueles com QI baixo ou médio. A diversidade é a arma secreta da natureza.

---

4 GREVER, Carol. *My Husband Is Gay*: A Woman's Guide to Surviving the Crisis. Canada: Crossing Press, 2012.

Pais tradicionais que têm filhos homossexuais precisam se adequar a uma realidade pouco esperada e, com isso, crescer, no sentido de se tornarem mais acolhedores e empáticos. Além disso, infelizmente, eles precisam encarar o fato de que seus filhos podem ser mais discriminados e até mesmo sofrer danos físicos com isso. Isso é dito com base em estatísticas que mostram que o Brasil é o país onde mais pessoas da comunidade LGBTIAP+ são assassinadas no mundo, contabilizando 1 morte a cada 34 horas.[5] Mas e quando se analisa o contrário? Como se sentem os filhos de pais LGBTIAP+?

Filhos de pessoas que são parte da comunidade LGBTIAP+ têm uma tendência a serem mais tolerantes e a terem seus sentimentos e emoções mais respeitados. Além disso, uma pesquisa revelou que pais LGBTIAP+ compartilham as responsabilidades parentais de forma mais igualitária, além de terem mais liberdade para definir os próprios papéis na criação dos filhos. Ou seja, conseguem definir com mais facilidade suas tarefas e responsabilidades com a criança. Mesmo assim, muitos indivíduos LGBTIAP+ desistem de serem pais devido às atitudes de suas famílias e comunidades que, erroneamente, transmitem a ideia de que ser criado em um núcleo familiar desse tipo seria "injusto" para o filho.

Na prática, a maior dificuldade desses pais está nas barreiras sociais, que surgem em forma de leis e discriminação. Em uma pesquisa feita com quinhentos pais, os maiores problemas relatados, por ordem de significância, foram:

1. Estigma e barreiras relacionadas ao apoio – preocupações com provocações/agressões às crianças.
2. Preocupações com a discriminação na família – processo de construção.
3. Falta de modelos LGBTQIAP+.
4. Preocupações com outros fatores de estresse (por exemplo, racismo) para as crianças.
5. Falta de apoio da família.

---

[5] Brasil continua sendo o País que mais mata pessoas LGBT's no mundo, revela estudo do Grupo Gay da Bahia. *Agência AIDS*, São Paulo, 21 jan. 2023. Disponível em: https://agenciaaids.com.br/noticia/brasil-continua-sendo-o-pais-que-mais-mata-pessoas-lgbts-no-mundo-revela-estudo-do-grupo-gay-da-bahia.

6. Homofobia/bifobia/transfobia internalizada.
7. Falta de apoio do empregador/trabalho.
8. E outros.[6]

Caso você seja um pai LGBTQIAP+, o importante é ajudar o seu filho a saber responder perguntas, tanto as de outras crianças quanto as de adultos, sem mentir, mas indo até onde ele se sentir confortável, compreendendo que ele não deve ultrapassar seus próprios limites. Além disso, é bom que você proporcione momentos em que ele interaja com outras crianças filhos de LGBTQIAP+, pois assim ele terá um senso de comunidade em vez de pensamentos como "minha família é diferente de todas".

Ensinar seu filho a ignorar provocações também é um importante modo de ajudá-lo, pois assim você não incentiva que o assunto se prolongue com quem não está disposto a ouvir, apenas a criticar. Ajude-o a sentir orgulho de sua família, motivando-o a ver qualidades e habilidades, em vez de somente enxergar o preconceito que algumas pessoas podem lhe dirigir.

Pesquisas sugerem que filhos de mães lésbicas separadas se saem tão bem quanto os de casais heterossexuais separados. Além disso, muitas outras pesquisas mostraram, na visão dos educadores, que crianças criadas por pais LGBTQIAP+ têm o mesmo rendimento geral que aquelas criadas casais heterossexuais. Mesmo assim, é importante que essas crianças estejam em comunidades e escolas solidárias.[7]

Há algumas semanas, minha família e eu saímos para comprar presentes em uma loja de brinquedos na Oxford Street e nos deparamos com a Parada do Orgulho LGBTQIAP+ de Londres. Essa experiência proporcionou várias reflexões sobre como aquela multidão buscava ser vista autenticamente. Destaco, em especial, a presença de três drag queens que dançavam com entusiasmo, o que me fez refletir sobre como essa expressão artística pode ser uma forma de liberar sentimentos de restrição do passado. Foi interessante testemunhar a liberdade e

---

6 GOLDBERG, Abbie E. ***LGBTQ Family Building***: A Guide for Prospective Parents. Washington: APA LifeTools, 2022.

7 *Talking Points*. (s.d.). https://www.ncfr.org/sites/default/files/201701/ncfr_policy_brief_november_final.pdf.

a autenticidade com que elas performavam e a clara felicidade que demonstravam ao se apresentar ali.

Mas, afinal, o que faz uma pessoa ser heterossexual ou homossexual? Há inúmeras explicações para isso. Mesmo que meu objetivo não seja lhe dar uma resposta única, acho interessante comentar sobre um estudo inovador da Universidade da Califórnia, em Los Angeles, que analisou um grupo de homens composto por heterossexuais e homossexuais. A pesquisa constatou que, ao observar marcas epigenéticas em nove lugares diferentes, era possível prever a orientação sexual com 70% de precisão.[8] Dado surpreendente, não é? Mas então, quais condições uterinas ativariam essa predisposição? Foi descoberto que a chance de o indivíduo ser homossexual se elevava de acordo com o número de bebês do sexo masculino gerados anteriormente pela mãe. Ou seja, para cada irmão biológico mais velho, a chance de o filho nascer gay aumenta 33%.[9] É como se, antes mesmo da invenção do anticoncepcional, a natureza já tivesse descoberto um meio de equilibrar a natalidade: a cada quatro filhos heterossexuais, o sistema imunológico materno "ligasse a chave epigenética", por assim dizer, para nascer um gay na família.

E nos casos como o do próprio O'Keefe, em que o filho gay não vem após filhos heterossexuais anteriores? Outra pesquisa citada pelo palestrante apontou que 37% dos homossexuais masculinos relataram que suas mães haviam sofrido intenso estresse pré-natal, em comparação com apenas 3% das mães de heterossexuais masculinos. O que isso nos mostra? Bom, pode ser que quando uma mãe passa por um estresse como esse, seria como se ela dissesse inconscientemente ao seu bebê: "Preciso de um aliado amável e inteligente para me ajudar a manter a família unida." Assim, em teoria, essa orientação homossexual se instala, e a criança e os adultos constroem um elo de carinho e união, haja vista a maior inteligência emocional dessas pessoas.

---

8 TEDx Talks. Homossexualidade: é uma questão de sobrevivência, não de sexo | James O'Keefe | TEDxTallaght. *YouTube*, 15 nov. 2016. Disponível em: https://www.youtube.com/watch?v=4Khn_z9FPmU.

9 CALZAVARA, Bruno. Políticas antibullying nas escolas diminuem frequência de suicídio entre jovens gays. *HypeScience*, 20 abr. 2011. Disponível em: https://hypescience.com/politicas-anti-bullying-nas-escolas-diminuem-frequencia-de-suicidio-entre-jovens-gays/amp/.

É verdadeiramente cativante observar o amor que O'Keefe demonstra pelo filho nessa palestra, o que é evidenciado pela sua determinação em compreendê-lo. No entanto, isso nem sempre acontece. De acordo com um estudo feito a nível nacional nos EUA, ao analisar adolescentes, comprovou-se que os que fazem parte de minorias sexuais vivenciam o dobro de chances de sofrer bullying e cinco vezes mais chances de cometer suicídio.[10]

Outro estudo realizado em 2020 também colabora nesse sentido, demonstrando que jovens da comunidade LGBTQIAP+ têm mais chances de cometer suicídio quando comparados a jovens heterossexuais.[11] Embora o bullying afete muitos adolescentes homossexuais, isso não quer dizer que outras minorias não sofram com essa prática. Um simples detalhe, uma pequena diferença, podem ser o estopim para uma criança ser julgada pelos colegas.

Recentemente, na mesma semana em que eu estava escrevendo este texto, ouvi um relato sobre bullying envolvendo uma criança. Ele compartilhou comigo sua frustração ao ser alvo de caçoadas dos colegas de sala. Um garoto de 8 anos curioso e perspicaz mostrou um interesse notável pelo meu trabalho. Em um momento de nossa conversa, ele me surpreendeu com uma pergunta bastante reflexiva: "O que é frustração?" Curiosa para saber mais sobre sua compreensão do assunto, perguntei se ele já havia passado por alguma situação que o fizesse sentir frustrado.

Ele me contou que havia passado por experiências de bullying na escola, o que o levou a sentir uma profunda frustração. Antes de prosseguir com sua história, ele pediu que nos afastássemos de um homem que estava próximo de nós, mesmo que ele não falasse nossa língua, enquanto a presença de mulheres não parecia incomodá-lo. Percebi que essa decisão poderia estar relacionada à natureza do incidente,

---

10 NAVASCONI, Paulo Vitor Palma; ORTIZ, Eduarda Garcia; BOGO, Tauana Rafaela. Qual o valor das vidas LGBTTS? Um estudo bibliográfico sobre o suicídio de jovens LGBTTS. In: SAMPAIO, Edilson Coelho; COSTA, Elson Ferreira (Org.). *Psicologia*: Um Olhar Do Mundo Real – Volume 2. São Paulo: Científica Digital, 2020. p. 166-176.

11 NAVASCONI, Paulo Vitor Palma; ORTIZ, Eduarda Garcia; BOGO, Tauana Rafaela. Qual o valor das vidas LGBTTS? Um estudo bibliográfico sobre o suicídio de jovens LGBTTS. In: SAMPAIO, Edilson Coelho; COSTA, Elson Ferreira (Org.). *Psicologia*: Um Olhar Do Mundo Real – Volume 2. São Paulo: Científica Digital, 2020. p. 166-176.

envolvendo outros meninos, e que ele buscava um espaço mais seguro e acolhedor para expressar seus sentimentos abertamente. Esse tipo de comportamento revela quão significativas são as experiências vivenciadas pelas crianças e a importância de reconhecermos isso e acolhermos seus sentimentos.

Ao adotarmos o ponto de vista de outra pessoa e nos identificarmos com suas vivências, começamos a moldar nossa própria realidade. Isso é particularmente verdadeiro em casos que envolvem o bullying, uma questão complexa que nem sempre é compreendida em sua totalidade.

Entender que crianças como esse garoto, que se veem imersas em desafios como bullying ou abuso, não são arquitetas de suas próprias adversidades é essencial. Uma interação repleta de compreensão e livre de preconceitos pode ser a chave para desbloquear o potencial oculto nessas jovens mentes. Nesses momentos, é importante incutir neles a ideia de que, dentro de cada desafio, reside uma oportunidade de aprendizado e de crescimento. Cultivar em crianças a habilidade de transformar experiências negativas em força e sabedoria é um presente inestimável. Enquanto nutrimos sua resiliência, também devemos ensiná-las a reconhecer e valorizar sua própria capacidade de superação, que muitas vezes se manifesta de maneiras surpreendentemente criativas e inspiradoras.

Ao mesmo tempo que prestamos atenção às crianças que são vítimas de bullying, é igualmente importante observar com cuidado as que o praticam. Esse comportamento pode ser um indicativo de crenças e atitudes que, se não forem abordadas, podem contribuir para a formação de adultos intolerantes e preconceituosos. A falta de intervenção efetiva contra o bullying na infância pode transmitir à criança a perigosa mensagem de que a impunidade é aceitável, reforçando a ideia de que as diferenças são defeitos, e não expressões da rica diversidade social.

Os pais desempenham um papel crucial ao ajudar as crianças a conviverem em um ambiente mais diverso, pois quanto maior a exposição ao diferente, melhor é a compreensão sobre o outro. Um estudo da Universidade de Washington demonstrou que a exposição a sinais não verbais tendenciosos, como gestos, linguagem corporal e expressões faciais, em crianças em idade pré-escolar, pode levar ao desenvolvimento de seus próprios preconceitos baseados nesses sinais "negativos".[12] Isso nos leva a questionar: estamos, enquanto pais e educadores, transmitindo tais sinais? É importante considerar isso, pois nem sempre o preconceito é expresso verbalmente, e esse estudo indica que até mesmo os sinais não verbais são significativos.

Aqui destaco a importância vital de iniciarmos a mudança com os adultos, especialmente aqueles em posições de ensino e influência, para estabelecer um ambiente propício à inclusão desde a mais tenra idade. Um estudo com professores da pré-escola revelou que, ao serem instruídos a procurar por problemas no comportamento dos alunos enquanto assistiam a um vídeo, os educadores tendiam a observar as crianças negras por mais tempo do que as brancas, como se esperassem o comportamento negativo delas. Em outro experimento do mesmo estudo, os pesquisadores descobriram que, ao fornecer informações sobre a etnia da criança, as punições sugeridas eram mais severas quando a etnia do professor não correspondia à da criança. Esses estudos destacam a importância de iniciarmos a mudança pelos adultos, para que eles possam criar um ambiente mais inclusivo desde cedo.[13]

Essa necessidade tornou-se ainda mais clara para mim após nos mudarmos para Londres, onde minha filha começou a frequentar uma escola pública com crianças de diversas origens étnicas. Ela sempre comentava sobre a união entre os alunos, independentemente de suas origens e classes sociais. Aquele cenário foi inspirador para ela e também reforçou a importância da inclusão e do respeito mútuo, além de abrir seus olhos para a riqueza da diversidade cultural.

Através da diversidade, é possível reduzir a reprodução de estereótipos, uma vez que esse contato nos ajuda a perceber que somos mais semelhantes do que diferentes. Ao conviver com pessoas de múltiplos interesses e identidades, abrimos nossa mente para a importância da união. Corroborando essa ideia, uma pesquisa mostrou que indivíduos

---

12 SKINNER, Allison L.; MELTZOFF, Andrew N.; OLSON, Kristina R. "Catching" Social Bias: Exposure to biased nonverbal signals creates social biases in preschool children. *Psychological Science*, v. 8, n. 2, p. 216-224, fev. 2017. Disponível em: https://doi.org/10.1177/0956797616678930.

13 SUTTIE, Jill. Four ways teachers can reduce implicit bias. *Greater Good Magazine*, Berkeley, 28 out. 2016. Disponível em: https://greatergood.berkeley.edu/article/item/four_ways_teachers_can_reduce_implicit_bias.

que residem em regiões com maior diversidade tendem a ter um senso de comunidade mais forte em comparação com aqueles em áreas menos diversas.[14]

Portanto, é essencial um processo de autoconhecimento e reflexão interna para identificar e entender esses traços preconceituosos ocultos em nós mesmos. Ao enfrentarmos e aceitarmos nosso “lado sombrio”, podemos começar a desmontar essas predisposições internas e, consequentemente, diminuir a propensão a julgar os outros. Esse processo de autoanálise não é apenas sobre reconhecer nossos preconceitos, mas também sobre compreender de onde eles vêm e como foram formados ao longo de nossas vidas.

Dentro desse quadro de autorreflexão, ganha relevância a pesquisa elucidativa de Susan T. Fiske, eminente acadêmica no campo dos estereótipos, do preconceito e da discriminação. Fiske elucida como, frequentemente, os grupos mais marginalizados —indigentes, desabrigados e imigrantes — são alvos do desprezo social, um fenômeno frequentemente efluente de preconceitos inconscientes incrustados na psique coletiva.[15]

Nestes meses vivendo em Londres, tive a oportunidade de ouvir diversas histórias de imigrantes. Muitos deixam seus países de origem com a esperança de transformar uma realidade frequentemente marcada por dores, frustrações e limitações, buscando também se aperfeiçoar pessoal e profissionalmente. Embora alguns alcancem o sucesso, outros enfrentam ainda mais desafios, lutando até mesmo para retornar à sua terra natal.

O medo constante de ser descoberto como um imigrante ilegal é uma realidade palpável que cria uma atmosfera de ansiedade e preocupação entre aqueles que estão nessa situação. Para entender melhor o impacto disso, conversei com imigrantes e conheci alguns dos desafios reais enfrentados por aqueles que vivem ilegalmente no país.

---

14 BAI, Xuechunzi; RAMOS, Miguel R.; FISKE, Susan T. As diversity increases, people paradoxically perceive social groups as more similar. *PNAS*, v. 117, n. 23, p. 12741-12749, maio 2020. Disponível em: https://doi.org/10.1073/pnas.2000333117.

15 SMITH, Jeremy Adam. What does prejudice reveal about what it means to be human? *Greater Good Magazine*, Berkeley, 21 out. 2013. Disponível em: https://greatergood.berkeley.edu/article/item/what_does_prejudice_reveal_about_what_it_means_to_be_human.

Um casal chegou a Londres durante a pandemia, em um momento em que tudo estava fechado. Demorou cerca de um mês e alguns dias para que a mulher conseguisse um emprego. No início, a saudade da família e o abalo emocional causado pela recente separação dos pais foram desafiadores. Com longos turnos de trabalho, muitas vezes chegando em casa às oito ou nove da noite, a refeição comum do casal era pizza de supermercado, já que ainda estavam se adaptando às compras locais.

Após cinco meses vivendo com outras dez pessoas, também do Brasil, uma reserva financeira que guardavam no quarto desapareceu. Isso causou conflitos e os levou a sair da casa, enfrentando desafios inesperados. Paralelo a isso, a mulher descobriu uma gravidez ectópica, que resultou na necessidade de induzir o aborto, um evento profundamente traumático para ela.

Logo após a perda do bebê, seu marido foi detido por causa de sua situação ilegal no país, forçando-a a se refugiar na casa de uma amiga. Ela enfrentou enormes desafios para equilibrar os gastos, manter o emprego e cuidar de sua saúde emocional, perdendo quatro quilos em uma semana.

Após quinze dias de detenção, uma prima da mãe dela conseguiu liberar seu marido. Eles ficaram alguns dias na casa dela e depois alugaram um espaço com outras 23 pessoas. Com o ocorrido, conseguiram a documentação de asilo, tornando-se imigrantes legais.

Entretanto, um primo que era como um irmão para ela também foi detido pelas autoridades de imigração. Sem conseguir a documentação necessária, ele foi forçado a retornar ao Brasil, um golpe emocional para toda a família.

Apesar dos desafios, o casal continuou trabalhando arduamente em Londres, economizando dinheiro para enviar ao Brasil. A mulher chegou a fraturar o pé, mas persistiu trabalhando em serviços de estética, mesmo deitada, devido à necessidade financeira.

Desde o início, o objetivo deles em Londres foi juntar dinheiro. Hoje, apesar dos muitos obstáculos, estão contentes por terem adquirido dois terrenos e uma casa no Brasil. Ainda trabalhando e residindo em Londres, eles seguem empenhados em atingir seus objetivos.

"Acho que tudo foi necessário. Ele ter sido preso nos levou a conseguir o asilo, eu ter quebrado o pé me fez abrir a mente para novas oportunidades e fazer uma especialização em sobrancelhas, o que me ajudou muito", reflete ela.

Em Londres, o casal alcançou algo que não haviam conseguido no Brasil: economizar e fazer escolhas financeiras acertadas. Nessa nova fase, conseguiram poupar de forma eficiente, algo antes inatingível, e aperfeiçoar suas habilidades de tomada de decisão.

No Brasil, eles viviam em condições modestas, com recursos financeiros limitados. De qualquer forma, isso não os impedia de desfrutar momentos felizes, como os churrascos de fim de semana e os preciosos encontros familiares. A mulher valoriza essas memórias e anseia pela chance de revivê-las quando puderem retornar ao Brasil.

Explorar essa história foi revelador, permitindo-me compartilhar com você, leitor, a realidade da vida de imigrantes. As experiências desse casal são marcadas por separações que vão desde o divórcio dos pais até a decisão de deixar o país rumo a Londres. Até mesmo a separação temporária do marido destaca essa dinâmica.

Mudar frequentemente significa se afastar de algo ou alguém, o que pode levar a frustrações diante de um futuro incerto. Contudo, assim como esse casal encontrou aspectos positivos, nós também podemos nos concentrar nas perspectivas promissoras que nos aguardam, em vez de lamentar o que foi perdido.

O presente é efêmero, um minuto rapidamente se torna passado, mas o futuro sempre oferece a chance de mudança. Por sorte, esse casal está avançando em direção aos seus objetivos, apesar dos obstáculos. Contudo, essa não é uma realidade universal.

Por exemplo, conheci uma imigrante em Londres que trabalha como faxineira. Assim como o outro casal, ela veio para o país em busca de uma vida melhor, mas a realidade é distinta: ela luta para ganhar o suficiente para sua subsistência diária e seu desejo de retornar ao Brasil ainda parece distante.

Mudar nem sempre é fácil, e as mudanças afetam principalmente nossa família próxima. Diante das transformações, frustrações e alegrias, como fica a dinâmica familiar? No próximo capítulo, discutiremos de que maneira os membros das famílias são afetados e influenciam uns aos outros — e como transformar isso em algo positivo.

.7.

FAMÍLIA EM BALANÇO: Entre a busca pela perfeição e o risco da paralisação

À medida que envelhecemos, nossa percepção das disfunções familiares se aguça, e a idealização da família perfeita, muitas vezes retratada como aquelas dos comerciais de margarina, pode cair por terra. Na infância, nossa falta de experiência nos impede de identificar claramente as origens das discordâncias; absorvemos as emoções sem compreender sua fonte. Isso explica por que muitas pessoas têm lembranças felizes da infância, mas lutam para se sentirem presentes em eventos familiares na vida adulta. A magia do Natal, por exemplo, perde seu brilho quando percebemos a realidade, como o tio alcoolizado ou os julgamentos das tias às escolhas pessoais dos outros. Tais situações nos lembram que nenhuma família é perfeita. Entretanto, questionar se a perfeição é um objetivo válido leva a um dilema: devemos aspirar a uma família sem falhas, como as dos comerciais?

A minha contemplação das esculturas de Gustav Vigeland, no Parque Vigeland, situado na cidade de Oslo, a capital da Noruega, deu ainda mais profundidade a essa reflexão. As obras, habilmente esculpidas, retratam uma rica gama de emoções humanas — desde a alegria até a tristeza — e exploram como esses sentimentos complexos se entrelaçam nas relações familiares.

Essas esculturas revelam como as figuras humanas representadas não são apenas seres isolados, mas sim partes de uma teia complexa de vínculos familiares. Um exemplo notável é o impressionante monolito com 16 metros de altura, onde 21 figuras humanas se entrelaçam em uma harmoniosa e, ao mesmo tempo, complexa composição. Ao contemplar essa obra, somos imersos nas sutilezas das interações humanas e nas emoções que tanto unem quanto desafiam as famílias.

O monolito se torna um símbolo visual das complexas dinâmicas familiares, onde os fios de amor, conflito, apoio e frustração se entrelaçam de maneira única e genuína. É nesse entrelaçamento que encontramos a verdadeira essência das relações familiares, pois são as imperfeições e as diferentes nuances que dão forma à tapeçaria autêntica e rica de conexões.

Assim, essas esculturas servem como um lembrete eloquente de que a busca pela perfeição não deve ser o ápice das relações familiares. Pelo contrário, é nas interações complexas e nas emoções variadas que descobrimos a verdadeira profundidade e a riqueza desses laços humanos.

A perfeição é estática, enquanto a imperfeição nos permite evoluir e crescer. Ao esconder nossas vulnerabilidades em busca de perfeição, perdemos oportunidades valiosas de aprendizado. Quando contemplamos esculturas como essas, somos incentivados a abraçar nossas imperfeições e a encontrar significado na jornada única de cada família.

Ao observá-las, é impossível não refletir sobre o quanto somos influenciados e influenciamos os sistemas nos quais estamos inseridos, sendo a família um dos principais. Pais influenciam filhos, filhos influenciam os pais; isso acontece o tempo todo, a nível consciente e inconsciente. É por isso que, ao analisar a dinâmica de uma família, conseguimos informações importantes sobre os seres individuais que a compõem e vice-versa.

Por exemplo, hoje cedo, antes de pedir meu café para começar a escrever, parei para conversar com uma colega. Ela tinha acabado de voltar de uma viagem e me contou sobre sua estadia na casa de amigos, onde presenciou uma dinâmica familiar que lhe chamou a atenção.

Nessa residência vivem quatro pessoas: o casal, uma filha de 17 anos do primeiro relacionamento da esposa e um filho de 4 anos do respectivo casal. A família tem condições financeiras confortáveis e vive bem. Diante da experiência de estar ali, o que mais chamou a atenção foi a sensação de estar em um local com muita desconexão emocional. A filha mais velha passava a maior parte do tempo trancada no quarto e, nos raros momentos em que aparecia, estava ocupada com tarefas domésticas ou cuidando do irmão mais novo, sem demonstrar envolvimento em projetos de estudo ou especialização pessoal. O menino mais novo não possuía limites claros, desrespeitando frequentemente os pais. O casal mal interagia entre si. O pai da filha mais velha vive em outro país, e sua única contribuição é financeira. Esse distanciamento familiar pode parecer comum para muitos.

Esse cenário demonstra como a dinâmica emocional dos pais pode influenciar diretamente os filhos. A filha mais velha, apesar de não buscar independência, encontra-se imersa nas necessidades da família, colocando de lado suas próprias aspirações. Em situações como essa, é comum que os filhos mais velhos acabem assumindo papéis de cuidadores, o que pode levar à perda de sua individualidade. Isso sublinha a importância de os pais buscarem equilibrar o cuidado com as necessidades físicas e emocionais dos filhos, garantindo que o desenvolvimento pessoal de cada um seja valorizado.

A recusa em aceitar os desafios enfrentados pelos pais pode nos levar a ignorar padrões similares nas pessoas com quem nos relacionamos. Essa negação pode obscurecer nossa percepção, atraindo-nos para indivíduos que espelham os traços de nossos pais, muitas vezes sem compreendermos o motivo. Essa atração pode não se basear apenas em qualidades positivas, mas também no conforto do que é familiar, levando-nos a manter relacionamentos tóxicos que parecem naturais. Ao reconhecer e compreender a humanidade falível de nossos pais, podemos evitar repetir erros semelhantes em nossas próprias relações e em nossos comportamentos.

A compreensão se torna ainda mais crucial quando consideramos o impacto da rejeição parental. Ao se sentirem rejeitados pelos próprios pais, os filhos podem crescer com a expectativa de serem rejeitados pelos outros. Se até quem lhes deu a vida é indiferente, eles questionam como podem esperar receber amor de estranhos. Essa negligência na infância pode afetar profundamente a autoconfiança e o autoamor do indivíduo, resultando em adultos que se colocam numa busca incessante por validação externa para se sentirem valorizados. Portanto, ao enfrentarmos e compreendermos as limitações de nossos pais, não apenas nos protegemos contra a repetição de padrões prejudiciais, mas também fortalecemos nossa própria autoestima e capacidade de formar relações saudáveis e gratificantes.

Nem mesmo o sucesso é capaz de apagar por completo os efeitos da desconexão com os pais, especialmente quando essa desconexão ocorre nos primeiros cinco anos de vida. Até essa idade, nós "celebramos aniversários" juntamente com nossa criança interior. Contudo, após os cinco anos, crescemos como adultos, enquanto nossa criança interior permanece, por assim dizer, "congelada" nessa fase, tentando compreender seus traumas e buscando acolhimento.[1]

Assim como a desconexão precoce com os pais pode ter um impacto profundo e duradouro, outro fenômeno significativo, notável sobretudo na infância, é o do "Paciente Identificado". Nesse contexto, um membro da família, quase sempre uma criança, é inconscientemente designado para encarnar as tensões e os desafios emocionais do grupo. Essa criança, assim como a criança interior que permanece estagnada nos primeiros anos de vida, é vista como o centro dos problemas familiares e é frequentemente levada para terapia, ignorando-se a necessidade de examinar o contexto familiar mais amplo.[2] Esse processo pode reforçar na criança um sentimento de inadequação, debilitando sua autoconfiança e exercendo forte influência sobre seu desenvolvimento pessoal, de maneira análoga à criança interior, que procura entender e encontrar acolhimento para suas próprias experiências

Enfrentar o desafio de desenvolver maturidade em um ambiente onde, mesmo inconscientemente, se espera menos de você, pode ser

1 FREITAS, Fernando. *Constelação individual*: do diagnóstico à solução. Portugal: Mahatma, 2022.

2 ATLAS, Galit. *Herança emocional*: uma terapeuta, seus pacientes e o legado do trauma. Rio de Janeiro: Alta Life, 2023.

um obstáculo significativo para os chamados "pacientes identificados", podendo levar à sua estagnação. Nesse sentido, é crucial também distinguir uma regressão emocional de um padrão de imaturidade emocional. A regressão emocional pode afetar qualquer pessoa sob estresse ou fadiga, resultando em comportamentos ou reações impulsivas e atípicas. Por outro lado, um padrão de imaturidade emocional é caracterizado por uma falta de consideração persistente sobre o impacto do próprio comportamento sobre os outros, incluindo filhos e demais membros da família. Esse padrão frequentemente reflete uma falta de autoconsciência e de responsabilidade emocional.

Ser emocionalmente maduro implica ser independente e, ao mesmo tempo, saber estabelecer vínculos emocionais. Em contraste, pessoas imaturas não compreendem seus papéis e, por isso, tendem a fazer inversões. Um exemplo clássico disso é uma mãe que sempre busca atenção e conforto da criança, quando, na verdade, deveria ser ela a oferecer isso. Pais que discutem seus problemas conjugais com os filhos também são um exemplo dessa inversão.[3]

A inversão de papéis pode desestruturar os relacionamentos dentro da família, podendo afetar também a dinâmica da sexualidade dos pais. Por exemplo, quando um filho assume um papel central, substituindo o do pai ou o da mãe, se estabelece uma triangulação, conhecida como tríade familiar (pai x mãe x filho). Essa configuração tende a surgir em situações de estresse ou desgaste na relação do casal, direcionando a atenção para uma terceira pessoa, usualmente o filho.

Para entender melhor, considere uma dinâmica onde um filho é muitíssimo mimado e, com frequência, é colocado em posição de destaque em relação ao parceiro da mãe. Essa situação pode levar à associação inconsciente de que o amor é desligado do prazer sexual, ou seja, a mãe não pode ter relação sexual com quem ela ama excessivamente. Isso transmite ao filho a ideia de que amor e prazer são dissociados, podendo influenciar futuras relações amorosas onde ele pode buscar amor em uma figura e prazer em outra, potencialmente levando a comportamentos como a infidelidade.

---

[3] GIBSON, Lindsay C. *Adult Children of Emotionally Immature Parents*. Califórnia: New Harbinger Publications, 2015.

Outras formas de inversão de papéis incluem a irmã que assume responsabilidades maternas pelos irmãos, o filho que se torna a figura paterna após a morte do pai ou os avós que adotam um papel parental com os netos.

Essa confusão de papéis na família pode refletir-se em outras áreas da vida, como no ambiente profissional, onde identificar e cumprir adequadamente o próprio papel pode se tornar um desafio.

Em uma experiência recente em Londres, conheci uma empreendedora que compartilhou comigo os desafios de trabalhar em uma sociedade com cinco sócios. Nesse grupo, um dos sócios, que não havia contribuído financeiramente para o negócio, compensava essa falta com seu tempo e expertise. No entanto, esse mesmo sócio costumava exibir uma necessidade excessiva de afirmar sua importância, às vezes agindo com arrogância, especialmente diante de decisões cotidianas que não se relacionavam diretamente com sua área de especialização. Esse comportamento parecia refletir uma insegurança subjacente, levando-o a ver cada escolha como uma representação do seu próprio valor no grupo.

Esse comportamento reflete a dinâmica da "criança invisível", que persiste na vida adulta, onde o indivíduo procura incessantemente por atenção e validação, como se dissesse: "Veja, eu estou aqui! Confirme minha importância nesse sistema."

Em qualquer sistema, seja familiar ou empresarial, é fundamental que cada membro compreenda e ocupe adequadamente seu papel. Quando isso não acontece, o resultado é uma instabilidade no sistema e uma desconexão emocional entre os membros. A falta de compreensão e de reconhecimento do próprio papel pode levar a um sentimento de alienação, como se fôssemos estranhos vivendo sob o mesmo teto.

Essa desconexão emocional, especialmente na infância, pode levar a uma solidão emocional profunda. Na vida adulta, isso pode se manifestar como uma tentativa desesperada de estabelecer conexões, muitas vezes colocando as necessidades ou desejos dos outros acima dos próprios. Um exemplo disso é a filha mais velha que dedica seu tempo a tarefas domésticas e ao cuidado dos irmãos menores. Da mesma forma, a rebeldia de um filho mais novo pode ser um pedido de atenção e conexão emocional, perpetuando um ciclo de comportamento destrutivo, pois é através das birras que muitas crianças conseguem atrair a atenção que tanto desejam.

Falando sobre os caminhos que algumas crianças traçam para chamar a atenção dos pais, recordo-me do episódio mencionado sobre bullying, envolvendo o menino. Ele compartilhou comigo sua frustração ao ser alvo de caçoadas dos colegas de sala. Como sabemos, o bullying pode deixar profundas marcas emocionais, mas é sempre necessário olhar além da superfície. O que descobri em uma conversa posterior e ao conhecer melhor a família do menino? Que seu desafio estava além do bullying. Na verdade, aquela frustração, que era agravada pelos colegas, começava em casa, com uma série de "nãos" que minavam sua independência e a capacidade de lidar com conflitos. Portanto, é essencial olhar além da superfície ao conversarmos com crianças. O que parece óbvio pode não ser tão claro, já que, muitas vezes, as crianças não têm consciência plena de seus sentimentos e ainda não desenvolveram a linguagem necessária para expressar suas emoções e suas origens. Afinal, até nós, adultos, nem sempre conseguimos fazer isso, não é verdade?

Curiosamente, enquanto redigia essas linhas, tive que pausar meu trabalho para oferecer, a distância, orientação sobre supervisão de caso a uma colega psicóloga. Ela relatou o caso de um paciente que estava lidando com apneia em um nível limítrofe, também sofria de bruxismo e enfrentava ansiedade devido a preocupações no trabalho e questões familiares. Um aspecto notável nesse caso era a complicada relação do paciente com seu pai, que também enfrentava um problema de apneia. Compartilhei algumas sugestões sobre como abordar esse paciente, enfatizando o forte vínculo existente com o pai, embora conscientemente ele não reconhecesse isso. É importante notar que as razões que frequentemente mantêm os filhos ligados aos pais incluem culpá-los, o desejo de alterar o passado e a vontade de resgatar o pai ou a mãe, especialmente quando eles enfrentam dificuldades e os filhos tentam assumir parte do seu fardo.

Crescer envolve entender e aceitar que nem todas as expectativas podem ser atingidas. No contexto terapêutico, é essencial orientar os pacientes na formação de expectativas realistas.

Em uma família, por exemplo, os pais podem ter muitas expectativas em relação aos filhos, mesmo antes de eles nascerem. Essas expectativas podem começar com o desejo de que o filho sirva como um elemento de união para o casal, levando-os a ter uma criança na esperança de fortalecer um relacionamento já fragilizado. Contudo, essa decisão pode resultar em frustrações tanto para os pais quanto para os filhos.

Quanto a isso, o livro *A doença como linguagem da alma da criança: interpretação e significado de quadros clínicos em crianças e seu tratamento holístico* (Cultrix, 2014), de Rüdiger Dahlke, menciona um caso interessante em que ele pediu a uma criança que fizesse alguns desenhos. Primeiramente, foi solicitado que ela se desenhasse em forma animal; depois, sua mãe e seu pai; e, por fim, toda a família. O resultado? O pai foi desenhado como um pássaro no canto superior da folha. A mãe, que chorava, revelou depois ao autor que a gravidez da filha havia sido planejada com o objetivo de "prender" o pai, que sempre tentava "fugir" da relação. Essa experiência ilustra que informações não explicitamente compartilhadas com a criança ainda têm o poder de influenciar sua perspectiva e sua visão de mundo.

Um exercício que pode ajudar a entender melhor a mente do seu filho é pedir que ele desenhe o contorno do seu corpo como uma "ilha" com uma só cor e um traço ininterrupto. Depois, peça que ele coloque dentro e ao seu redor tudo o que considera importante, pois assim você compreenderá melhor o que ele pensa e sente sobre si mesmo e o que o afeta.

Entender os filhos é importante, até mesmo no processo de autoconhecimento dos pais. Afinal, eles são primeiros exemplos para eles, e as crianças absorvem tudo ao seu redor. Ao observar um filho, é possível que um pai ou mãe descubram aspectos sobre si mesmos que talvez nunca tivesse percebido, tanto em relação às virtudes quanto às oportunidades de melhoria.

Esse poder de influência sobre os filhos pode gerar nos pais um sentimento de culpa inconsciente, especialmente quando eles enfrentam, por exemplo, problemas de saúde nos filhos. No luto, na fase da negação, alguns pais se questionam por que aquela doença recaiu sobre o filho, e não sobre eles, como se fossem situações equivalentes, o que não é verdade. Contudo, o olhar que os pais precisam desenvolver ao vivenciar essa situação é questionar-se sobre quais lições podem ser aprendidas e como agir para melhorar a vida do filho e de toda a família. Os filhos são grandes mestres que tocam nos pontos em que mais precisamos evoluir.

Também não devemos comparar nossas frustrações com as de outros membros da mesma família, pois isso pode ampliar esses sentimentos ou levar ao menosprezo da situação, negligenciando os cuidados necessários. Isso é comum em famílias onde um dos filhos tem um diagnóstico sério, levando à sensação de luto. Um irmão, por exemplo, pode sentir que suas próprias frustrações são menos importantes, pensando algo do tipo: "Como posso pedir apoio para lidar com minhas notas na escola quando meu irmão está lidando com uma doença grave?" Manter frustrações e medos em segredo ao invés de buscar ajuda pode agravar ainda mais a situação. Na obra de Cavicchioli (2005), citando Murray, destaca-se que os irmãos saudáveis de crianças enfermas frequentemente enfrentam negligência, resultando em manifestações de depressão, raiva, ansiedade, ciúmes, culpa e isolamento social.[4]

É comum que, ao sentar-se no *setting* terapêutico, um paciente comece abordando questões familiares. As queixas variam desde depressão por não se sentir amado ou notado pelos pais, passando por falta de reconhecimento dos filhos e ansiedade em gerir as finanças do lar, e indo até a raiva de equilibrar as tarefas domésticas. Enfim, existe uma extensa lista de questões que envolvem a dinâmica familiar.

Afinal de contas, o que é família para você? Temos muitas definições sobre o que a família representa e, a cada dia mais, vemos essa realidade se modificar. Para Bert Hellinger, criador da Constelação Familiar, família é um sistema que se inicia com o nascimento de um filho, criando assim papéis para cada membro. Esse pensamento ajuda a compreender por que, quando as funções em uma família são invertidas, o equilíbrio se perde. Esse conceito denota que a família principal é aquela que formamos, ou seja, a que surge a partir do nascimento dos filhos. Assim,

---

[4] CAVICCHIOLI, Aline Cristiane. Câncer infantil: as vivências dos irmãos saudáveis. 2005. Tese (Mestrado em Enfermagem e Saúde Pública) – Escola de Enfermagem de Ribeirão Preto – Universidade de São Paulo, Ribeirão Preto, 2005. Disponível em: https://teses.usp.br/teses/disponiveis/22/22133/tde-16052005-091208/publico/CAVICCHIOLI_AC.pdf.

nossos papéis agora se tornam outros, diferentes de quando éramos apenas filhos. Quando compreendemos essa mudança de função, é possível atender às expectativas de maturidade, proteção, entre outras que os pais têm; no entanto, quando o novo casal, mesmo já tendo filhos, ainda se comporta apenas como filhos, e não como pais, isso desequilibra todo o sistema.

Mas então, o que acontece com um casal que opta por não ter filhos? E quanto aos casais homossexuais? A verdade é que a definição precisa de família é tão pessoal quanto a nossa compreensão de felicidade. Embora existam inúmeras teorias, estudos e conceitos, a realidade é que cada indivíduo carrega consigo uma perspectiva baseada em experiências únicas. É importante reconhecer que não cabe a mim nem a você limitar essa definição a um conceito exclusivo. O propósito deste livro é instigar reflexões para o crescimento pessoal, e nossa evolução ocorre ao abrirmos a mente para diversas definições.

Tradicionalmente, a família é conservadora. Quando você escuta a expressão "Isso me parece familiar", o que pensa? Decerto, em algo que já viveu, um sentimento ligado ao tradicional, àquilo que se repete. Por isso, intrinsecamente, a família é ligada ao tradicional, ao padrão. Contudo, isso não quer dizer que ela seja imutável; a terapia funciona, dessa forma, como uma oportunidade de flexibilizar esse conceito e expandir as formas de amar dentro desse sistema.[5] E quando um membro da família faz terapia, todos se beneficiam.

Afinal, a família é como um campo de energia, pulsante e cheio de potencial, onde cada pessoa dentro desse campo contribui para a evolução de todo ele. Assim, quando um membro alcança um entendimento e se torna melhor para si mesmo, todos são influenciados por ele, de várias maneiras.

Refletindo de forma prática, podemos considerar uma família que nunca teve acesso ao ensino superior. Imaginemos que um de seus membros começa a estudar, se envolve profundamente com o conhecimento adquirido, aplica suas habilidades ao que aprendeu para obter um bom emprego e se torna bem-sucedido em diversos aspectos. De forma

5 MINUCHIN, Salvador; NICHOLS, Michael P. ***Family Healing***. Nova York: Simon and Schuster, 1998.

consciente, os pais e filhos desse membro serão influenciados pelo seu maior poder financeiro e intelectual, entre outros benefícios. No caso dos pais, ao observarem o filho sendo financeiramente recompensado pelos seus estudos e pelo seu conhecimento — e não apenas pelo trabalho braçal —, eles podem começar, tanto consciente quanto inconscientemente, a quebrar crenças antigas, como a ideia de que dinheiro só vem com trabalho físico. Esse é apenas um exemplo de como as conquistas pessoais podem ressoar em toda a família, incentivando mudanças positivas que transcendem o material e tocam aspectos emocionais e psicológicos. Assim, o progresso de um indivíduo pode ser o catalisador para uma transformação mais ampla no seio familiar. O mesmo se aplica em qualquer esfera, seja ela pessoal, espiritual ou profissional. Toda evolução pessoal influencia a família, direta e indiretamente. Por isso, cuidar de si mesmo é também cuidar dos outros.

Ao considerarmos a evolução pessoal e seu impacto na família, é crucial reconhecer a diversidade nas estruturas familiares em diferentes culturas. Refletindo sobre isso, vamos explorar o modo de constituição familiar no Oriente, particularmente na cultura muçulmana, onde a poligamia é uma prática aceita. Algumas mulheres dizem sentir-se realizadas nessa formação familiar, enquanto outras não encaram positivamente essa experiência. Para entender a realidade de quem convive com a poligamia, conheça o caso de uma mulher, Ana, que, após seu casamento monogâmico de cinco anos, passou a viver uma história poligâmica.

Antes de se converter à fé muçulmana, ela teve relacionamentos e vivenciou uma vida guiada pelo catolicismo. Após sua conversão ao islã, adotou dez anos de celibato antes de se unir a Alee, que também passou a seguir a mesma crença.

Cinco anos de monogamia se passaram quando seu marido revelou que havia proposto casamento a outra mulher, o que a deixou profundamente furiosa. Ela se sentiu magoada, uma vez que ele nunca a consultara sobre isso e jamais demonstrara interesse em seguir nessa direção. Pelo islã, Alee poderia ter um casamento poligâmico; então, da perspectiva religiosa, não havia motivos para Ana se separar. Mesmo assim, ela considerou muito o divórcio. Uma semana depois do comunicado, Alee se casou com Carolyn.

A primeira esposa relata ter vivenciado um misto de sentimentos: teve sua autoestima e seu senso de valor abalados, mas, ao mesmo tempo, desenvolveu mais sua humildade e passou a ver seu marido com novos olhos, pois o medo de perdê-lo era grande — por mais que ele dissesse que isso não aconteceria.

Alee justificava o casamento dizendo que queria ajudar Carolyn, que tinha duas filhas. Com o tempo, a primeira esposa percebeu que, com Carolyn, Alee podia "fugir" do islã, pois ir para a casa dela representava poder "pular" as orações, comer o que quisesse e fazer o que desejasse. Carolyn em momento algum se mostrou interessada em romper o silêncio com a primeira esposa e, assim, a raiva recíproca entre elas crescia e ficava cada vez mais aparente.

A primeira esposa sabia que, ao divorciar-se, Alee ficaria em uma situação um tanto complicada, pois estando debaixo da lei dos EUA, o segundo casamento de Alee não tinha validade. Mesmo assim, o amor que ela sentia ainda não permitia que ela fizesse isso. Ou seria o medo? Em seu relato, ela mencionou: "A razão número um pela qual não quero deixar Alee, além do fato de que o amo profundamente, é que estou com medo. O medo é paralisante."[6]

Medo e amor podem andar de mãos dadas em uma relação? É bastante comum experimentarmos o receio de perder alguém que amamos, e, até certo ponto, esse sentimento pode ser considerado saudável. Porém, quando o medo está ligado à possibilidade de nos perdermos caso venhamos a ficar sem a pessoa amada, a situação se modifica. Nesse contexto, a relação não se sustenta apenas pelo amor, mas também pelo fato de que não conseguimos identificar nossa própria identidade sem esse amor.

Em qualquer relação, é preciso haver um equilíbrio de troca; damos ao mesmo tempo que recebemos, mas sem perder o que temos. Por isso, para um sistema familiar ser "equilibrado" é preciso se perguntar se ambos os cônjuges têm se empenhado na relação, mesmo diante de desafios ou divergências de opiniões.

---

6 Johnson, Robin. *The Silent Tears of Polygamy*. Reino Unido: LTG International Publishers, 2020.

Nos momentos de conflito, o diálogo se torna ainda mais essencial, algo que não ocorreu no caso de Ana. Sob a perspectiva dela, Alee ansiava por uma "liberdade" em relação à sua fé, o que o levou a buscar o casamento como forma de consolidar essa busca por independência, em vez de compartilhar esse desejo com a esposa. Como a situação teria se desenrolado caso a comunicação tivesse sido estabelecida?

A escolha da fé é algo que influencia completamente os sistemas familiares. Enquanto para uns, a fé pode unir; para outros, pode causar divisas, sobretudo quando há conflitos de opinião. Nesses casos, é preciso olhar com mais empatia para o outro, sem forçá-lo a ter a mesma fé ou religião que você, pois qualquer entrega nessa linha precisa vir de pureza do coração, e não de uma imposição. É fato que muitos pais ou cônjuges sentem-se tristes quando veem que filhos ou parceiros optam por não seguir a mesma doutrina que eles, mas o conforto deve estar em compreender que a espiritualidade é um caminho individual, e cada pessoa tem seu tempo e sua maneira de se conectar.

Nesse contexto, compreender a "lei do esforço invertido", proposta pelo filósofo Alan Watts, lança luz sobre a razão pela qual, muitas vezes, ao clamarmos intensamente por algo, acabamos afastando o que desejamos. Pais que aspiram que seus filhos sigam um caminho específico e acabam por vê-los trilharem outro; indivíduos que persistem na busca por uma promoção, mas acabam perdendo seus empregos; aquela pessoa que se empenha de maneira incansável para fazer um relacionamento dar certo, mas o parceiro opta por terminar. Por que esse tipo de situação ocorre?

É comum que, devido à nossa obsessão por algo, não percebamos que já fizemos tudo o que podíamos. Às vezes é necessário apenas compreender a situação, acalmar-se, e permitir o fluxo natural das coisas, retirando a pressão daquele desejo de cima de nós e deixando que os acontecimentos se desenrolem. Será que ficar olhando o relógio fará com que as horas se apressem para chegar logo aquele compromisso que esperamos? Acredito que você já tenha vivenciado isso! Da mesma forma, a única coisa que podemos fazer em relação a uma situação é esperar que ela siga seu curso natural na esfera familiar; sendo assim, nem sempre podemos, da mesma forma, "apressar o tempo do outro", pois cada pessoa possui seu próprio relógio.

Viktor Emil Frankl, ilustra bem o que podemos aprender com essa lei quando diz que a felicidade é como uma borboleta: quanto mais a caçamos, mais ela foge; mas se nos envolvemos com outras coisas, ela pousa sobre o nosso ombro.

Contudo, é preciso diferenciar "esperar vivendo" de manter uma atitude passiva na vida. Alguns, pelo receio de agir, acreditam que permanecer na inércia é o melhor caminho. Engana-se quem acha que uma atitude sempre passiva permite o fluir; pelo contrário, ao sempre ficar na inação, acaba atraindo situações igualmente passivas.

Por exemplo, quantos cônjuges, diante de uma traição, optam por continuar na relação simplesmente por medo de recomeçar sozinhos, mesmo que não se sintam felizes? No próximo capítulo, serão discutidos os impactos das traições nos relacionamentos e na vida das pessoas envolvidas.

.8.

REVELANDO SEGREDOS E A PROFUNDIDADE DAS TRAIÇÕES

"Meu marido é muito bonito." "Meu esposo é um homem excepcional." O que leva alguém com essa percepção sobre o cônjuge a trair? Vamos refletir sobre isso considerando o caso de uma mulher que chamaremos de Aline.

Quando conheci Aline, ela tinha 36 anos e estava casada havia 13 anos. Sua profissão a levava a fazer viagens frequentes, um padrão que ecoava sua infância, já que seu pai também tinha uma rotina intensa de viagens a trabalho. Isso suscitava em Aline uma complexa relação com a ausência, que se refletia em suas experiências emocionais.

Como abordado anteriormente, é recorrente a manifestação de padrões repetitivos no âmbito das dinâmicas familiares. Esses padrões não apenas podem ser influenciados por fatores genéticos, mas também por elementos do ambiente e outros contextos relevantes. Por exemplo, uma criança que cresce sendo testemunha de conflitos entre os pais pode conscientemente fazer esforço para evitar reproduzir esse tipo de dinâmica ao formar sua própria família. Entretanto, de forma inconsciente, essa mesma pessoa pode sentir-se atraída pelo que lhe é familiar, mesmo que essa conexão não esteja imediatamente evidente.

Um exemplo notável sobre essa discussão é um estudo conduzido com 42 familiares que possuíam histórico intergeracional de abuso de álcool, o que confirmou a disseminação desse padrão de geração em geração, assim como a violência psicológica ou física.[1] Essa é a razão pela qual reconhecer esses padrões mostra-se tão importante, visto que interrompê-los em uma geração pode repercutir nas gerações subsequentes.

Revisitando o caso de Aline, é importante destacar que sua infância foi marcada por episódios de bullying, o que a fez crescer com a percepção de que sua aparência não era adequada. Essa experiência moldou sua necessidade constante de buscar aceitação, especialmente por parte de figuras masculinas. Esse contexto lança luz sobre o motivo pelo qual ela enfatizou, durante nossos encontros, a atratividade de seu marido — para alguém com baixa autoestima em relação à aparência, ter um parceiro considerado bonito pode funcionar como um reforço positivo à sua própria imagem.

Quando se tratava de sua vida sexual, Aline relatava uma falta de atividade significativa com seu marido, além de não experimentar muito prazer. Ele enfrentava problemas de ejaculação precoce e, ocasionalmente, também sofria de disfunção erétil, o que lhe gerava um sentimento de angústia e vergonha.

"Eu gosto de ser dominada durante o sexo, mas era eu que estava dominando o meu marido." Ao dizer isso, Aline revelou ter o sentimento de sempre precisar ser o pilar da sua família, quando, no fundo, ela só queria ser a energia feminina da relação, ou seja, quem é protegida e segurada.

Durante consultas com pacientes que sofriam de ejaculação precoce, foi observado que muitos tinham dificuldades em alcançar um nível máximo de prazer durante atividades sexuais intensas. Muitos optavam por uma abordagem mais passiva em relação ao prazer, encontrando uma sensação de satisfação suprema ao permitirem que a

---

1 TONDOWSKI, Cláudia Silveira *et al.* Padrões Intergeracionais de Violência Familiar Associada ao Abuso de Bebidas Alcoólicas: Um Estudo Baseado em Genogramas. ***Psicologia Reflexão e Crítica***, v. 27, n. 4, p. 806-814, 2014. Disponível em: https://doi.org/10.1590/1678-7153.201427421.

experiência acontecesse de maneira mais relaxada, em vez de se esforçarem ativamente.

Nesse contexto, é válido inferir que a ejaculação precoce possa estar associada aos traços narcisistas e exibicionistas da infância, período no qual o bebê ou criança recebe atenção e amor de sua mãe ao "esvaziar-se de urina", levando à troca da fralda. Ou seja, uma interpretação incoerente nessa fase inicial pode contribuir para a disfunção em adultos, especialmente se esses traços narcisistas persistirem. Pessoas com essa inclinação podem priorizar seu próprio desejo em detrimento dos outros e ter dificuldade em não ser o foco das atenções, seja socialmente ou em sua perspectiva pessoal. Isso pode afetar a disposição para ceder, já que estão mais concentradas no desejo de receber, incluindo amor e prazer.[2] Contudo, é comum que essa relação não seja consciente, o que ressalta a essencialidade de um tratamento personalizado para compreender a origem da disfunção.

O marido de Aline não buscou tratamento, e ela, pensando que isso fosse apenas uma desculpa, se viu enredada em relacionamentos extraconjugais, chegando ao ponto de se apaixonar por um colega de trabalho. Essa situação a fez sentir que suas ações não estavam sendo justas em relação ao marido, a quem ela considera uma pessoa excepcional. Seu envolvimento com esse homem foi tão intenso a ponto de ela considerar a possibilidade de se separar, porém a falta de coragem a impediu de seguir adiante com essa decisão.

Ao longo de oito anos, seu desejo de maternidade encontrou-se ameaçado por dificuldades relacionadas à saúde reprodutiva de seu marido. Mas é interessante que, em sua verbalização, ela também traz uma impotência ao dizer coisas como "Eu me vejo com uma criança, mas não me vejo grávida" ou "Tenho uma grande necessidade de viajar, e isso poderia ser prejudicado com uma gravidez" e assim por diante.

Ela notava que sua mãe direcionava mais atenção ao irmão e percebia que tinha uma conexão especial com o pai, a quem ela descrevia como "minha paixão", e de quem ela, até mesmo na vida adulta, necessitava receber validação constante.

---

2 ABRAHAM, Karl. Sobre a ejaculação precoce. *Pulsional*, v. 21, n. 3, p. 100-116, 2008. Disponível em: http://pepsic.bvsalud.org/pdf/pulsional/v21n3/v21n3a10.pdf.

Muitos filhos sofrem com o favoritismo dos pais, o que pode até passar despercebidos por eles. Porém, por que os pais podem criar essa situação? Uma das causas pode ser uma conexão que surge devido a um grau de maturidade psicológica semelhante, ou seja, quando um dos filhos têm o mesmo nível de maturidade psicológica que o pai ou a mãe, há uma tendência maior de conexão, gerando o favoritismo. Quando há níveis de maturidade emocional baixos, há um enredamento mútuo. Por isso, se você não foi o filho "favorito", talvez uma divergência em nível de maturidade seja um dos motivos, fazendo com que o seu pai ou mãe o enxergasse como um "pequeno adulto" que tem autonomia e não necessita de tanta atenção.[3]

Aline também se sentia como o pilar de sua família primária, já que seu pai frequentemente buscava seus conselhos. Por isso, ela escolheu compartilhar sua situação com ele e sentiu-se acolhida. Afinal, quando ela tinha 5 anos, seus pais se separaram após seu pai trair sua mãe — mais uma vez, vemos a repetição de um padrão.

Durante sua infância, houve dois momentos nos quais seu pai agiu de forma inapropriada, se esfregando nela. Mesmo não havendo contato físico, seu padrasto conseguia vê-la no quarto, chegando ao ponto de fazer um buraco na parede para observá-la. Ela também se lembra de uma situação em que, quando era criança, brincava de forma inadequada com seu irmão.

Uma em cada três mulheres e um em cada cinco homens nos Estados Unidos sofreram algum abuso antes dos 18 anos, o que representa mais de 70 milhões de pessoas.[4] Por isso, é fundamental que esse assunto seja abordado.

É complexo entender a mente de pais abusivos. Contudo, ao refletir sobre alguns casos, podemos ver como o autoritarismo, a repressão e o abuso são narrativas que se repetem de geração em geração. Muitas vezes, pais com esse perfil também vieram de uma criação negligente, manipuladora ou indiferente, gerando adultos que "ouvem", por assim dizer, a voz de seus próprios pais no choro de seus filhos.

---

3 GIBSON, Lindsay C. *Adult Children of Emotionally Immature Parents.* Califórnia: New Harbinger Publications, 2015.

4 CONSTANTINE, Liv. *The Stranger in the Mirror.* Nova York: HarperCollins, 2021.

Como assim? É como se aquele sofrimento da infância que pertencia ao pai ou à mãe se deslocasse para a figura do filho, lhe gerando ainda mais raiva e frustração. Além disso, no egocentrismo dos pais, pode haver uma suposição generalizada de que os filhos existem para satisfazer as necessidades deles, o que, a nível inconsciente, está vinculado tanto ao abuso sexual, quanto o emocional, entre outros.[5]

Alguns pais podem crer que, por terem dado o bem mais valioso ao filho — nesse caso, a vida —, ele lhe deva algo ou, até mesmo, lhe pertença. Nesse sentido, o filho deve atender a seus interesses, o que pode levar ao abuso. E mesmo que alguns pais não sejam adeptos dessa prática, eles podem expressar esse sentimento de posse da vida do filho ao querer obrigá-lo a conquistar resultados financeiros ou profissionais, seguir doutrinas religiosas ou realizar outros feitos apenas para satisfazê-lo e não pelo bem-estar do filho.

Quando uma criança passa por uma experiência de abuso cometido por um pai ou uma mãe, o impacto emocional pode ser profundo. Afinal, a criança, em pleno processo de desenvolvimento, não consegue compreender completamente todas as emoções que sente e, ao encontrar dor onde deveria haver amor, suas emoções se tornam ainda mais conflitantes. Um misto de medo, vergonha, dor, amor e culpa por sentir prazer sem entender a origem dele faz com que a mente se confunda e ela apenas queira fugir. Como em muitos casos a fuga física não é viável, a criança cria uma fuga mental: imagina outro "personagem" sendo estuprado ou abusado sempre que aquela experiência acontece ou quando as memórias retornam de forma invasiva.

É comum que crianças até os 5 anos tenham um amigo imaginário. Contudo, crianças vítimas de abuso permanecem com esse "amigo", a quem imaginam sofrer no lugar delas, por muito tempo ou toda a vida. É como se a criança flutuasse para fora de si e enxergasse o trauma como se fosse vivido por outro, não por si. Entretanto, ao crescer, devido à repetição do trauma, à intensidade ou à interpretação da criança, pode ser que aquele indivíduo crie para si uma ou mais identidades dissociadas, com novos nomes, personalidade, voz, caligrafia e outros detalhes. O que antes era uma defesa adaptativa para não experimentar aquela dor,

[5] CONSTANTINE, Liv. *The Stranger in the Mirror*. Nova York: HarperCollins, 2021.

torna-se uma resposta automática a situações de estresse ou gatilhos, resultando em um transtorno dissociativo de identidade.[6]

No entanto, o abuso sexual sofrido durante a infância pode ser a raiz de diversas condições psicológicas complexas na vida adulta, indo além do transtorno dissociativo de identidade, como o surgimento de quadros de depressão, TEPT –Transtorno de Estresse Pós-Traumático, transtornos de personalidade, ansiedade e problemas vício em substâncias ilícitas. Essas manifestações, que variam amplamente entre diferentes indivíduos, podem incluir comportamentos autodestrutivos, uso indevido de psicotrópicos e até tendências à violência e agressividade.[7] É importante notar que tais comportamentos, por vezes interpretados como reações a questões sociais ou políticas, podem ser na verdade expressões de um sofrimento interior profundo. Reconhecer essa diversidade nas respostas ao trauma é fundamental para proporcionar um apoio efetivo e sensível, evitando generalizações.

Outro traço que pode ser identificado em vítimas de abuso infantil é a dificuldade em lidar com a própria sexualidade. Pode ser que elas acreditem que o abuso ocorreu devido ao seu sexo, o que as faz repudiá-lo. Por exemplo, uma menina abusada pelo padrasto pode crer que, se fosse menino, isso não ocorreria. Ou seja, essa associação negativa ao seu próprio sexo, em alguns casos, pode fazer o indivíduo não se identificar com seu gênero.[8] A partir do abuso, o sexo, antes desconhecido, entra precocemente no contexto infantil, distorcendo ideias e confundindo emoções, tanto em relação ao outro quanto em relação ao seu próprio corpo.

Em minha experiência clínica com pacientes enfrentando fobias, várias vezes observei que aqueles que foram vítimas de abuso na infância, tendiam a desenvolver uma variedade de medos intensos. Segundo Freud, esses tipos de temores têm raízes em sentimentos deslocados, isto é, em emoções que originalmente se direcionam a alguém ou algo

6 CONSTANTINE, Liv. *The Stranger in the Mirror*. Nova York: HarperCollins, 2021.

7 HANNES, Isabella Escarlate. Violência sexual na infância e transtornos mentais: uma revisão sistemática e metanálise sobre a relação entre ambos e suas repercussões clínicas e psicossociais. 2021. Disponível em: https://repositorio.uniceub.br/jspui/bitstream/prefix/15150/1/21553061%20-%20ISABELLA%20ESCARLATE%20HANNES.pdf.

8 CONSTANTINE, Liv. *The Stranger in the Mirror*. Nova York: HarperCollins, 2021.

que não compreendemos, transformando-se em ansiedade excessiva. Essa dinâmica resulta em uma desconexão com os próprios desejos e emoções.

Por exemplo, talvez uma criança que tenha sido abusada na infância desenvolva sentimentos de impotência, desproteção e baixa autoconfiança, fazendo com que, na vida adulta, ela tenha medo de altura por sentir uma incapacidade de "subir" na vida sozinha ou de se defender. Sendo assim, ela enxerga a altura como um local que não é capaz de acessar, deslocando esse sentimento para uma fobia. O mesmo sentimento também pode se deslocar para outras fobias.

Sentindo que nunca recebeu o cuidado adequado por parte do seu pai, Aline buscava constantemente a atenção, não apenas dele, mas também de outros homens em sua vida adulta. Nesse sentido, um alerta fica para as mães e os pais: crianças que não encontram afeto em casa estão mais suscetíveis a abusos, pois elas procuram por carinho de toda forma, e vindo de qualquer fonte. E não adianta isolar a criança do convívio social devido a esse medo, pois esse isolamento poderia causar ainda mais dificuldade para a criança identificar que há algo errado no caso de ela sofrer algum assédio.[9] O mais coerente é ensinar e dar nomes claros ao que é permitido ou não para que a criança entenda sobre limites, sobre seu próprio corpo e sobre suas emoções.

Nomear o que se sente não é fácil para ninguém, nem para crianças nem para adultos; porém, é um processo muito importante para conhecermos a nós mesmos. Aline, por exemplo, depois de uma reflexão profunda, conseguiu nomear o ato das traições como uma manifestação do desejo intrínseco de ser vista e desejada, e isso mudou toda sua visão sobre a infidelidade. Depois de compreender esse padrão que a levava à traição, ela percebeu a importância de enxergar a própria beleza com mais clareza, em vez de procurar afirmações externas.

"Só nas relações sexuais é que consigo me sentir amada", compartilhou ela comigo. Essa declaração pode ser interpretada como um anseio profundo por amor e carinho. Dado que Aline não recebeu a atenção emocional desejada por parte do pai, ela pode ter associado o afeto ao envolvimento sexual, possivelmente influenciada pelo trauma do abuso

---

9 PERRY, Bruce D.; SZALAVITZ, Maia. *O menino criado como cão*. São Paulo: nVersos, 2020.

que sofreu na infância. Além disso, é importante notar que seu pai também foi vítima de abuso por parte de uma mulher quando era criança.

Aos poucos, e conforme foi evoluindo na terapia, Aline decidiu reduzir a convivência com o pai e começou a focar a própria vida. A dor de não ser verdadeira com a relação a fez ter a coragem de falar para o seu marido sobre a traição, mesmo com receio. Ela sentia que o cônjuge tinha uma grande dependência emocional dela. Além disso, ele apresentou, em alguns momentos, quadros de depressão. Assim, ela temia que a revelação sobre a infidelidade pudesse agravar isso.

Quando pensamos em um sintoma, é preciso analisar todo o contexto de vida da pessoa. No caso do marido de Aline, por exemplo, essa dependência emocional, a depressão e a impotência não podem ser vistas como disfunções separadas, mas sim como um sistema em que um processo influencia o outro.

Pense na depressão, por exemplo: quem está deprimido, mantém-se na inércia, não tem forças para agir e às vezes nem para fazer o que gosta! E o que é a impotência sexual? Também uma inércia, mas no contexto sexual, onde não há vigor para conduzir a relação. Tanto a depressão quanto a impotência reforçam a dependência emocional, afinal se a pessoa não se movimenta na vida, depende de alguém para ir a algum lugar. Entende a importância de olhar para o ser humano e não somente para um sintoma?

Após Aline revelar a verdade, o relacionamento deles passou por uma montanha-russa, repleta de altos e baixos, levando a ocasiões em que ele também a traiu, motivado pela raiva que sentiu quando ela compartilhou seu segredo. Descobrir uma traição é um processo doloroso, que pode abalar a identidade de quem foi traído, levando-o a questionar sua própria atratividade e até mesmo a bondade do mundo ao seu redor. Isso ocorre porque em um relacionamento há uma crença de que as coisas seguirão conforme foram planejadas, e quando ocorre uma traição, surgem dúvidas que antes não existiam, minando a previsibilidade e a estabilidade da relação.

Quando a confiança é rompida, desafios adicionais emergem, tornando a opção pela separação um período de intensa reflexão sobre o futuro outrora compartilhado, e agora dissipado. Esse momento conduz a uma profunda introspecção sobre as esperanças que se tinha para um destino que se tornou inacessível. O fascínio dos contos de fadas, com suas promessas de finais felizes e transformações milagrosas, desvanece-se diante da realidade da separação, impulsionando uma revisão dos sonhos juvenis.

Para alcançar um divórcio que traga crescimento, é essencial que ambos os parceiros reconheçam os verdadeiros motivos que levaram ao término da relação. Essa conscientização permite adotar uma nova perspectiva sobre a vida pós-relacionamento, destacando a importância do desenvolvimento pessoal. Contudo, enfrentar as próprias sombras e buscar autoconhecimento exige coragem, e muitos optam por permanecer em um casamento sem amor, evitando o confronto com suas inseguranças. O amor-próprio pode declinar, dando espaço ao medo do desconhecido e da introspecção necessária.

Apesar desses desafios, e embora o divórcio seja algo frequente na sociedade ocidental — onde mais da metade dos casamentos eventualmente terminam em separação —, a história de Aline e de seu parceiro oferece uma perspectiva diferente.[10] Inspirados por uma decisão de enfrentar suas sombras, eles optaram por uma abordagem distinta, buscando um novo começo ao participar de encontros para casais na igreja.

Essa situação a fez compreender profundamente o quanto ela era capaz de se ver, se desejar e se amar, independente da validação externa. Além disso, essa situação a ensinou os verdadeiros valores da relação com o marido, e ela começou a sentir desejo sexual por ele, entendendo a importância de cortar amarras para seu próprio crescimento, permitindo-lhe administrar sua vida adulta com mais firmeza. Conforme ela mergulhou na reconexão com suas memórias e sentimentos ocultos, Aline começou a abraçá-los como parte dela mesma. Esse processo de aceitação gradual resultou em sua integração pessoal e em um estado psicológico mais saudável.

Outro elemento-chave no processo de "cicatrização" de uma traição e reconstrução do relacionamento é a capacidade de assumir as responsabilidades diante do ocorrido. No entanto, como adultos, é importante avaliar nosso grau de responsabilidade no sentido de que, quando nos

[10] SCHÜTZENBERGER, Anne Ancelin; DEVROEDE, Ghislain. *Una malattia chiamata "genitori"*. Roma: Di Renzo, 2012.

relacionamos, as nossas ações estão diretamente ligadas às do outro; ou seja, tudo o que um faz tem efeito no outro, seja positivo ou não.

A traição não surge somente no ato de trair, mas também no momento quando o "nós" se desvanece e cede lugar ao "eu". Esse processo frequentemente se inicia quando alguém passa a focar as imperfeições do parceiro, afastando-se e priorizando o egoísmo em detrimento do amor. Ou seja, o que antes era feito em prol do "nós", agora é motivado apenas pelo interesse individual.

Quando isso ocorre, o afastamento se torna palpável, e se um dos parceiros, ao notar essa separação emocional, opta por um caminho de maior resistência — reforçando o silêncio e escondendo segredos —, a traição passa a ser um elemento em potencial na dinâmica da relação. A figura de alguém externo à união passa a ser vista sob uma luz muito mais favorável, adornada com qualidades de beleza, atração, educação e carinho superiores às do parceiro. Mas por que essa percepção? A resposta reside no fato de que tal imagem pode passar de uma fantasia, distante da realidade. Essa idealização é, em verdade, uma projeção mental criada por quem contempla a traição, uma projeção que preenche lacunas de carências percebidas no relacionamento, justificando, aos seus olhos, a inclinação para o ato. Daí emergem racionalizações como "Você não me oferecia afeto, enquanto outra pessoa, sim". Contudo, cabe questionar: esse afeto percebido era genuíno ou apenas uma projeção que ampliava a importância de gestos triviais?

O parceiro imaginado é concebido sem falhas, isento de problemas comuns como mau hálito ou chulé, e é raro que ele manifeste atitudes desagradáveis. Contudo, essa concepção imaculada é meramente ilusória, descolada da realidade concreta. A fantasia é construída de maneira cuidadosa, com o propósito único de satisfazer os anseios de quem a idealiza, ignorando a presença inerente de desafios e imperfeições que caracterizam qualquer relação humana. Com o amante, vivencia-se apenas o aspecto do prazer proibido, sem compartilhar os inevitáveis momentos adversos.

A tendência à fantasia é intrínseca à natureza humana, uma vez que somos seres inerentemente criativos, dotados da habilidade de conceber uma ampla variedade de cenários.

As fantasias podem servir como um refúgio da realidade e, em determinadas circunstâncias, têm o potencial de reacender a chama em relacionamentos que, com o tempo, se tornaram monótonos e desgastados. Entretanto, quando ocorre um distanciamento entre o casal, as fantasias podem transformar-se em projeções externas, levando um dos parceiros a buscar em outras pessoas o que não encontra no seu companheiro ou na sua companheira. É nesse momento que a fantasia ultrapassa os limites do saudável e do compromisso.

É essencial vigiar uma mente que divaga em fantasias que excluem o parceiro, pois isso pode gerar circunstâncias nas quais a concretização dessas fantasias se torna possível. A constante imaginação de tais cenários pode, com o tempo, revelar oportunidades de infidelidade onde anteriormente elas não eram percebidas. Além disso, de maneira inconsciente, o indivíduo pode emitir sinais de interesse, atraindo pessoas dispostas a se envolverem com ele.

Em um estudo, pediram a alguns homens que avaliassem sua satisfação nos relacionamentos com suas parceiras. Para isso, dividiram-nos em dois grupos: um aguardou em uma sala adornada com revistas de arte abstrata, enquanto o outro ficou em um ambiente onde só havia revistas ***Playboy***. O ato de folhear as páginas da ***Playboy***, mesmo por um curto período, fez com que o segundo grupo relatasse um nível de satisfação com seus relacionamentos significativamente mais baixo do que o grupo exposto à arte abstrata. Esse resultado sugere que a exposição a fantasias sexualizadas, mesmo que breve e de maneira superficial, pode alterar a percepção de satisfação em um relacionamento, destacando o impacto profundo que fantasias — mesmo as inalcançáveis — podem ter sobre a realidade de um casal.[11]

Consequentemente, uma comunicação aberta é sempre o ideal quando se trata de fantasias. Compreender os próprios desejos e os do parceiro e tentar se adaptar é um gesto de amor que fortalece a intimidade e o companheirismo. Expressar-se nem sempre é simples, mas pode ser fundamental para preservar e fortalecer o relacionamento. O escritor Alain de Botton afirmou: "A verdadeira intimidade nasce quando

---

[11] NESSE, Randolph M. ***Good Reasons For Bad Feelings***: Insights From the Frontier of Evolutionary Psychiatry. Reino Unido: Dutton, 2019.

podemos revelar nossas fantasias mais secretas e ser aceitos e compreendidos pelo nosso parceiro."

Portanto, se sua escolha foi perdoar e se reconciliar, é importante entender seu papel nesse novo sistema, desenvolvendo um ambiente de comunicação aberta onde prevalece mais a escuta do que o julgamento.

Algumas pessoas escolhem se reconciliar, continuar a relação, mas não liberam o perdão. Esse cenário é conflituoso para os dois lados, pois sem o perdão, não existe um recomeço, já que o julgamento, a vingança e a angústia sempre acompanharão a relação. Por isso, se você optar por continuar em uma relação depois de uma traição, entenda que o primeiro processo é com você mesmo, não com o outro; primeiro é preciso que você consiga perdoar de coração e, diante disso, estabeleça limites saudáveis por meio de uma boa comunicação.

Com uma boa comunicação, traições são evitadas, pois expondo o que se sente, o cônjuge tem a oportunidade de preencher espaços que podem ter sido negligenciados. O que ocorre, em muitos casos, é que o parceiro, por medo de ser rejeitado, acaba não sendo verdadeiro e deixando de expor seu ponto de vista ou seus desejos. Esse desejo cresce até que ele se abra com uma outra pessoa que se mostra compreensiva.

Em uma conversa com uma paciente que atuou por muito tempo como *stripper* virtual, ela mencionou que a maioria dos clientes casados que a procuravam nunca tinham conversado com suas esposas sobre seus desejos e fetiches porque tinham medo do que elas pensariam e receio de que terminariam a relação. Por isso, preferiam procurar se satisfazer com um sexo virtual, pois ali não se sentiam julgados nem rejeitados.

Por isso, a voz é fundamental no sexo. Muitas pessoas, carregadas de tabu, têm medo de falar o que desejam e sentem, e assim, ao invés de se aproximarem do parceiro, se afastam. Por isso, quem tem voz no sexo, tem poder. E essa voz não precisa ser perfeita — nem nós somos! Ao falar sobre sexo, e também durante o sexo, você é capaz de libertar as vozes que podem sufocar tanto você quanto sua relação, caso se mantenham presas.[12]

---

12 BARR, Lisa. *Woman on Fire*. Londres: Welbeck, 2022.

Muitos deles viviam com uma máscara social durante todo o dia, inclusive com a própria família, esperando apenas a oportunidade de estarem em um chat virtual para serem eles mesmos. Mas afinal de contas, sexo virtual é traição?

Dependendo dos acordos estabelecidos no relacionamento, o sexo virtual pode ser visto como uma violação dessa confiança. O conceito de traição não se limita apenas ao ato sexual, mas engloba também a quebra de confiança em diversos contextos, incluindo relações familiares e outras interações sociais. Por exemplo, imagine um pai que fala para a família que nunca mais vai pôr um cigarro na boca. Daí, a filha o vê fumando escondido e essa confiança é quebrada. Essa criança pode se sentir traída, e isso pode gerar reflexos em toda sua vida. Quando isso acontece na infância, de forma inconsciente a filha pode desenvolver um medo de que todos os homens quebrem sua confiança, seja em relacionamentos pessoais, familiares ou profissionais, mesmo sem entender a origem disso.

Nesse sentido, a traição vai além dos relacionamentos interpessoais, estendendo-se para a relação que mantemos com nós mesmos. Isso se manifesta quando não somos sinceros com nossos próprios sentimentos, e nossas necessidades e aspirações. A frase da autora Karen Salmansohn — "A traição a si mesmo é a traição mais letal, pois ela nos rouba a autenticidade que é essencial para nossa própria integridade" — resume de maneira profunda como essa autotraição compromete nossa essência. Esse fenômeno impacta não apenas nossa individualidade, mas também reverbera nas dinâmicas familiares, especialmente nas relações parentais.

Certa vez, recebi em minha casa uma amiga, seu marido e sua mãe, que se separou do marido após descobrir que ele estava tendo um caso com uma de suas melhores amigas. Essa amiga, que costumava frequentar a casa da família, acabou se tornando parte da traição. A descoberta desse acontecimento marcou o início de uma série de desafios para a mãe, que sentiu o ápice de ser enganada. Ela disse: "Justo com uma amiga! Passei a desconfiar de tudo."

Logo após a separação, a mãe começou a ganhar peso, até que, em dado momento, o aumento ficou tão fora de controle que foi preciso realizar uma cirurgia bariátrica para recuperar seu bem-estar físico e emocional. Isso aconteceu com um grande incentivo das filhas, que não conseguiam ver a sua mãe naquele estado de apatia.

Aquele quadro não era novo; quando perdeu sua mãe, ela também ganhou um peso considerável, demonstrando que o sentimento de perda a fazia recorrer ao alimento como suporte emocional. Nesse aspecto, é importante entender que a perda, a separação e o abandono podem levar o indivíduo a recorrer à comida como fonte de prazer temporário. Além disso, pode ocorrer também um isolamento social no qual a alimentação se torna a única companhia. É essencial, então, analisar se esse padrão se manifesta em seu comportamento, para que, diante de um trauma, você possa reconhecê-lo antes que se torne um sintoma permanente.

Após passar por esse processo de transformação física e emocional, ela encontrou forças para adotar ações positivas em sua vida. Mesmo em idade avançada, decidiu embarcar em uma jornada acadêmica, resgatando um desejo oculto de estudar. Esse compromisso reflete a determinação e a resiliência que brotaram de suas adversidades.

Dificilmente passaremos pela vida sem sermos traídos, seja por um parceiro, em uma sociedade, no trabalho, por um familiar, um amigo ou em outros contextos. Também é possível que, em algum momento, sejamos nós os traidores. A grande diferença reside nas decisões que tomamos após trairmos ou sermos traídos: repetir ciclos ou aprender com eles? A decisão é sua.

Acreditando ter concluído o capítulo, fui surpreendida por uma nova história na qual uma mulher passou a maior parte de sua infância sentindo-se controlada em relação à ingestão de doces, o que apenas intensificou seu desejo por eles. Era comum ouvir dos pais piadas e frases como: "Olhe, você realmente não tem controle; comeu um pote inteiro de Nutella escondida!" Esses comentários geraram ainda mais frustração, pois ela já estava insatisfeita com a própria conduta e se sentia ainda pior quando era desaprovada pelos pais.

Você pode se perguntar: o que esse tema tem a ver com traição? A resposta é direta: controle. E a falta dele. Ela sempre precisou ser controlada por outros, começando pelos pais, que não lhe davam autonomia para gerenciar o que e quanto comeria, podendo vir a reforçar uma compulsão.

É fundamental entender que compulsões são excessos, e que os excessos são praticados por quem sente alguma falta. Ela sentia falta de estar no controle e, toda vez que o perdia, reafirmava esse padrão.

Não trair envolve ter autocontrole e compreender seus sentimentos, suas emoções e seus desejos, mas não ceder a todos eles.

Na maioria dos seus relacionamentos, essa mulher começava a se envolver com outra pessoa antes de terminar o relacionamento atual. Mesmo desejando terminar, parecia que ela precisava de validação externa para efetivar a separação, como se o outro tivesse um papel importante para reafirmar que aquela decisão era a melhor.

Internamente, ela se culpava e achava a traição repugnante, o que piorou quando se envolveu com um homem casado e com filhos. Ela sentia que isso era muito errado, porque não queria ser a pessoa que afasta um casal, especialmente por conta das crianças. Mas da mesma forma que não conseguia controlar quanto doce comia na infância, deixar de se envolver com esse homem também era muito difícil, e ela acabou se apaixonando por ele.

Em uma de suas falas, ela mencionou a necessidade de superar o sentimento de traição, o que nos leva a refletir sobre o seu desafio em ser verdadeira consigo mesma, a ponto de, de certa forma, trair seus próprios sentimentos.

Ela reuniu coragem e chamou aquele homem para um encontro, buscando entender como quebrar aquele ciclo. Após o jantar, quando ele a convidou para ir a um hotel e ela conseguiu dizer "não", percebeu que aquele "não" era o resultado de anos trabalhando seu interior para compreender o papel do controle em sua vida. Recusá-lo lhe devolveu o controle que ela pensava nunca ter tido, além de uma sensação de leveza que substituiu o que ela achava que era paixão. Afinal, ela não estava apaixonada por ele, e sim pela sensação compensatória que a compulsão traz momentaneamente, mas que logo se dissipa. Assim como comer um pote inteiro de Nutella na infância lhe dava uma satisfação momentânea seguida de arrependimento, estar com um homem casado proporcionava um prazer temporário, seguido de grande autojulgamento.

Ao dizer "não" para aquele homem, ela também deu autonomia à sua criança interior, que antes pensava haver algo errado com ela por não conseguir limitar o consumo de doces. Aquele "não" foi, para sua criança interior, o que ela deveria ter ouvido na infância: "Eu acredito em você, confio em você; sei que consumirá somente o que lhe fizer bem. Você não precisa exceder os limites; você é inteligente e saberá fazer isso sozinha."

O "esconder" o doce da criança instiga um desejo inconsciente pelo proibido. E o que é a traição? Um desejo proibido, um prazer escondido. Por isso, ao dizer "não" à traição, ela pôde se libertar também daquele desejo compulsivo de sua criança por doces.

Quando você consegue controlar o seu próprio desejo com consciência do que é certo e do que é errado, e do que te faz bem e do que não lhe faz bem, para de trair a si mesmo e as pessoas que confiam em você, incluindo, sua família e seus filhos.

É imperativo ter em mente que suas decisões podem ter um alcance que transcende sua própria vida, moldando igualmente o futuro dos seus descendentes.

.9.

PAIS E FILHOS:
Desafios e influências

Este capítulo, embora focalize a dinâmica entre filhos e pais, não se limita exclusivamente a esses grupos. Mesmo que você não tenha filhos, a discussão sobre o papel do filho na família e a reflexão sobre como a influência dos pais molda nossa trajetória podem ser enriquecedoras. Sinta-se à vontade para explorar essas perspectivas.

Outro aspecto a considerar é que inevitavelmente as ações dos pais, e até mesmo seus sentimentos e emoções, influenciam as experiências emocionais de seus filhos. Essa influência da relação dos pais sobre os filhos acontece antes mesmo do nascimento, ainda na gestação. Por exemplo, um pai ressentido por não querer ter um filho naquele momento, e a mulher com receio de ser abandonada, desencadeiam reações químicas e alterações hormonais que podem influenciar nas respostas emocionais da criança, inclusive atrapalhando na limpeza da memória da dor do parto do filho.[1]

1 JOHNSON, C. J. *Wombology*: Healing the Primordial Memories and Wounds Your Grandmother's Daughter Gave To You. Califórnia: iUniverse, 2009.

De uma maneira ou de outra, a criança passará por traumas. Um estudo feito com 17 mil adultos demonstrou que 87% dos entrevistados vivenciaram um momento adverso na infância.[2] Ou seja, mesmo com o máximo esforço dos pais, é difícil prevenir completamente o surgimento de traumas nas crianças, como aqueles decorrentes de abusos, mortes, conflitos ou outras adversidades.

Para salvaguardar as crianças de impactos nocivos, torna-se essencial atentar para o ambiente familiar onde elas se desenvolvem. A exposição recorrente a traumas aumenta consideravelmente a probabilidade de surgimento de afecções como doenças gastrointestinais, fraturas ósseas, obesidade, diabetes e câncer, bem como complicações de ordem psicológica. Adicionalmente, questões neurológicas merecem atenção especial, visto que aos 2 anos de idade podem ocorrer 700 novas conexões neurais por segundo devido à sinaptogênese, fenômeno responsável pela multiplicação de neurônios. Ou seja, se não houver o correto estímulo, os neurônios podem enfraquecer e, com a perda dessas conexões, deixarem de ser efetivos, situação conhecida como poda sináptica.[3]

Contudo, manter um casamento infeliz com a justificativa de proteger as crianças pode não ser a abordagem mais saudável, conforme aponta um estudo da ***University College London***. Essa pesquisa destaca que a preocupação dos pais com o impacto da separação nos filhos muitas vezes os leva a permanecerem juntos, sugerindo que o receio de efeitos adversos pode não ser tão fundamentado quanto se imagina.

Inspirado por essa questão, um pesquisador decidiu explorar as experiências de 173 filhos de casais separados, tanto no momento da separação quanto duas décadas depois. Os achados de Ahrons oferecem uma luz de esperança: a maioria dos entrevistados, já na fase adulta, entendeu e concordou com a decisão de separação dos pais, e significativamente muitos se tornaram adultos bem-sucedidos.

---

2 TOSIN, Márcia. *Criação neurocompatível*: uma visão revolucionária sobre o desenvolvimento infantil. Brasil: Marina Kohlsdorf, 2022.

3 Comitê Científico Núcleo Ciência Pela Infância. O impacto do desenvolvimento na primeira infância sobre a aprendizagem. Rio Grande do Sul, 2014. Disponível em: https://www.mds.gov.br/webarquivos/arquivo/crianca_feliz/Treinamento_Multiplicadores_Coordenadores/IMPACTO_DESENVOLVIMENTO_PRIMEIRA%20INFaNCIA_SOBRE_APRENDIZAGEM.pdf.

Ao aprofundar sua análise sobre os relatos individuais de filhos de pais separados, Ahrons deparou-se com uma intrigante similaridade que impulsionou sua pesquisa. Observou-se que, em famílias com três filhos, a trajetória de cada um poderia divergir significativamente: enquanto um prosperava, outro talvez não obtivesse o mesmo êxito. A questão emergente era: por que essa discrepância? Apesar de cada criança ser um indivíduo único, com suas próprias necessidades e características, uma análise mais aprofundada sugeriu uma resposta. Aquelas crianças que se adaptavam e prosperavam frequentemente contavam com uma figura de referência positiva em sua vida, como um professor, vizinho ou parente; ou então elas se engajavam em atividades que envolviam sentido e direção, tais como esportes, práticas religiosas, entre outras. Uma das entrevistadas compartilhou um ***insight*** pessoal revelador, afirmando que não teria conseguido superar os desafios se não fosse pela constância e pelo suporte encontrados nas aulas de natação diárias.[4]

Diante dessa compreensão, torna-se claro que o suporte emocional e afetivo dos pais é vital durante o processo de adaptação das crianças à nova estrutura familiar pós-separação. Priorizar uma comunicação que respeite a individualidade e o nível de entendimento de cada criança pode suavizar significativamente os desafios dessa transição, assegurando que ela ocorra de forma mais acolhedora e compreensiva.

Durante esse período, é essencial que os pais evitem expressões que transmitam visões negativas a respeito do outro genitor ou que o responsabilizem pela dissolução do matrimônio. Tais comportamentos podem não apenas alienar a criança do parente alvo das críticas, mas também gerar um distanciamento dela em relação ao genitor que critica, despertando na criança um senso de defesa em favor do ausente.

Adicionalmente, importa reconhecer que, no decorrer da separação, as crianças podem enfrentar a pressão de aceitar escolhas divergentes de suas verdadeiras vontades, especialmente se temerem que revelar essas preferências possa contrariar um dos pais. Destaca-se, portanto, a necessidade de evitar sobrecarregar as crianças e os jovens com decisões

4 MARSH, Jason. Q & A: A Better Way. An Interview with The Good Divorce author Constance Ahrons. *Greater Good Magazine*, 2007. Disponível em: https://greatergood.berkeley.edu/article/item/q_a_a_better_way.

além de sua maturidade e de cultivar um diálogo sincero e claro, que previna dilemas de lealdade e excesso de carga emocional.

Nesse contexto, a prática da libertação mútua de ressentimentos se revela como um passo crucial. Inspirada pela Constelação Sistêmica, a adoção de um diálogo de despedida que celebre o amor, o respeito e a contribuição mútua ao relacionamento pode ser profundamente curativa. Expressões como "Eu liberto você", "Eu respeito seu destino e suas escolhas" e "O amor e o respeito prevalecem, unindo o que foi separado" sublinham a importância de encerrar um ciclo com gratidão e serenidade, promovendo um impacto positivo tanto nos pais quanto nos filhos.

Importa salientar que as motivações para a permanência em um casamento transcendem a preocupação com o bem-estar dos descendentes, abarcando também questões financeiras e sociais. A história de Renata, que compartilhou suas vivências, evidencia a complexidade envolvida na decisão de manter ou finalizar um relacionamento.

Nascida e criada no interior, quando jovem, Renata havia se mudado para Curitiba a fim de trabalhar e enviar ajuda financeira para a família. O tempo passou, e ela sempre vivia com o básico, porque arcava com as despesas da família.

Renata conheceu seu atual marido, a quem chamaremos de Roberto, e logo decidiram morar juntos, visto que isso implicava menos despesas para ambos, já que ele também não possuía muitos recursos financeiros. Em certo momento, Renata ficou grávida, e isso gerou muita ansiedade em ambos.

Com a chegada do filho, a intimidade do casal foi gradativamente se esvaindo. Isso aconteceu, em grande parte, por causa das novas responsabilidades diárias e da dificuldade em estabelecer limites, especialmente ao ceder aos pedidos do filho para dormir na cama do casal.

A cada dia que passa, escuto mais pessoas se queixarem sobre uma diminuição geral no desejo sexual depois da maternidade/paternidade. Inclusive, vejo casais que estão casados há um longo período e nunca falam sobre sexo.

Ter um filho pode reduzir a frequência das relações; é o que diz uma pesquisa realizada na Universidade de Notre Dame, que descobriu que a testosterona diminui fortemente nos homens quando eles têm seu primeiro filho (em até 34%), o que resulta numa redução da sua atividade sexual.

É verdade que a rotina com um bebê pequeno pode dificultar as oportunidades de ter intimidade. Uma pesquisa desenvolvida para a *Family Lives* demonstra que boa parte dos pais de recém-nascidos parece ter desistido de sua vida sexual: pouco menos de 45% disseram que fazem sexo menos de uma vez por semana e pouco mais de 23% confessaram não ter feito sexo no mês anterior.

Contudo, depois que a criança cresce, isso deveria se tornar mais fácil, não é? Pelo contrário, os pais que menos fazem sexo são aqueles cujos filhos são adolescentes, no caso da pesquisa, 66% dos entrevistados eram pais de adolescentes ou filhos mais velhos, seguidos por 49% que tinham filhos entre 5 e 12 anos. Se você está passando por isso, lembre-se de que estudos mostram que pessoas que fazem sexo regularmente vivem por mais tempo!

Vale salientar que, em algumas situações, mulheres podem ser ensinadas a acreditar que o sexo tem o propósito de satisfazer a outra pessoa. Nesse sentido, sexo feminino muitas vezes é visto como uma moeda de troca, acreditando-se que ao praticá-lo pela primeira vez, se dá algo que nunca mais será como antes; como se valores diferentes fossem atribuídos à mulher antes e depois de ela "perder" a virgindade (como o próprio nome já sugere, perde-se uma condição admirável).[5] Além disso, é comum que a satisfação feminina seja retratada de maneira passiva na dinâmica sexual, perpetuando a expectativa de que seja o homem a liderar a experiência. Contra essa narrativa, é crucial para os casais trabalhar na desconstrução dessa crença, abrindo espaço para que o sexo seja vivenciado como um intercâmbio equitativo, onde ambos os parceiros têm suas necessidades reconhecidas e satisfeitas, e podem expressar suas preferências abertamente. Nesse contexto, Renata expressou frustração pelo afastamento do marido, percebendo que o hábito do filho de dormir com eles, apesar de ter seu próprio quarto, servia mais como um pretexto para a falta de intimidade do que como uma necessidade real da criança. Esse cenário reflete de que maneira as dinâmicas familiares e as justificativas para evitar a intimidade podem mascarar questões

---

5 BARR, Lisa. *Woman on Fire*. Londres: Welbeck, 2022.

mais profundas no relacionamento, necessitando de uma reflexão e ação conscientes por parte dos casais para reavivar a conexão perdida.

À medida que o filho crescia, o comportamento do pai intensificava-se em ciúme, manifestado por medidas punitivas em relação ao garoto, sobretudo quando ele demonstrava proximidade com a mãe. Esse comportamento parece estar ancorado em concepções que associam o ciúme a um sentimento de não merecimento da felicidade ou ao temor de ser a causa da infelicidade alheia, sentimentos esses frequentemente entrelaçados com um profundo desejo de amor. Ademais, o medo de abandono, operando de maneira inconsciente, pode impelir o indivíduo a repelir justamente aqueles que deseja manter próximos.

Esse ciúme não apenas se acentuava com o tempo, mas também se transformava em agressividade verbal e em uma deliberada separação social da criança, culminando em um momento revelador na escola, onde o filho expressou, durante uma atividade, seu medo intenso das reações do próprio pai. Essa progressão alarmante na conduta do pai não somente deteriorou o vínculo familiar, mas também teve um impacto profundo e adverso no estado emocional e na sensação de segurança do filho.

A complexidade da situação de Roberto intensificou-se significativamente quando ele tinha cerca de 8 anos, um período decisivo em sua formação. Como o filho mais novo de um lar marcado por constantes discórdias, ele presenciou a trágica cena de sua mãe ingerindo uma quantidade letal de medicamentos, culminando em seu falecimento. Roberto, então, imputou à mãe a responsabilidade por seu abandono, o que gerou nele uma profunda frustração permeada de raiva.

Esse tipo específico de frustração, alimentada pela raiva, é comum em indivíduos que se percebem como vítimas de injustiça ou negligência. Frequentemente, aqueles que experimentam essa forma de frustração buscam externalizar o sentimento, direcionando-o contra outros, sobretudo quando atribuem a culpa exclusivamente a uma pessoa. Essa manifestação de raiva muitas vezes é o culminar de anos de repressão e silêncio, revelando um acúmulo de sentimentos não expressos e mal resolvidos.

Anos mais tarde, ele descobriu que sua mãe estava apavorada com as possíveis atitudes que seu pai poderia tomar após, acidentalmente, revelar um segredo pessoal ligado a questões financeiras. Isso foi suficiente para desencadear um medo extremo nela, levando-a ao suicídio. O garoto acabou sendo criado pelo pai e por sua avó paterna.

Compreender que o estresse precoce enfrentado por Roberto pode ter sido catalisador de modificações substanciais em seu comportamento, na eficácia do seu sistema imunológico e na flora intestinal é imperativo. Uma investigação com modelos de zoológicos evidencia que proles desvinculadas precocemente de suas progenitoras exibem uma gama de alterações fenotípicas, sublinhando manifestações de estresse, ansiedade e disfunções intestinais.

Certa vez, durante um surto de ira, Roberto causou destruição dentro de seu lar e proferiu ameaças de abandono ao filho, alegando não ter afeição por ele. Sua esposa, na tentativa de acalmá-lo, ouviu-o declarar sua determinação em buscar o divórcio, inclusive alegando que recorreria a empréstimos de agiotas se necessário. Ela conseguiu preservar sua serenidade, ancorada na lembrança de como sua própria existência se aprimorou após a separação de seus pais, uma vez que seu pai apresentava explosões de fúria similares às de Roberto.

Renata, profundamente preocupada com o bem-estar e a segurança de seu filho, almejava se desvencilhar do relacionamento com seu parceiro. Contudo, ela percebia que as limitações financeiras constituíam um obstáculo considerável para a realização de tal mudança, assim como a ausência de uma rede de apoio e a falta de autoconfiança. Em meio a esses desafios, o filho permanecia como seu foco principal, complicando ainda mais a decisão de buscar um novo caminho.

A atmosfera tensa em casa não apenas exacerbou o afastamento entre o casal, mas também intensificou a ligação entre o filho e a mãe, a ponto de ele relutar em ficar a sós com o pai.

Essa tensão doméstica teve reflexos adversos no comportamento do garoto, que começou a apresentar atitudes agressivas com os colegas. A questão é que as crianças, estando em pleno desenvolvimento, muitas vezes não conseguem articular suas necessidades e sentimentos de maneira clara.

A expressão "educação vem de casa" é um adágio familiar para muitos, refletindo a ideia de que as crianças tendem a espelhar os comportamentos que observam em seu ambiente doméstico. Por isso, é essencial examinar a qualidade da comunicação e das demonstrações de afeto dentro do lar. Os pais indubitavelmente desempenham um papel crucial como orientadores no desenvolvimento dos filhos.

Um experimento envolvendo o brinquedo "João Teimoso" — um boneco que se mantém de pé quando recebe socos ou é golpeado — evidenciou que crianças tendem a imitar ações de adultos que batem no boneco numa tentativa de se integrar ou copiar comportamentos que percebem como aceitáveis.[6] Essa tendência à imitação sublinha a importância de demonstrar compreensão e firmeza, evitando reações iradas, especialmente em momentos de tensão, pois a agressividade do seu filho pode ser uma resposta a diversos estímulos, incluindo comportamentos que eles observam.

Essa tendência à imitação destaca a necessidade de modelar comportamentos positivos, sobretudo considerando que as reações agressivas das crianças podem ser reflexo daquilo que elas veem em casa. Em vez de categorizar tais ações apenas como teimosia, é importante reconhecer que elas podem ser expressões de uma imaturidade emocional. Estudos indicam que uma proporção significativa de pais pode inadvertidamente esperar demais de seus filhos em termos de autocontrole; 56% deles acreditam que crianças até 3 anos são capazes de resistir a impulsos inapropriados; e 43% esperam atitudes altruístas da parte delas, como compartilhar brinquedos, antes mesmo dos 2 anos. No entanto, a habilidade para inibir impulsos inicia seu desenvolvimento apenas entre os 4 e 7 anos, com a maturação continuando até a idade adulta jovem. Esse mal-entendido sobre a capacidade das crianças de regularem seus comportamentos pode levar a conflitos e ações agressivas, evidenciando a importância de ajustar as expectativas parentais à realidade do desenvolvimento infantil e ao impacto do ambiente comportamental ao seu redor.

6 TOSIN, Márcia. *Criação neurocompatível*: uma visão revolucionária sobre o desenvolvimento infantil. Brasil: Marina Kohlsdorf, 2022.

Contudo, a influência parental na conduta das crianças, embora preponderante, constitui apenas uma das múltiplas variáveis em jogo. Uma compreensão abrangente das diversas dinâmicas que influenciam essa conduta é essencial para uma apreciação completa dos desafios comportamentais. Crianças que enfrentam barreiras cognitivas ou emocionais, frequentemente não identificadas, podem demonstrar maior dificuldade nas interações sociais, recorrendo a expressões de frustração ou ansiedade através de gritos ou comportamentos agressivos.

Adicionalmente, fatores orgânicos, incluindo condições neurológicas, como lesões no lobo frontal ou certos tipos de epilepsia, podem estar na origem de comportamentos agressivos, demandando uma investigação clínica cuidadosa.

A relação entre a dieta, sobretudo a sensibilidade ao glúten, e manifestações de hiperatividade em crianças sensíveis também merece atenção. O consumo de glúten pode interferir em moléculas-chave, como o glutamato e o ácido gama-aminobutírico (GABA), afetando o equilíbrio neurotransmissor. Notavelmente, cerca de 95% da serotonina, neurotransmissor crucial para a regulação do humor e controle da agressividade, localiza-se no trato digestivo, destacando a conexão entre nutrição, função gastrointestinal e comportamento.

Um estudo de 2016 realizado com pacientes com TDAH, que tinham entre 6 e 16 anos, mostrou que 72% dessas crianças apresentavam deficiência de magnésio e que havia uma correlação significativa entre o QI (quociente de inteligência) total e a hiperatividade.[7] Esse achado destaca a importância de integrar considerações nutricionais e biológicas na avaliação e abordagem de comportamentos desafiadores em crianças, enfatizando a necessidade de um olhar holístico que abarque tanto aspectos psicossociais quanto fisiológicos no cuidado infantil.

Essa informação me fez lembrar de um episódio que me marcou. Eu morava no Brasil, estava indo a uma loja e, ao sair do carro, um menino de 10 anos me abordou pedindo dinheiro; quando neguei, seu rosto se fechou de tal forma que me senti tocada a voltar. A primeira frase que disse a ele foi "Eu não tenho dinheiro para lhe dar, mas posso conversar

---

7 EL BAZA, Farida et al. Magnesium supplementation in children with attention deficit hyperactivity disorder. *The Egyptian Journal of Medical Human Genetics*, v. 16, n. 1, p. 71–78, 2015. Disponível em: https://doi.org/10.1016/j.ejmhg.2015.05.008

contigo". É claro que, inicialmente, ele não pareceu gostar. Sentei-me ao lado dele, com as pessoas ao redor sem entender, e comecei a lhe fazer perguntas. "Como é o seu dia a dia?" "Quantos anos você tem?" "Como você vai na escola?"

Ele me contou que gostaria de poder brincar, que vendia balas para dar algo para a mãe para terem o que comer. Disse também que ia muito mal na escola, mesmo estudando muito, e então começou a chorar. Perguntei-lhe qual era seu sonho, ao que ele respondeu: "Quero ser caminhoneiro quando eu crescer." Expliquei a ele alguns dos meus desafios, mostrei que é possível mudar os cenários e que ele mesmo era capaz disso. Contudo, havia uma condição para aquilo acontecer: ele deveria trocar aquela expressão emburrada por um sorriso. "Quando alguém lhe der algo, agradeça e sorria. Quando não lhe derem, faça o mesmo", aconselhei.

O sorriso dele foi surgindo naturalmente enquanto nossa conversa avançava e eu contava que ele seria o que ele quisesse ser na vida. Perguntei o que ele mais gostava de comer, e ele me disse que eram bolachas. Então comprei algumas e as levei até ele. No final, o que ele disse? "Você pode voltar outro dia para conversar comigo?"

Em muitos casos, o que a criança precisa é ser ouvida e receber atenção, como no caso do menino que citei. E quando ocorre o contrário, um filho desejando conversar com uma mãe que veio a falecer? Em Roberto, a perda da mãe também significou a perda da própria infância, o que fez com que ele a culpasse. Mas como culpar quem não está presente em nossa vida? Nesse caso, esse peso recai sobre o filho que está tendo a oportunidade que ele não teve: a de ser criança. Por isso, ao alcançar exatamente os 8 anos de idade, a relação se tornou conflituosa, pois — como já vimos — traumas não trabalhados correm o risco de se repetirem de geração em geração, em datas semelhantes.

Esse ciclo de dor e rejeição, iniciado com a morte prematura da mãe de Roberto, não apenas marcou um ponto de virada em sua infância, mas também plantou sementes de medo e isolamento que influenciaram muito sua vida adulta. O vazio deixado pela ausência dela evoluiu para uma ferida emocional profunda, uma dor invisível aos olhos, mas intensamente sentida no coração. Esse sofrimento incentivou Roberto a construir barreiras ao seu redor numa tentativa inconsciente de se proteger contra a dor de uma perda futura. Esse receio de formar laços afetivos se tornou um desafio em sua relação com o próprio filho, evidenciando a complexidade de enfrentar o luto não resolvido e a dificuldade de aceitar a vulnerabilidade inerente aos vínculos emocionais profundos.

Cada vez que Roberto se depara com a possibilidade de perder o afeto de seu filho, sentimentos intensos de uma possível rejeição emergem, levando-o a reagir de forma impulsiva e agressiva. Essa resposta, enraizada na dor profunda e no isolamento sentido desde a perda de sua mãe, reflete não apenas sua dificuldade em lidar com a rejeição, mas também sua luta contínua para processar o trauma emocional que acompanha essa perda. A agressividade e a distância que ele demonstra em suas interações familiares são expressões externas de seu conflito interno e do medo de ser abandonado novamente. O padrão de comportamento de Roberto, marcado por tentativas de se impor e ser reconhecido, mesmo que de maneira inadequada, origina-se de uma necessidade não atendida na infância: a busca por afeto e atenção em um ambiente que, com a ausência de sua mãe, se tornou subitamente vazio e silencioso.

Desde muito jovem, Roberto foi forçado a navegar por esse vazio, alternando entre sorrisos e lágrimas, na tentativa de moldar o mundo ao seu redor para preencher a lacuna emocional deixada para trás. Essa estratégia, a princípio uma tentativa de compreender e influenciar seu ambiente, solidificou-se em um ciclo de comportamento que persistiu inalterado até a vida adulta. Agora, como adulto, ele frequentemente recorre à manipulação e à agressividade não como um reflexo de desejo por conflito, mas como um eco daquela criança que ainda busca ser vista e amada, enfrentando os desafios de aceitar os "nãos" da vida com a maturidade e a compreensão que não lhe foram ensinadas.

Ademais, a comunicação agressiva, embora possa ser uma resposta compreensível para as feridas não cicatrizadas, costuma resultar em um paradoxo doloroso: quanto mais Roberto tenta ser ouvido através de um tom elevado, uma linguagem cortante ou gestos bruscos, mais ele se distancia da verdadeira compreensão e empatia de quem o ouve. O foco dos outros desvia-se para a maneira como a mensagem é entregue, obscurecendo o conteúdo e a dor subjacente que ele tenta expressar. Esse padrão não só enfraquece suas relações pessoais, mas também perpetua sentimentos internos de rejeição, abandono e uma luta contínua com a autoimagem e a autoestima.

Será que Roberto está pronto ou até mesmo disposto a mergulhar nas profundezas de sua alma para enfrentar a dor crua da rejeição e a acusação silenciosa de egoísmo que ele direciona à memória de sua mãe? No íntimo, ele luta com a ideia de que ela escolheu seu próprio fim de maneira individualista, deixando-o sozinho, com feridas que parecem intransponíveis.

Assim, surge uma reflexão: ao se apegar tão firmemente a essa dor e ao julgamento da escolha de sua mãe, Roberto pode estar, sem perceber, adotando uma postura egoísta. Tal comportamento se revela ao priorizar sua própria interpretação dos acontecimentos, desconsiderando as batalhas internas e o desespero profundo que sua mãe enfrentou.

Essa perspectiva é particularmente relevante quando se considera o impacto da atenção excessiva e da compensação na parentalidade. A tendência de proteger os filhos em excesso e atender a todos os seus desejos por medo de causar-lhes tristeza ou desconforto pode promover um senso de egoísmo e superioridade em relação ao coletivo. Essa dinâmica familiar ilustra como o egoísmo pode ser aprendido e transmitido através das gerações, moldando as interações sociais de maneira profunda e duradoura.

Para ilustrar a transmissão geracional do egoísmo, compartilho uma experiência recente que vivi no metrô de Londres. Enquanto fazíamos um percurso rotineiro, minha família e eu nos deparamos com uma cena curiosa: uma mulher e sua filha adolescente escolheram um assento para seu pequeno cachorro se acomodar, ignorando o vagão cheio de passageiros. Esse ato, que poderia ter provocado apenas um leve incômodo, rapidamente se tornou motivo de uma piada muda compartilhada. A decisão de dar prioridade ao animal sobre os passageiros gerou trocas de olhares indignados e sorrisos contidos, unindo os presentes em um silencioso consenso de desaprovação frente àquela atitude.

Esse episódio no metrô destaca uma reflexão sobre a natureza do egoísmo, que se manifesta na busca por prioridade sem considerar as necessidades alheias. Esse comportamento, exemplificado pela escolha de dedicar um assento ao cachorro, enfatiza uma preferência pelos próprios interesses, modelando para a filha adolescente uma noção perturbadora de que a insensibilidade e o egocentrismo são comportamentos toleráveis. O episódio ficou mais complexo quando a jovem, ao alimentar o cachorro, espalhou migalhas pelo vagão; sua atitude, desatenta à desordem causada, refletiu um descaso pelo ambiente compartilhado, sublinhando um desrespeito pelas normas de convívio e pelo bem-estar dos demais passageiros.

Em que momento priorizamos os desejos de nossos filhos acima dos de todos os outros? Naturalmente, os pais tendem a proteger seus filhos; contudo, a educação também deve incluir momentos de repreensão e orientação. Quando o exemplo inicial de desconsideração pelos outros é dado pela própria mãe, como a filha poderia reconhecer tal comportamento como equivocado?

Essa reflexão nos leva a considerar os riscos de uma superproteção, evidenciando como ela pode distanciar as crianças da realidade, preparando-as inadequadamente para os desafios futuros. Relato o caso de uma pessoa que, desde a infância, foi ensinada a associar amor e atenção com presentes materiais. O pai, ao tentar mitigar comportamentos desafiadores, costumava recorrer à presentes valiosos. Um exemplo disso ocorreu quando, após um episódio de raiva em que um brinquedo foi destruído, o conflito foi "resolvido" com a aquisição de um novo brinquedo no dia seguinte. Tal abordagem perpetuou a ideia de que gestos de amor e carinho devem ser expressos através de recompensas materiais, sublinhando a complexidade e as consequências de nossas escolhas educacionais.

Essa expectativa moldou-se em uma constante na sua vida adulta, impactando significativamente suas interações, tanto pessoais quanto profissionais. Ela enfrenta dificuldades em valorizar as emoções e perspectivas alheias, convencida de que suas necessidades deveriam sempre vir em primeiro lugar. Diante de expectativas não correspondidas, manifesta ansiedade e tende ao comportamento impulsivo, afastando aqueles ao seu redor. Tal comportamento tem complicado a formação e manutenção de amizades verdadeiras e duradouras.

Esse e muitos casos similares mostram como a realidade pode ser um peso quando filhos são criados distantes dela. Por isso, é benéfico que, desde a infância, a criança entenda seu papel social, e isso começa quando ela compreende qual é o seu lugar na família.

Nesse contexto, a chegada de um irmão mais novo atua como um catalisador educativo primordial, amplificando o entendimento do filho mais velho sobre sua posição, tanto na estrutura familiar quanto na sociedade. Envolver esse filho nas preparações para a chegada do novo membro, elucidando que ele já navegou pelas mesmas fases que o irmão em breve experimentará, é de suma importância. Essencial também é enfatizar o valor inestimável da amizade e da solidariedade fraterna. Recordo-me de um axioma que meus pais frequentemente enunciavam durante minha juventude: "É mais vital que vocês nutram uma relação harmoniosa entre si do que conosco, os pais." Essa máxima não apenas forjou uma forte conexão entre mim e minhas irmãs, como também priorizou a supremacia do vínculo fraterno em detrimento da dependência parental.

Diante disso, a experiência singular de ser o único filho sublinha a delicadeza do momento, e é algo que os subsequentes filhos não terão. Isso impulsiona a importância de acolher e trabalhar os sentimentos de ciúme que o primogênito possa a vir a manifestar.

Esse ciúme frequentemente emerge da percepção de desvantagem ou da preocupação com uma ameaça — seja ela real ou imaginada — à conexão emocional que o filho mais velho tem com seus pais. Em certos casos, esse receio de compartilhar a atenção parental pode ser intensificado pelo medo dos pais de perderem sua posição especial no coração da criança, alimentando uma cadeia de inseguranças que necessita de atenção e compreensão cuidadosas.

Iniciar esse diálogo interior sobre o ciúme na infância é o ponto de partida para desvendar como essas experiências formativas podem ecoar nas relações atuais de seus filhos, tanto com você quanto com outros membros da família. Essa reflexão pode lançar luz sobre padrões emocionais que, inconscientemente, influenciam o tecido das relações familiares contemporâneas.

Além disso, uma perspectiva ampliada é necessária para desembrulhar a complexidade do ciúme dentro do núcleo familiar, abrangendo não apenas as interações entre pais e filhos, mas também as relações fraternas. Essas emoções, que oscilam entre o ressentimento e a procura por reconhecimento, não apenas evidenciam a disputa por atenção, mas também desvendam um emaranhado de inseguranças que exigem uma análise cuidadosa e compreensiva.

Roberto ilustra como o ciúme também pode brotar dos pais em relação à interação entre mãe e filho. Esse fenômeno se estende desde ciúmes de parceiros dos pais até rivalidades entre irmãos motivadas por conquistas pessoais, revelando a complexidade e a prevalência do ciúme nas relações familiares. Esse sentimento pode ser intensificado por situações como a presença de filhos com necessidades especiais ou a chegada de novos membros à família.

Renata, conversando sobre o passado, destacou a presença imponente da avó paterna de Roberto, caracterizando-a como uma pessoa que desejava estar no controle, e recordou a afeição universal pela primeira namorada do pai de Roberto, elogiada por seu temperamento afetuoso e sua situação financeira. A entrada da mãe de Roberto na família, no entanto, foi recebida com uma atmosfera de desaprovação e ciúme, ressaltando como as dinâmicas preexistentes e as expectativas podem moldar significativamente as relações familiares subsequentes.

A abordagem da mãe de Roberto de lidar com a própria angústia em silêncio, culminando em seu suicídio, gravou em Roberto um impacto emocional duradouro. Ele pode ter associado, de uma forma não consciente, o dinheiro à perda de sua mãe, uma ligação que tem obstaculizado sua busca por estabilidade financeira. Esse momento ilustra vividamente o profundo papel que os eventos familiares e as emoções não corrigidas podem ter em moldar nossas percepções e direcionar nossa vida.

Reacender a maturidade emocional pode ser decisivo para alterar comportamentos arraigados, visto que qualquer movimento num membro da família ecoa por todo o sistema, demandando ajustes de todos. Valorizar a individualidade de cada um dentro desse ecossistema familiar é vital para nutrir um ambiente onde o respeito e a compreensão mútuos floresçam, assegurando que cada pessoa encontre seu lugar de respeito e valor na dinâmica familiar.

Dentro desse sistema, uma relação problemática entre mãe e filho, por exemplo, pode ser particularmente prejudicial, criando um vazio emocional que afeta ambas as partes. Esse vazio pode manifestar-se na forma de baixa autoestima, tendência à autocrítica severa, dificuldade em estabelecer conexões afetivas duradouras e um distanciamento emocional e físico em relações futuras. A superação desses desafios se torna ainda mais complexa com a chegada da adolescência, uma fase marcada por intensos questionamentos e uma busca fervorosa por independência.

Neste capítulo da vida, a dança entre pais e filhos adquire novos ritmos, marcados por um terreno comum de desafios e descobertas. À medida que os adolescentes se lançam na jornada de definir suas identidades, os pais se veem às voltas com a complexidade de apoiar esse crescimento sem reprimir a individualidade emergente. Questões que os pais percebem como orientações bem-intencionadas podem ser recebidas pelos jovens como invasões à sua autonomia, gerando tensões. A dinâmica de interação é ainda mais delicada quando traços de personalidade se refletem e se amplificam em ambos, trazendo à superfície vulnerabilidades partilhadas que exigem delicadeza e compreensão.

Nesse contexto, as atitudes — muitas vezes impulsivas — dos adolescentes podem ser compreendidas à luz da neurociência. O sistema límbico e a amígdala, que desempenham papéis essenciais nos processos emocionais, amadurecem em ritmo mais acelerado em comparação ao córtex pré-frontal, que é a sede do raciocínio, da resolução de problemas e da compreensão das emoções. É apenas por volta dos 25 anos que o desenvolvimento cerebral permite uma harmonização mais equitativa entre as funções emocionais e racionais. O papel dos pais, nesse cenário, é duplo: proteger seus filhos, permitindo-lhes vivenciar a vida, enquanto oferecem o suporte necessário para que façam escolhas prudentes.[8]

É inevitável: ao crescer, os filhos podem "demitir" os pais do trabalho de gerentes de sua vida. Quando isso ocorre, os pais têm dois caminhos: conferir autonomia aos filhos ou podá-los, privando-os de tudo. No segundo caso, é esperado que, na primeira oportunidade de quebrar regras, os filhos o farão. Ao incentivar a autonomia na educação dos filhos, os pais os preparam para assumir responsabilidades por suas próprias escolhas e enfrentar as consequências dessas decisões.

---

8 PONTZ, Eden. How to help your teen be a good person. *Greater Good Magazine*, 2023. Disponível em: https://greatergood.berkeley.edu/article/item/how_to_help_your_teen_be_a_good_person.

Certamente, dada a intensidade com que os adolescentes vivem, o diálogo nem sempre é simples. No entanto, é importante lembrar que as emoções têm um pico, seguido de uma queda que dura cerca de 90 segundos.[9] Portanto, ao conversar com um adolescente que se exaltou, é recomendável fazer uma pausa para respirar profundamente e aguardar que essa emoção se dissipe antes de continuar a conversa. Após permitir esse momento para que a calma seja restaurada, é benéfico adotar uma abordagem de diálogo que evite conselhos diretos. Optar por perguntas abertas, que promovam a reflexão sobre diferentes formas de abordar a situação, ajuda a entender a perspectiva do adolescente sem julgamentos. Por exemplo, indagar "Você considera essa a melhor maneira de lidar com isso?" motiva o jovem a refletir e buscar soluções por si próprio, fortalecendo sua capacidade de pensamento crítico e sua autonomia.

Segue-se que, ao aplicar essa mesma paciência e compreensão à gestão de suas próprias emoções, os pais podem aprofundar sua autenticidade e liberdade pessoal. A habilidade de refletir sobre as próprias ações e pensamentos, especialmente em momentos de frustração ou impotência — tomando como exemplo o lidar com a dor de uma traição conjugal —, pode evitar que se projetem esses sentimentos nos filhos através de um controle excessivo. Por uma questão de carência e pela incapacidade de "dominar" ou prevenir o ocorrido, essa necessidade de controle pode ser transferida para a relação com o filho. Ao reconhecer e enfrentar suas próprias questões, os pais estabelecem um modelo de autoconhecimento e resiliência para seus filhos, promovendo uma dinâmica familiar mais equilibrada e uma relação menos baseada na dominação e mais fundamentada no respeito mútuo e na compreensão.

Essa reflexão me fez lembrar de um vídeo sobre uma ilha onde os macacos são considerados sagrados e, por isso, são muito respeitados. Eles dominaram a ilha não apenas no que diz respeito ao território, mas também socialmente. Ao perceber a chegada dos turistas, os macacos aprenderam a "sequestrar" os celulares, devolvendo-os apenas em troca de uma porção generosa de comida. Eles entenderam que o celular é de grande valor para os turistas.

---

9 DIVECHA, Diana. A journey into the teenage brain. *Greater Good Magazine*, 2014. Disponível em: https://greatergood.berkeley.edu/article/item/a_journey_into_the_teenage_brain.

Os macacos vivem em grupos sociais e demonstram notável agilidade em aprender com o contexto social no qual estão inseridos. Para eles, à luz de sua própria lógica, os turistas parecem estar ali para servir aos seus interesses, quase como se fossem meros "escravos" que providenciam comida; essa percepção é enraizada na cultura que se desenvolveu dentro de seu ambiente social. Os macacos, desse modo, não se sentem impelidos a realizar qualquer tarefa; sua expectativa é a de serem atendidos e servidos.

Seguindo essa mesma linha de raciocínio, surge a figura do filho adolescente, que, em algumas famílias, apesar de não assumir um emprego, negligenciar as tarefas domésticas e fugir de suas responsabilidades, ainda é provido de alimentação, vestuário e cuidados. Isso pode levar à falta de desenvolvimento de um senso de recompensa, pois, mesmo de forma inconsciente, alguns pais — movidos por uma carência própria — estão sempre lá para atender às necessidades dos filhos, de maneira análoga à dinâmica entre turistas e macacos.

Quando esse adolescente vai à escola, também pode perceber o professor como um "escravo", acreditando que é responsabilidade do educador ensiná-lo e garantir que ele passe de ano. Ele não compreende que o aprendizado requer esforço pessoal. A visão desse adolescente é de que as pessoas ao seu redor devem servi-lo, o que pode gerar desafios na percepção da responsabilidade e na mobilização do esforço necessário para o seu próprio progresso.

Ao ser solicitado pelos pais para lavar a louça ou auxiliar nos afazeres domésticos, o adolescente pode ver essas tarefas como uma afronta, questionando-se sobre o porquê de ter sido escolhido para executá-las. Essa situação pode desencadear uma reação agressiva, reflexo de sua frustração.

É por essas razões que, desde a infância, é essencial que a criança desenvolva um senso de seu papel na família. Mesmo que não possa contribuir financeiramente por não poder trabalhar, é importante que ela aprenda a realizar tarefas domésticas e não se acostume a ser servida o tempo todo. Isso promove a compreensão de responsabilidades, a sensação de pertencimento e contribui para seu desenvolvimento como membro ativo da família.

Alguns pais constatam que acabaram por se tornar excessivamente servis aos seus filhos durante a adolescência. Se você se identifica com essa situação, saiba que ainda é possível estabelecer limites claros e redefinir o papel do seu filho na estrutura familiar. Uma conversa aberta é essencial: explique que, ao refletir sobre o passado, você reconhece que, movido pelo afeto profundo, pode ter falhado em enfatizar a importância da contribuição dele nas tarefas domésticas desde mais cedo, evitando sobrecarregá-lo. Contudo, destaque a importância de implementar mudanças agora. Esteja preparado para uma possível resistência inicial à essas novas normas, incluindo a recusa em assumir responsabilidades.

Nesse ponto, é imperativo que os pais mostrem não apenas a prontidão para estabelecer limites e assegurar o cumprimento das consequências correspondentes caso eles não sejam respeitados, mas também uma firme determinação em confrontar e sanar suas pendências emocionais latentes. Essa abordagem se justifica pelo profundo impacto que o ambiente emocional parental exerce sobre os filhos, os quais frequentemente se tornam o reflexo das questões não resolvidas dos pais. Em termos práticos, isso implica que as adversidades emocionais e os conflitos não abordados pelos pais sejam espelhados nas vivências dos filhos. Tome-se, por exemplo, dilemas não enfrentados no seio do relacionamento do casal, como as repercussões de um aborto provocado de alguma maneira por um dos parceiros. Tal situação pode reverberar de forma substancial, com um dos filhos emergindo como representante simbólico do "excluído", ressaltando a crucial necessidade de os pais resolverem suas questões internas para fomentar um ambiente familiar de saúde emocional e coesão.

Para proporcionar suporte prático na educação dos filhos, alinhando-se ao desafio inicial de definir limites e responsabilidades, é oportuno equilibrar dois pilares: o conforto e a liberdade. Conforto para que o filho se sinta acolhido e liberdade para que ele compreenda que ainda existe muito para ser explorado.

Estabelecer limites nem sempre é fácil, sobretudo com os filhos. O desejo de educar e também de ser amado pode gerar um conflito que muitos pais vivenciam: como o respeito pode andar de mãos dadas com o afeto?

Para ajudá-lo com essa resposta, pense na educação do seu filho como um ciclo composto por tempo, intuição, limite e amor. Na prática, quando você usa o tempo para ficar calmo, racional e equilibrado, consegue ouvir sua intuição e, por resultado, define limites com amor. Assim, voltamos ao início do processo e tudo se repete, mantendo o respeito sem perder o afeto.

Os limites com amor são definidos quando você explica o porquê do "não", reafirmando o amor que sente pelo seu filho. O resultado? Produção do hormônio ocitocina, que desativa o medo e a raiva. E quando você é duro com a criança ou entra em seu jogo de culpa? Estimula a produção de noradrenalina e cortisol, que aumentam os pensamentos negativos.

Sendo assim, quando precisar estabelecer limites com amor para seu filho, questione-se: "Estou calmo o suficiente para explicar o que preciso dizer? Como posso ser claro e objetivo? De que forma posso comunicar as consequências de ultrapassar esse limite? Como posso reafirmar meu amor após explicar o limite?" As respostas vão ajudá-lo a estabelecer limites com amor.

Nesse capítulo o foco se deu na delicada tarefa de educar os filhos, porém emerge a questão: o que ocorre quando um casal decide não ter filhos? Como manejar as expectativas impostas pela família e pela sociedade, ao mesmo tempo que se respeita os próprios desejos e interesses? Com frequência, casais são confrontados com indagações sobre a expansão da família. São perguntas que, embora pareçam inofensivas, refletem uma constante expectativa social. A discussão prévia sobre a vontade de ter ou não filhos pode ser uma estratégia eficaz para sincronizar expectativas e intenções, assegurando que mudanças de perspectiva no futuro não resultem em desconforto ou conflitos devido a opiniões divergentes.

Em uma era de possibilidades quase ilimitadas e objetivos de vida diversificados, divergindo dos tradicionais modelos pós-matrimoniais, é imperativo reconhecer que a decisão de não ter filhos é uma escolha válida e respeitável. O que importa é encontrar e seguir o que de fato confere sentido e alegria à sua existência. Para aqueles que sonham em ter filhos, é vital expressar esse desejo abertamente e buscar parceiros que compartilhem do mesmo objetivo, valorizando a importância da compatibilidade de visões de vida.

Reconhecer que a procriação biológica é apenas uma das muitas formas de deixar um legado é fundamental. Caso opte por não ter filhos, é importante transmitir ao seu corpo e à sua mente que existem outras maneiras de "procriar", como engajar-se em projetos, criar obras literárias ou realizar contribuições significativas em sua área profissional. Esse conceito será explorado com mais profundidade no próximo capítulo, onde discutiremos diversas formas de expressão criativa que podem estar em harmonia com os seus projetos de vida. Essa perspectiva não apenas honra as decisões pessoais, mas também celebra a diversidade de caminhos disponíveis para atingir a realização pessoal e em conjunto.

.10.

NAVEGANDO PELOS MARES DE DESAFIOS EMOCIONAIS E FINANCEIROS

Embora a tradição das cartas escritas à mão esteja se tornando cada vez mais rara na era digital, fui agraciada com três páginas manuscritas pela mãe de Mayra, após compartilhar com ela a notícia da escrita deste livro e solicitar sua contribuição com relatos sobre a criação de Mayra. O cuidado e o esforço dedicados a esse gesto — optar pela caligrafia em detrimento das mais modernas mensagens de texto ou áudios — ressaltaram de imediato a importância que ela atribui ao seu papel de mãe e educadora.

No testemunho recebido, um aspecto particularmente marcante foi a maneira como ela detalhou o período de concepção de Mayra. Durante essa fase, apesar de estar muitíssimo engajada em sua carreira, ela optou por reduzir o ritmo profissional para dedicar-se à educação de sua filha, atendendo de forma plena às suas necessidades. É importante reter essa informação, pois, mais adiante no livro, revelarei como essa escolha impactou significativamente a trajetória de sua filha.

Em suas próprias palavras, ela compartilha: "Encontrava-me em um momento de intensa demanda profissional e pessoal (familiar), já responsável por dois filhos, um marido, um lar e minhas próprias necessidades pessoais. Dar conta de tudo aquilo que se apresentava diante de mim não foi uma tarefa fácil, e me exigiu muito comprometimento e dedicação. Os anos foram seguindo o seu curso e, evidentemente, as dificuldades foram crescentes, mas desistir, jamais!"

Na continuação da carta, a mãe de Mayra descreve com eloquência como enfrentou e equilibrou os desafios relacionados à saúde e ao aprendizado de sua filha. Com o desenrolar do tempo, tornou-se evidente para ela que Mayra enfrentava obstáculos de aprendizagem mais significativos em comparação com seus pares. Essa percepção a levou a intensificar sua dedicação, empregando esforços adicionais para apoiar e atender às necessidades educacionais únicas de Mayra.

Ao reforçar seu apoio, a mãe de Mayra ilustrou um entendimento que costuma ser negligenciado por muitos pais: o impacto negativo da busca pela perfeição e a excessiva ênfase no desempenho escolar das crianças. Essa abordagem rígida — que inclui comparar crianças, aplicar castigos e desmotivá-las quando suas notas não correspondem às expectativas dos pais — não apenas sobrecarrega os filhos, mas também os desvia do reconhecimento de suas próprias habilidades e de seu valor.

É comum que pais rígidos, ao pressionarem os filhos por resultados acadêmicos excepcionais, projetem neles as suas ambições, esquecendo-se de que a espontaneidade, a sensibilidade ou a timidez são traços naturais, e não falhas.[1] Tal rigidez educacional limita a valorização das diferenças individuais, transformando características pessoais intrínsecas em obstáculos para a obtenção de aprovação e amor parental.

Reconhecendo essa realidade, a escola figura como um dos primeiros ambientes externos onde a criança inicia seu processo de crescimento; trata-se de um espaço de suporte, mas também de desenvolvimento da autonomia e do caminho para o progresso individual. Nesse contexto, uma das funções primordiais dos pais é encorajar seus filhos a aprender com os erros desde tenra idade.

---

1 GIBSON, Lindsay C. *Adult Children of Emotionally Immature Parents*. Califórnia: New Harbinger Publications, 2015.

Ilustrando essa ideia, uma mãe recentemente compartilhou comigo a história de seu filho de 10 anos. Ele alegou que sua professora já havia revisado o conteúdo para a prova do dia seguinte e que, por esse motivo, não necessitava dedicar-se mais aos estudos. A mãe, sabendo que a revisão não tinha ocorrido, instigou o filho a refletir sobre a necessidade de estudar, apesar de suas insistentes negativas.

No dia da avaliação, os resultados não foram aqueles previstos pelo menino. De forma inesperada, a professora solicitou a colaboração de alguns alunos para corrigir as provas, revelando que o garoto havia obtido uma nota muito baixa, o que causou certo espanto entre os colegas. Após o incidente, a docente aproveitou a oportunidade para destacar perante a classe a importância do esforço e da tentativa. Diante dessa situação, o menino lamentou sua decisão de mentir e de não ter se dedicado adequadamente.

Ela me questionou sobre sua atitude: "Eu deveria ter insistido ou até obrigado ele a estudar?" O processo de aprendizado é feito não só de acertos, mas também de erros, e a criança precisa desenvolver sua inteligência e sua autonomia descobrindo os resultados e impactos de suas ações.

Essa situação se tornou uma oportunidade valiosa para promover o crescimento e o aprendizado da criança. Lembro-me das palavras do poeta John Keats: "De certo modo, o fracasso é a estrada para o sucesso, visto que toda descoberta do que é falso nos leva a buscar seriamente o que é verdadeiro." Aproveitei essa situação para explicar àquela mãe sobre as valiosas lições que os filhos podem aprender com os erros, bem como as consequências de não se esforçar e de não ser verdadeiro.

No caso de Mayra, sua mãe passava horas ajudando-a em seus deveres e tarefas escolares, pois além de mãe, também era educadora, então tinha subsídios para auxiliar na aprendizagem da filha. Contudo, foi quando Mayra teve liberdade e assumiu a responsabilidade pela sua educação, vivendo no exterior enquanto fazia seu intercâmbio, que ela realmente comprovou a si mesma o seu valor e compreendeu que não era definida pelas notas que obtinha; a jovem constatou isso principalmente após ter sido premiada por ser quem ela era.

Na intricada teia de relações familiares, é instintivo para os pais compartilharem profundamente os sentimentos de ganhos e perdas de seus filhos, uma vez que, desde o nascimento, os destinos de ambos se entrelaçam de maneira significativa. O desafio de cultivar autonomia e independência em seus filhos é, portanto, um processo contínuo, marcado pela necessidade de ajustar expectativas e reduzir pressões. Reconhecer a inevitabilidade da frustração em suas trajetórias é crucial, pois o aprendizado para lidar com ela, se retardado, torna-se cada vez mais árduo.[2]

A experiência de Mayra, influenciada pelo apoio constante de seus pais, ilustra bem esse conceito. Em um ambiente familiar, onde o equilíbrio entre as responsabilidades domésticas e profissionais era meticulosamente mantido, eles emergiram como pilares de perseverança e apoio. Esse contexto fértil permitiu a Mayra não apenas a desenvolver uma atitude ativa, envolvendo-se em múltiplos projetos, mas também internalizar lições valiosas sobre a importância da responsabilidade pessoal.

Este entendimento de que somos moldados pelo nosso meio, até mesmo antes do nascimento, através de influências intrauterinas e genéticas, é complementado por insights sobre as memórias familiares que carregamos. Nesse sentido, o livro ***Herança emocional: uma terapeuta, seus pacientes e o legado do trauma*** (Alta Life, 2023), de Galit Atlas, aborda essa temática ao contar a história de Benjamin, que, desde criança, foi atormentado por pesadelos em que era enterrado vivo. Ele acordava seus pais, assustado e, depois, tinha dificuldade para voltar dormir. Esses episódios se intensificaram e, aos 13 anos, ele desenvolveu claustrofobia, enfrentando dificuldades principalmente ao precisar usar o metrô. Isso evidencia como os traumas e experiências de nossos antepassados podem influenciar nossas próprias lutas emocionais e psicológicas.

Benjamin tinha conhecimento que sua mãe era uma sobrevivente do Holocausto, o que explicava a ausência de parentes próximos — sem pais nem avós — já que ela havia emigrado sozinha, fugindo. O que ele desconhecia, e que veio a ser uma revelação transformadora em sua vida, explicando seus sintomas, era o fato de seu avô ter sofrido uma morte brutal, sendo justamente enterrado vivo.

Tendo feito essa descoberta, aos 40 anos, Benjamin compreendeu a origem de seus pesadelos e medos, e a partir de então, conseguiu

---

2 GINZBURG, Natalia. *As pequenas virtudes*. São Paulo: Companhia das Letras, 2020.

libertar-se dessa herança familiar, reconhecendo que aquilo não lhe pertencia.

Entender nossas origens e o passado de nossa família pode revelar mais respostas do que imaginamos, especialmente para "sensações" e sentimentos que não identificamos como próprios.

Cada filho traz, para os pais, desafios que se tornam oportunidades de se aprimorarem como seres humanos. É por isso que é justamente com o filho considerado "diferente" que se aprende mais, seja por características pessoais, por uma necessidade especial ou por qualquer outra questão que represente um desafio para a socialização, essencial para o desenvolvimento pleno de qualquer indivíduo.

Dependendo das circunstâncias, algo que pode ajudar a criança a se sentir menos sozinha e a se socializar mais facilmente é ter um animal de estimação. Um estudo realizado com mais de 4 mil crianças de 5 a 7 anos de idade observou que aquelas que tinham um cão em casa apresentavam menos problemas com os colegas, além de demonstrarem um comportamento social melhor. Pesquisas ainda indicam que um animal pode estimular a criança a praticar mais atividades físicas, usar menos as telas e até mesmo dormir mais. Isso ocorre porque o animal estimula seu filho a se exercitar e interagir durante o dia, além de promover passeios.[3]

Além disso, ter um animal de estimação traz inúmeros benefícios não apenas para a saúde mental, mas também física. Por exemplo, a revista *Scientific American* destaca que o ronronar dos gatos, em uma frequência de 25 Hertz a 150 Hertz, possui o potencial de melhorar a densidade óssea e promover a cicatrização, evidenciando assim como esses companheiros podem enriquecer nossa vida em diversos aspectos.[4]

Além disso, um estudo realizado com 73 donos de animais de estimação demonstrou o poder que eles têm na diminuição da ansiedade. Nesse teste, pessoas foram submetidas a uma situação estressante relacionada a cálculos matemáticos durante 10 minutos e, logo após, foram

---

3 OAKES, Kelly. Como animais de estimação estimulam o cérebro das crianças. *BBC Future*, 2022. https://www.bbc.com/portuguese/geral-61932265.

4 HAN, Eric. Por que os gatos ronronam? Conheça essa e outras curiosidades sobre os felinos. *CNN Brasil*, 2022. https://www.cnnbrasil.com.br/saude/veja-por-que-os-gatos-ronronam-e-9-outros-fatos-sobre-eles/.

divididas em três grupos distintos: um em que aguardavam para ver o seu cão, um onde coloriam um livro antiestresse e um no qual passavam um tempo com seu animal. Como resultado, os pesquisadores concluíram que o grupo que passou um tempo com o animal de estimação teve maior diminuição dos níveis de estresse em comparação aos outros grupos. A raça do animal, o tempo de convívio com o dono, a idade e outros fatores não foram relevantes nos resultados, mostrando que a interação entre dono e animal, brincando e acariciando, tem um efeito de diminuição da ansiedade e estresse.[5]

Isso evoca lembranças de que, em ocasiões específicas, eu costumava recomendar aos pacientes que trouxessem seus companheiros caninos para a terapia, criando assim uma atmosfera de descontração, serenidade, acolhimento e alívio da angústia.

Na verdade, muitas podem ser as causas da diminuição da ansiedade devido à convivência com animais, e elas variam de pessoa para pessoa. Dito isso, é claro que a recomendação de ter um bicho de estimação não pode ser feita a qualquer indivíduo, porque tal tarefa exige responsabilidades relacionadas à alimentação, à segurança e ao lazer do próprio animal, além de preocupações com sua saúde — fatores que podem ocasionar estresse de outras maneiras.

De qualquer modo, entender a nossa conexão e até mesmo repulsa pelos animais pode revelar muito sobre nós mesmos. Isso me lembra de casos em que pacientes tinham fobia de cachorros, por exemplo. Muitas vezes, esses medos estavam ligados a sentimentos deslocados em relação a alguém próximo, e acabavam projetados na figura do cachorro. Ou seja, o sentimento não estava de fato ligado ao cão, mas sim ao que, inconscientemente, ele representava.

Em um dos casos, o paciente se afastava tanto do cachorro quanto da figura paterna devido a uma repulsa pelo excesso de controle exercido pelo pai, sentindo-se injustiçado porque não tinha liberdade para fazer suas escolhas. O cachorro, por sua imprevisibilidade, podia representar essa falta de controle sobre seus comportamentos.

---

5 MATIJCZAK, Angela *et al*. The influence of interactions with pet dogs on psychological distress. *American Psychological* Association, v. 24, n. 2, p. 284-396, 2024. Disponível em: https://doi.org/10.1037/emo0001256.

Após o processo terapêutico, muitos pacientes conseguem amadurecer emocionalmente e se permitem sair do sentimento de controle. Nesse contexto, é notável como o cachorro pode ser um grande aliado na integração e na união entre os membros da família.

É importante observar que nem sempre os animais conseguem trazer essa sensação de liberdade. Às vezes, o excesso de compaixão por eles pode se tornar um problema. Isso pode acontecer quando essa compaixão está relacionada a carências emocionais, perda de entes queridos ou um sentimento excessivo de responsabilidade em relação aos animais. Essa preocupação em aliviar o sofrimento deles pode levar ao acúmulo de animais, às vezes chegando ao ponto de o indivíduo se perder no processo.

Em casos que já atendi, a incompreensão do comportamento de mães narcisistas e a consequente sensação de desconexão levaram filhas a buscar se unir com animais, idealizando esse amor. Esse comportamento emerge como um cuidado excessivo, motivado pela percepção de negligência na relação maternal. Muitas vezes, a pessoa não percebe o quanto esse zelo pelos animais pode a afastar dos cuidados consigo mesma.

Por isso, é indispensável analisar quais projeções foram criadas em relação aos animais de estimação. Uma pergunta útil nesse contexto é: "Qual é a minha expectativa ao ter este animal de estimação?" A resposta pode revelar nosso verdadeiro desejo e a real motivação para comprar ou adotar, indicando se nossa inclinação é positiva ou fruto de carência, projeção de expectativas de terceiros ou até mesmo uma necessidade de controle.

Um animal de estimação requer cuidados, e essa vulnerabilidade pode frequentemente colocar-nos em uma posição de poder. Essa dinâmica, onde o dono exerce controle sobre um pet que é incapaz de questionar ou expressar-se e depende completamente dele, pode levar pais de filhos adultos a sentir uma falsa sensação de utilidade. Em troca dos cuidados providenciados, o animal oferece um amor que parece incondicional, um sentimento que pode não encontrar paralelo nas complexas relações com os próprios filhos.

A natureza das relações humanas com o poder é complexa e multifacetada, tornando-se objeto de inúmeras análises. A aquisição de poder pode transformar indivíduos, fazendo-os se sentirem capazes de atos que, sem tal influência, possivelmente considerariam inalcançáveis. Essa transformação é evidente em diversos exemplos: políticos que sucumbem à corrupção, autoridades que abusam de seu poder, pais que impõem sua vontade sob o pretexto de autoridade parental e chefes que exploram seus subordinados. A máxima "Se quer descobrir a verdadeira natureza de um homem, dê-lhe poder" encapsula essa ideia, sugerindo que o poder tem o potencial de revelar ou alterar profundamente o caráter de uma pessoa.

Poder, dinheiro, autoconfiança e autoestima estão intimamente relacionados, como demonstra a série *Self Made: Inspired by the Life of Madam C.J. Walker* inspirada no livro *On Her Own Ground* (Scribner, 2002), escrito por A'Lelia Bundles, bisneta de Walker. A obra é baseada na história da primeira mulher negra a se tornar milionária nos Estados Unidos através de seus próprios empreendimentos.

No alvorecer de sua jornada, a protagonista emprega-se como lavadeira, um ofício que, embora repleto de esforço e persistência, rende poucos frutos financeiros. A trama se adensa quando seu marido, alterado pelas circunstâncias de um retorno da prisão, deixa-a num estado de profunda desolação. Em meio a essa turbulência emocional, ela se depara com um desafio pessoal: a perda de seu cabelo, um golpe devastador à sua autoimagem.

Após Sarah Breedlove, a Madam C.J. Walker, tomar conhecimento do eficaz tratamento capilar desenvolvido por sua amiga Addie Malone, ela se vê diante de uma oportunidade transformadora. Determinada a reaver sua autoestima, ela faz uma proposta peculiar: seus esmerados serviços de lavadeira em troca do acesso aos tratamentos de Addie. À medida que seu cabelo recupera vida e volume, a autoconfiança dela floresce, guiando-a rumo a novos começos e ao encontro de um novo amor, marcando o início de uma era de otimismo em sua existência.

Determinada a levar o mesmo benefício que estava vivenciando a outras pessoas, Sarah se oferece para ser uma vendedora de Addie, que não concorda com a ideia. Mesmo assim, Sarah, ao encontrar uma oportunidade, pega algumas unidades do creme para comercializar, usando como método de venda a frase: "Funcionou para mim, funcionará para vocês." A experiência traz resultados de sucesso e, com isso, Sarah sente-se animada e motivada a conversar com Addie outra vez, provando seu valor. No entanto, ela não recebe nada além de irritação e insultos, e Addie deixa claro que não gostaria de ter alguém com o seu estereótipo relacionado à sua marca.

Então Sarah decide inaugurar sua própria linha de produtos capilares; o sucesso é imediato, e ela se muda com sua família para uma metrópole, onde abre um elegante salão de beleza. Mesmo assim, as despesas se acumulam rapidamente, levando seu marido a sugerir que ambos procurem empregos adicionais. Sarah, contudo, estava relutante em retornar à vida de lavadeira.

Na promoção de seu negócio, ela compartilha uma versão resumida de sua trajetória: órfã aos 7 anos, casada aos 14, mãe aos 15 e viúva aos 20, distribui seu produto sem custo às mulheres que a visitam. Essa estratégia transforma o salão, que logo se torna um ponto de encontro movimentado.

Com o tempo, a relação conjugal de Sarah enfrenta turbulências, intensificadas pela percepção de seu marido de ser preterido em favor do compromisso dela com o trabalho. Sentindo-se negligenciado, ele busca consolo nos braços de uma das melhores funcionárias de Sarah, uma traição que se agrava com a funcionária compartilhando informações confidenciais com Annie. Annie, por sua vez, inaugura um salão na mesma área que Sarah, intensificando a rivalidade.

A interação entre o ascendente êxito profissional de Sarah e as tensões em seu matrimônio ilustra uma complexa confluência entre ambições individuais e expectativas relacionais. A percepção de desatenção vivenciada pelo marido de Sarah pode ser interpretada como uma expressão de insegurança, acentuada pelo sucesso e pela autonomia crescentes dela. Essa realidade pode precipitar um ciclo de amargura e a busca por validação externa, culminando em infidelidade e traição.

Esse fragmento da história de Sarah ilustra vividamente que poder, dinheiro, autoconfiança e autoestima, quando alinhados com propósitos nobres, podem ser forças transformadoras. Através de seu legado, Sarah não só alcançou sucesso comercial extraordinário, mas também fomentou um movimento de empoderamento e mudança social. Ela demonstrou que o verdadeiro poder transcende o acúmulo de riqueza, residindo na capacidade de inspirar confiança e autoestima nos outros, desencadeando uma cadeia de transformações positivas.

Essa noção de transformação e crescimento não se limita às conquistas de figuras históricas; ela ressoa profundamente nas experiências individuais de cada um. Nas últimas semanas, recebi uma mensagem de uma antiga paciente que havia me procurado antes para buscar apoio no enfrentamento de diversos medos. Ela compartilhou comigo que teve a coragem de realizar várias mudanças significativas em sua vida e que começou a sentir os efeitos do processo terapêutico com o tempo. Entre essas mudanças, ela mencionou ter cortado o cabelo, um ato que, para ela, simbolizava o rompimento do "cordão umbilical emocional" com os problemas de sua família de origem, evidenciando um marcante crescimento emocional e maturidade. A cada dia, ela percebe com mais clareza que não é seu papel curar as feridas dos seus pais.

Quando vivenciamos mudanças profundas internamente, é comum buscarmos simbolizá-las de maneira externa, um princípio que também encontrou ressonância na vida de Sarah Breedlove. Sua própria metamorfose, marcada pelo empreendedorismo e pela superação de adversidades, foi emblemática não apenas em suas conquistas empresariais, mas também na maneira como ela escolheu apresentar-se ao mundo. Tal como as muitas mulheres que, após enfrentarem desafios significativos — como términos de relacionamentos — se reinventam através de mudanças no visual, Sarah manifestou sua nova identidade e sua força não apenas criando um império de cuidados capilares, mas também transformando a própria aparência e, por extensão, a maneira como outras mulheres negras viam a si mesmas e eram vistas pela sociedade.

Conversando com cabeleireiros, percebe-se que muitas mulheres optam por transformações visuais significativas, como cortes diferenciados ou cores inéditas, após vivenciarem términos de relacionamentos ou enfrentarem desafios pessoais. Essa mudança externa é vista como um passo para iniciar uma nova fase de vida, o que até possui seu fundo de verdade. Alterações radicais podem tirar uma pessoa de sua zona de conforto e servir como um lembrete cotidiano de que há um novo caminho a ser trilhado. Por outro lado, tal mudança também pode representar um desafio, pois num momento em que se está sensível a mudanças recentes, o que é familiar pode representar um acalento. Além disso, muitas mudanças radicais são fruto de impulsividade e, por isso, é preciso analisar bem tais decisões antes de se submeter a elas.

Esse processo de reflexão e autoanálise é fundamental não apenas nas decisões sobre mudanças visuais, mas também ao confrontarmos outros aspectos profundos e pessoais de nossas vidas. Embora nem sempre seja fácil pensar na origem do que sentimos, esse é um exercício de autoconhecimento muito importante para evitar frustrações. Por exemplo, dinheiro e sexo são assuntos comumente evitados, até mesmo na terapia, um local tido como livre para ser ouvido sem julgamentos. Por quê? Tanto o sexo quanto o dinheiro podem revelar sentimentos e posturas negativas que não vêm à tona com facilidade: hostilidade, arrogância, narcisismo, agressão, fragilidade, traumas, entre outros.

Nos momentos conduzidos por esses dois núcleos são reveladas características que até então estavam ocultas. Na terapia, por exemplo, insatisfações podem se traduzir em pagamentos atrasados.[6] Muitas vezes, eu costumava perguntar à secretária sobre como os pacientes estavam lidando com os pagamentos, buscando insights terapêuticos adicionais. Isso me permitia obter uma compreensão mais completa da situação financeira e emocional dos pacientes, auxiliando na orientação terapêutica.

Tal fato evoca a lembrança de uma situação em que uma pessoa, mesmo desfrutando de sucesso financeiro, demonstrava o hábito de atrasar pagamentos em diversos serviços. No caso, essa mulher era uma profissional altamente competente e bem remunerada, mas ainda assim mantinha uma relação conturbada com o dinheiro. Isso suscita questionamentos sobre as razões por trás desse comportamento.

Conforme estamos explorando neste capítulo, grande parte dos problemas financeiros está intrinsecamente ligada a crenças arraigadas, que costumam ser internalizadas desde a infância. No caso da pessoa mencionada, ela vinha de uma família financeiramente privilegiada, porém não tinha uma compreensão completa das origens da riqueza familiar. Esse cenário a levou a escolher uma carreira que lhe permitisse compreender e proteger os recursos financeiros da família.

---

6 ATLAS, Galit. *Herança emocional*: uma terapeuta, seus pacientes e o legado do trauma. Rio de Janeiro: Alta Life, 2023.

Seguindo esse mesmo padrão, ela se envolveu em um relacionamento com um namorado cuja origem dos recursos financeiros também era desconhecida para ela. A paixão a impedia, em grande parte, de enxergar a verdade. Ela sabia que ele possuía carros importados e diversas residências, e assim ela idealizava que esses bens eram parte do patrimônio da família ou, como ele frequentemente mencionava, fruto de seu trabalho no mercado financeiro.

Quando decidiram morar juntos e começaram a compartilhar as despesas da casa, era comum que ele atrasasse o pagamento de sua parcela, o que a deixava furiosa e desconfortável com a situação. O que ela criticava nele era surpreendentemente semelhante ao comportamento que ela também encontrava em si mesma.

Diante de seus questionamentos, ele sempre pedia um prazo e, eventualmente, aparecia com o dinheiro, evitando abordar a fonte desses recursos. Conforme os meses passavam, ele adotava diversas estratégias para contribuir com cada vez menos dinheiro nas despesas da casa, o que não fazia sentido, considerando os bens que possuía.

Devido a esses episódios, além das dolorosas descobertas de traição, essa mulher se separou. No entanto, incapaz de lidar com a carência emocional e com a falta da rede de amigos que haviam construído juntos, ela reconsiderou sua decisão e optou pelo perdão, mesmo consciente de que os padrões de desconfiança continuariam a se repetir.

Quando se identifica um problema financeiro em alguém, é preciso ter em mente que isso reflete muito além de mera inexperiência econômica; também desvenda padrões subconscientes, perpetuados através das gerações. Se redistribuíssemos toda a riqueza mundial de maneira igualitária entre todas as pessoas, observaríamos, em poucos anos, seu retorno aos indivíduos que inicialmente a possuíam; isso ocorre por diversos motivos. Aliás, esse fenômeno explica por que 1% da população global acumula a mesma quantia de riqueza que os 99% restantes, conforme indica um estudo da Oxfam.[7] Tais indivíduos engendram mecanismos de autossabotagem que obstruem seu progresso financeiro.

---

7 REUBEN, Anthony. 1% da população global detém mesma riqueza dos 99% restantes, diz estudo. *BBC News*, 2016. Disponível em: https://www.bbc.com/portuguese/noticias/2016/01/160118_riqueza_estudo_oxfam_fn.

Não é apenas o dinheiro que é transmitido de geração em geração, mas também a crença de que se é merecedor dele e capaz de obtê-lo. Além disso, a relação com o dinheiro pode repetir padrões, mesmo que você não tenha convivido com o primeiro membro da família que os introduziu.

Por exemplo, o livro *Psicogenealogia en Torno al Dinero y al Éxito* (Obelisco, 2018) relata o caso de Diego, um indivíduo que, apesar de ter uma boa renda, não conseguia alcançar seus objetivos financeiros, pois o dinheiro parecia nunca ser suficiente. Após fazer uma análise de sua situação, percebe-se que seus recursos eram excessivamente consumidos por seu filho, que, dependente do álcool e já adulto, gastava grande parte do dinheiro do pai e dependia financeiramente dele. Mas por que Diego continuava direcionando seus recursos para essa situação?

A resposta estava, mais uma vez, em um passado familiar velado. Ele soube, depois de muito tempo de segredo, que aquele que ele conhecia como pai de sua mãe não era o pai biológico dela, e que a família, mesmo sabendo disso, escondeu o verdadeiro pai por considerá-lo promíscuo e beberrão. Além disso, a mãe de Diego havia se divorciado do seu pai quando ele ainda era uma criança, assim como Diego fez quando se divorciou da mãe do seu filho — isso que lhe causava um sentimento negativo que o levava à compensação.

O filho de Diego, portanto, estava repetindo um padrão até então desconhecido, comum em famílias nas quais um membro é renegado. É como se o padrão se repetisse, afirmando: "Eu estou aqui, não adianta negar." Quando nos deparamos com um padrão, o melhor caminho para se libertar dele é reconhecê-lo e agir para mudar o curso da história. Foi isso que Diego fez, estabelecendo limites e cortando aquele "cordão umbilical" que ainda o ligava de forma prejudicial ao filho.

Outro exemplo citado no livro, ainda mais habitual e cujos perfis similares eu mesma já tive a oportunidade de tratar, é o de Catarine. Sendo a mais nova de uma família com cinco filhos de classe média, sua gestação não foi planejada nem desejada. Para acentuar a situação, durante sua gestação, seu pai, um pintor que trabalhava em alturas, sofreu um acidente que o impossibilitou de continuar em sua carreira, forçando-o a se requalificar profissionalmente para encontrar um novo campo de trabalho. Apesar dessas adversidades, após o nascimento, Catarine passou a ser amada e querida.

Catarine percebeu que, em sua vida profissional, sempre que se aproximava do topo ou de alguma conquista importante, algo acontecia para prejudicá-la, sendo esses eventos, muitas vezes, resultados de suas ações impulsivas e impensadas. A situação de Catarine reflete uma complexidade interna: devido ao sentimento de rejeição que experimentou desde a gestação, ela não se via como merecedora de destaque ou êxito. Essa crença a conduzia a uma série de autossabotagens, numa tentativa sutil de permanecer nas sombras, evitando a atenção.

Existem inúmeros Diegos e Catarines. O próprio casal mencionado no capítulo anterior, Roberto e Renata, ilustra isso: ambos não conseguiam alcançar sucesso financeiro, pois o que os unia era justamente a necessidade financeira. A afirmação de Renata de que se separaria do marido caso tivesse dinheiro, demonstra que suas dificuldades financeiras são o resultado de uma necessidade inconsciente de ter um motivo para permanecerem juntos, visto que, conscientemente, ela não considera a situação como o melhor caminho.

Além disso, a imaturidade financeira do marido não se limita apenas a questões monetárias, mas também abrange uma dependência emocional, que chegou a provocar ciúmes do próprio filho. Para ele, a relação com o dinheiro é complexa e carregada de potencial trauma, uma vez que um conflito financeiro levou sua mãe à decisão de tirar a própria vida. Esse passado doloroso pode ter criado, em sua mente, uma associação entre ganho de dinheiro e experiências de perda e sofrimento, levando-o a evitar esforço excessivo para aumentar seus ganhos.

Mais uma vez o dinheiro revela o que a pessoa esconde: em crises financeiras, ele também se mostrou agressivo com a própria família. É por isso que problemas financeiros são causas de inúmeros divórcios.[8]

É bom salientar que abundância é diferente de prosperidade; enquanto a primeira se refere à capacidade de ganhar dinheiro, a segunda destina-se a quem consegue construir a partir dele. Por isso, muitas pessoas têm dinheiro, mas não são prósperas; ou seja, no fim do mês,

8 MASTON-LERAT, Marie Noelle. *Psicogenealogía en torno al dinero y al éxito*. Barcelona: Obelisco, 2015.

apenas pagaram as contas, mas não lhes sobra muito ou mesmo o suficiente para usar em seus objetivos.

Isso explica por que indivíduos com a mesma criação familiar ou que ocupam o mesmo cargo podem ter vidas financeiras tão distintas. Alguns desfrutam de autonomia financeira, outros não. O motivo? Deve-se muito às crenças individuais. A seguir, apresento algumas dessas crenças e o que elas representam, para que você possa analisar seu nível de identificação com algumas delas.

1. "O dinheiro é sujo" – Esse é um pensamento que, a princípio, pode estar vinculado à higiene, mas por outro lado também pode inconscientemente associar o ganho a uma atitude desonesta. Por exemplo, é comprovado que um celular é dez vezes mais sujo do que um vaso sanitário e, mesmo assim, estamos sempre com ele por perto.[9] Portanto, acreditar e replicar que o dinheiro é sujo pode causar um asco que limita sua relação com a prosperidade.
2. "O prazer é proibido ou perigoso" – Sexo e dinheiro estão intimamente associados, pois ambos remetem ao poder. Quando, ao longo da criação, o desejo de ganhar dinheiro e ter prazer é proibido ou malvisto, as próximas gerações podem passar acreditar que ambos são imerecidos.
3. "Dinheiro não dá em árvore" – A crença de que todo dinheiro deve vir como resultado de muito esforço faz com que o indivíduo sempre sinta que há um limite; afinal, nem mesmo o corpo ou a mente suportam uma grande sobrecarga. Pessoas que pensam assim serão levadas a estafas mais facilmente e terão maiores chances de se autossabotar.
4. "Sou burro" – Uma crença frequentemente associada a comparações feitas na infância, onde a prima, o irmão e os coleguinhas de sala sempre se saem melhor do que a criança, gerando um sentimento de inferioridade. Essa desvalorização faz com

9 Smartphones são 10 vezes mais sujos do que um vaso sanitário. *VEJA*, 2017. Disponível em: https://veja.abril.com.br/saude/smartphones-sao-10-vezes-mais-sujos-do-que-um-vaso-sanitario.

que a pessoa, já adulta, aceite empregos mal remunerados por não se sentir merecedora de mais.

5. "A vida não é fácil" – Acreditar que viver é difícil leva a pessoa a pensar que a morte é um descanso, o que faz com que ela se mantenha na inércia da vida. Tal comportamento acontece também no sentido da Síndrome Recumbente de Salomon Sellam, que diz que uma pessoa pode abreviar sua vida devido a um ancestral que não teve seu luto reconhecido. O ato de abreviar a vida pode ocorrer de várias formas, desde uma doença até uma condição financeira que realmente nos impede de viver.
6. "Ser independente é perigoso" – Essa crença pode ser transmitida pela atitude de pais superprotetores, mas também pode estar relacionada a incidentes ocorridos no parto, como uso de fórceps, cordão umbilical enrolado no pescoço, parto de emergência, entre outros. Um nascimento com complicações pode dificultar a noção de independência da criança recém-nascida, criando uma crença inconsciente de que a autonomia gera dor.
7. "Tenho que devolver tudo o que me é dado" – Essa crença é recorrente em pessoas que sentem que precisam retribuir a todo custo o que lhes é dado. Inconscientemente, esse padrão pode fazer com que a pessoa fique sempre endividada, pois acredita que não existe ganho sem doação.
8. "Não sou merecedor, pois não pertenço a este lugar" – Pessoas com traumas ligados à legitimidade podem não se considerar merecedoras da posição em que estão, gerando uma autossabotagem que impede seu crescimento. Pode ser que essa pessoa tenha, em sua árvore genealógica, filhos considerados "ilegítimos".
9. "O prazer do dinheiro é perigoso" – Esse é um pensamento ligado a traumas em que o dinheiro é conectado à ruína da família, como uma infidelidade no casamento dos pais, brigas por heranças etc.
10. "Não sou merecedor do sucesso" – Essa crença está, muitas vezes, enraizada na infância, quando uma criança pode não ter se sentido merecedora do amor e da atenção dos pais ou

quando enfrentou dificuldades de aprendizado. Essa crença pode perdurar na vida adulta, levando a dúvidas sobre sua própria capacidade e seu merecimento.

11. "Estamos no mesmo barco" – Se uma família é pobre por gerações, o indivíduo pode crescer acreditando que, para pertencer à sua família, precisa ser pobre como eles. Assim, a riqueza é vista como uma barreira que separa a pessoa de sua família e, portanto, é indesejada.

Enfim, são muitas as crenças relacionadas ao tema financeiro que impedem as pessoas de crescerem e terem sucesso. É preciso analisar o seu caso individualmente para perceber em que frequência você está vibrando. Imagine que seus pensamentos são como as ondas de um rádio, enviando sinais para o mundo externo constantemente. No fim das contas, você se conectará com realidades que fazem sentido com a frequência que você está emitindo; portanto, antes de se preocupar com planilhas financeiras (que também são necessárias), reflita sobre os seus pensamentos e como eles têm moldado sua realidade.[10]

O dinheiro está intimamente ligado à confiança. Sabe por quê? Quando a confiança não existe, o fluxo da riqueza não flui, ficando concentrado nas mãos de poucas pessoas.

Sobre a palavra "confiança", ela está entre as mais usadas no idioma inglês, ocupando a posição 949 no ranking. Em uma busca por livros feita na *Amazon* usando essa palavra, obtém-se o resultado de 36 mil obras. Existe um contraste gigante com as nações em que a confiança no povo prevalece: na Noruega, 65% das pessoas disseram confiar umas nas outras, ao passo que, no Brasil, esse montante é de apenas 2%. O resultado disso? Menos filantropia, menos população ativa votante, menor longevidade, menor presença dos pais nas escolas, além de maiores índices de criminalidade e disparidade econômica. Ou seja, quando falta confiança, falta riqueza.

Além disso, se você não confia em si mesmo, nas pessoas com quem trabalha e em sua própria família, como esperar que o dinheiro flua em

---

[10] SALLES, Jean Guillaume. *Dinheiro, você está aí?* Mover nossa consciência para a abundância. Paraná: Cintia Chiarelli, 1900.

suas relações? Portanto, é preciso analisar o papel da confiança em sua vida, especialmente se você tem enfrentado problemas financeiros.[11]

Por muito tempo, falar sobre dinheiro foi considerado um tabu, uma atitude associada à cobiça, à ganância, entre outros aspectos negativos. Essa visão fez com que muitas gerações adotassem afirmações negativas sobre o dinheiro, moldando seus pensamentos e, consequentemente, suas atitudes e comportamentos. Você se identifica com alguma das crenças mencionadas neste capítulo?

Responda rápido: ter mais dinheiro faria com que sua situação atual fosse pior? Bem, pela lógica, não, pois o dinheiro é um recurso que traz mais oportunidades, e não menos — o que também não quer dizer que ele seja o centro de tudo.

Imagine o dinheiro como uma luz forte e amarela, fluindo por suas mãos como um rio em constante movimento. Se você tentar segurar toda essa energia, a desejando cada vez mais, apenas para si, isso certamente trará prejuízos. Por outro lado, afastar-se desse fluxo significa ficar na escuridão. Ou seja, o dinheiro precisa circular para ser benéfico: deve estar num constante fluxo onde você recebe, dá e recebe de novo. Bloquear ou negar esse fluxo o afastará da prosperidade.

Considerando esse fluxo, li no livro *Psicogenealogia En Torno Al Dinero* (Obelisco, 2018) uma mensagem sobre a importância do perdão para liberar nossa relação com o papel-moeda. Superar o ressentimento contra alguém que consideramos responsável por nossas dificuldades financeiras significa romper um vínculo negativo com essa pessoa, reduzindo sua influência em nossa vida emocional e abrindo espaço para relacionamentos mais positivos e frutíferos.

Problemas financeiros são uma realidade enfrentada por muitas famílias e podem acarretar significativos riscos para a saúde mental, como estresse, ansiedade, insônia, entre outros sintomas. É possível deduzir que eventos influenciados por fatores transgeracionais, como a preferência acentuada por um filho ou a distribuição desigual de recursos, possam ter consequências no futuro emocional e financeiro dos descendentes.

---

11 GOTTMAN, John. John Gottman on Trust and Betrayal. *Greater Good Magazine*, 2011. Disponível em: https://greatergood.berkeley.edu/article/item/john_gottman_on_trust_and_betrayal.

Contudo, é fundamental compreender que a verdadeira realização pessoal transcende as questões puramente monetárias. Embora o dinheiro possa proporcionar conforto material e segurança financeira, a felicidade genuína está intrinsecamente ligada a relacionamentos saudáveis, crescimento pessoal, busca por propósito e harmonia entre trabalho e lazer.

É necessário abordar o tema do dinheiro em todos os contextos possíveis, de modo que aprendamos a utilizar essa poderosa energia a nosso favor, sem nos tornarmos prisioneiros dela. Devemos ser conscientes da melhor maneira de empregá-la, em prol de uma vida equilibrada e significativa. Dessa forma, é importante valorizar não apenas o aspecto financeiro, mas também as dimensões emocionais, interpessoais e espirituais de nossa existência.

Neste sentido, Julian Metcalfe, empreendedor britânico cofundador da ***Pret A Manger & Itsu***, conta que o seu interesse por empreender surgiu da observância de um funcionário que cozinhava muito bem. Ele veio de uma família com desafios, na qual o pai se separou da mãe e a mãe cometeu suicídio. Julian relata que, embora a mãe tenha tido muito dinheiro, perdeu tudo e era completamente infeliz. Ele seguiu sem herança alguma e construiu o seu império, percebendo que até as pessoas mais ricas carregam tristezas e problemas e que, no fim, toda a sociedade se parece. Segundo ele, o grande diferencial para o sucesso é fazer algo que seja realmente relevante, abraçando todas as nossas inquietações.

Um desafio econômico muitas vezes pode nos ajudar a cultivar o desapego e também compreender o nosso real valor no mundo, afinal se retirarem toda sua riqueza, o que lhe resta? Precisamos ser muito mais do que um saldo bancário.

Vale lembrar do caso de Alfred Nobel, o criador da dinamite, que, com sua invenção, conquistou uma enorme fortuna. Certo dia, seu obituário foi publicado por engano em um jornal e, assustado com aquela situação, Alfred entendeu o objetivo da sua riqueza e mudou o seu testamento, criando o prêmio Nobel, conhecido mundialmente nos dias atuais. Ou seja, você pode escolher ser apenas um milionário que um dia terá o seu obituário publicado em um jornal ou pode ser o precursor de um legado que será lembrado de geração em geração por ter proporcionado uma mudança significativa no mundo.

"Os ricos focam as oportunidades, os pobres focam os obstáculos." T. Harv Eker foi muito sábio ao dizer essas palavras, pois, nessa simples frase, conseguimos resumir muito do que este capítulo disse: a riqueza está no seu foco. A distância entre ter ou não ter dinheiro está mais relacionada à confiança de se enxergar como alguém rico do que em realmente ser um milionário. Nem todas as pessoas que acreditam que podem ser ricas já são, mas pode ter certeza de que todo rico um dia acreditou que poderia ser quem se tornou.

Por isso, se sua frustração encontra-se em sua condição financeira atual, espero que este capítulo tenha lhe ajudado a refletir sobre o modo como o fluxo financeiro começa dentro de você. A riqueza é uma virtude intrínseca que se externa através do dinheiro.

Como ser próspero em um trabalho que não te satisfaz? Como chegar à posição que se deseja profissionalmente? Esses desafios serão solucionados no capítulo seguinte.

.11.

REDESCOBRINDO O PROPÓSITO: Entre a carreira e a essência profissional

Como não permitir que uma atividade com a qual você gasta pelo menos 8 das 24 horas do seu dia o defina? É um desafio, já que por mais que tentemos, o nosso trabalho está intimamente ligado ao nosso senso de valor e propósito. Nosso trabalho é uma identidade, por onde quer que passemos. Já notou isso? Para perceber, basta responder à corriqueira pergunta: "O que você faz da vida?" Dificilmente a resposta estará ligada a lazer ou papéis familiares; prontamente respondemos qual é a nossa profissão, o que mostra que o trabalho ocupa uma fatia muito grande da nossa vida. E essa cobrança começa desde cedo, pois quando ainda somos crianças, já escutamos a pergunta: "O que você quer ser quando crescer?"

Na verdade, o trabalho é um modo de reforçarmos nossas capacidades, nos sentirmos úteis e entendermos quem somos; assim, geramos mudanças positivas ao nosso redor. E quando isso não acontece? Talvez estejamos negligenciando quem realmente somos. E, nesse sentido, posso te contar uma experiência, dessa vez, pessoal.

Minha escolha profissional foi impulsionada pelo meu interesse em trabalhar com pessoas. As opções que considerei na época do vestibular foram Psicologia e Administração, mas devido ao incentivo da minha família, e considerando a questão da empregabilidade, inicialmente acabei optando pela Administração. É bom considerar que, segundo o Instituto Nacional de Estudos e Pesquisas Educacionais Anísio Teixeira (Inep), entre 2010 e 2015, aproximadamente 56% dos alunos que entraram em uma faculdade acabaram desistindo no meio dos estudos ou trocaram de curso durante a graduação.[1] Os motivos são muitos, mas é preciso destacar o fato de que, muitas vezes, a escolha da graduação está muito conectada à família ou à facilidade de conseguir emprego, e não ao desejo ou ao conhecimento sobre a área. Há muita teoria e pouca prática sobre as reais funções associadas às profissões; por isso, muitas pessoas podem levar anos para encontrar o que realmente faz seu coração vibrar.

No segundo período do curso de Administração, eu já estava tentando estágio em uma empresa multinacional. O processo seletivo era intenso, e havia poucas vagas. Quando recebi a notícia de que tinha sido aprovada, não me contive, fiquei muito feliz! A psicóloga responsável pelo processo seletivo sugeriu que eu trabalhasse na área de marketing, pois eu tinha apresentado certas características que seriam relevantes para a função, mesmo que meu interesse estivesse mais centrado na área de recursos humanos.

Meu progresso profissional foi notavelmente rápido. Logo após concluir a faculdade, iniciei minha carreira como analista júnior em uma multinacional, marcando o começo da minha jornada no setor. Embora a princípio eu estivesse interessada em recursos humanos, a complexidade e os desafios crescentes que envolviam a migração para essa área me levaram a reconsiderar minha trajetória. Assim, decidi me especializar em marketing, um campo de atuação que já começava a moldar meu futuro profissional.

A atenção que dediquei ao meu trabalho acabou sendo notada e fui contatada por ***headhunters*** com uma proposta para assumir uma nova

---

1 Índice de troca ou abandono de curso em faculdades equivale à metade dos ingressantes. *Estado de Minas*, 2018. https://www.em.com.br/app/noticia/especiais/educacao/2018/07/17/internas_educacao,973969/indice-de-troca-ou-abandono-de-curso-em-faculdades-equivale-a-metade-d.shtml.

posição. Isso me levou a uma empresa onde abracei o desafio de ser analista sênior. Essa mudança provocou uma aceleração no meu desenvolvimento profissional. Aos 24 anos, tive a oportunidade de me tornar coordenadora de marketing numa empresa menor. Esse passo, embora tenha sido dado em um ambiente diferente dos anteriores, ofereceu-me valiosas experiências e aprendizados em um período significativo da minha trajetória.

Ainda que me dedicasse intensamente ao trabalho, percebi que a falta de experiência e maturidade eram barreiras que eu não conseguia superar naquele momento. Essa lacuna culminou em uma das minhas frustrações naquele período: ser demitida. A demissão me deixou confusa e desorientada, fazendo-me transitar de uma posição bem remunerada para um estado de vazio, o que me levou a depender novamente dos meus pais, tanto financeira quanto emocionalmente. Apesar do apoio familiar, os dois anos seguintes foram muitíssimo desafiadores. Desapontada com a demissão, comecei a estudar para concursos, visando uma carreira mais segura, onde o risco de demissão era quase inexistente. Contudo, à medida que o tempo passava, o esforço parecia cada vez mais infrutífero. Em meio a frustrações e decepções, minha mãe reacendeu uma chama antiga ao me lembrar do meu interesse em cursar Psicologia. Esse desejo ainda ardia em mim, mas eu hesitava em impor mais um ônus financeiro aos meus pais e enfrentar o desafio de recomeçar.

Nesse período, eu estava noiva e desempregada. Tentei me aventurar em consultorias de marketing, mas os resultados positivos sempre pareciam estar além do meu alcance. Experimentei uma profunda sensação de perda de identidade, como se cada tentativa terminasse em fracasso. Foi então que, após muita reflexão, decidi aceitar o "presente" de meus pais: iniciar uma nova graduação. Embora eu parecesse estar dando "um passo para trás para dar outros à frente", enfrentar o desafio de recomeçar, mesmo com experiência prévia em outra área, marcou o início de uma jornada de transformação em minha vida.

A transição de carreira é, conforme descrito por Herminia Ibarra, um processo de distanciamento de algo, sem ainda tê-lo deixado completamente, enquanto se avança em direção a outro algo, sem ter plena certeza do que será. Esse período de mudança é menos sobre a busca por verdades factuais e mais um convite para um aprendizado profundo e um processo de autodescoberta; uma oportunidade para explorar o "eu" interior e compreender melhor os próprios desejos e capacidades.

Contudo, minha percepção sobre a vida mudou significativamente. Para mim, seguir em direção aos meus sonhos não representa um passo para trás; ao contrário: é um passo adiante, embora mais cauteloso e ponderado. Essa abordagem me guiou pela trajetória que me trouxe até aqui, permitindo-me compartilhar esta história.

Albert Einstein colocou, de forma eloquente: "O intelecto tem pouca utilidade no caminho da descoberta. Há um salto no despertar da consciência — chame-lhe intuição ou como quiser —, e a solução vem por si, sem saber de onde nem por quê." Essa compreensão reforça que os acontecimentos ocorrem por um propósito, mesmo que, no momento, não possamos discernir sua natureza ou direção.

Quantas pessoas, por acharem que estavam dando um "passo para trás", deixaram de seguir seu propósito? É verdade que, no momento da decisão, temos muito mais dúvidas do que certezas. Entretanto, se você estiver aberto a ouvir sua intuição e atento aos sinais já recebidos, poderá encontrar a coragem de que necessita dentro de si.

Recentemente, vivenciamos uma situação global que levou muitas pessoas a questionarem várias coisas, incluindo seus trabalhos. Em uma pesquisa da consultoria de RH *EDC Group*, 91% dos participantes afirmaram ter mudado seu propósito de vida durante a pandemia. Além disso, 53% dos entrevistados disseram que perderam o interesse nas atividades que exerciam antes da pandemia. Você faz parte dessa estatística? Ainda convém mencionar que, infelizmente, apenas 45% dos entrevistados alegaram ter coragem de buscar um novo nicho para atuar.[2] Mais uma vez, te pergunto: você faz parte dessa estatística? Por que tantas pessoas mudaram sua relação com o trabalho após a pandemia? Há muitas respostas para esse questionamento, mas gostaria que você pensasse no seguinte: como a morte pode nos mostrar o que realmente queremos da vida. Com a morte tão presente no dia a dia, as pessoas podem vir a perceber a importância do tempo.

---

2 COLAFEMINA, Martina. Pós-pandemia: pesquisa mostra que profissionais buscam propósito e novas áreas de atuação. *Forbes Brasil*, 2022. https://forbes.com.br/carreira/2022/05/pos-pandemia-pesquisa-mostra-que-metade-dos-profissionais-quer-mudar-de-area/.

É válido observar que estamos atravessando importantes transições que, por sua vez, são influenciadas pelo contexto social, que está em constante mutação — o que inclui os efeitos da pandemia. Isso engloba desde o aumento da expectativa de vida até a integração de recursos tecnológicos, bem como a pressão por redução de custos. Em muitos casos, essas mudanças têm desencadeado transições profissionais ou pessoais, às vezes até mesmo levando a uma reflexão profunda capaz de instigar mudanças significativas em nossa vida e nas nossas prioridades.

Por exemplo, ter tempo para bem-estar e saúde era algo visto como necessário; no entanto, nem sempre era experimentado no dia a dia corrido de muitos. Contudo, com a obrigatoriedade de se isolar em casa, as pessoas tiveram algo que antes nem percebiam passar: o tempo.

Sempre enxerguei meu tempo como algo precioso e, envolvida em muitas tarefas, minha produtividade era como um atestado de que tudo estava bem. Produção alta, autoestima forte, autoconfiança em dia. Mas atualmente, sinto que estou enfrentando um contexto semelhante ao de quando "dei um passo mais curto para frente" e ingressei na faculdade de Psicologia — embora em diferentes proporções.

Mudar-me para Londres trouxe uma nova fase à minha vida, uma pausa reflexiva das rotinas anteriores, abrindo espaço para novas explorações. Para me manter motivada, sempre me lembro da história de J.K. Rowling e me encho do espírito de não desistir dos compromissos com a escrita diante dos obstáculos. A história da autora me encoraja a ver além das incertezas do momento, reconhecendo que, às vezes, é na quietude que as melhores ideias e os melhores projetos ganham vida.

Isso destaca a ideia de que a busca pela verdade dos fatos pode ampliar os desafios no processo de mudança. Contudo, se a encararmos como uma valiosa oportunidade de aprendizado e autoconhecimento, entendendo que encontrar nossa verdade, nossa essência, é um investimento de tempo, conseguiremos seguir com mais coragem.

É interessante que, nos dois processos, eu acabei alcançando minha carga máxima para então fazer uma mudança. Para mim, isso reforça a ideia de que mudar de carreira ou mudar de direção em uma mesma carreira requer experimentação e construção de novos "eus", ou seja, a pessoa precisa se dispor a assumir novas identidades, até então não exploradas.

Muitas vezes, a busca por uma carreira profissional é uma forma de lidarmos com a falta de compreensão, a insatisfação e a dor. Alguns casos que encontrei em minha trajetória profissional são os exemplos de médicos que perderam suas famílias em acidentes de carro ou que testemunharam a demora de uma ambulância em socorrer um ente querido. Nesses casos, na busca por algum tipo de reparação, essas vivências os levaram a se tornarem médicos ou socorristas. Porém, em alguns contextos, em vez de reparar acontecimentos passados, podemos acabar repetindo uma história de dor.

Eu mesma experimentei isso ao tentar me punir por não alcançar determinados resultados ou por não me enquadrar em um único estilo de aprendizagem, inclusive em relação à fluência em inglês. É interessante notar que estou escrevendo este conteúdo enquanto faço exercício elíptico e leio um livro, tudo ao mesmo tempo. Muitos podem se perguntar como isso é possível, e a primeira palavra que me vem à mente é "amor". Quanto mais me conectei com esse amor, menos pressão senti em me encaixar em padrões rígidos de execução e aprendizagem. Outro detalhe especial é que, neste momento, estou ouvindo a música *Tu Respiración*, de Chayanne, e há uma parte que me faz refletir sobre o amor-próprio.

"E agora eu preciso de sua respiração
E o beijo de sua pele para a minha solidão
Dizer-lhe que me dói tanto o coração
Desde que você não está
Eu quero voltar
E te dizer que a minha vida não é a mesma sem o seu amor
Eu não sou o mesmo
Sem o seu amor"

A música é, para mim, uma forma de concentração e um lembrete de que a vida não é linear. Assim como nós e nossas habilidades, as notas musicais são distintas, levando a tons variados.

Nesse sentido, me lembro também da importância de "equilibrar nosso coração". Como? Bom, você já se percebeu hoje? Sentiu-se vivo? As batidas do nosso coração são diretamente afetadas por nossa respiração e seu ritmo. Quando inspiramos, o coração "acelera", e quando expiramos, ele desacelera. Por isso, quando respiramos conscientemente e de forma equilibrada, nossas batidas ficam reguladas. Uma forma simples de fazer isso é por meio de ciclos de dez segundos (cinco segundos inspirando e cinco expirando), contabilizando um total de seis ciclos por minuto. O indicado é fazer esse exercício durante cinco minutos, três vezes ao dia.[3]

O ritmo é algo inerente à vida. Por isso, ouvir nosso coração e equilibrá-lo de forma consciente é um caminho de autoconhecimento. Quando entendemos que são nossas qualidades e desafios que, juntos, se agrupam e formam a melodia da nossa vida, totalmente exclusiva e autoral, conseguimos nos libertar do peso de ter uma profissão que não se vincula com nosso propósito. E então tudo fica mais leve, fluido e bom de se ouvir e viver. Escrever este livro e fazer tantas outras coisas se tornam parte da música que eu escolhi criar, ouvir e tornar pública através da minha existência, e você, leitor, pode fazer o mesmo. Só você pode criar a trilha sonora da sua vida.

E é especialmente na maturidade da vida que muitos chegam a essa conclusão e começam a investir tempo naquilo que realmente faz sentido para sua existência. Afinal, na infância e na juventude, muitos colocam as vontades e os conselhos dos outros à frente, mesmo contra seu interesse. Escolhem caminhos indicados pelos pais, pela família, pelas convenções sociais, pelos educadores e por muitas outras pessoas que, no fundo, estão apenas querendo ajudar, mas acabam influenciando mentes em formação a seguir por um caminho que nem sempre é o que faz o coração delas pulsar.

Então elas chegam à maturidade sentindo que lhes falta algo e decidem olhar para sua individualidade. O tempo começa a ser mais valioso quando a mortalidade se aproxima; o que não era tão importante passa a ser urgente, e o seu próprio "eu" começa a clamar por facetas até então negligenciadas. Além disso, quanto mais você vive consigo mesmo, melhor se conhece e, por resultado, consegue entender melhor o que lhe dá real satisfação e realização.

---

3 SALLES, Jean Guillaume. *Dinheiro, você está aí?* Mover nossa consciência para a abundância. Paraná: Cintia Chiarelli, 1900.

Alguns acham que há um "limite" de idade para ser bem-sucedido na carreira ou nos negócios, como se o sucesso deixasse de ser viável caso não tenha se instalado até determinada fase da vida. Nesse sentido, tenho um bom caso para contar, sobre uma pessoa que, aos 5 anos, perdeu o pai; aos 16, abandonou a escola; e aos 17, já tinha passado por quatro empregos! Casou-se com 18 anos, mas sua esposa o deixou dois anos depois. Tornou-se cozinheiro de um pequeno café, e, aos 65 anos, se aposentou, se sentindo um fracassado. A dor era tão grande que ele decidiu cometer suicídio, mas antes, colocou no papel tudo o que queria ter feito ao longo desses anos. Isso o fez desistir de tirar sua própria vida. Então ele pegou emprestados US$87 para fazer frangos fritos com sua própria receita, vendendo seu produto de porta em porta. Essa é a história de Coronel Sanders, fundador da *Kentucky Fried Chicken*, popularmente conhecida como KFC, que aos 88 anos se tornou bilionário.

O fato essencial aqui não é ele ter se tornado bilionário, mas sim ele ter precisado chegar à "beira do precipício" para sair da zona de conforto e finalmente alcançar o sucesso. Há grandes realizações para todas as pessoas em momentos diferentes da vida. Você já descobriu a sua? Não? Então continue tentando, pois, assim como no caso de Sanders, a resposta pode estar dentro de você, em suas próprias "receitas".

Fracassos são caminhos mais longos para se chegar ao sucesso. Não é que você esteja na direção errada, apenas considere os erros como uma pausa temporária para uma lição necessária.

Mas agora, se você vive numa insatisfação constante, como se errasse o tempo todo, talvez o erro seja insistir naquilo que não é para você. Infelizmente, você não seria o único a fazer isso, já que o trabalho é mais fonte de insatisfação do que satisfação para 90% dos trabalhadores do mundo.[4] É por isso que, quando alguém encontra sua vocação, vive uma intensa satisfação.

Por exemplo, a zeladora de uma empresa que, ao passar pelas estações de trabalho, cumprimenta os colaboradores com um caloroso sorriso e um amável "bom dia", criando assim um ambiente acolhedor e promovendo o bem-estar dos colaboradores, não ficando restrita à descrição de sua própria função, e sim buscando um sentido maior para

---

4 SCHWARTZ, Barry. *Why We Work*. Nova York: Simon & Schuster, 2015.

aquela missão. O mesmo ocorre com um porteiro que, além de controlar o acesso ao prédio, se torna um elo entre os moradores, prestando assistência e criando um senso de comunidade. Em resumo, pode-se dizer que, quando a pessoa encontra sua vocação dentro de qualquer função, seu exercício se torna significativo tanto para ela, quanto para os outros.

Além de encontrar o seu propósito no trabalho, é importante que o profissional esteja bem em outros aspectos da sua vida, pois, por mais que se diga que é necessário separar o trabalho da vida pessoal, o lado profissional é afetado por outras facetas. Nesse sentido, certa pesquisa mostra que trabalhadores que têm hobbies possuem uma inclinação a serem mais inovadores e criativos.[5]

Mas e quando não resta tempo nem mesmo para praticar um hobby? Em situações assim, o estresse pode acumular-se como uma bola de neve, chegando a um ponto em que não será mais possível pará-la, ocasionando o desenvolvimento de um esgotamento total do indivíduo, conhecido como estresse excessivo ou Síndrome de Burnout.

São muitos os motivos que podem levar os funcionários ao burnout, sendo o excesso de trabalho o principal deles. Afinal, passar muitas horas trabalhando traz esgotamento físico e mental, além de dores no corpo, exaustão, níveis elevados de cortisol, insônia e outros sintomas.

Outro motivo é a falta de reconhecimento, que pode ser percebida em, pelo menos, dois campos: financeiro e de feedback. Quando um funcionário recebe um salário incompatível com o serviço que entrega, o estresse gerado por essa divergência de valores pode causar burnout. Por outro lado, se o salário for bom e a entrega também, mas não houver comunicação positiva sobre o trabalho desempenhado, o funcionário pode sentir-se esgotado por não enxergar o valor do que faz. Em ambos os casos, o funcionário pode se desmotivar e ter problemas de autoestima, bem como se empenhar mais do que é saudável em busca de aprovação,

5 ESCHLEMAN, Kevin J. *et al*. Benefiting from creative activity: The positive relationships between creative activity, recovery experiences, and performance-related outcomes. *Journal of Occupational and Organizational Psychology*, v. 87, n. 3, p. 579–598, 2014. Disponível em: https://doi.org/10.1111/joop.12064.

levando ao burnout, que, segundo uma pesquisa da USP, afeta um a cada cinco funcionários das grandes corporações.[6]

Nesse sentido, também podemos citar a falta de justiça: favoritismos, preconceitos e julgamentos distorcidos podem gerar conflitos na equipe, causando estresse e ansiedade nos funcionários. Daí vem a necessidade de a empresa ter gestores que agem de forma imparcial. Assim, é necessário que os valores pregados pela empresa sejam seguidos em toda a hierarquia da organização.

Precisamos pensar também que, além das organizações que possuem CNPJ, plano de cargos e salários, e tudo o que um negócio precisa, existem as "empresas de uma mulher só", das donas de casa, que precisam ser profissionais da limpeza e organização do lar, babás, educadoras, "psicólogas" e tantas outras tarefas que gerenciar um lar e uma família incluem. O burnout se estende também a essas trabalhadoras, que têm cargos muitas vezes não reconhecidos e não remunerados.

Esse tema me impulsiona a expor aqui algo que aconteceu no início de 2023, quando vivenciei uma situação que me fez refletir profundamente. Havia me mudado para Londres há pouco tempo, e minha rotina sofreu uma grande transformação. Quando estava no Brasil, contava com toda a comodidade de ter ajuda para realizar as tarefas domésticas, incluindo lavar, cozinhar e cuidar da minha filha. No entanto, ao chegar em Londres, assumi um novo desafio. Além das responsabilidades domésticas, estava envolvida em um curso de aperfeiçoamento profissional. Em apenas três meses, desenvolvi um curso abrangente sobre realidade virtual na área de saúde mental; escrevi uma apostila com mais de trezentas páginas para acompanhar o curso e participei de diversas postagens em redes sociais. A pressão do tempo tornou-se esmagadora, e a exaustão chegou a um ponto crítico, culminando em sintomas de burnout. Isso foi especialmente contraditório, considerando que eu estava dedicada justamente à saúde mental.

---

6 YONESHIGUE, Bernardo. Burnout: 1 a cada 5 profissionais de grandes corporações sofre de esgotamento no Brasil, mostra pesquisa inédita. ***Instituto de Psiquiatria do Hospital das Clínicas da FMUSP***, 2022. Disponível em: https://ipqhc.org.br/2022/10/13/burnout-1-a-cada-5-profissionais-de-grandes-corporacoes-sofre-de-esgotamento-no-brasil-mostra-pesquisa-inedita/.

No final desse ciclo intenso, tomei uma grande decisão: reduzi de modo considerável minhas atividades nas redes sociais e comecei a questionar o propósito de todo esse esforço. Em muitos momentos, tentamos nos encaixar no que é esperado de nós, em vez de seguirmos um caminho que faça sentido para nossas próprias características e nosso bem-estar. Esse foi um período de reflexão que me possibilitou reexaminar minhas prioridades e buscar equilíbrio em minha vida. Nesse contexto, encontrei esse equilíbrio ao abraçar minhas características individuais, mesmo que o diferente pudesse causar apreensão em algumas pessoas. Para reduzir a frustração, percebi a importância de estabelecer uma relação com a vitória que não siga um padrão preestabelecido. Até porque meu histórico de vida me incutiu a importância de olhar além dos padrões.

Sobre isso, Dick Gently, um dos personagens de Douglas Adams, autor de romances policiais, disse uma frase interessante: "Eu raramente chego aonde pretendia chegar, mas, muitas vezes acabo, num lugar onde precisava estar." Já refletiu sobre isso? Quando olhamos de forma mais "ampla" para o conceito de vitória, entendemos que muitas coisas a simbolizam, e esse pensamento é determinante na redução do nosso estresse e de um possível burnout.

A busca incansável pela perfeição em diversos papéis muitas vezes se torna uma fonte de estresse, sobretudo para as mulheres, que constantemente são pressionadas a se adequarem a um padrão. Já citei as "donas de casa", que nem sempre têm seu valor reconhecido, porém essa reflexão precisa se estender para além delas, chegando a suas próprias filhas.

Uma pesquisa realizada com 4.500 adolescentes revelou que 92% buscaram algum método de controle de peso, sendo que 44% desses métodos eram prejudiciais à saúde. Considerando que os transtornos alimentares são as doenças mentais com maior taxa de mortalidade, vitimando 250 mil pessoas por ano, percebe-se o quanto o "padrão biquíni" imposto às meninas pode ser destrutivo para a vida delas. Isso também evidencia que a pressão pela perfeição começa nas meninas em uma idade muito jovem, antes mesmo de atingirem a maturidade. Condicionadas socialmente por tantos anos, ao alcançarem esse estágio, elas enfrentam estresses intensos e outros sintomas.

Por ora, urge reconhecer a premência de acatar nossa essência autêntica, desafiando as coações normativas que nos induzem à homogeneização. É imperioso discernir o abismo entre o burnout, caracterizado por uma exaustão desmedida, e o estresse, cuja modulação adequada desdobra-se como coadjuvante primordial na orquestração de estratégias para transpor obstáculos.

Por exemplo, um estudo laboratorial feito com ratos submetidos a curtos períodos de estresse demonstrou que tal condição aumenta o estado de alerta e o desempenho, estimulando o crescimento de células-tronco que se tornam células cerebrais. Esse processo resulta em melhorias significativas no aprendizado e na memória, evidenciando que o estresse, em níveis controláveis, pode beneficiar o desempenho cognitivo e a capacidade de retenção.[7] Mas se o estresse começa a existir mesmo quando não há um motivo aparente, é necessário estar atento. Afinal, quando suportamos períodos repetitivos ou prolongados de estresse, nossa amígdala aumenta, e o hipocampo, que fica ao seu lado e é responsável pelo armazenamento de memórias não traumáticas, encolhe devido à exposição contínua a experiências ameaçadoras e perigosas.

Esse fenômeno não apenas altera nossa capacidade de resposta ao estresse, mas também exerce efeitos negativos sobre o sistema imunológico e, a longo prazo, pode prejudicar a fertilidade e a libido. O aumento do cortisol, desencadeado por um estado de estresse persistente, leva à redução dos níveis de progesterona. Essa, conhecida por suas propriedades ansiolíticas e sua importância na promoção de um sono reparador, é essencial, principalmente se considerarmos que, segundo estudos científicos, precisamos dedicar em média 42% do nosso tempo ao sono para a "manutenção" do nosso corpo e da nossa mente.[8]

Portanto, é imperativo aprender a controlar o estresse para impedir que ele nos domine por completo, o que é feito não só para beneficiar o indivíduo, mas também para salvaguardar o bem-estar das gerações vindouras. Pois, em um estudo realizado com descendentes

---

7 KIRBY, Elizabeth D. *et al*. Acute stress enhances adult rat hippocampal neurogenesis and activation of newborn neurons via secreted astrocytic FGF2. *eLife*, v. 2, p. 1-23, 2013. Disponível em: https://doi.org/10.7554/eLife.00362.

8 NAGOSKI, Emily, NAGOSKI, Amelia. ***Burnout***: o segredo para quebrar o ciclo do stress da mulher. Rio de Janeiro: BestSeller, 2021.

de sobreviventes do Holocausto, foram descobertos níveis elevados de hormônios de estresse, demonstrando que esse tipo de impacto pode ser transmitido através das gerações.[9]

Esse conhecimento nos leva a buscar estratégias eficazes para gerir o estresse, entre elas, reconectar-se com o ambiente natural. À vista disso, um estudo demonstrou que pessoas que fizeram um retiro de imersão na natureza por quatro dias, voltaram com 50% de criatividade a mais, ou seja, com a mente mais disponível para novas conexões.[10]

A adoção de hábitos alimentares saudáveis e a inclusão de exercícios físicos na rotina podem resultar em uma redução significativa nos níveis de estresse. Uma dieta rica em frutas vermelhas, vegetais cheios de vitaminas, grãos integrais e nozes também ajuda a diminuir os níveis de cortisol, o hormônio do estresse. Aumentar a ingestão de água é igualmente importante, pois a desidratação pode levar ao aumento desse hormônio. Manter níveis adequados de ômega-3 na dieta também desempenha um papel fundamental na redução da ansiedade.[11]

Ainda sobre o estresse, um estudo do Dr. David Lewis-Hodgson, da *Mindlab International*, demonstrou que existem músicas que podem ajudar a diminuir os níveis de ansiedade e estresse em até 65%.[12] Por isso, anote a seguinte dica: crie uma playlist de músicas que têm efeito positivo em seu humor para ser ouvida sempre que necessário. Essa abordagem integrativa é a chave para obter resultados significativos, pois não basta tratar os sintomas de forma isolada, é essencial considerar diversas vias para alcançar o bem-estar.

Muitas vezes, somos nós que tornamos situações mais catastróficas do que deveriam ser, gerando o estresse. Por isso, é válido nos

---

9 Pais podem transmitir traumas aos filhos pelos genes, creem cientistas. *BBC News Brasil*, 2015. Disponível em: https://www.bbc.com/portuguese/noticias/2015/08/150826_trauma_genetico_fn.

10 ATCHLEY, Ruth Ann; STRAYER, David L.; ATCHLEY, Paul. Creativity in the wild: Improving creative reasoning through immersion in natural settings. *PLOS ONE*, v. 7, n. 12, 2012. Disponível em: https://doi.org/10.1371/journal.pone.0051474.

11 OMEGA-3s for anxiety? ***Harvard Health***, 2019. Disponível em: https://www.health.harvard.edu/mind-and-mood/omega-3s-for-anxiety.

12 CURTIN, Melanie. Neuroscience Says Listening to This Song Reduces Anxiety by Up to 65 Percent. ***Inc.***, 2017. Disponível em: https://www.inc.com/melanie-curtin/neuroscience-says-listening-to-this-one-song-reduces-anxiety-by-up-to-65-percent.html.

perguntarmos: estou dando uma atenção exagerada a um pequeno erro, transformando-o em um grande problema? Por exemplo, pode ser que alguém em nosso trabalho tenha nos dado um feedback para nos ajudar a melhorar, mas, por acharmos que essa pessoa tem algo contra nós, elaboramos mil pensamentos que nos causam angústia. Ou talvez não tenhamos sido promovidos no momento em que desejávamos ou acreditávamos que seríamos. No fim das contas, a maioria de nós, seres humanos, dá mais atenção à punição do que às recompensas.

Para entender esse pensamento que nos acompanha desde a infância, pense no exemplo de um grupo de crianças no qual metade delas é recompensada com uma bolinha de gude, a ser colocada em um pote, ao dar as respostas certas; enquanto isso, a outra metade do grupo recebe o pote já cheio de bolinhas de gude e precisa devolver uma bolinha sempre que dá uma resposta errada. Qual é o resultado? As crianças que perdem as bolinhas de gude têm um aprendizado muito mais rápido do que aquelas que são recompensadas.

Ainda nesse sentido, um estudo feito com professores demonstrou a mesma tendência com os adultos: foi dada a todos os professores de um grupo a missão de ajudar seus alunos a alcançarem melhores resultados no que se refere às notas. A primeira parte do grupo recebeu uma bonificação antecipada que teriam que devolver caso as crianças não alcançassem o resultado desejado, enquanto a outra metade receberia a recompensa no final do ano caso tivessem conseguido conquistar o objetivo. O resultado? Os alunos dos professores que tinham sido pagos antecipadamente e que perderiam aquilo que já tinham obtido caso o resultado não fosse positivo se saíram muito melhor do que os alunos dos professores que seriam recompensados ao final do ano.[13]

Inevitavelmente, o ser humano é estimulado pela dor, inclusive no que se refere a ajudar o próximo. Isso foi comprovado em um outro estudo, feito com dois grupos de pessoas: em um grupo, as pessoas assistiram a um vídeo dramático de um pai com seu filho, que estava lutando contra o câncer; no outro grupo, as pessoas assistiram a um vídeo de um pai caminhando com o filho em um zoológico. Como resultado,

---

13 SUTTIE, Jill. How to Overcome Your Brain's Fixation on Bad Things. *Greater Good Magazine*, 2020. Disponível em: https://greatergood.berkeley.edu/article/item/how_to_overcome_your_brains_fixation_on_bad_things.

os pesquisadores perceberam um aumento tanto do cortisol quanto da ocitocina no primeiro grupo e, além disso, os participantes se dispuseram a doar uma quantia do valor conquistado com o experimento a organizações sem fins lucrativos. O estudo comprovou que o aumento da ocitocina e do cortisol aumentou a propensão à doação em 80%.

Esse estudo mostra como histórias dramáticas podem exercer um papel de mobilização em campanhas políticas, de igrejas, universidades, entre outras, por aumentar o nível de ocitocina e cortisol. Entretanto, essas duas substâncias também podem incentivar outros resultados. No caso do cortisol, por exemplo, seu aumento pode desencadear um comportamento agressivo, resultado, muitas vezes, do famoso processo de fuga ou de luta. Já a ocitocina mostrou-se como uma substância capaz de gerar maior senso de coletividade dentro de um mesmo grupo, mas que, por consequência, leva os indivíduos a excluir aqueles que estão fora dele ou até mesmo seguir decisões erradas em nome da coletividade.[14]

É a ocitocina a responsável pelo sentimento que uma mãe tem quando vê seu filho pela primeira vez. De acordo com estudos, durante o nascimento de um bebê há uma enorme liberação de ocitocina que conecta a mãe ao filho. Nesse sentido, um estudo feito com ratas em laboratório comprovou que a liberação de ocitocina era mais atrativa até mesmo do que o uso da cocaína. É por isso que esse hormônio é uma importante substância associada a momentos felizes e posturas de autoconfiança. No entanto, como vimos acima, da mesma forma que ela pode conectar pessoas, também pode separá-las. Isso nos mostra o quanto contextos sociais influenciam a nossa existência.[15]

Até agora, falamos sobre substâncias que são normais em nosso corpo, mas que, em situações específicas, podem modificar nosso comportamento e nossas tomadas de decisão. Mas o que dizer de substâncias que não são produzidas pelo nosso organismo? E as substâncias que consumimos?

---

14 SMITH, Jeremy Adam. The Science of the Story. *Greater Good Magazine*, 2016. Disponível em: https://greatergood.berkeley.edu/article/item/science_of_the_story.

15 SMITH, Jeremy Adam.. Five Surprising Ways Oxytocin Shapes Your Social Life. *Greater Good Magazine*, 2016.. Disponível em: https://greatergood.berkeley.edu/article/item/five_ways_oxytocin_might_shape_your_social_life.

É impossível falar sobre trabalho e sucesso, temas deste capítulo, sem mencionar que há quem faça de tudo para alcançar o dinheiro e a fama, mesmo que isso envolva prejudicar outras pessoas. E é nesse ponto que respondo à pergunta acima, citando a série *O Império da Dor*, que traz como tema central a influência da ganância nas tomadas de decisão do ser humano.

Esse conteúdo aborda o desenvolvimento e a comercialização do Oxycontin, um medicamento da família química da heroína, prescrito para tratar dores de moderadas a severas. Esse opioide, reconhecido por sua potência três vezes maior que a morfina, rapidamente se popularizou devido ao seu significativo efeito analgésico, embora também possa causar uma severa dependência. No ano de lançamento, as vendas do Oxycontin atingiram 1,6 bilhões de dólares, representando 80% do faturamento da *Purdue Pharma*, a empresa familiar responsável pela sua criação.

No desenvolvimento dos eventos, a narrativa revela como o capital pode ter um poder de compra vasto, abrangendo até mesmo a integridade física e o bem-estar de indivíduos vulneráveis. A crise de opiáceos nos Estados Unidos, agravada pelo Oxycontin, evidencia uma tragédia de proporções épicas, com milhares de vidas perdidas para a dependência. Ao admitir a subestimação dos riscos de dependência relacionados ao Oxycontin, a *Purdue Pharma* destacou o conflito entre a motivação por lucro e a salvaguarda da saúde pública. Esse reconhecimento expõe a necessidade de uma reflexão intensa sobre em que medida a busca por benefícios financeiros pode ofuscar a obrigação ética e social das empresas.

A manipulação e a persuasão têm sido estratégias empregadas ao longo de gerações para benefício próprio, levando, em alguns casos, a crimes e atrocidades, conforme retratado no filme *O Som da Liberdade*. Esse filme expõe de forma crua como a busca incessante por lucros exorbitantes pode resultar na exploração de seres humanos, incluindo crianças, dentro do abominável comércio da pedofilia, onde vidas são literalmente mercantilizadas.

E tudo começa na manipulação: uma jovem bonita e aparentemente bem-educada, se aproxima de uma família, prometendo a um pai com recursos econômicos limitados a oportunidade de proporcionar um futuro melhor para seus filhos. Essa oferta, repleta de falsas promessas, abre caminho para um universo de exploração e abuso.

A trama traz à luz a realidade sombria da pedofilia, mostrando que ela ocorre incessantemente, inclusive enquanto este texto é lido. Isso pode ser ilustrado por dados segundo os quais, no último ano, mais de 22 milhões de novas imagens de pornografia infantil foram registradas. Além disso, destaca-se que o tráfico humano gera mais de US$150 bilhões anualmente. Tais estatísticas sublinham a urgência de discutir e combater essas práticas. Aperceber-se disso pode ser incômodo, mas é por evitar situações que incomodam que muitas pessoas não percebem o que está acontecendo ao seu redor.

Aproveitando o tema para incutir reflexões, o que podemos falar do Brasil no que se refere ao abuso sexual infantil? A cada dia, 320 crianças e adolescentes são explorados sexualmente no Brasil, fazendo com que a nação ocupe o segundo lugar no ranking de países com maior índice de pedofilia.[16]

Bradford (1999) indica que a prevalência da pedofilia é comparável à da perturbação obsessiva-compulsiva, situando-se em 2,5%.[17] Mas afinal, o que leva alguém a se tornar um pedófilo? De acordo com estudos, algo que pode ser um fator de risco é o fato de o próprio pedófilo de também ter sido abusado na infância. Pode ser que, ao crescer, a pessoa inverta os "papéis" vivenciados no trauma, tendo uma espécie de experiência sadomasoquista.[18] Entretanto é claro que não podemos generalizar, pois nem toda vítima de abuso se torna abusadora, assim como nem todo abusador foi uma vítima. A pedofilia é um desvio de conduta específico e distinto em cada perfil de abusador.

---

16 Brasil ocupa 2º lugar no ranking de exploração sexual infantil. *ChildFund Brasil*, 2021. Disponível em: https://www.childfundbrasil.org.br/blog/brasil-ocupa-segundo-lugar-em-ranking-de-exploracao-infantil/.

17 BRADFORD, J. M. W. The paraphilias, obsessive compulsive spectrum disorder, and the treatment of sexually deviant behaviour. *Psychiatry Q*, v. 70, n. 3, p. 209-219, 1999. Disponível em: https://doi.org/10.1023/A:1022099026059.

18 MCELHANEY, James K. Pedophilia: Understanding the origins and problems within the criminal justice system. 2023. Dissertação (Doutorado em Filosofia). Liberty University, Lynchburg, 2023.

Nesse sentido, ausência parental, dificuldades de comunicação, e desconhecimento sobre limites e o próprio corpo, são fatores que podem tornar a criança mais vulnerável a abusos. Por isso, é fundamental estimular o diálogo, incentivando as crianças a expressarem abertamente seus sentimentos e pensamentos, permitindo que elas compreendam o que constitui um ambiente seguro.

As consequências de um abuso podem variar entre as vítimas. Embora o trauma esteja diretamente relacionado ao ocorrido, a reação dos familiares, da escola e de outros envolvidos diante da revelação da criança pode atenuar a situação de modo considerável. Por isso, se a vítima se abrir com você, esteja atento para não transmitir ainda mais sentimentos negativos, medos e inseguranças a ela. Acolha-a, mas evite instigar ódio e violência ou enfatizar possíveis consequências negativas do trauma. Além disso, nunca compare situações, pois cada experiência é única, e as comparações podem agravar o sofrimento da vítima ou minimizar indevidamente seu impacto.

Outras consequências do trauma podem incluir distúrbios emocionais, do sono e alimentares, além de medos, fobias, estresse pós-traumático, depressão, entre outros. Na escola, enquanto alguns podem apresentar dificuldades de aprendizado após o trauma, outros podem se dedicar intensamente aos estudos, percebendo o ambiente escolar como seguro e encontrando nos livros e nas histórias uma forma de escapar da realidade traumática. Com o mesmo intuito de fuga, alguns podem recorrer a drogas ou outros vícios.

Crianças que sofreram abusos têm uma maior propensão a enfrentar depressão na vida adulta, com relatos mais frequentes de tentativas de suicídio e automutilação. Isso acontece porque muitas dessas crianças se sentem rejeitadas, possuem baixa autoestima e enfrentam dificuldades de relacionamento.

A exposição precoce ao sexo pode levar a extremos de comportamento sexual, como aversão ao sexo ou promiscuidade, prejudicando o desenvolvimento de uma visão saudável sobre sexualidade. Além disso, essa experiência pode afetar a orientação sexual da pessoa, gerando uma aversão extrema à orientação sexual do agressor ou à sua própria. Um pesquisador, Finkelhor, mencionou que entre homens a homossexualidade é quatro vezes mais frequente naqueles que foram vítimas de abuso sexual na infância.[19]

Toda criança abusada deveria contar com um acompanhamento profissional, sentindo o amparo necessário para desenvolver, em seu tempo e à sua maneira, subsídios para superação do trauma. Do mesmo modo, o adulto que foi abusado na infância e nunca recebeu esse apoio, ou que nem mesmo compartilhou seu trauma com alguém, precisa olhar para dentro, para sua criança ferida, e dar a si o acolhimento e a ajuda profissional que possam ter lhe faltado na época do trauma.

Pedófilos manipulam crianças para que elas façam o que eles querem e não contem para ninguém. Ou seja, a manipulação mais uma vez mostra-se como uma arma perigosa nas mãos erradas. Por isso, gostaria de encerrar este capítulo refletindo um pouco mais sobre o poder da manipulação também em outros aspectos.

Quando preconceitos ou expectativas pessoais exercem influência sobre uma conversa, a manipulação pode surgir como uma tentativa de orientar as respostas ou decisões de alguém, em conformidade com interesses pessoais, em busca de previsibilidade e controle. Esse comportamento costuma levar as pessoas a evitarem aprofundar a discussão ou fazer perguntas que poderiam revelar a resposta verdadeira, pois temem que ela não corresponda às expectativas ou aos desejos pessoais.

No contexto da escolha profissional, a manipulação pode manifestar-se quando um pai ou responsável procura direcionar seu filho para uma carreira específica. Isso pode ocorrer por meio da omissão de informações sobre outras opções ou pela aplicação de pressão emocional para que a escolha esteja alinhada com as preferências dos pais. Essas práticas podem restringir a liberdade de escolha do filho e levá-lo a tomar decisões baseadas em influências externas, em vez de seguir seus próprios interesses genuínos.

A manipulação e o controle são desafios que frequentemente surgem em diversos relacionamentos. Por exemplo, quando os filhos exibem

---

19 MACHADO, Talita Ferreira Alves. Criança vítima de pedofilia: fatores de risco e danos sofridos. 2013. Dissertação (Mestrado em Medicina Forense). Faculdade de Direito da Universidade de São Paulo, São Paulo,2013. Disponível em: https://www.teses.usp.br/teses/disponiveis/2/2136/tde-13022014-111701/publico/Dissertacao_Mestrado_Talita_Ferreira_Alves_Machado.pdf.

comportamentos manipuladores e controladores, muitas vezes isso é percebido como um desafio à autoridade dos pais, levando-os a considerar aquilo como uma ofensa pessoal. No entanto, é importante compreender que a atitude de manipulação e controle por parte da criança pode ser apenas uma maneira inadequada de expressar necessidades e desejos. É preciso lembrar que o sorriso e o choro são as primeiras manipulações que os filhos conhecem na vida, por exemplo; e que eles não o fazem com má intenção, mas sim por instinto de sobrevivência.

Nós, adultos, podemos evitar sofrimentos, dores e frustrações ao reformular nossa abordagem em relação às nossas verdadeiras vontades, e ao abraçar a vulnerabilidade emocional. É igualmente importante desenvolver a consciência da inevitável separação na vida, onde as crianças crescem e saem de casa, carreiras chegam ao fim ou mudam de direção e amigos seguem diferentes caminhos. Nesse sentido, a única constante é o nosso ser interior, e essa é a verdadeira liberdade. Por isso, não cabe aos responsáveis tentar manipular os filhos para que permaneçam com eles, já que o fluxo natural da vida é o oposto.

A manipulação muitas vezes está relacionada a sentimentos de lealdade. Por exemplo, quando o pai de uma menina tem outra família e isso leva à separação dele e de sua mãe, um profundo sentimento de abandono é criado na mãe e na filha. A filha, movida por lealdade à dor de sua mãe, pode desenvolver uma visão negativa de seu pai, devido às ações dele. A mãe, então, tem o papel fundamental de estabelecer a relação entra o pai e a filha. Se ela reforçar uma imagem positiva do pai, a filha poderá sentir-se mais livre para aceitar o papel dele em sua vida; por outro lado, caso a mãe instigue uma visão negativa do pai, valendo-se da manipulação, a filha se apegará a ela, devido à lealdade.

Ainda sobre manipulações, é inegável que elas existem na política, pois muitas campanhas se baseiam em promessas não cumpridas. Mas o viés que eu gostaria de trazer aqui é que política frequentemente se entrelaça com o pessoal, evocando emoções como raiva, tristeza e a sensação de falta de controle. Essas emoções podem ser projetadas em grupos políticos ou líderes, assemelhando-se à projeção emocional, onde responsabilizamos os outros por nossos sentimentos.

Por exemplo, existem alguns casos em que pacientes se tornam extremamente radicais em relação a um partido político, e quando esse partido perde as eleições, eles sentem que perderam o controle, porque suas escolhas políticas não lhes agradaram. Isso me leva a refletir sobre as ações que eles sentiam que controlavam, mas que, devido às suas escolhas, não trouxeram a satisfação desejada. Também penso sobre qual controle eles desejam manter para evitar confrontar a verdade.

Sob o manto do controle, muitas vezes jazem inseguranças veladas. Assim se revela que aqueles de índole manipuladora e controladora possuem em pequena quantidade a autoconfiança que anseiam proclamar aos quatro ventos; o tempo, esse juiz imparcial, inexoravelmente traz à luz tal veracidade.

Este capítulo perpassou por assuntos distintos, mas conectados por uma tênue linha. Refletimos sobre o poder da escolha profissional, que tem a capacidade tanto de nos elevar, oferecendo um senso de realização e propósito, quanto de nos arrastar ao abismo do esgotamento, conhecido como burnout. No âmbito profissional, exploramos os limites éticos transgredidos por aqueles em busca de lucros astronômicos, aventurando-se até mesmo nos mercados sombrios da pedofilia. Foi imperativo adentrar esse debate em uma obra dedicada às vicissitudes da alma humana, lançando luz sobre dados que podem armar os justos na luta contra esse flagelo. Ao findar deste compêndio, tecemos considerações sobre a manipulação, artifício empregado por almas de influência para moldar o mundo de acordo com seus desejos.

Com o coração saturado de tantas reflexões, talvez anseie por aquilo que se propõe a ser o cerne do próximo capítulo: o tempo. Tempo para assimilar a essência destas palavras e para tecê-las na tapeçaria de sua existência profissional e pessoal. Pois somente quando os ensinamentos aqui dispostos ressoam dentro de nós, provocando uma metamorfose íntima, é que seu verdadeiro valor se desvela. Convido-o, portanto, a se permitir um interlúdio, um respiro para "digerir" o que foi assimilado neste capítulo e, em seguida, avançar ao próximo, para compreender um pouco mais sobre como essa singela palavra — tempo — pode efetuar grandes mudanças em nossa vida.

.12.

O TEMPO E O CRONÔMETRO DA VIDA

O tempo não resolve as frustrações, mas pode fornecer experiência para superá-las.

Quem nunca ouviu a frase "o tempo está passando rápido demais"? Será que essa é a verdade ou estamos tão expostos a estímulos simultâneos que a nossa percepção da passagem do tempo envolve sermos produtivos ou estarmos em constante atividade?

No capítulo anterior, vimos como o estímulo de alta produtividade pode provocar uma sobrecarga e, consequentemente, o burnout. Isso nos leva a encontrar a conexão tempo versus trabalho.

Existe também o cenário oposto: aquele em que o tempo parece arrastar-se no ambiente de trabalho, sobretudo quando o indivíduo se encontra em uma posição onde sente que suas habilidades estão sendo subutilizadas ou onde não tem oportunidade de engajar-se em tarefas que demandem maior confiança e complexidade. Esse arrastar dos ponteiros do relógio é ainda mais perceptível quando há uma falta de identificação com o trabalho realizado, tornando cada tarefa uma extensão da monotonia e do desinteresse, e não uma expressão de potencial e engajamento.

Sabemos, portanto, que os dois extremos podem ser prejudiciais à saúde mental: a sobrecarga de tarefas e a ausência dela, ambas interferindo em nosso senso sobre o tempo. Pensando nisso, compreendemos que o tempo é relativo.

Por exemplo, a percepção do tempo varia drasticamente entre uma criança e um adulto; para um bebê, apenas o presente existe, só há aquele momento focado na satisfação imediata de suas necessidades básicas, como alimentar-se. Conforme amadurecemos, acumulamos responsabilidades que moldam nossa relação com o tempo, impondo-nos a necessidade de organizá-lo com cuidado. Afinal, não podemos nos dar ao luxo de chegar atrasados ao trabalho ou falhar em cumprir horários de compromissos. Na plenitude da vida adulta, alcançamos o ápice de nossas obrigações — filhos, cuidados com os pais, demandas profissionais, compromissos financeiros —, todas competindo por um lugar em nossos dias. Contudo, à medida que avançamos na vida, muitas dessas responsabilidades se atenuam: os filhos tornam-se independentes, a aposentadoria chega e as obrigações financeiras podem se estabilizar, proporcionando-nos novamente a sensação de ter “mais tempo”. Percebemos, assim, que não é o tempo em si que se altera, mas a densidade de tarefas e responsabilidades que ele abriga.

O tempo também parece passar de forma “diferente” quando estamos em um dos seguintes lados: o de quem espera uma resposta e o de quem a dá. A expectativa da espera pode ser frustrante se não for habilmente gerenciada.

É por isso que o tempo de resposta desempenha um papel na gestão da frustração e no fortalecimento do senso de pertencimento. Uma tática a ser observada, muitíssimo eficaz em cultivar um clima de inclusão, engloba a pontualidade no comparecimento a compromissos e a agilidade no atendimento a comunicações eletrônicas. Estudos realizados por Duncan Watts, sociólogo da Universidade Columbia, corroboram essa visão, demonstrando que o tempo que um líder leva para responder aos e-mails está diretamente relacionado ao nível de satisfação dos funcionários; esse é um indicativo de que quanto menor o tempo de espera por uma resposta, maior será a gratidão sentida pelos membros da equipe.

Cheguei a compartilhar esse estudo com uma amiga, que, por sua vez, revelou algo interessante sobre a comunicação com seu supervisor: a falta de respostas imediatas não a afeta negativamente, pois ela compreende que sua mensagem foi de fato recebida. Esse pensamento ensinou uma lição sobre a importância de reconhecer e assimilar a dinâmica particular de cada interação, o que é essencial para ajustarmos nossas expectativas de maneira eficiente.

Entretanto, essa habilidade parece perder sua potência quando transposta para o âmbito afetivo. Essa minha amiga, em sua busca por conexões significativas, investe tempo e energia na tentativa de estabelecer relações com novos parceiros, aspirando a uma reciprocidade e uma compreensão que raramente se materializam. Contudo, a ausência de respostas efetivas aos seus esforços a faz questionar a razão pela qual as relações não se concretizam. É como se ela enviasse mensagens para o universo, esperando por um eco que nunca retorna, deixando-a em um estado de incerteza e frustração. Esse contraste entre a paciência e a compreensão que ela demonstra no trabalho, e a ansiedade e a dúvida que experimenta na vida afetiva, destaca a complexidade das expectativas humanas e como elas variam significativamente entre diferentes esferas da vida.

No trabalho, ela parece navegar com uma bússola interna calibrada, usando mecanismos de defesa, como a racionalização, para desviar de obstáculos emocionais, e a sublimação, para converter potenciais conflitos em produtividade. Essas estratégias a mantêm alinhada com seu ideal profissional, onde as expectativas são claras e os resultados, mensuráveis.

Em contraste, nas águas mais turbulentas das relações afetivas, a mesma bússola parece desorientada. Mecanismos como a idealização e a projeção, embora naturais no anseio por conexões profundas, frequentemente distorcem a realidade das interações, ampliando a lacuna entre o desejo e o concreto. Aqui, a vulnerabilidade se torna tanto a chave para potenciais conexões genuínas quanto a fonte de profunda ansiedade, refletindo a complexidade de navegar pelo espaço entre o eu real e o desejo por aceitação e amor.

A trajetória afetiva de minha amiga, marcada por uma abertura intensa após um período de reclusão emocional, reflete uma profunda busca por amor, que transcende a simples ideia de encontrar um parceiro. Trata-se de um caminho intrincado de autoconhecimento e valorização.

Enquanto tecia as palavras deste capítulo, como se guiada por uma sutil sincronicidade do universo, essa amiga compartilhou em sua rede social duas reflexões sobre o tempo, cada uma ecoando profundamente com a essência de sua jornada. O primeiro post nos convidava a contemplar a importância de compartilhar nossa vida apenas com aqueles que têm o poder de nos fazer esquecer das horas, sugerindo que verdadeiras conexões transcendem a mera passagem do tempo. O segundo, por sua vez, nos lembrava que, independentemente da duração dos momentos ou da presença física das pessoas em nossa vida, existem certas almas e determinados instantes que se eternizam em nosso coração.

Contudo, a verdadeira liberação ocorre quando nos permitimos ser guiados por trajetórias menos exploradas e nos abrimos para experiências de amor e conexão de maneiras até então inimagináveis. Isso faz com que estejamos receptivos às surpresas e aos aprendizados que cada desvio de percurso possa revelar, depositando maior confiança no curso natural da vida e na sabedoria inerente ao nosso ser. Mantendo a fé em um propósito maior, podemos atravessar períodos de incerteza com mais tranquilidade e permanecer abertos às oportunidades que a vida oferece, transformando cada experiência, seja ela planejada ou não, em uma rica fonte de crescimento e descoberta pessoal.

No entanto, me deparei com indivíduos que, apesar de se ancorarem em seu propósito e de aceitarem com graça os desígnios da vida, confrontam-se com a sensação de que o tempo se cristaliza em estagnação. Esse paradoxo pode aflorar mesmo quando esses indivíduos estão profundamente alinhados com suas convicções espirituais e determinados em suas ações. A percepção de imobilidade, longe de indicar uma deriva ou falha, pode ser interpretada como um convite à introspecção mais acentuada.

Pode ser também uma indicação para você aprender a cultivar satisfação e propósito no aqui e agora, além de reconhecer a importância de integrar o repouso mental como um componente diário essencial em nossa vida. Implementando pausas regulares, como um intervalo a cada hora, alunos podem experimentar uma melhoria significativa em suas notas em dias de prova.[1] Note que repouso mental não é o mesmo que ócio: enquanto o objetivo do primeiro é permitir que o nosso cérebro processe as informações, o segundo caracteriza-se por um período de reflexão sem autoimposições ou exigências.

No interstício entre o repouso mental e o ócio enriquecedor encontra-se a prática do *Mindfulness*, cujo conceito já destaquei. A validade dessa prática é reforçada por evidências científicas; um programa de *Mindfulness* de oito semanas revelou um aumento significativo da massa cinzenta nos participantes. Esse achado revela como o *Mindfulness* pode influenciar positivamente nossas capacidades mentais, evidenciando não apenas a capacidade de aprimorar a atenção e a consciência, mas também de promover mudanças estruturais no cérebro que resultam em uma vasta gama de benefícios cognitivos e emocionais.[2]

Além disso, a prática de *Mindfulness* tem se revelado extremamente benéfica não só para o bem-estar mental, mas também para o fortalecimento da capacidade racional. Pesquisas mostram que indivíduos que se dedicam a essa prática exibem um aumento significativo na atividade da ínsula posterior, uma área do cérebro associada ao pensamento lógico e ao processo decisório.[3]

Essa jornada de autoconhecimento e expansão da consciência por meio do *Mindfulness* revela também implicações profundas na biologia humana. A descoberta da *tolerasse*, enzima responsável por adicionar sequências de DNA aos telômeros, protegendo-os contra o encurtamento e consequente dano ao DNA, foi reconhecida com o Prêmio Nobel em

---

1 IMMORDINO-YANG, Mary Helen; CHRISTODOULOU, Joanna A.; SINGH, Vanessa. Rest Is Not Idleness: Implications of the Brain's Default Mode for Human Development and Education. *Perspectives on psychological*, v. 7, n. 4, p. 352–364, 2012. Disponível em: https://doi.org/10.1177/1745691612447308.

2 MCGREEVEY, Sue. Eight weeks to a better brain. *The Harvard Gazette*, 2011. Disponível em: https://news.harvard.edu/gazette/story/2011/01/eight-weeks-to-a-better-brain/.

3 MOONEYHAM, Benjamin W. *et al*. An integrated assessment of changes in brain structure and function of the insula resulting from an intensive mindfulness-based intervention. *Journal of Cognitive Enhancement*, v. 1, p. 327-336, 2017. Disponível em: https://doi.org/10.1007/s41465-017-0034-3.

2009. Tal descoberta sublinha a intersecção entre a ciência molecular e as práticas de bem-estar, evidenciada em uma emblemática palestra TED que apresentou como o *Mindfulness* e a meditação podem preservar os telômeros, retardando o envelhecimento celular.[4] Um estudo específico, com duração de seis semanas, demonstrou que a prática regular de *Mindfulness* resulta em um aumento na atividade da tolerasse, sinalizando uma defesa contra o encurtamento dos telômeros e, por extensão, prevenindo doenças associadas à idade.[5]

Mas como começar a utilizar essa prática? Algumas dicas simples destinam-se a tecer a atenção plena através das atividades diárias, promovendo uma conexão mais profunda com o presente.

1. Início consciente:
À medida que você começar a ler estas palavras, faça uma pausa para se conectar verdadeiramente com o momento presente. Perceba o dispositivo em suas mãos, os sons ao redor, talvez o zumbido de uma televisão ou o burburinho da vida à sua volta. Esses não são meros ruídos de fundo, mas sim convites para você escolher conscientemente onde focar sua atenção. Permita-se reconhecer e, com gentileza, colocar de lado qualquer distração, comprometendo-se plenamente com este momento de aprendizado e introspecção.
2. Desfrute dos alimentos com atenção
Na próxima vez que se sentar para uma refeição, faça uma pausa para de fato observar seu prato antes de começar a comer. Note as diferentes cores presentes nele e tente discernir a temperatura dos alimentos. Avalie também a textura que cada ingrediente aparenta ter.

   Ao iniciar sua refeição, faça-o calmamente, dedicando-se à mastigar bem para captar os sabores por completo. Mantenha

---

4 BLACKBURN, Elizabeth. The science of cells that never get old. *TED Talks*, 2017. Disponível em: https://www.ted.com/talks elizabeth_blackburn_the_science_of_cells_that_never_get_old.

5 HÖLZEL, Britta K. *et al.* Mindfulness practice leads to increases in regional brain gray matter density. *Psychiatry research: Neuroimaging*, v. 191, n. 1, p. 36-43, 2011. Disponível em: https://www.sciencedirect.com/science/article/pii/S092549271000288X?via%3Dihub.

o foco na experiência da alimentação; se seus pensamentos divagarem, procure reconduzir sua atenção ao ato de comer.

Muitas vezes, comemos tão rápido que nem permitimos que nossos utensílios descansem entre as garfadas! Desta vez, desafie-se a colocar o garfo ou a colher no prato após levar um bocado à boca, continuando a mastigar de forma serena.

Considere expressar gratidão pela refeição que tem à frente. Este momento de apreciação pode enriquecer sua experiência alimentar, tornando-a mais consciente e gratificante.

3. Saindo do piloto automático ao dirigir

Você se lembra dos seus primeiros meses com a carteira de motorista? A atenção que prestava ao acelerador e ao freio, e a frequência com que checava o retrovisor? Com o tempo e a prática, a condução torna-se cada vez mais automática. Ao entrar no carro, parece que não precisamos mais pensar ativamente em como dirigir, apenas deixamos acontecer.

Que tal experimentar uma abordagem diferente? Se o seu carro tem câmbio manual, preste atenção na sensação da troca de marchas, ouça os sons emitidos pelo carro e observe com cuidado o retrovisor. Conscientize-se de que você está no controle, usando o freio e o acelerador; desligue o piloto automático e sinta-se verdadeiramente ao volante do seu carro.

4. Ouvir, sentir e perceber seu corpo

Você costuma escutar o que seu corpo tem a dizer? Experimente fazer isso em qualquer momento, até mesmo agora. Comece observando sua musculatura: ela está tensa ou relaxada? Como está sua respiração: acelerada ou tranquila? Dê atenção às sensações que seu corpo emite neste exato momento; talvez esteja sentindo calor, frio, fome ou sede. Essas sensações podem variar em intensidade, algumas sendo tão sutis que só são percebidas quando realmente as focamos.

Dê um abraço em si mesmo, sentindo a pele, sua textura... Use esse momento para se dar uma massagem suave. Faça isso enquanto respira profundamente, percebendo o ar entrar pelas narinas e sair pela boca.

Movimente os pés, as mãos, a cabeça — conforme sentir necessidade. Permita-se estar presente em seu próprio corpo. Pergunte a ele como se sente e do que precisa.

Desenvolver o hábito de estar plenamente atento ao seu corpo pode aumentar de modo considerável sua consciência corporal e influenciar suas decisões.

5. Atenção à natureza
Reserve períodos específicos para imersão na natureza, optando por ambientes que propiciem calma, como espaços verdes urbanos, áreas de conservação ou mesmo o contato íntimo com uma planta doméstica. Durante esses momentos, adote uma postura de observação focada, direcionando sua atenção exclusivamente ao elemento natural escolhido. Observe suas características, desde a textura até a maneira como interage com o ambiente, absorvendo a essência de vida que emana dele.

Ao mesmo tempo, pratique uma respiração consciente, enfatizando a importância de inalações e exalações profundas e controladas. Este exercício visa harmonizar o ritmo respiratório com a atenção plena ao ambiente natural, facilitando um estado de relaxamento e conexão.

Ao imergir nessa prática, é natural que pensamentos distrativos surjam. Quando isso acontecer, reconheça-os, sem julgamento, e gentilmente redirecione sua atenção de volta ao elemento natural escolhido. Essa habilidade de observar pensamentos distrativos sem criticar e retornar ao foco selecionado é fundamental no *Mindfulness*, pois reforça sua capacidade de estar presente e engajado, independente das interrupções mentais.

A prática do *Mindfulness*, junto a outras técnicas de meditação, nos ensina a "fazer as pazes com o tempo". Concentrando-nos no presente, valorizamos cada momento, reconhecendo que, apesar de não podermos controlar o relógio, temos o poder de escolher como experienciamos nosso tempo. Essa habilidade se torna ainda mais crucial à medida que envelhecemos. Com um "passado" mais vasto para refletir sobre e um futuro que pode parecer cada vez mais incerto, é fácil cair na armadilha de viver entre recordações e preocupações, ofuscando o valor do agora. É nesse contexto que muitos experimentam a "crise da meia-idade".

Em um estudo conduzido ao longo de dois anos, contando com a participação de 360 indivíduos que foram acompanhados mensalmente, foram documentados eventos de vida, saúde, bem-estar e caráter. Os resultados revelaram que a crise enfrentada pelos indivíduos da faixa etária de 40 a 65 anos reside principalmente na gestão do tempo e do dinheiro. Nessa fase da vida, as pessoas assumem responsabilidades como cuidar dos filhos e dos pais idosos. Por exemplo, observou-se que indivíduos que dedicavam cerca de 21 horas semanais aos cuidados com pais idosos dispunham de 25% menos horas para o trabalho ou optavam por cargos de menor responsabilidade. Além disso, muitos filhos permanecem por mais tempo na casa dos pais devido à falta de emprego, maior duração dos estudos, custo de vida elevado, influências culturais, entre outros fatores. Isso resulta em pais comprometidos por mais tempo em satisfazer os desejos e atender às necessidades básicas de seus filhos.[6]

Por outro lado, alterações na testosterona, a menopausa, a saída dos filhos de casa, a diminuição de responsabilidades com os pais e a sensação de ter se dedicado por muito tempo a "mais do mesmo" podem ser catalisadores para uma fase de mudança e repriorização na vida dos adultos de meia-idade. A convergência desses fatores pode marcar o início da vivência da "melhor idade".

Inúmeras transformações ocorrem no organismo ao se atingir a "melhor idade", ou mesmo nos anos que antecedem essa fase, não apenas devido ao processo natural de envelhecimento, mas também à experiência de a pessoa ter se tornado pai ou mãe.

Por exemplo, em um estudo realizado com 88 pais e 50 não pais, observou-se que os pais tinham níveis mais altos de ocitocina no organismo. Essa substância, como discutido no capítulo anterior, é fundamental para o estabelecimento de conexões emocionais e para a sensação de felicidade. O estudo também apontou que os pais tendiam a colocar as necessidades dos outros acima das próprias com mais facilidade do

---

6 INFURNA, Frank J. Why midlife is so hard – Especially now. *Greater Good Magazine*, 2023. Disponível: https://greatergood.berkeley.edu/article/item/why_midlife_is_so_hard_especially_now.

que os não pais, uma característica que pode estar associada a outra descoberta: os pais apresentavam níveis mais baixos de testosterona.

Essa e outras pesquisas sugerem que, quando os pais passam mais tempo com os filhos, conseguem entender os cuidados infantis como mais gratificantes, mudando sua biologia e outras questões físicas e mentais.[7]

O corpo da mulher passa por muitas transformações quando ela se torna mãe e, de fato, todos os meses antes mesmo disso acontecer. Se você é mulher, realmente entende como funciona o seu ciclo? O tempo de cada fase?

Muitas mulheres passam a vida inteira sem compreender como seu próprio corpo funciona. No entanto, entender as etapas do ciclo menstrual é fundamental para nos prepararmos para cada fase. Por isso, resumirei pontos importantes desse ciclo.

Nosso ciclo dura, em média, 28 dias, sendo que, no meio deste período, ocorre a ovulação, que é a liberação do óvulo pelo ovário, propiciando a fecundação, ou seja, quando esse processo começa, estamos no período fértil. Sabe aquele momento em que nos sentimos mais confiantes e somos até mesmo mais pacientes? Isso se deve aos altos níveis de estrogênio em nosso organismo.

É interessante que, por exemplo, ao escrever sobre o tema, estou no meu período de ovulação, e sinto que minha escrita flui melhor e a criatividade se destaca. Ou seja, com níveis altos de estrogênio, tendemos a ser mais produtivas. Porém, à medida que o tempo passa, surge o desejo de consumir mais carboidratos, pois nosso corpo precisa deles para produzir mais progesterona, a fim de cuidar do óvulo; é por isso que ficamos com vontade de ingerir doces e frituras nesse período. Além disso, os níveis de estrogênio diminuem. O resultado? Mais irritabilidade, acne e sintomas que variam de mulher para mulher na famosa TPM, que culmina na menstruação (isso se a fecundação — gravidez — não tiver ocorrido).

Refletindo sobre isso, e considerando a alta de estresse nas mulheres durante esse período, a Espanha se destacou como o primeiro

7 SMITH, Jeremy Adam; ALLEN, Summer. How nature helps fathers nurture. *Greater Good Magazine*, 2016. Disponível em: https://greatergood.berkeley.edu/article/item/how_nature_helps_fathers_nurture.

país da Europa a implementar uma política permitindo que mulheres se ausentem do trabalho sem desconto no salário em casos de cólicas menstruais fortes.[8] Esse avanço reconhece os desafios enfrentados mensalmente pelas mulheres até que cheguem ao climatério.

O climatério representa uma fase de transição da capacidade reprodutiva feminina para a sua conclusão, um período demarcado pela menopausa. Contrário ao que muitos acreditam, climatério e menopausa não são sinônimos. O climatério abrange uma série de manifestações, como ondas de calor, redução da libido, irregularidades menstruais, problemas de sono, diminuição do colágeno, entre outros desconfortos que precedem a menopausa — momento identificado retroativamente um ano após a última menstruação. Esse marco final só pode ser confirmado após a ausência prolongada de ciclos menstruais, delineando a transição completa para uma nova fase na vida da mulher.

E por que conhecer essas fases é importante? Com o passar do tempo, muitas mulheres experimentam esses sintomas sem compreender seu próprio corpo. Um dos primeiros sinais que pode ser incômodo durante o climatério relaciona-se com a pele: devido ao envelhecimento dos fibroblastos, há uma redução na produção de colágeno, tanto em quantidade quanto em frequência. Isso resulta na perda de elasticidade e no surgimento de rugas.

Compreender as mudanças que ocorrem no corpo feminino, especialmente durante o climatério, é crucial para a prevenção de problemas e a adoção de cuidados adequados, como o acompanhamento nutricional visando atenuar sintomas incômodos. Embora não possamos evitar o processo de envelhecimento, uma dieta balanceada e rica em nutrientes oferece suporte vital aos nossos órgãos de desintoxicação, como os intestinos e o fígado, facilitando um equilíbrio hormonal saudável e mitigando a sobrecarga nos sistemas excretores. Essa atenção à nutrição e ao bem-estar hormonal constitui a base para um envelhecimento mais saudável.

Para além dessa perspectiva, a ciência dos telômeros nos oferece uma janela para compreender mais a fundo o envelhecimento celular,

---

8 BELCHIOR, Luisa. Espanha aprova licença menstrual e amplia direitos ao aborto e a transgêneros. *G1*,2023. Disponível em: https://g1.globo.com/mundo/noticia/2023/02/16/espanha-aprova-lei-que-permite-licenca-menstrual-e-amplia-direito-ao-aborto.ghtml.

que não está estritamente atrelado à idade cronológica. Os telômeros, estruturas complexas de DNA e proteína localizadas nas extremidades dos cromossomos, funcionam como um marcador biológico que indica o número de vezes que uma célula se dividiu. À medida que as células se dividem, os telômeros encurtam, servindo como um indicador do envelhecimento celular. Um telômero mais curto sugere uma menor capacidade de divisão celular, o que não está exclusivamente relacionado ao processo natural de envelhecimento. Fatores de estilo de vida, como tabagismo, exposição elevada ao estresse e um alto índice de massa corporal (IMC), podem acelerar esse processo de encurtamento, enquanto hábitos saudáveis, sobretudo a prática regular de exercícios físicos, mostram-se eficazes na proteção dessas estruturas vitais. Embora um envelhecimento celular mais lento não implique necessariamente em uma maior expectativa de vida, estudos indicam que a atividade física regular pode aumentar a longevidade em cerca de três anos. Portanto, ao evitarmos comportamentos prejudiciais à saúde e nos dedicarmos a uma rotina de exercícios consistentes, promovemos o bem-estar de nossas células e potencializamos nossa expectativa de vida. Essa conexão entre um estilo de vida ativo e a preservação dos telômeros reforça a importância de adotarmos práticas saudáveis que beneficiem tanto a saúde hormonal quanto a celular, contribuindo para um envelhecimento mais gratificante e uma vida mais longeva e saudável.[9]

Manter uma visão positiva sobre o avanço da idade e o processo de envelhecimento também pode trazer benefícios significativos. Uma pesquisa envolvendo 650 indivíduos, os quais foram questionados sobre suas percepções a respeito do envelhecimento, ilustra essa ideia. Duas décadas após as entrevistas iniciais, o acompanhamento desses participantes revelou que aqueles com uma atitude positiva em relação ao envelhecimento viveram, em média, sete anos a mais, se comparados àqueles com uma perspectiva negativa. A propósito, os estudos sugerem que a redução da pressão arterial e dos níveis de colesterol pode prolongar a vida em média de quatro anos, destacando assim que a influência de uma postura otimista sobre o envelhecimento pode ser ainda mais

---

9 CHERKAS, Lynn F. *et al*. The Association Between Physical Activity in Leisure Time and Leukocyte Telomere Length. ***Archives of Internal Medicine***, v. 168, n. 2, p. 154-158, 2008. Disponível em: https://doi.org/10.1001/archinternmed.2007.39.

significativa para a longevidade. Em outra investigação, foi observado que participantes expostos a frases negativas sobre o envelhecimento demonstraram uma redução no ritmo de caminhada, andando quinze minutos mais lentamente, reforçando o impacto das atitudes mentais na saúde física.[10]

Essa compreensão deve se estender à nossa relação com o corpo, encarando-o como um sistema capaz de curar a si mesmo. Essa autoeficácia é ilustrada quando nos recordamos das quedas da infância que resultavam em joelhos ralados. Observamos, então, o processo através do qual a pele se regenerava: inicialmente protegida por uma nova camada, que aos poucos facilitava o crescimento de tecido novo, até, por fim, restar apenas uma cicatriz ou, em alguns casos, nenhuma marca aparente. Esse fenômeno natural exemplifica a extraordinária capacidade de recuperação do nosso corpo; do mesmo modo que essas "casquinhas" são formadas na parte externa, dentro de nós também estão acontecendo inúmeras "reparações" o tempo todo.

Na verdade, passaremos a vida inteira tentando "curar os joelhos ralados" da nossa criança interior. Alguns podem tentar se afastar disso, mas é impossível escapar de si mesmo. Conforme o tempo avança, crescemos e assumimos diversas responsabilidades, mas isso não significa que abandonamos nossa criança interior na infância. Ela permanece viva — e muito ativa — dentro de nós.

Por essa razão, dediquei grande parte deste livro, até o capítulo atual, à história de Mayra, a jovem que mais profundamente impactou minha vida.

Mayra foi uma criança que quase nunca encontrava tempo para descansar. Estava muitíssimo imersa nos estudos; no entanto, a frustração por não alcançar os mesmos resultados que seus amigos a acompanhou desde a infância. O conhecimento que ela acreditava dominar perfeitamente parecia escapar de sua memória quando ela se sentava para escrever sobre ele em um exame, por exemplo. Em outras ocasiões, ela não conseguia compreender a essência da pergunta, resultando na perda de muitos pontos. Diante desses desafios, Mayra desenvolveu a

---

10 Langer, Ellen J. *Counterclockwise*: A Proven Way to Think Yourself Younger and Healthier. Nova York: Ballantine Books, 2009.

capacidade de transformá-los em oportunidades. Um exemplo notável disso ocorreu quando Mayra convenceu seus pais a permitirem que ela realizasse um intercâmbio, tornando-o uma maneira de enfrentar suas dores enquanto buscava compreensão e aceitação.

Na infância, ninguém sabia que Mayra sofria de dislexia, um distúrbio de aprendizagem de origem neurobiológica que se manifesta por meio de dificuldades em leitura, escrita, soletração, concentração e memorização, muitas vezes com uma base genética. Portanto, não é surpreendente que muitos optem por ocultar essa condição e até mesmo sintam vergonha dela. É essencial destacar que uma em cada cinco pessoas, cerca de 20% da população global, enfrenta a dislexia como um desafio. Um dado igualmente intrigante é que apenas 20% dos estudantes com dislexia recebem um diagnóstico oficial durante seu percurso educacional.[11]

Existe uma associação entre epilepsia e dislexia. Um estudo feito com 330 pacientes revelou que dos 200 com epilepsia, aqueles que tiveram o início das crises antes dos 12 anos de idade apresentaram um histórico maior de dislexia em comparação com um grupo controle de 130 pessoas (9% versus 2,3%). Em outro estudo, crianças com epilepsia apresentaram um atraso de dois anos na habilidade leitura em comparação com outras crianças — independentemente do tipo de epilepsia —, evidenciando um risco elevado de distúrbios de leitura na presença dessa condição.[12]

Foi somente aos 18 anos que Mayra enfim percebeu que sua dificuldade era uma realidade diagnosticável, e que aquilo não a tornava inferior, apenas indicava que sua maneira de pensar era única. Indivíduos com dislexia possuem conexões cerebrais distintas, o que resulta em áreas de destaque, como habilidades criativas e empáticas, pensamento crítico e capacidade de comunicação. Mesmo assim, a organização global *Made By Dyslexia* revelou que 91% dos professores têm pouca ou nenhuma familiaridade com os pontos fortes das pessoas com dislexia, destacando a necessidade de maior conscientização sobre essa condição.

---

11 GRIGGS, Kate. ***This is Dyslexia.*** Nova York: Random House, 2021.

12 SCHACHTER, Steven C.; GALABURDA, Albert M.; RANSIL, Bernard J. A history of dyslexia in patients with epilepsy: Clinical associations. ***Journal of Epilepsy***, v. 6, n. 4, p. 267-271, 1993. Disponível em: https://doi.org/10.1016/0896-6974(93)90012-Y.

Mayra finalmente compreendeu que, assim como ela, muitas outras crianças e adultos enfrentam desafios semelhantes, e que, por isso, ela não estava sozinha. A porcentagem de indivíduos com dislexia inclui alguns dos maiores inovadores e comunicadores da história, como Henry Ford, Thomas Edison, Whoopi Goldberg, Agatha Christie, Steve Jobs, Jamie Oliver, Steven Spielberg, entre outros.

Se ela tivesse conhecimento prévio das virtudes associadas às características de um disléxico, sua percepção de si mesma poderia ter sido diferente. A dislexia sempre a desafiou de diversas maneiras. Em muitos momentos, a menina se sentia frustrada por estudar tão intensamente e se deparar com resultados insatisfatórios causados por suas dificuldades na leitura e na compreensão. Para conseguir memorizar o conteúdo, ela precisava ler duas vezes o mesmo livro ou fazer um resumo dele e tornar a ler. Esse desafio a levou a desenvolver um medo intenso de provas. Contudo, é importante destacar que esse medo é cada vez mais comum em nossa sociedade, que tende a avaliar o valor das pessoas com base em seu desempenho acadêmico. A preocupação em errar pode, de fato, dificultar o desenvolvimento, já que é por meio dos próprios erros que as crianças aprendem a incorporar o que lhes falta em sua vida.[13]

Assistir ao filme *Como Estrelas na Terra* foi um momento de profunda identificação para Mayra, inspirando-a a buscar maneiras de superar seus próprios desafios educacionais. Para retribuir o que a vida lhe havia oportunizado, ela e uma amiga se voluntariaram em um projeto social na faculdade de administração, onde ofereciam aulas de inglês para bolsistas de uma escola particular que enfrentavam dificuldades para acompanhar as aulas. Ainda assim, havia uma inquietação em sua mente: como poderia ensinar inglês quando ela própria, mesmo estudando no exterior, ainda enfrentava dificuldades com o idioma? Porém, sua determinação superou essas preocupações e sua atuação foi muito mais do que a de uma professora; ela desempenhou o papel de conselheira, ajudando esses adolescentes a lidar com questões de rejeição e bullying, já que muitos deles se sentiam excluídos.

Essa inteligência emocional muitas vezes não é valorizada em contextos acadêmicos, onde impera a busca incansável por notas. Nem

13 DAHLKE, Rügiger. *A doença como linguagem da alma na criança*. São Paulo: Cultrix, 2015.

sempre a inteligência está na intelectualidade; pode ser que ela esteja na sensibilidade, na empatia e na paciência em ouvir o outro e interagir com ele.

Vemos muito isso em pessoas com síndrome de Down: indivíduos muito sensíveis que se preocupam com o hoje, com o sorrir e com o fazer sorrir. São corajosos e iniciam diálogos com facilidade, quebrando barreiras interpessoais. Eles estão constantemente nos ensinando como encontrar o prazer e a felicidade na vida, mesmo nas pequenas coisas. Talvez não tenham a resposta mais intelectual para uma pergunta, mas têm a resposta mais sensível, aquela que teríamos dado quando éramos crianças, inocentes e satisfeitas com a vida.[14]

Diferentemente de um diagnóstico de síndrome de Down, a dislexia é silenciosa e faz a criança se questionar sobre suas dificuldades sem entender o porquê delas.

Contudo, talvez você se pergunte: como eu não percebi, tratando de Mayra, seu diagnóstico de dislexia? Agora que chegamos nesta parte do livro, posso revelar algo muito significativo a você: isso aconteceu porque Mayra, neste livro, representa minha criança interior, e sua história é minha própria história.

Fui eu quem enfrentou todas as dificuldades relatadas até agora e que continua buscando superar esses desafios. Inclusive, escrever meu primeiro livro — *Fobia: enfrentando com coragem* —, assim como escrever este, foram desafios que não vieram sem dificuldades. Manter a convicção de que era possível foi crucial. Portanto, eu afirmo: você também tem a capacidade de alcançar aquilo que deseja. Ainda assim, é importante direcionar seu foco mais para o esforço constante do que para a paralisia diante dos obstáculos que as frustrações podem trazer.

Hoje, percebo que a "pequena" Mayra que carrego comigo sente alegria ao ver-me compartilhando minha história, ciente de que conseguimos superar numerosos obstáculos. Contudo, chegar a essa revelação representou uma jornada longa. As respostas já começaram a surgir quando escrevi a primeira versão deste livro; no entanto, olhando para trás, percebo que esse processo foi um profundo preparo para me conectar com minha vulnerabilidade. Para Brené Brown, em seu livro

---

14 DAHLKE, Rügiger. *A doença como linguagem da alma na criança*. São Paulo: Cultrix, 2015.

A coragem de ser você mesmo (BestSeller, 2023), o alicerce da coragem é a vulnerabilidade — a capacidade de enfrentar a incerteza, o risco e a exposição emocional.

Embora eu tenha feito esforços para conseguir depoimentos na primeira versão deste livro, a busca e o contato foram mais desafiadores do que imaginei a princípio. Muitos e-mails e contatos sem respostas, os dias passando. Mas será que essa procrastinação estava certa? Eu deveria mesmo aguardar as respostas?

Às vezes as respostas das perguntas que não fazemos são mais importantes do que as dos questionamentos que fazemos todos os dias.

Uma paciente, após superar sua fobia de aranhas, expressou um desejo intenso de ajudar outras pessoas a superarem medos semelhantes. Inicialmente, ela pensou em formar um grupo no WhatsApp para compartilhar sua trajetória e motivar aqueles que ainda lidavam com as suas fobias.

Enquanto eu me encontrava imersa no processo de escrita e na busca por histórias inspiradoras, a notável proatividade e determinação dela me levaram a refletir sobre o quanto sua atitude havia se tornado uma valiosa lição para mim. Ela me mostrou que, em certos momentos, encerrar um capítulo da vida implica em ter a coragem de contar sua história e auxiliar aqueles que seguem em busca de superar seus próprios desafios.

Muitas vezes, as coisas precisam ser como têm que ser, e nós precisamos observar para aprender com elas.

Nesse ponto, eu ainda estava sem soluções para a situação, mas sempre em busca de alguma, até que, enquanto conversava com uma amiga na praia, contei a ela sobre o projeto do livro e, sem que eu relatasse nada a respeito dos depoimentos, ela disse algo similar a: "É admirável que você esteja se dedicando a esse assunto, refletindo sobre as variadas provações e desafios que marcam a sua jornada pessoal."

Várias frustrações cercavam minha mente naquele momento, como as crises epilépticas e a dificuldade de aprendizado, que representavam um desafio constante 24 horas por dia, 7 dias por semana. Isso me fazia ter receio até mesmo de preencher um simples formulário na presença de outras pessoas. E havia momentos em que eu lutava para lembrar conteúdos que já tinha estudado exaustivamente. O medo de cometer erros, um sentimento que todas as crianças conhecem, era ampliado para mim, como uma criança com dislexia. Era impossível não invejar outros meninos e meninas da minha idade e desejar ser como eles. Era frustrante observá-los brincando lá fora, enquanto eu levava o dobro ou até o triplo do tempo para concluir uma tarefa. Era uma luta contínua vasculhar minha memória em busca de respostas, muitas vezes encontrando-as após o tempo estipulado. Vivi com um sentimento persistente de inferioridade.

Nesse momento, minha ficha caiu completamente: buscamos muito o externo, sendo que as respostas podem estar bem perto de nós ou, ainda melhor, dentro de nós.

Minha amiga estava certa; passei por algumas frustrações e sei que posso contribuir com minha própria história; afinal, desejo que você possa aprender através de exemplos, sem precisar vivenciar todos os desafios — embora alguns sejam inevitáveis.

Tudo coincide quando buscamos por uma resposta, basta estarmos abertos para ouvir as soluções: foi isso que comprovei mais uma vez com a ajuda dessa frase de minha amiga e dos dois livros que eu estava lendo no momento: *Por um sentido na vida* (Nova Fronteira, 2015), de Amy Purdy, e *Talvez você devesse conversar com alguém* (Vestígio, 2020), de Lori Gottlieb.

Após a leitura dessas duas obras, algo chamou a minha atenção para a empatia que havia nelas, pois o autor, assim como o leitor, é humano e vive enfrentando diversas situações que não são exclusivas dos casos de outras pessoas que ele passa a apresentar. Por exemplo, quando eu li *Por um sentido na vida*, consegui me identificar com vários sentimentos que Amy teve, ao passo que ao ler *Talvez você devesse conversar com alguém*, pude me colocar no lugar da terapeuta, Lori. Foi assim que decidi mudar meus planos.

A paz de poder ser eu mesma e falar sobre mim foi despertada com a escrita deste livro, pois percebi que, quanto mais autênticos somos, mais capacidade temos de nos conectar com o outro e ajudar a humanidade. Quando há uma causa por trás disso, tudo se alinha e ganha mais significado, assim como a revelação da Mayra.

Como adultos, nos cobramos excessivamente, mas sem dar a devida atenção às vozes que habitam dentro de nós. É por isso que eu espero que a história autêntica de Mayra/minha possa inspirá-lo a se reconectar com sua própria criança interior, num lugar onde muitas respostas podem ser encontradas.

A troca de experiências entre diferentes fases e momentos da vida proporciona um crescimento notável, lembrando-me de como a profissional Vera, a qual já citei no capítulo sobre o luto, contribuiu para que eu tivesse uma perspectiva renovada da minha criança interior. Lembro-me de que, durante a disciplina de Avaliação Psicológica, cheguei a memorizar muitas respostas dos testes que avaliavam a capacidade intelectual. Fiz isso porque tinha receio de que um colega pudesse descobrir as minhas dificuldades quando o teste fosse aplicado em duplas. Algum tempo depois, esse exercício de memorização se tornou uma virtude, pois me permitiu auxiliar a professora na condução de algumas aulas.

Como mencionado anteriormente, anos depois nos reencontramos e continuamos a compartilhar experiências profundas, a ponto de ela contribuir com a sua história neste livro.

Esses encontros e reencontros fazem parte da nossa vida, que não é linear: vivemos altos e baixos, e, no "intervalo" entre eles, vivemos aqueles momentos de calmaria que costumam não ser registrados completamente pela nossa história. Pense no seguinte: você se lembra de quando conheceu sua esposa/seu marido? Ou de quando terminou uma relação? Do seu primeiro emprego? Da sua primeira demissão? Nossa memória é seletiva e incapaz de nos dar acesso a todos os momentos de nossa existência; por isso, marcamos tanto os começos e os fins, esquecendo, por vezes, dos meios. Ainda assim, eles existem, e é neles que temos de pensar quando vivemos tempestades, sabendo que, mais uma vez, tudo voltará para o lugar ou encontrará novos lugares para se encaixar — ou se perder de nós. E está tudo bem!

Com o tempo, percebemos a importância de alguns reencontros e também das separações. Pode ser que, no momento, não consigamos entender por que o rompimento foi necessário, mas com o tempo e a maturidade, tudo se encaixa.

Muitas vezes, após uma separação, observamos certos sinais: a pessoa começa a dedicar mais tempo a si mesma, às atividades que gosta, à sua própria aparência e afins. Por quê? Quando alguém se separa de uma pessoa, um trabalho ou uma circunstância, o olhar se volta para si.

Às vezes nos "misturamos" tanto com o outro ou com determinado projeto que se torna difícil reconhecer quem realmente somos. E é na separação que conseguimos nos enxergar de perto e de forma mais completa, é nesse período que passamos a entender nosso valor, tanto para o mundo quanto para nós mesmos.

A separação nos permite olhar para a situação e dizer "Isso é meu e isso é seu!", e então seguir em frente, com nossa essência.

É por isso que precisamos preservar nossa identidade em qualquer relação e sob circunstância. Pois quando fazemos isso na separação, continuamos conscientes de quem somos e do que queremos. É bom lembrar que nada é para sempre, nem mesmo as separações. É nelas que muitas pessoas começam a dar valor ao outro ou àquele projeto e mudam sua postura.

Lembre-se que a vida é feita de encontros e reencontros, porém a direção do caminhar sempre deve ser para frente; nunca encontraremos no passado algo que cabe no futuro, pois mudamos constantemente.

Se precisar dizer adeus a algo ou a alguém para valorizar a si mesmo, não demore, nem hesite; o que te pertence tornará a cruzar seu caminho, talvez de uma nova maneira. Já o que não lhe cabe, precisa ficar para trás.

O tempo nos faz entender muitas coisas, mas também nos leva a questionar outras; quando chegamos em "meia existência", ou seja, quando já vivemos metade do tempo que se considera a expectativa de vida humana, começamos a nos questionar sobre como usamos nosso tempo até então e sobre como o usaremos na metade seguinte de vida.

É também na meia-idade que, costumeiramente, repensamos sobre o papel de nossos pais em nossa vida. Até então, pode ser que, desde a infância, tenhamos buscado aprovação e atenção constantes, mas chegando à "metade da vida", talvez com uma maturidade maior, percebemos que, assim como todas as pessoas, nossos pais também são frágeis e têm vulnerabilidades. Essa descoberta acontece porque muitos filhos, na meia-idade, passam a cuidar dos pais por questões de saúde ou simplesmente porque começam a vê-los de um novo modo ao dar a eles o título de "avós". Nesse momento, os filhos percebem que podem ter cobrado muito de si mesmos e até mesmo dos pais. Se você está vivendo algo similar, talvez seja o momento de abraçar essa nova maturidade.

Ao cuidar da saúde dos pais, alguns alertas sobre a nossa própria saúde podem surgir, já que questões genéticas e ambientais influenciam muito em nossa predisposição para o desenvolvimento de adoecimentos. Embora alguns desses alertas nos preocupem, entenda que cada organismo é único, e que é justamente por isso que você precisa conhecer muito bem o seu.

Quando conhecemos nosso corpo e estudamos sobre essas reparações, podemos ajudá-lo em seus processos de regeneração e cuidados internos. Por exemplo, a Dra. Mindy Pelz defende um período de jejum intermitente como uma oportunidade para permitir que nossas células utilizem a autofagia como uma ferramenta positiva para o organismo. Em seu livro, ela explica que, quando ingerimos alimentos que se transformam em glicose em nosso corpo, nós preenchemos nossas células com essa substância; por isso, ao entrarmos em contato com determinados vírus, como o próprio COVID-19, eles conseguem se replicar com mais facilidade. Por outro lado, quando não há esse "excesso" de glicose nas células, a replicação se torna fraca, e o corpo consegue reagir melhor.[15]

É claro que cada organismo possui suas necessidades e precisa de um protocolo único relacionado à nutrição e alimentação. Não nos alimentamos somente fisicamente, mas também mentalmente; por isso, é importante integrarmos corpo, mente e espírito. E quem melhor para saber sobre nós, senão nós mesmos? Os profissionais são seres capacitados dentro de conceitos técnicos e generalizados, com padrões e estatísticas universais. No entanto, somos nós que poderemos orientá-los sobre como e quando nosso corpo reage diante de cada particularidade ou sintoma.

---

15 PELZ, Mindy. *The Menopause Reset*. Califórnia: Hay House, 2021.

Quanto mais envelhecemos, mais nos conhecemos; são cada vez mais anos convivendo com nosso próprio corpo! Mas é também quando a idade avança que precisamos ainda mais de outros profissionais no cuidado da nossa saúde.

É interessante pensar sobre isso, pois minha mãe foi uma das precursoras do curso de cuidadores de idosos no Brasil. Num período em que havia um grande foco no cuidado com crianças e jovens, mas ainda não existiam políticas públicas voltadas para a saúde dos indivíduos da terceira idade, ela chegou a viajar até Brasília para participar de discussões e garantir recursos para ministrar cursos, tudo com o objetivo de aprimorar a qualificação das pessoas que atendiam essa faixa etária. Mesmo não conseguindo o auxílio necessário e enfrentando alguma desilusão, ela optou por perseverar em sua missão.

Essa conexão da minha mãe com os idosos me levou à reflexão sobre o porquê de essa área ter sido escolhida por ela. Quando a questionei a respeito disso, ela não soube responder prontamente, pois sempre achou que a vida seguiu um fluxo natural e que esse pioneirismo foi apenas parte de um processo que sua própria jornada a levou a cumprir. Mas será?

Ao aprofundar nossa conversa, tornou-se evidente que sua origem remonta a pais com mais de 40 anos e ao seu desejo profundo de proporcionar um cuidado mais atencioso a eles na tentativa de modificar uma realidade sobre a qual ela não tinha controle. Esse anseio surgiu como uma resposta a circunstâncias desafiadoras: a perda prematura de sua mãe para um câncer, diagnosticado apenas um mês antes de seu falecimento, seguida pela morte de seu pai, que também recebeu um diagnóstico de câncer, num período em que teve uma participação menos ativa em sua vida, em grande parte devido ao envolvimento dele em um novo relacionamento.

Essa reflexão, partilhada por você, por ela e agora por mim, ressalta o quanto a vida é rica em significados e propósitos subjacentes. Nem sempre entendemos o que nos leva a nos destacarmos em determinados projetos ou trabalhos, e a resposta a isso pode estar em um desejo tão interno, tão guardado, que nem mesmo nós acessamos ainda.

"Você me faz ver o meu valor" foi uma das frases mais bonitas que ela já me disse, e foi após essa conversa. Juntas pudemos compreender como aquele desejo interno de ter ajudado seus pais a viverem mais se tornou uma fonte de revigoramento para que ela lutasse pelos pais de tantas pessoas que, até então, não eram cuidados por profissionais com a qualificação ideal.

Muitas pessoas passam a vida inteira em busca do seu propósito e, ao chegarem à maturidade, sentem que não o encontraram, quando, na verdade, seguiram o caminho que precisavam seguir e apenas não entenderam o grande valor que tiveram na vida.

Por isso, quando conversar com seus pais, avós ou outras pessoas que já são maduras ou até mesmo idosas, ajude-as a perceberem seu valor! Muitas vezes, devido às limitações físicas e até mesmo mentais, algumas pessoas esquecem tudo de bom que já fizeram e a importância que sua vida teve nesta existência. Quando você os ajuda a lembrar, dá um novo sentido à vida deles.

O sentimento de estar fazendo a coisa certa com a própria vida é o famoso "propósito", que pode aparecer aos 20 anos ou aos 40; e mais do que isso, pode "desaparecer", porque nossa vida é feita de altos e baixos, não de uma linha constante.

É por isso que a nossa busca deve ser por tentar coisas novas, principalmente ao chegar na fase mais "madura" de nossa vida, pois tendo vivido muitas experiências, pode ser que nos fechemos para as novidades, querendo manter sempre a mesma opinião. Você já deve ter notado isso em pessoas idosas: uma forte tendência a manter as coisas como são. Contudo, fazer isso é como visitar uma sorveteria com mil sabores, dos quais você provou apenas cem e, desde então, tem escolhido o mesmo por meras familiaridade e segurança. É verdade que você pode ter experimentado mais opções que outras pessoas, pode ter se decepcionado com algumas e se apegado muito a uma em específico; no entanto, sempre vão existir novas opções, pois nosso tempo na sorveteria da vida é muito curto se comparado com a variedade de sabores existente. Não vamos conseguir fazer tudo o que objetivamos, mas isso não pode ser um motivo para nos vincularmos a padrões, pelo contrário, deve ser um incentivo para darmos abertura a novas experiências, entendendo melhor sobre nosso propósito.

Nem sempre as respostas aos sentimentos e propósitos que temos estão claras para nós nesta vida. Nossa herança genética é atemporal e, por isso, podemos carregar tanto os prazeres quanto as dores e traumas de experiências da nossa infância. Podem ser vivências das quais não lembramos e até mesmo situações que não foram experienciadas por nós, mas sim pelos nossos antepassados.

Por exemplo, um estudo conduzido com "filhos indesejados" demonstrou que há neles uma tendência maior a um desejo inconsciente de morrer, além de maior ocorrência de desconfiança, ceticismo e pensamentos suicidas.[16] Ambos os estudos mostram que carregamos conosco questões atemporais e que, por isso, nem sempre entenderemos 100% as origens de algumas de nossas angústias e motivações. O que importa, portanto, é buscar as possíveis origens do modo como acreditamos para então fazermos, por assim dizer, "as pazes" com nossas dores.

Quando entendemos as origens das nossas motivações, compreendemos também por que determinados projetos e sonhos se "desfazem". O famoso "para sempre" termina com mais frequência do que desejamos, causando angústia e frustração. Todavia, ao repensarmos o papel do tempo em nossa vida, entendemos melhor por que as coisas acabam: relacionamentos, amizades, projetos e tantas outras coisas.

Em primeiro lugar, precisamos aceitar que o "para sempre" é uma ilusão, já que a maioria das coisas são finitas, inclusive nossa própria vida. Por isso, desejar o para sempre é criar uma ilusão que nem mesmo nós seremos capazes de presenciar.

Entendendo isso, chegamos ao ponto em que compreendemos que não é o tempo que muda as coisas, mas sim nós que transformamos nossa percepção à medida que ele passa. Aos 5 anos, pode ser que você gostasse de bonecas ou de carrinhos, o que talvez não faça mais sentido em sua vida agora. Não foi o tempo que mudou, foi você.

Da mesma forma, nós mudamos nossa percepção sobre os negócios, nossas prioridades, nossos interesses, nossas aspirações e muito mais, o que faz com que determinadas coisas e pessoas deixem de se encaixar em nosso contexto. E isso não pode simplesmente apagar o que vivemos de bom, pois tudo aconteceu no tempo certo.

---

16 ATLAS, Galit. ***Herança emocional***: uma terapeuta, seus pacientes e o legado do trauma. Rio de Janeiro: Alta Life, 2023.

Aceitar e compreender a finitude nos torna mais gratos pelo que temos e já tivemos. Abre nossos olhos para a realidade do fim e para a importância de fazermos o que é necessário e o que desejamos o quanto antes, já que o tempo é uma linha contínua que segue sem interrupções, por mais que nós "paremos" em algum momento de nossa vida.

Entender o papel do tempo em nossa existência é fundamental para abordarmos outro desafio significativo: a tendência à comparação. Ao reconhecer que o tempo altera diversas circunstâncias, começamos a atribuir menos relevância às comparações momentâneas. Ainda assim, é crucial compreender como a comparação influencia nossa vida e tomar medidas para evitar que ela se torne uma fonte de frustração. Esse tópico será explorado em detalhe no próximo capítulo.

.13.

TEARES DE COMPARAÇÃO E OS FIOS ENTRELAÇADOS DE CULPA

Quem, em seus anos de escola, não se viu refletido na imagem da aluna exemplar, do garoto mais admirado ou da colega cercada de amigos? A comparação, essa medida silenciosa que pesamos contra os outros, não nasce conosco, mas é insidiosamente tecida em nosso ser pelos fios da família, da escola e da sociedade. Durante a tempestuosa adolescência, essa tendência se intensifica, transformando-se em um eco que ressoa com ansiedade e depressão em nossa busca por aceitação.

Com a passagem do tempo, revisitamos esses corredores da memória sob a luz difusa da maturidade e da compreensão. As experiências, outrora angustiantes, passam por um processo de ressignificação. As preocupações, que nos mantinham acordados à noite, perdem seu vigor diante da vastidão da vida. Essa metamorfose da percepção não apenas suaviza as sombras da nossa própria juventude, mas também ilumina o caminho que traçamos para orientar as novas gerações. Nos esforçamos para abraçar os sentimentos intensos da juventude, ao mesmo tempo que oferecemos um farol de sabedoria, forjado no tempo e nas experiências vividas.

A maturidade, portanto, se revela como um escudo valioso contra as flechas da comparação. Não nos torna imunes a ela, mas nos ensina a absorver e redirecionar seu impacto. Essa jornada de autoconhecimento, que trilhei junto a tantos outros, mostra que, ao aprofundarmos nossa compreensão de nós mesmos e do mundo, diminuímos o poder dominante da comparação em nossa vida, transformando-a de um gigante assustador em um mero sussurro do passado.

Essa transformação é especialmente evidente nas reflexões semanais que faço ao escrever novos capítulos. A busca por autenticidade, expressa através das palavras, reflete essa maturidade adquirida, revelando-se um desafio gratificante na complexidade da vida. Ao revisitar minhas experiências, percebo como a maturidade me permitiu encarar as comparações passadas com uma perspectiva enriquecedora.

Ao final de cada ano, ao refletir sobre minhas conquistas e sobre as áreas da minha vida que demandam mudanças, reconheço como a maturidade influenciou profundamente minha autoanálise. Uma conversa com uma mãe na escola da minha filha, por exemplo, trouxe à tona o contraste entre meu desejo de estudar em Londres e os desafios linguísticos que enfrento. Embora orgulhosa de meus feitos, acumulando um ano de estudos no Canadá e prêmios acadêmicos, ainda vejo a fluência em inglês como um desafio.

É essencial reconhecer que, para indivíduos com dislexia, a aprendizagem de um novo idioma pode revelar desafios adicionais. Além das dificuldades já enfrentadas na língua materna, como a consciência fonética e a associação de sons a símbolos, ao aprender um novo idioma surgem obstáculos adicionais. Eles incluem, por exemplo, um potencial maior de lentidão na comunicação, pois pode ser mais demorado recordar palavras ou codificar novos sons. A memória, tanto a de curto quanto a de longo prazo, também pode ser um obstáculo para a retenção eficaz de informações linguísticas.

Comprovando isso, um estudo da Universidade de Washington realizado com crianças com dislexia apontou que elas usam quase cinco vezes mais da área cerebral ao realizar uma tarefa simples de linguagem do que outras crianças sem dislexia.[1] A criança inevitavelmente se comparará com o coleguinha que tira notas altas ou com o irmão que parece entender tudo com facilidade, enquanto ela precisa se esforçar muito mais.

Lembranças da minha época de escola, onde a comparação com colegas bem-sucedidos gerou sentimentos ambíguos, são agora vistas sob uma nova perspectiva. Essas comparações, que antes me causavam dor por eu não atingir o mesmo desempenho que os outros, também serviram como um poderoso estímulo. Esses momentos me impulsionaram a buscar meu potencial, superar limitações e definir meu próprio caminho de sucesso. Com o tempo, aprendi que a comparação, embora por vezes dolorosa, pode ser um motor de crescimento, impulsionando-me a evoluir e atingir minhas metas.

Diante dessa realidade, uma das estratégias que adotei ao longo do ano foi aperfeiçoar meu domínio da língua inglesa, optando por cursos que estivessem diretamente relacionados às áreas de meu interesse, como a psicologia. Acredito que essa escolha se revelou uma estratégia eficaz, uma vez que aprender algo desafiador em um campo pelo qual somos apaixonados torna o processo muito mais agradável e simplificado.

Essa abordagem me fez recordar um paciente do passado, que lidava com uma intensa fobia social. Conhecida também como transtorno de ansiedade social, essa condição se caracteriza pelo temor profundo e contínuo de ser avaliado negativamente ou enfrentar constrangimento em ambientes sociais. Tal ansiedade pode impulsionar o indivíduo a esquivar-se de interações sociais, acarretando impactos substanciais tanto em seu cotidiano quanto em suas relações interpessoais.

Em nosso esforço conjunto para conduzir o tratamento, encontramos uma solução prática. Conectamos seu tratamento a uma atividade que ele amava profundamente, mas a fobia o impedia de executar: apresentações em público. A princípio, ele começou a dar aulas particulares para mim, um passo que logo se transformou em um compromisso de ajudar a comunidade nos arredores do meu consultório, ministrando aulas gratuitas em busca de bem-estar mental junto àquela população. Com o tempo, ele conseguiu encontrar subsídios para lidar melhor com

---

1 FRANK, Robert. *A vida secreta da criança com dislexia*. Rio de Janeiro: M.Books, 2003.

as suas barreiras, concluiu sua formação e se tornou um profissional altamente respeitado, que promove o bem-estar mental e físico. Sua jornada é um testemunho do poder da paixão e do compromisso pessoal na superação dos desafios.

É importante ressaltar que esse percurso não foi simples, tanto para mim quanto para o paciente a quem mencionei. Em muitos momentos, nós dois enfrentamos a tentação de desistir. Nessas horas, a bravura assume um papel essencial. É a força para avançar, mesmo sob a sombra do medo; é o que nos faz persistir. Manter nossas ações ancoradas em um propósito significativo e abrangente é o que nos motiva a seguir adiante, apesar dos obstáculos enfrentados.

Para combater esses sentimentos, você pode aprender com Monica Berg, autora de *O medo não é uma opção* (Kaballah, 2018), que diz que nós temos quatro pilares: o do amor, o do medo, o da verdade e o da ilusão. Quando reforçamos o do amor e o da verdade, ganhamos mais motivação, resultando em mais possibilidades. Se reforçamos o pilar do medo e o da ilusão, alimentamos nossas inseguranças e, principalmente, nossos temores.

Pensando nessa ideologia, e após procurar bastante por um curso em Londres que não exigisse avaliação da fluência no idioma, encontrei um programa de seis meses focado em psicologia na saúde mental. Durante esse curso, tive a surpresa de ser ensinada por uma professora brasileira altamente qualificada, com quem compartilhei experiências significativas, mantendo o devido respeito às nossas posições. Essa interação me fez refletir sobre a riqueza do aprendizado e da troca de conhecimento entre pessoas, independentemente de seus papéis. Percebi o quanto um aluno pode aprender com seu professor, assim como o professor também pode aprender com seus alunos.

Essa reflexão me fez lembrar da minha criança, que poderia ter ensinado valiosas lições aos seus professores sobre como lidar com alguém que necessita de estímulos diferenciados para aprender, em vez de ser rotulada como o problema apenas por não se encaixar em um padrão. Para mim, essa situação ressalta a importância de reconhecer e valorizar a singularidade de cada ser humano.

A vida pode ser comparada a uma escada que possui inúmeros modelos. Mesmo quando tentamos forçá-la a se encaixar em um padrão, essa aspiração é quase utópica, pois sempre haverá variações, justamente como ocorre com os seres humanos, que são singularmente únicos. As escadas podem variar em tamanho, inclinação e acessibilidade, e podem até requerer cuidados específicos ao serem escaladas. Algumas pessoas, devido a limitações de mobilidade, podem não conseguir utilizar determinadas escadas.

Essa reflexão surgiu após a conclusão do curso *Leading Digital Transformation in Health Care*, ministrado em Harvard. Percebi que minha jornada é única e que está tudo bem se, por enquanto, eu não seguir o caminho de realizar uma especialização de longo prazo em uma universidade que exige avaliação de inglês. Minha escalada tem um propósito distinto no momento, mas isso não significa que essa oportunidade esteja perdida; ela pode ser explorada em outro momento e de outras formas.

Muitas de nossas conquistas não se limitam apenas a diplomas ou a currículos, que são amplamente valorizados nesta sociedade. Elas se baseiam na nossa disposição para enfrentar frustrações e no nosso compromisso em nos conhecermos mais a fundo, a fim de nos tornarmos pessoas melhores. Hoje, enquanto corria de manhã, assisti à série *Ghislaine Maxwell: Poder e Perversão*. A protagonista, Ghislaine, graduou-se em uma das universidades mais prestigiadas do mundo, dominava quatro idiomas e vivia uma vida cheia de privilégios, mas devido à diversas circunstâncias, seu destino a levou por um caminho diferente.

Seu pai, Robert Maxwell, era uma figura proeminente no mundo dos negócios, sempre cercado por membros da alta sociedade, magnatas e políticos influentes. Era conhecido por sua personalidade ardilosa e seu ego inflado. Ghislaine cresceu em meio a um ambiente de sexismo, onde seu pai via as mulheres como objetos para o prazer e a conveniência dos homens. Sua mãe, ao que parece, não reagia ao comportamento do pai, suportando maus-tratos e infidelidade. A proximidade de Ghislaine com seu pai, apesar de suas inúmeras relações extraconjugais, sem dúvida a afetou, possivelmente levando-a a considerar tal comportamento normal, assim como a falta de atitude de sua mãe.

Ela tinha uma ligação íntima com seu pai, e com frequência era vista a seu lado, como se fosse um troféu, em uma relação que lembrava mais a de um homem com sua musa do que a de um pai com sua filha.

Robert tinha orgulho da imagem dela e apreciava sua atratividade e seu glamour, mantendo-a sempre próxima de seus braços. A morte do pai, a quem ela era profundamente ligada, ocorreu em circunstâncias misteriosas. Logo após a notícia de seu falecimento, vieram à tona revelações de que ele havia saqueado o fundo de pensão de seus funcionários. O escândalo foi de tal magnitude que tornou difícil para Ghislaine continuar vivendo em Londres. Sua mãe faleceu pouco tempo depois da morte do magnata, deixando Ghislaine em uma situação financeira precária. Seu pai deixou a família desamparada.

A dependência emocional e financeira era tão intensa que Ghislaine buscou ativamente um substituto para seu pai, vindo a namorar com Jeffrey Epstein, um homem riquíssimo e que tinha muitas características semelhantes as de seu pai. Ghislaine era uma exímia manipuladora social, destacando-se como anfitriã habilidosa.

Eles se tornaram mutuamente dependentes, embora Jeffrey fosse indiferente a Ghislaine às vezes. De todo modo, ele devia a ela sua entrada nessa sociedade de elite. Ghislaine desempenhou um papel fundamental em sua ascensão, e essa relação complexa teve um profundo impacto na vida deles.

A relação foi para uma outra esfera, onde os dois acabavam se envolvendo sexualmente com mulheres menores de idade em um contexto de pirâmide, onde ela recrutava meninas fazendo-lhes diversas promessas.

Até certo momento, o poder e o dinheiro permitiram que eles tivessem o controle da situação, mas chegou um ponto em que Epstein se matou enquanto aguardava julgamento por acusações de tráfico sexual.

Após um período de investigação, Maxwell também foi condenada pelos seguintes crimes: tráfico sexual de menores, transporte de menores para prática sexual criminosa e três acusações de formação de quadrilha de tráfico sexual. Em 28 de junho de 2022, ela foi condenada a vinte anos de prisão.

Com frequência, essas atitudes têm raízes profundas na busca pelo controle, seja no temor de enfrentar a escassez de recursos financeiros, na perda de influência, na ausência de admiração ou o receio de experimentar algo novo e não obter sucesso. Podemos questionar se essa pessoa não se viu aprisionada por seus próprios sentimentos a ponto de encerrar sua jornada dentro de uma prisão física e emocional.

Conforme o escritor Robert Hare observa em sua obra ***The Hare Psychopathy Checklist-Revised*** (Multi-Health Systems, 2003), indivíduos com tais características consideram seu comportamento como lógico, recompensador e gratificante.[2] Eles se enxergam como superiores em um ambiente desafiador, um lugar onde os demais são vistos como rivais na competição por influência e meios de subsistência. Eles mensuram seu valor comparando-se com a inferioridade que atribuem aos outros, tudo para justificar suas ações antiéticas. Alguns autores também afirmam que, durante a infância, muitos evitam firmar compromissos em relação aos conceitos de certo e errado, evitando a todo custo assumir seus erros.

Muitos dos adoecimentos podem advir da impossibilidade de se libertar dos sentimentos infantis, uma vez que grande parte da estrutura cerebral se desenvolve durante a infância, desempenhando um papel fundamental na formação de nossos padrões emocionais e comportamentais ao longo da vida. Esse desafio é ainda mais evidente no caso dos psicopatas, pois, muitas vezes, eles carecem do desenvolvimento adequado da empatia e do controle emocional, aspectos essenciais para a maturação emocional e a independência dos sentimentos infantis.

Nesse sentido, estabelecer ambientes acolhedores para crianças sem uma família estruturada é um desafio enfrentado pelos governos. Prova disso é um estudo feito com mais de 135 mil pessoas privadas de liberdade nos EUA que mostrou que um em cada quatro condenados esteve sob os cuidados do Estado durante a infância. Outra descoberta feita foi que, a cada ano, mais de 8 mil pessoas são presas por homicídio, sendo que menos de 12% delas são mulheres.[3] O que isso nos leva a pensar? Meninos sem família, que se aproximam de gangues e outras "irmandades", passam a ver os membros desses grupos como figuras paternas ou como irmãos, buscando se encaixar naquele espaço e fazendo de tudo para serem aceitos.

Biologicamente, também é possível perceber indicativos: um estudo realizado com 41 homicidas e 41 pessoas sem histórico criminal demonstrou que os assassinos tinham uma redução significativa no

---

2 HARE, Robert D. *The Hare Psychopathy Checklist-Revised*. Toronto: Multi-Health Systems, 2003.

3 I Am A Killer. Produção: Znak & Co. Reino Unido: *Netflix*, 2022. Disponível em: https://www.netflix.com/br/title/80202283?source=35.

metabolismo da glicose pré-frontal. Essa alteração impacta diretamente a função cognitiva, a tomada de decisões e o controle emocional. Portanto, existe uma associação entre a diminuição do metabolismo da glicose nessa área cerebral e a predisposição a comportamentos violentos.[4]

Esse quadro biológico pode ser agravado por fatores psicossociais, como a experiência de comparação na infância. Crianças submetidas a constantes comparações, seja em ambientes familiares, escolares ou sociais, podem desenvolver sentimentos de inadequação e revolta. Esse contexto emocional, combinado com as deficiências biológicas na regulação emocional e cognitiva, pode levar a uma maior resistência às regras e normas sociais. Ou seja, a comparação na infância pode intensificar a predisposição biológica para comportamentos desafiadores ou violentos.

Por isso, é comum que a comparação se torne uma ferramenta que pode acentuar ainda mais a frustração; mesmo assim, muitos insistem em usá-la com frequência, a ponto de não conseguirem responder à questão: a comparação é uma consequência da frustração ou a frustração surge como resultado da comparação? Ao analisar essa relação, torna-se evidente que comparação e frustração não são conceitos isolados. Eles são, de fato, aspectos intimamente ligados da mesma realidade, interconectados e inseparáveis.

O primeiro aspecto a ser considerado é a nossa tendência atual de nos compararmos constantemente: com os outros, com quem éramos no passado e com quem aspiramos ser no futuro. É importante reconhecer que existem formas saudáveis de comparação. No entanto, o verdadeiro problema reside nas comparações utilizadas como mecanismos de fuga ou justificação. Mas como isso se reflete no cotidiano?

Esse fenômeno se torna evidente em diversas situações do cotidiano, não apenas entre crianças, mas também entre adultos. Por exemplo, ao enfrentar desafios em atividades esportivas, um indivíduo pode se comparar com outros mais habilidosos, questionando-se: "Por que não consigo ser tão bom no esporte quanto ele?" Da mesma forma, em ambientes sociais ou profissionais, onde a popularidade ou o sucesso são valorizados, o indivíduo pode se sentir deslocado ao observar colegas

---

[4] RAINE, Adrian. *A anatomia da violência*: as raízes biológicas da criminalidade. Porto Alegre: Artmed, 2015.

ou pares sendo mais facilmente aceitos e admirados. Isso pode levar a reflexões angustiantes: "Por que não sou tão popular ou bem-sucedido quanto eles? O que eles têm que eu não tenho?"

Até mesmo a dinâmica familiar pode ser uma fonte de comparação e frustração para pessoas de todas as idades. Observar famílias que parecem mais felizes ou mais unidas pode provocar questionamentos dolorosos, como: "Por que minha família, não é assim?" Em busca de um escape desses sentimentos, é comum que as pessoas recorram às redes sociais para criar uma versão idealizada de sua própria vida. Nesse espaço, postagens de momentos felizes e sorrisos forçados servem para ocultar a realidade, proporcionando um conforto passageiro. Porém, os comentários positivos recebidos oferecem apenas um alívio temporário, pois a realidade, com suas frustrações inalteradas, permanece à espera.

Ou seja, ao optar pela comparação como uma forma de fuga, a pessoa apenas encobre temporariamente suas frustrações, sem de fato enfrentá-las. A realidade persiste e, ao reencontrá-la, a sensação de decepção pode se agravar. Por outro lado, a comparação de justificativa acontece quando alguém compara sua própria situação frustrante com a de outra pessoa, buscando aliviar a própria dor e encontrar uma desculpa para não lidar diretamente com o problema.

Consideremos o exemplo de um indivíduo que lida com o alcoolismo e toma conhecimento da luta de outra pessoa contra um vício em drogas ilícitas. Ao se comparar, ele pode pensar: "Embora eu tenha problemas com o álcool, pelo menos não estou envolvido com drogas; isso faz meu problema parecer menor e menos urgente." Esse processo de comparação e justificativa pode levar a um estado de inércia, onde a pessoa evita enfrentar ativamente seu próprio desafio.

É prudente evitarmos usar as falhas alheias como véu para ocultar nossas próprias imperfeições.

Além disso, quando nos comparamos de forma inadequada, o foco são nossos pontos negativos, e não nossas fortalezas; isso gera ainda mais frustrações graças ao reforço que damos aos sentimentos negativos, mesmo quando os justificamos. Você já parou para pensar quais são os principais sentimentos e pensamentos incitados pela comparação? Observe:

1. **Insegurança:**
   "Sinto-me insuficiente."
   "Não consigo alcançar o mesmo resultado que ele."
2. **Baixa autoestima:**
   "Me vejo como inferior."
   "Não me acho tão atraente."
3. **Inveja:**
   "Ele não merece o que tem."
   "Eu faria melhor se estivesse em seu lugar."
4. **Cobiça:**
   "Faria de tudo para ter isso."
   "Sinto que preciso disso mais do que ele."
5. **Sensação de incompetência:**
   "Sinto-me incapaz."
   "Acredito que não posso competir com ele."
6. **Sentimento de inadequação:**
   "Não me vejo pertencendo a este grupo."
   "Sinto que não faço parte desta história."
7. **Abandono:**
   "Sinto que perdi o que tinha para ele."
   "Não valho o mesmo; se valesse, não teria perdido."
8. **Rejeição:**
   "Parece que qualquer um prefere ele em vez de mim."
   "Sinto que não sou bem-vindo."
9. **Raiva:**
   "Não acho justo que ele tenha ou faça isso."
   "Eu daria muito mais valor."

Esses são apenas alguns dos sentimentos, acompanhados dos pensamentos, comuns na vida de quem usa as comparações como mecanismo de fuga e as justificativas como válvulas de escape contra as frustrações. Porém, todos esses sentimentos e sensações podem ocorrer de forma simultânea, dando ainda mais força a essa negatividade que prejudica a vida de qualquer um.

Como já mencionado, a comparação é natural, tanto é que, ao longo do tempo, adaptamos a forma de nos compararmos. Antes de toda essa evolução tecnológica, a maior parte das comparações se dava pela observação física de fatores reais: a vizinha que sempre sabia da vida de todas as pessoas do bairro e vivia se comparando com elas; as amigas de escola que aprenderam a se comparar umas com as outras ainda na infância pelo estímulo da competitividade; os colegas de trabalho de mesmo cargo que comparavam resultados, promoções e premiações; os irmãos que se comparavam disputando a atenção dos pais; e muitas outras situações que se refletem na vida dessas pessoas atualmente. Porém, com um agravante: o mundo irreal vendido através das redes sociais.

O mundo virtual foi projetado com cuidado para capturar e manter nossa atenção, atraindo-nos para o que é esteticamente belo, emocionalmente instigante e prazerosamente agradável. No entanto, a realidade da vida não costuma se alinhar a essa constante perfeição, uma verdade que, com frequência, é ofuscada pelas mídias sociais. Nessas plataformas, a proximidade e a velocidade com que as comparações são feitas amplificam uma sensação de inatingibilidade, criando um contraste marcante entre a vida real e o que é idealizado on-line. Já notou como essa disparidade pode influenciar nossa percepção da realidade e de nós mesmos?

As imagens compartilhadas nas redes sociais passam por uma curadoria meticulosa para se alinharem com um ideal de perfeição: uma iluminação impecável, pele sem marcas, corpos esculpidos, sorrisos que podem ser mais encenação do que uma expressão genuína, cabelos arrumados com capricho, entre outros aspectos. Essa representação, cuidadosamente orquestrada, visa capturar a admiração e a aprovação de espectadores do outro lado da tela, retratando uma realidade que pode se distanciar muito do autêntico e do palpável.

As pessoas buscam pelo mundo imaginário justamente porque o esforço é real e exige movimentação, dinamismo, ação e atitude.

Ir à academia e manter uma boa alimentação exige muito mais esforço do que apenas usar um aplicativo que reduz medidas em uma foto.

Isso acontece porque nem sempre o esforço gera os resultados esperados. Assim, para muitos, não se esforçar torna-se sinônimo de evitar frustrações. Nessa abordagem, perde-se de vista que os erros são tão fundamentais quanto os acertos no processo de aprendizado.

A comparação que anula o esforço acaba por deteriorar a autoestima, pois leva o indivíduo a se perceber numa desvantagem constante, tanto nas redes sociais quanto na vida cotidiana. Com os outros sempre em destaque, cultivar e reconhecer as próprias virtudes torna-se um desafio ainda maior, especialmente para aqueles que estão lidando com frustrações.

Muitas vezes, a tendência à comparação é transmitida através das gerações e costuma ser observada em famílias com irmãos ou primos próximos em idade. Nesse caso, o indivíduo pode crescer com sua criança interior ferida, na busca incessante por um afeto do qual não se considera digno, pois, em comparação com outros, ele sempre acredita estar em último lugar, em desvantagem.

Para abordar a questão das comparações de forma mais construtiva, é essencial redirecionar essa tendência natural para um contexto positivo. É importante entender que a comparação é uma parte inevitável da experiência humana, que nos permite usá-la de maneira benéfica. O impacto transformador de uma comparação reside na maneira como ela é conduzida e nos efeitos que ela tem em nossa vida.

Assim, é crucial reconhecer o verdadeiro valor das comparações positivas, pois são elas que despertam emoções e reações que divergem daquelas mencionadas anteriormente neste capítulo, incentivando o crescimento pessoal. Para avaliar a natureza de uma comparação — se ela é evasiva, justificativa ou benéfica — considere:

"Quais emoções são desencadeadas por essa comparação em mim?"

"Quais ações ou mudanças essa comparação me inspira a empreender?"

A resposta a essas duas questões te ajudará a entender se você está no caminho certo ao se comparar consigo mesmo e com os outros.

Assim, você poderá praticar os dois exercícios para realizar comparações corretas: primeiro, consigo mesmo; depois, com outros.

Comparar-se consigo mesmo envolve analisar sua própria evolução, com atenção aos pontos fortes e com o olhar sempre voltado ao presente, sem carregar pensamentos negativos sobre o passado ou o futuro.

Refletindo sobre si mesmo, considere onde você estava há dez anos e avalie o que conquistou desde então em diversos aspectos da vida:

1. **Emocionalmente:**
   Quais foram os avanços na sua inteligência emocional, no manejo das suas emoções ou na forma como você se relaciona com os outros?
2. **Financeiramente:**
   Que progressos você fez em termos de estabilidade ou crescimento financeiro, investimentos ou economias?
3. **No âmbito familiar:**
   Como evoluíram suas relações familiares, a construção da sua própria família ou a superação de desafios familiares?
4. **Outras conquistas:**
   Quais outros marcos importantes você alcançou, seja na educação, na carreira, hobbies ou desenvolvimento pessoal?

Em seguida, projete-se para o futuro e visualize onde deseja estar em dez anos:

1. **Emocionalmente:**
   Quais objetivos você tem para o seu crescimento emocional, seu bem-estar mental ou suas relações interpessoais?
2. **Financeiramente:**
   Quais metas financeiras você espera alcançar, incluindo ganhos, investimentos e segurança financeira?

3. **No âmbito familiar:**
   O que você aspira para sua vida familiar, seja na criação de filhos, na construção de laços mais fortes ou na resolução de pendências?
4. **Outras conquistas:**
   Quais são seus sonhos e objetivos em outras áreas da sua vida, como carreira, educação e hobbies?

Perceba que o olhar está sempre direcionado para o futuro, evidenciando que as comparações devem ser orientadas por uma perspectiva de evolução. O foco deve estar em suas próprias conquistas, celebrando-as para impulsionar avanços ainda mais significativos.

Lembre-se: daqui a dez anos, você não será a mesma pessoa, e essa transformação está em curso a cada momento, inclusive agora.

Assim, faça comparações com suas melhores versões do passado, visando evoluir para o ápice do que é possível se tornar.

Além do processo introspectivo, é proveitoso voltar nosso olhar para o que eu chamo de referências de coragem: personalidades que já pavimentaram caminhos que aspiramos trilhar, tornando-se faróis de inspiração em nossa jornada. Essas figuras exemplares podem surgir em múltiplos domínios da vida, sejam eles familiares admiráveis, líderes empresariais, ativistas alinhados aos nossos valores ou educadores transformadores. O critério de escolha é simples: essa referência pode ser qualquer ser cuja trajetória nos motive a emular sua bravura e determinação na busca por nossos sonhos, demonstrando que o sucesso é fruto de perseverança.

Nesse contexto, vale ressaltar que a comparação com essas personalidades inspiradoras não deve visar a emulação pura ou a competição, mas sim o despertar de nossa própria essência e nosso próprio potencial. Elas servem como prismas pelos quais podemos enxergar a multiplicidade de caminhos para forjar nossos êxitos com dignidade e coragem.

Para esse propósito, escolha uma pessoa que será sua **referência de coragem**. Por exemplo, no meu caso:

1. **Nome:** J.K. Rowling
2. **Especifique a área da vida na qual você busca inspiração através dela:** Superação de adversidades e êxito profissional na escrita.
3. **Elabore um plano para incorporar os ensinamentos dessa pessoa à sua vida:** Dedico um tempo específico de cada dia para escrever, inspirando-me na disciplina de Rowling. Também venho usando suas histórias de superação pessoal como combustível para minha criatividade, aplicando esses aprendizados ao desenvolver narrativas próprias.
4. **Investigue a trajetória dessa pessoa e entenda como ela alcançou aquilo que você aspira conquistar:** Procurei compreender a história de J.K. Rowling, desde os desafios financeiros e pessoais até se tornar uma escritora de renome global. Concentrei-me nos momentos em que ela enfrentou rejeições editoriais e em como sua determinação inabalável foi alicerce para ela superar essas barreiras, servindo de inspiração para que eu perseverasse diante dos desafios na minha jornada criativa.

Você pode ter mais de uma referência de coragem, o essencial é que elas atuem como um estímulo, mostrando que todo ser humano possui a capacidade extraordinária de realizar seus sonhos, independentemente do passado que o conduziu até aqui. A jornada é sempre adiante.

Não posso simplesmente dizer "não se compare com os outros", pois isso faz parte da nossa natureza humana. Mas, posso encorajá-lo, a escolher referências positivas, pessoas que o incentivem a superar limites, alcançando sonhos e objetivos. Esse tipo de comparação ilumina as possibilidades à sua frente e esclarece os desafios que surgem pelo caminho.

A comparação, quando mal gerida, pode ser uma fonte de sofrimento. Conforme revela um estudo, ao estabelecermos essas comparações e nos sentirmos inferiores, ativamos áreas do cérebro responsáveis pela percepção da dor, desencadeando também sentimentos de vergonha.[5] Por isso, torna-se imperativo decifrar o significado por trás dessa "dor", evitando ceder ao desânimo e, em vez disso, canalizando-a como força propulsora em busca de motivação e propósito.

Assim, encaramos a "dor" não como um fim, mas como um começo; entramos no domínio onde as verdadeiras transformações ocorrem. É nesse contexto que as provações da vida, marcadas por dor e luta, tornam-se o terreno fértil onde brotam verdadeiros heróis — aqueles que, ao reescreverem suas narrativas, se tornam faróis de esperança. Inspirando-nos em Vera Regina Miranda: "Vitória sem dor, crescimento sem tropeço, isso tudo me é desconhecido; a verdadeira riqueza residia em seu espírito de luta, sua imensa nobreza, sua inerente fortaleza."[6]

Ao reconhecermos a dor como prelúdio para o crescimento, nos vinculamos ainda mais profundamente ao tecido social, onde cada ação, por mais discreta que pareça, detém um valor inestimável. Reflitamos sobre o papel do educador, cuja missão é disseminar o saber e acender as chamas da curiosidade nas mentes jovens, um trabalho tão crucial quanto a função vital desempenhada pelo médico na salvaguarda da saúde. Cada um contribui do seu jeito para o enriquecimento de nossa comunidade, fomentando um ambiente mais esclarecido e saudável. Essa interação de esforços individuais cria uma rede de apoio mútuo, destacando a interconexão e a importância de cada indivíduo na construção de um bem-estar coletivo.

Visualizemos, então, um jardim repleto de vida, onde flores de diferentes espécies florescem sob condições distintas: algumas banhadas em abundante luz solar, outras revigoradas pela chuva. Essa diversidade traduz-se numa exibição esplêndida de singularidades, e esse panorama ressalta a importância de valorizarmos nossas características únicas e os avanços que conquistamos individualmente, em vez de nos perdermos em comparações superficiais com os outros.

---

5 MILES, Laura. Oranges versus bananas: The unforgiving mirror of comparison | Laura Miles | TEDxNorwichED. *YouTube*, 23 ago. 2019. Disponível em: https://www.youtube.com/watch?v=u6E3CLV9_tI.

6 MIRANDA, Vera Regina. *Dilemas e desafios de um guerreiro*. Paraná: Juruá, 2011.

Na natureza, as flores não competem entre si, mas crescem, cada uma segundo sua própria essência. Esse princípio pode ser uma bússola em nossa própria vida, orientando-nos a medir o progresso em relação às nossas versões passadas, concentrando-nos nos ganhos de nosso crescimento. Reconhecer nossa singularidade e valorizar nossa individualidade nos capacita a direcionar nossos esforços para cultivar nosso máximo potencial, entendendo que, dentro deste vasto jardim social, cada um de nós desabrocha à sua maneira.

Contudo, é prudente cultivar a consciência de que, assim como no jardim, onde cada flor se destaca por sua beleza, sem comparação, em nossa vida, as comparações devem ser manejadas com cuidado para não semearem a culpa. Tal como uma flor que sobressai na luz ou se nutre mais na chuva, podemos nos sentir em descompasso com os ritmos naturais ao nos medirmos por padrões inalcançáveis ou ao nos compararmos de modo desfavorável com os outros. Essa culpa, paradoxalmente, pode brotar tanto da percepção de não alcançarmos nossos ideais quanto do desconforto de nos percebermos florescendo além daqueles que nos são caros, como os pais ou mentores.

Essa complexidade do sentimento de culpa tem uma ligação profunda com a noção de erro, seja um erro real, exagerado ou até inexistente. Pessoas que se frustram por culpa costumam se fixar em seus erros, impulsionadas pelo medo de repeti-los ou de serem reconhecidas por eles. Assim, a frustração por culpa está associada a indivíduos que estão constantemente vigilantes em relação às suas falhas, predispostos à autoflagelação diante de circunstâncias que os façam sentir-se culpados.

Essa dinâmica é claramente visível em alguns exemplos comuns de frustrações por culpa, tais como:

1. **Não gostar de alguém da família** – Nesse caso, o sentimento de culpa emerge não de um erro concreto, mas do conflito interno gerado pela discrepância entre os sentimentos reais e as expectativas sociais ou familiares.
2. **Dificuldade em controlar a saciedade** – Nesse cenário, a culpa se origina da percepção de falha em manter o autocontrole, considerando cada episódio de falta de controle como um erro pessoal.

3. **Acreditar estar no controle e, ainda assim, algo negativo acontecer –** Nessa situação, a culpa é fruto da crença equivocada de ter falhado em controlar um desfecho, evidenciando uma expectativa irreal de domínio sobre todas as variáveis.

Esses exemplos destacam como a culpa, frequentemente ancorada em percepções distorcidas de erro, permeia variados aspectos da vida, levando a uma vigilância constante e a uma insatisfação crônica com nossas próprias ações e nossos sentimentos. Essa realidade ecoa de maneira profunda em minhas experiências de infância. Eu costumava me sentir inadequada por não conseguir atender às expectativas de comportamento e aprendizado impostas às crianças da minha idade. Esse sentimento era um reflexo da minha percepção de que eu era o "erro", em um ambiente que não reconhecia e valorizava minhas necessidades e características únicas.

Contudo, um processo de reinterpretação começou quando passei a narrar minha história sob uma perspectiva renovada. Aos poucos, compreendi que a deficiência não estava em mim, mas no sistema educacional da época, que não estava adequadamente equipado para atender crianças com necessidades particulares, como as minhas. Essa viagem rumo ao autoconhecimento me revelou que, muitas vezes, é mais fácil para as instituições e para as pessoas lidarem apenas com o que é convencional e familiar, negligenciando aqueles que desviam da norma. Esse insight foi determinante para eu me dar conta de que eu não era um problema, mas sim um indivíduo distinto num contexto que ainda precisava evoluir para reconhecer e valorizar a diversidade.

A partir dessa reconstrução da minha narrativa pessoal, torna-se claro que, muitas vezes, a culpa emerge de uma compreensão limitada de nós mesmos e do nosso lugar no mundo. Essa sensação, enraizada em expectativas externas e na percepção de falha, sublinha a importância de revisitar e questionar as estruturas que moldam nossas experiências. Fundamentalmente associado a esse processo de revisão está o papel das nossas primeiras relações e interações, ilustrado pela conexão única formada entre mãe e filho durante a gestação. Compreendendo a significância dessa conexão inicial, tornamo-nos mais conscientes de como as impressões e expectativas iniciais podem influenciar nossa experiência de culpa e nosso caminho para a autoaceitação. Esse vínculo primordial não só nos prepara para interagir com o mundo físico, mas também instila as primeiras noções de aceitação, pertencimento e identidade.

Neste contexto, uma investigação meticulosa traz evidências científicas sobre o papel da saúde emocional materna no desenvolvimento de seus filhos. Essa pesquisa se propôs a analisar o impacto da ansiedade das mães, do apoio social percebido e das preocupações com a COVID-19 no progresso de habilidades de fala-linguagem, motoras e socioemocionais em bebês sérvios de 12 meses, em meio à pandemia.

A investigação envolveu 142 duplas de mulheres grávidas e seus bebês, às quais foi aplicado o State-Trait Anxiety Inventory (STAI) para quantificar a ansiedade materna e um questionário on-line focado no desenvolvimento infantil. O estudo abarcou variáveis socioeconômicas, demográficas e clínicas, além do temor de contágio pelo coronavírus. Os achados destacam a influência significativa da ansiedade materna sobre áreas cruciais do desenvolvimento infantil, incluindo a linguagem e a cognição.[7]

Elisa, que citei em outro momento deste livro, via a comida como fonte de afeto, uma visão que, de maneira inconsciente, influenciou profundamente seu comportamento durante sua gravidez. Ela recorreu à alimentação compulsiva como meio de se conectar com o filho que estava sendo gerado. Para Elisa, comer não era apenas uma necessidade física; era um ato de amor e conexão. Ao se alimentar, ela sentia que estava nutrindo seu filho de maneira direta, fortalecendo o vínculo entre eles.

Contudo, essa relação emocional com a comida teve consequências físicas e psicológicas significativas. Elisa, que já tinha ressalvas quanto ao seu peso, ganhou mais quilos durante a gravidez e lutou para aceitar as mudanças em seu corpo. Ela se viu incapaz de vestir suas roupas, que ela já considerava muito grandes, e começou a evitar espelhos, atormentada pela crença de que estava engordando continuamente.

Sempre preocupada com a aparência, sobretudo por conta dos comentários de sua mãe, Elisa só saía de casa para o que fosse muitíssimo necessário, pois constantemente se sentia sob o olhar julgador das

7 JELIČIĆ, Ljiljana et al. The Impact of Maternal Anxiety on Early Child Development During the COVID-19 Pandemic. *Frontiers in psychology*, v. 12, 2021. Disponível em: https://doi.org/10.3389/fpsyg.2021.792053.

pessoas. Esse escrutínio percebido causava-lhe desconforto, estresse e ansiedade. Para evitar ser vista em seu estado atual, Elisa cancelava almoços familiares e se esquivava de qualquer oportunidade de ser fotografada.

Desde os primeiros anos de vida, seu filho demonstrou ser um bebê que chorava muito, apresentando episódios de raiva que não se manifestavam apenas em situações cotidianas, mas também o levavam a buscar refúgio no isolamento, especialmente em locais públicos. Esses comportamentos, a princípio interpretados como fases típicas do crescimento infantil, revelavam as primeiras sementes de uma luta interna mais profunda. À medida que ele crescia, sua inclinação para evitar o contato com os demais não apenas persistia, mas se aprofundava, transformando-se em uma preferência marcada pelo isolamento. Para seus pais, acostumados a navegar por suas oscilações de humor, tal mudança parecia ser um desenvolvimento natural; entretanto, era apenas a superfície de um mar de sentimentos não expressos. Esse padrão de comportamento sinalizava não somente uma dificuldade em se conectar com o mundo exterior, mas também refletia uma complexa batalha interna com seus próprios sentimentos, uma luta silenciosa entre a necessidade de isolamento e o desejo inconsciente por conexão e aceitação.

Na sala de aula, sua presença passava quase desapercebida pelos professores, de tão reservado que era. Raramente sua voz era ouvida, e nas escassas vezes em que falava, era pouco provável que estivesse conversando com um amigo, considerando que ele não os tinha. Seus colegas, quando muito, aproximavam-se apenas para copiar suas lições de casa. Durante as aulas de educação física, ele evitava envolver-se nos esportes, preferindo atividades alternativas. A ideia de estar em uma quadra cercado por várias pessoas era, para ele, sinônimo de perda de controle e vulnerabilidade. Além disso, a falta de prática esportiva e sua baixa autoestima o faziam se sentir um jogador inapto, temendo ser um empecilho para a equipe.

Impulsionado por um medo profundo de interações sociais, ele se mantinha distante das pessoas, uma reação que não conseguia compreender plenamente. Sentia-se invadido pela simples aproximação de alguém, como se tal proximidade trouxesse consigo um perigo oculto, talvez ancorado em experiências negativas passadas. Essa aversão costumava ser acompanhada por uma intensa culpa, derivada de sua incapacidade de se encaixar nos moldes convencionais de sociabilidade, exacerbando seu sentimento de isolamento. A raiz dessa culpa refletia um conflito interno agudo: o desejo latente por conexões genuínas, contraposto pela incapacidade de estabelecê-las, gerando um ciclo vicioso de autojulgamento e retração.

Ao desvendarmos as origens da culpa ligadas a expectativas que, muitas vezes, são inatingíveis, torna-se evidente a conexão intrínseca entre as experiências de Elisa durante a gravidez e os desafios emocionais e sociais enfrentados por seu filho. Essa cadeia de culpa, alimentada por pressões sociais e internas, ilustra não somente as lutas pessoais de Elisa, mas também o modo como tais lutas reverberam na vida de seu filho, moldando suas interações sociais e emocionais. Os pais, assim como Elisa, encontram-se navegando em um oceano de desafios que vão além dos cuidados físicos com o filho, englobando a necessidade de equilibrar a saúde emocional, a busca por momentos de individualidade, e a complexidade em estabelecer uma conexão emocional forte com seus filhos em meio a um ambiente que frequentemente impõe culpa quando o indivíduo não atinge os padrões ideais.

No caso de mães de crianças com hemofilia (um distúrbio hereditário e genético que afeta a coagulação do sangue), há um relato de aumento significativo desses sentimentos de culpa, frequentemente relacionados a fatores genéticos e à dura realidade dos procedimentos dolorosos para seus filhos.[8] Tais sentimentos, alimentados por padrões perfeccionistas inalcançáveis, destacam a necessidade de distinguir culpa de responsabilidade. A culpa nos coloca no papel de sofrimento e impotência, onde não somos capazes de lidar com nossas dores ou desafios. Por outro lado, quando substituímos a culpa por responsabilidade, conseguimos tomar as rédeas da situação, saindo do papel de impotência e entrando em um papel de tomada de decisão, onde, ao analisarmos uma circunstância que não foi positiva, decidimos mudar de rota.

Ao entender que somos responsáveis, e não culpados, conseguimos também compreender de forma mais clara quais são as situações que

---

8 TERRACINI Benedetto. Talidomide e difetti monolaterali degli arti: il capitolo italiano di una storia infinita. ***Epidemiologia & prevenzione***, v. 45, n. 4, p. 302–309, 2021. Disponível em: https://doi.org/10.19191/EP21.4.P302.087

estão ou não em nosso controle. Por exemplo, no caso de um sentimento relacionado a um abuso, de que forma a vítima é responsável? Nenhuma! Quando pensamos em responsabilidade, e não em culpa, fica mais fácil tirar pesos que estão em nossas costas e nem mesmo são nossos.

Por isso, por um instante, pergunte-se: "Tenho me culpado pelo quê?" "Sou realmente responsável por essa situação?" "Esse fato está ou estava em minhas mãos?" Fazer tais questionamentos poderá tirar você do emocional e trazer a situação para o racional, ajudando-o a ressignificar o que tem sentido.

Outro passo para ressignificar esse sentimento negativo é o autoconhecimento, pois quando se olha mais para o que falta do que para o que se tem, há um reforço da culpa e de outros sentimentos negativos agregados.

O filho da Elisa se sentia diminuído por não saber se expressar e por não ver uma maneira de melhorar isso. Ainda muito jovem, não sabia administrar seus sentimentos e reconhecer suas qualidades e forças. Da mesma forma, quando não nos conhecemos, torna-se mais difícil transformar nossos conflitos em habilidades, porque não somos capazes de reconhecê-los para ressignificá-los.

Por essa razão, é essencial dedicarmos tempo para a introspecção: refletir sobre nossas qualidades e nossos potenciais, destacando-os para contrabalancear os pensamentos negativos — como aqueles enfrentados pelo filho de Elisa — relacionados à autopercepção e à culpa.

Nesse contexto, o autoconhecimento pragmático abre a porta para a compreensão de nós mesmos, facilitando uma apreciação precisa de nossas virtudes e áreas a desenvolver. Ao nos permitirmos reconhecer nossas emoções, nossos pensamentos e nossos comportamentos, cultivamos uma visão realista, mitigando a autocrítica e evitando a superestimação do ego. Assim, o autoconhecimento se transforma em um instrumento essencial para enfrentar desafios e implementar as mudanças necessárias.

Entretanto, alcançar o autoconhecimento pode ser desafiador. É comum demorarmos a compreender nossa verdadeira essência, especialmente se crescemos em um ambiente marcado pelo controle excessivo de pais ou cuidadores. A busca por aceitação e amor dentro da família pode suprimir a individualidade, levando a consequências sérias, desde problemas de saúde até dependências e outros mecanismos de fuga. Mas quando a família deixa de ser um suporte e se torna um obstáculo para o desenvolvimento do indivíduo? Como o controle excessivo pode afetar negativamente o filho? Como evitar tais dinâmicas e, mais importante, como se libertar das amarras desse controle? É o que veremos no capítulo a seguir.

.14.

TECENDO LIBERDADE:
Desvendando o labirinto do controle familiar

A inclusão deste capítulo foi inspirada por atendimentos esporádicos que fiz a duas pacientes em uma mesma semana. Esses casos isolados revelaram como o excesso de controle no âmbito familiar, seja de maneira inconsciente ou explícita, pode desencadear dinâmicas prejudiciais e resultar em benefícios secundários indesejados. Nesse contexto, surge a questão: o que ocorre quando esse controle é motivado por carência, pelo anseio de equilibrar uma relação afetiva, pelo medo da solidão ou por egoísmo?

Primeiramente é preciso entender que famílias funcionam como ecossistemas interconectados. Um estudo publicado no *Journal of Child and Family Studies* demonstrou que a superproteção aumenta o risco de a criança se sentir incompetente, sofrer de depressão e desenvolver ansiedade — sintomas que podem persistir até a fase adulta. Além disso, crianças superprotegidas tendem a aprender que outras pessoas sempre resolverão seus problemas, o que pode diminuir a valorização dos prazeres na vida adulta.

Para entendermos essa relação, lembro um trabalho fantástico realizado pela psicóloga Wendy Grolnick sobre o impacto da criação alicerçada na autonomia, em comparação a uma criação controladora, na motivação das crianças. Ela gravou vídeos de três minutos de mães e filhos e classificou as interações como controladoras ou de apoio à autonomia. Quando Grolnick convidou as mesmas mães de volta ao laboratório para uma segunda visita, as crianças foram colocadas em uma sala separada para trabalharem individualmente, e os resultados foram surpreendentes. As crianças que antes tinham sido dirigidas pelas mães, desistiram do que faziam ao enfrentar uma frustração.

O que isso nos mostra? Quanto mais independente você permitir que seus filhos sejam, mais autônomos e autoconfiantes eles se tornarão.

"Quando os pais apelam para o comportamento controlador a fim de tentar manter as crianças dentro de seus padrões, acabam corroendo a sensação de autonomia das crianças e, junto com ela, a motivação intrínseca."[1]

O primeiro caso que vou compartilhar é de um casal a quem chamarei de Ana Luisa e Carlos, ambos funcionários públicos de um hospital; ela, enfermeira, e ele, médico. Ana Luisa veio de uma família com muitos conflitos, já que, embora fossem religiosos, seu pai era alcoólatra, seu cunhado envolvido com drogas e sua mãe tinha uma característica dominadora. Isso se mostrou ainda mais real com o nascimento da filha de Ana Luisa que, agora com 6 meses, era motivo de conflito entre mãe e filha, visto que a avó queria ter uma participação maior na vida da neta do que Ana Luisa desejava. Ela me procurou justamente em busca de estabelecer limites para esse excesso de controle, mas por meio da terapia, descobrimos que os limites precisavam começar em outros aspectos da vida.

Ana Luisa traiu o marido, mas, conscientemente, não sabia por que havia feito isso. Preferiu contar a verdade a ele e pedir perdão, e ele ficou muitíssimo decepcionado. Aquilo abalou muito a relação do casal, até que, meses depois, Ana Luisa — assim como a maioria dos funcionários do hospital — descobriu que seu marido teve um caso não somente com uma, mas sim com duas enfermeiras diferentes que, aliás, eram amigas.

---

1 LAHEY, Jessica. *Pais superprotetores, filhos bananas*. Nova York: HarperCollins, 2015.

Inclusive, eles haviam tido relações a três. Com isso, ele foi exonerado do cargo.

Eles conversaram, e ficou claro que aquela atitude tinha sido uma resposta de vingança; ele não queria perdê-la, mas não achava justo o ocorrido, então agiu por impulso em busca de uma falsa sensação de equilíbrio.

Nesse ponto, é válido lembrar que o equilíbrio é utópico. Nunca o alcançaremos; porém, a busca por ele é uma realidade em nossa existência. No caso de traições, mesmo quando existe o perdão, a sensação de se sentir lesado pode motivar ainda mais a pessoa a buscar esse "equilíbrio" e, por isso, é fundamental que o casal tenha um diálogo aberto sobre seus sentimentos.

Carlos tinha dificuldade em conversar sobre o que sentia. Guardou ressentimento e vingança dentro de si e manifestou isso através de ações desviadas. Contudo, diante das consequências, viu-se obrigado a ceder e finalmente abrir seu coração para a esposa, buscando esclarecer seus pensamentos e sentimentos, em busca do perdão.

Afinal, qual é a conexão entre o controle e a traição? Ela é mais forte do que você imagina e menos perceptível do que deveria. Muitas vezes, as pessoas procuram no cônjuge proteção e segurança, e no amante, aventura. Parece que "aventurar-se" pode levar à perda de controle na relação.

Lembra-se do que já comentei sobre a fantasia, em capítulos anteriores? Em alguns casos, quem trai está em busca de aventuras, desejando satisfazer certas fantasias sem perder o controle da relação principal. Afinal, em uma aventura tudo pode acontecer.

Ana Luisa não se dava conta, mas acabou adotando um comportamento dominador, similar ao de sua mãe. Em vez de buscar uma alteração consensual na dinâmica cotidiana, optou por uma gestão unilateral da relação, embarcando em decisões isoladas. Contudo, a pressão de ocultar a verdade tornou-se insustentável, levando-a a uma confissão que desencadeou consequências imprevisíveis para o relacionamento.

Costumo perguntar aos pacientes envolvidos em infidelidade ou que nutrem desejos de trair: quais são as aventuras que você tem vivido com seu parceiro? Quais novidades você tem sugerido ou vocês têm experimentado juntos? Como andam os planos de vocês? Destaco que minhas perguntas não se limitam apenas ao aspecto sexual, visto que a conexão e a cumplicidade em um relacionamento vão além disso, sendo as experiências sexuais uma consequência natural de um vínculo fortalecido e alegre entre o casal.

O ato de explorar novidades juntos pode variar desde embarcar em uma viagem só do casal até adotar um novo hábito em conjunto, como caminhar ao amanhecer. Aventurar-se significa abrir-se para experiências inéditas, deixar de lado o controle e dar espaço para que o parceiro revele mais de si mesmo, considerando que as pessoas estão em constante transformação.

Frustrações significativas em relacionamentos muitas vezes surgem do desejo de controlar e da dificuldade em aceitar e compreender as mudanças do outro. Já notou como é comum que aqueles mais próximos a nós sejam os que mais resistem quando nos reinventamos ou adotamos novas perspectivas e novos comportamentos?

Nem todos estão preparados para aceitar a pessoa que você está se tornando, e isso acontece porque se acostumaram tanto com quem você foi que têm dificuldade em te enxergar como você realmente é. Esse fenômeno é evidente sobretudo em processos de autovalorização.

Nesse sentido, foi realizada uma pesquisa em que os participantes provaram dois vinhos: um de R$10 e outro de R$90. Segundo a ressonância magnética cerebral, a área do prazer foi muito mais ativada quando os participantes beberam o vinho de R$90; além disso, ao serem questionados sobre o sabor, todos responderam que gostaram mais do mais caro. No entanto, o ponto-chave do estudo era que os vinhos eram iguais e tinham somente preços diferentes. Isso indica muito sobre como nossa percepção muda de acordo com o valor com que nos apresentamos.[2]

Vemos isso em todos os contextos: pais que não entendem que o filho cresceu, o cônjuge que não aceita novos hábitos ou novos valores do parceiro, os sócios ou colegas de trabalho que esperam do outro a mesma postura de sempre, entre outros.

---

2 PLASSMANN, Hilke *et al*. Marketing actions can modulate neural representations of experienced pleasantness. *Proceedings of the National Academy of Sciences of the United States of America*, v. 105, n. 3, p. 1050–1054, 2008. Disponível em: https://doi.org/10.1073/pnas.0706929105.

O cotidiano com quem já conhecemos é cercado de estigmas. Agora, quando conhecemos uma pessoa nova, temos a chance de nos apresentar a ela como realmente somos no momento atual, com todas as nossas aspirações futuras. E como resolver esse conflito? Seguem algumas dicas:

1. **Saiba impor limites:** Você não é obrigado a ceder sempre simplesmente porque cedeu em algum momento.
2. **Prove com ações:** Talvez palavras não convençam, mas exemplos têm um grande efeito. Mostre sua mudança.
3. **Estabeleça um diálogo claro:** Você não é obrigado a explicar por que mudou, mas esclarecer o que mudou é importante.
4. **Deixe uma brecha:** As mudanças são constantes; por isso, deixe claro a impermanência delas e que você pretende evoluir cada vez mais.

As pessoas se acostumam com disponibilidade, educação, capacidade de perdoar, medos, vícios, entre outros aspectos nossos. Por isso, mudar envolve aprender a se apresentar novamente para quem nos cerca.

Foi o que Ana Luisa e Carlos precisaram fazer: se reconhecer nas suas novas versões, repletas de novas virtudes, mas também de traumas e medos. Ana enfrentou o desafio de aceitar o constrangimento público em seu ambiente de trabalho e a necessidade de abrir mão do controle; Carlos teve de abandonar seu ressentimento e o desejo de vingança, além de aprender a importância de expressar seus sentimentos. Ambos descobriram a necessidade de perdoar e entenderam que as aventuras, quando vividas em conjunto, tornam-se ainda mais valiosas.

Além da aventura, o valor dos hábitos se destaca em um contexto a dois. Tal Ben-Shahar, reconhecido por sua contribuição à psicologia positiva, ressalta que um de seus hábitos mais preciosos é reservar um dia da semana para dedicar-se exclusivamente à sua esposa, sem os filhos por perto. Essa é uma prática que, segundo ele, fortalece significativamente o relacionamento. Para casais que não conseguem deixar os filhos aos cuidados de terceiros, ajustar esse hábito pode parecer desafiador, mas é viável. Uma alternativa é estabelecer uma "hora tranquila", aproveitando, por exemplo, o momento após as crianças dormirem. Outra possibilidade é valorizar pequenas oportunidades diárias, como desfrutar de um café da manhã a sós para cultivar a conexão entre o casal.

Nesse sentido, estudos recentes da Universidade de York lançaram uma nova luz sobre a dinâmica entre sexo planejado e espontâneo, traçando um paralelo com as percepções de Tal Ben-Shahar sobre a importância de hábitos deliberados em relacionamentos. Eles revelam que a satisfação no sexo planejado pode igualar-se à do sexo espontâneo, desafiando a noção comum de que a espontaneidade é sempre superior. Essa descoberta sublinha a relevância da intencionalidade nas relações, mesmo em aspectos tipicamente impulsivos. Para casais com filhos, que encontram dificuldades em dedicar tempo exclusivo um ao outro, a estratégia de planejar momentos íntimos, validada por essa pesquisa, emerge como uma solução viável e benéfica para fortalecer a conexão e a intimidade.[3]

Contudo, quando as distrações e desculpas se acumulam, levando os pais a focar exclusivamente os filhos, a dinâmica familiar torna-se desequilibrada. O filho pode, então, tornar-se o centro de uma triangulação, fazendo com que o casal perca sua conexão íntima como cônjuges, conforme discutido no Capítulo 7.

Todo o tempo e a dedicação passam a girar em torno do filho, e essa atenção excessiva, que anteriormente poderia ter sido direcionada ao cônjuge, pode acabar resultando em uma sobrecarga para a criança. Esse excesso se manifesta por meio de um controle exagerado: cobrança excessiva por boas notas, superproteção, regras que limitam a autonomia, suscitação de medos desnecessários, entre outros.

À medida que os filhos atravessam o limiar entre a juventude e a maturidade adulta, muitos carregam as sombras de sua adolescência, particularmente aqueles envoltos nas teias de um controle parental rigoroso. Essa transição, embora marcada por um rito de passagem universal, adquire nuances únicas sob o jugo da supervisão estrita. Sob tais circunstâncias, o distanciamento dos progenitores se desenha não

---

3 KOVACEVIC, Katarina et al. Is Spontaneous Sex Ideal? Beliefs and Perceptions of Spontaneous and Planned Sex and Sexual Satisfaction in Romantic Relationships. *The Journal of Sex Research*, v. 61, n. 2, p. 246-260, 2024. Disponível em: https://doi.org/10.1080/00224499.2022.2163611;

apenas como uma busca por autonomia, mas também reflete a cautela em enfrentar as correntezas desafiadoras dos conflitos familiares.

Evitar a família por medo de desentendimentos é como estar caminhando durante uma tempestade e se esconder debaixo de uma marquise em vez de adquirir um guarda-chuva. Em algum momento, seu caminho não terá marquises, mas a chuva ainda virá. Por isso, a relação do indivíduo com sua família de origem é muito importante em seu próprio desenvolvimento e de suas relações futuras.

Isso é ainda mais evidente no segundo caso que mencionei, de uma paciente que se queixava de ataques de pânico recorrentes. Seus relatos indicavam que esses episódios se exacerbavam após interações com sua família de origem, cujos valores religiosos profundamente arraigados pareciam criar um ambiente de expectativas elevadas. Apesar de sentir-se de certa forma acolhida, ela vivia sob o peso da responsabilidade pela felicidade de seus pais, o que intensificava sua ansiedade e seu mal-estar.

Ela então adotava duas identidades distintas, cada uma associada a um nome diferente: um no contexto familiar, onde ela aderia às normas estabelecidas; e o outro em sua vida cotidiana, onde ela se permitia maior liberdade de expressão. Esse duplo papel não apenas evidenciava a divisão entre sua identidade real e as expectativas familiares, mas também apontava uma luta interna para reconhecer e integrar essas facetas de si mesma. As crises de pânico, agravadas em momentos de enfrentamento de novos desafios, pareciam refletir a pressão desse ambiente familiar que, apesar de acolhedor, impunha restrições conflitantes à sua expressão de identidade.

Inspirando-se na reflexão de Jung, pode-se dizer: "A vida é conduzida por aspectos não reconhecidos de nós mesmos que, até serem trazidos à luz da consciência, determinam nosso caminho de maneira velada; é o que muitos de nós interpretamos como destino." A luta da paciente para aceitar e incorporar sua identidade diante desses obstáculos familiares se evidencia através de seus ataques de pânico. Eles podem ser entendidos como um clamor da psique por harmonização e acolhimento de sua autenticidade, frequentemente sufocada e desvalorizada por expectativas impostas.

Apesar de seus pais ostentarem uma aceitação superficial de sua orientação sexual, nas profundezas não ditas de seu coração repousava um julgamento silencioso, entrelaçado com os fios de suas convicções religiosas e as expectativas que tinham para o destino dela. Esse julgamento, embora velado nas sombras do não dito, opera como uma forma de controle etéreo, cujo peso se faz sentir tão intensamente quanto as cadeias do comando evidente.

Com frequência ela se flagrava dizendo "Não quero ser como os meus pais" — um eco que ressoa em muitos, compartilhado em círculos de amigos e conhecidos. Esse ardente anseio de se desvencilhar do jugo do controle familiar muitas vezes catalisa nos filhos a busca por traçar um caminho distinto do dos pais. Contudo, revestido de ironia, quanto mais se empenham para não replicar os padrões familiares, mais se avoluma a possibilidade de, inadvertidamente, espelharem esses mesmos comportamentos, aproximando-se daquilo que juraram evitar.

É como o caso descrito em *The Drama of the Gifted Child*, em que uma mulher chamada Paula, indignada com a submissão de sua mãe a um relacionamento abusivo, aspirava a uma vida radicalmente diferente. Casou-se com um homem permissivo e acreditava que ter relações sexuais com vários parceiros a tornava livre, diferente de sua mãe, que viveu uma vida marcada por abusos e submissão. Paula chegou até mesmo a levar seus amantes para casa com a permissão do marido. Mas, no fundo, toda essa libertinagem apenas escondia a menina obediente e submissa que ela era; nessas relações extraconjugais, ela aceitou ser humilhada e abusada, calando e reprimindo seus sentimentos. Ela desenvolveu uma severa depressão, que a levou à terapia, e só nesse momento ela conseguiu perceber que, de maneira inconsciente, estava repetindo um padrão, sendo exatamente quem não queria ser. Embora aparentasse ser livre e distinta da mãe, Paula era como ela: não se sentia merecedora de um amor sincero e saudável. Felizmente, a terapia ajudou Paula a entender o que estava acontecendo e ela conseguiu ressignificar seus padrões.[4]

Essa repetição de padrões muitas vezes ocorre devido a "lealdades invisíveis", termo difundido pelo psiquiatra húngaro Ivan Boszormenyi-Nagy, que sugere que muitos transtornos, doenças e conflitos são resultados de um desequilíbrio no dar e receber das relações familiares.

---

4 MILLER, Alice. *The Drama of the Gifted Child*. Nova York: Basic Books, 2008.

As famílias, esses mosaicos humanos, operam sob uma balança invisível que busca incessantemente o equilíbrio da justiça. Nesse tecido intricado de relações, quando um dos fios oferece mais do que recebe, instaura-se uma dívida emocional, uma corrente sutil que pode enlear o sistema familiar inteiro. Amor, afeto, respeito — todas essas moedas do coração devem fluir em um eterno vaivém, assegurando que cada gesto de dar encontre seu par no receber.

Contudo, surge uma reflexão: os filhos não são os artífices destinados a preencher os vazios deixados por gerações passadas. Muitos pais, em sua sede por amor e afeto, depositam nos filhos a expectativa de que eles supram suas carências, como se houvesse um débito afetivo pré-estabelecido. Projetam nos filhos a visão dos "pais ideais" que nunca tiveram, sem reconhecer que, em essência, receberam de seus próprios progenitores o dom mais primordial — a própria vida.[5]

Na teia das gerações, os pais frequentemente se veem entrelaçados na ânsia de corrigir em seus filhos as lacunas que marcaram sua própria infância. "Diferentemente de meus pais, estarei presente"; ecoa em seus corações um mantra de compensação tingido pela esperança de redenção. Essa busca, embora nascida de um amor profundo, pode fazer com que os pais transformem seus filhos em sombras de suas próprias histórias, em vez de serem os escultores de novas narrativas.

É imperativo desvendar a complexidade dessa trama, reconhecendo que a sombra de nossos antecessores apenas esboça o contorno de nossa existência. Resistir à tentação de erigir nossos pais ao status de entidades divinas e imaculadas exige um olhar mais matizado, capaz de abraçar suas humanidades — repletas de falhas, ou melhor, oportunidades de aprendizado. O verdadeiro desafio reside em olhar para além do véu da parentalidade, avistando a criança eterna que reside no olhar de cada progenitor, um convite a recalibrar expectativas e desembaraçar as fantasias que enredam nosso discernimento.

Ao trilharmos esse caminho, desdobramos o mapa de uma conexão mais verdadeira, não apenas com aqueles que nos deram a vida, mas também com a essência mais íntima de nossa própria identidade.

---

5 BOSZORMENYI-NAGY, Ivan; SPARK, Geraldine M. *Lealtades invisibles*: Reciprocidad en terapia familiar intergeneracional. Paraguai: Amorrortu, 2013.

Contudo, nessa jornada de aproximação e entendimento mútuo, alguns pais podem se deparar com reflexos inesperados de suas próprias aspirações nos olhos dos filhos. "Se eu tivesse recebido o que você recebe", ecoa em seu íntimo, um desejo velado por experiências que lhes foram negadas. Esse anseio oculto, embora nasça de um lugar de amor e admiração, pode, paradoxalmente, tecer uma teia de distância emocional, obscurecendo a pureza da conexão.[6]

Portanto, a essência de uma paternidade ou maternidade plena desdobra-se no profundo ato de introspecção, aventurando-se para além dos confins superficiais de supervisão e controle. Aliás, o excesso de controle pode ser a semente de distúrbios emocionais e físicos, conforme ilustrado pelas histórias de duas pacientes neste capítulo. A asma em crianças, por exemplo, pode emergir como uma manifestação física de uma ligação materna demasiadamente aprisionadora, na qual a separação essencial entre mãe e filho é obscurecida, perpetuando um ciclo de domínio e dependência.[7]

Adentrando ainda mais nas nuances da asma infantil, revela-se uma pesquisa que lança luz sobre a influência direta das emoções parentais nessa condição. Ambientes familiares carregados de tensão, marcados pela presença de ansiedade ou depressão nos pais, podem exacerbá-la, atuando sobre a inflamação pulmonar das crianças.[8] Essa interação sublinha a complexa rede de emoções entrelaçadas no âmago familiar e sua repercussão no bem-estar, destacando como o apego excessivo ao controle, embora nascido de boas intenções, pode, de modo acidental, obstruir o florescimento da autonomia e do crescimento pessoal de nossos filhos.

Isso me remete a uma série que assisti recentemente chamada ***Sou um Assassino***. Ela se aprofunda na história envolvente de Jema, que enfrentou um trauma severo aos 13 anos, quando foi estuprada por um homem em seus 20 e poucos anos.

Jema suplicou à sua mãe para manter o silêncio sobre o ocorrido, ansiando por apagar tal episódio de sua vida como se ele nunca tivesse

---

6 GROSZ, Stephen. ***The Examined Life***: How We Lose and Find Ourselves. Nova York: W.W. Norton & Company, 2014.

7 KREISLER, Léon. ***A criança psicossomática***. Lisboa: Estampa, 1978.

8 MATÉ, Gabor; MATÉ, Daniel. ***O mito do normal***. Lisboa: Leya, 2023.

acontecido. Contudo, contrariando a súplica da filha e a promessa de manter a discrição, sua mãe decidiu relatar o incidente às autoridades, expondo o caso ao escrutínio público.

A repercussão do acontecimento desencadeou um assédio implacável, forçando Jema a buscar refúgio em um novo distrito, um evento que sacudiu profundamente sua psique ainda em desenvolvimento. Aos 16 anos, às vésperas de um marco educacional, ela se viu grávida de seu primeiro filho. Três anos mais tarde, a família cresceu com a chegada de uma menina.

Ela já enfrentava uma série de desafios e adversidades. Contudo, a entrada de Javon, um namorado, em sua vida transformou essas dificuldades, elevando-as a um nível de complexidade e intensidade sem precedentes. Juntos, mergulharam em um relacionamento marcado por profunda turbulência, onde a intensidade emocional se entrelaçava com o uso de drogas e episódios de agressões físicas. Ele chegou a colocar facas e chaves de fenda no pescoço dela enquanto a estuprava e dizia que o medo durava mais que o amor. Após um ciclo de términos e reconciliações, a mãe de Jema interveio, obtendo uma medida protetiva contra Javon.

Na primeira ocasião em que Jema se encontrou sozinha após a obtenção da medida protetiva, Javon apareceu, a agarrou e, com uma arma, tentou disparar contra ela, mas o gatilho emperrou. Em certo ponto do embate, ela conseguiu pegar a arma e atirar em Javon, o matando. Ela acionou a polícia, mas, em um momento de desespero, ocultou a verdade. Ao lado de sua mãe, tomou a sombria decisão de esconder o corpo. Com o tempo, elas foram descobertas, e Jema foi presa.

A relação entre mãe e filha retratada nessa série, baseada em fatos reais, é marcada por uma disfunção enraizada em uma superproteção exacerbada que existe desde a infância. Essa abordagem influenciou todos os aspectos da vida de Jema, que se viu incapaz de cultivar sua própria autonomia e sua responsabilidade.

Pais superprotetores e controladores muitas vezes não possuem uma percepção clara do impacto de suas ações, acreditando firmemente na eficácia de seus métodos devido à motivação subjacente, que costuma ser embasada em intenções positivas. Esse comportamento pode ser complexificado por experiências passadas, como no caso de mães que, após enfrentarem traições ou sentirem-se incapazes de comandar a dinâmica de seus relacionamentos conjugais, podem transferir essa necessidade de controle para a relação com os filhos. Esse fenômeno, observado no contexto terapêutico, revela um mecanismo de compensação onde o desejo de evitar novas decepções ou vulnerabilidades se traduz em superproteção e controle excessivo sobre os filhos. Mas como "sair" de uma situação como essa ou, até mesmo, resolvê-la? A chave pode estar na comunicação.

Assim, o diálogo se torna uma peça-chave, servindo de ponte para preencher lacunas e elucidar emoções obscuras. Ser assertivo implica na capacidade de articular os próprios pensamentos e sentimentos de maneira precisa, evitando impulsividade ou passividade. Expressões assertivas frequentemente se iniciam com o pronome pessoal "eu", facilitando afirmações como "eu gostaria", "eu acredito", "eu penso". É recomendável evitar generalizações como "a gente", já que elas diluem a mensagem, omitindo a autoria e a responsabilidade pessoal. Aperfeiçoar a assertividade demanda prática, seguindo orientações específicas para desenvolver uma comunicação mais eficaz e responsável. Por isso, seguem algumas recomendações:

1. **A arte de ouvir**
   A escuta atenta é o alicerce sobre o qual a comunicação eficaz se constrói. Se você se depara com barreiras ao tentar se fazer ser compreendido ou ao tentar articular suas ideias, a solução pode residir na sua capacidade de escutar. Avaliar quão profundamente você se engaja durante as interações pode ser esclarecedor. Para mergulhar na essência de sua prática de escuta, considere as seguintes reflexões introspectivas:
   a. Durante as conversas, estou integralmente focado nas palavras de quem fala, absorvendo o verdadeiro significado por trás delas?
   b. A minha escuta é direcionada para compreender ou estou apenas aguardando a minha vez de falar?
   c. Faço uma pausa consciente para internalizar e ponderar sobre as informações compartilhadas?

d. Evito interromper, permitindo que o pensamento do outro seja desenvolvido e concluído naturalmente?
e. Consigo relembrar com precisão os detalhes e perspectivas compartilhadas pelo outro em diálogos anteriores?
f. Mantenho-me livre de distrações, como dispositivos eletrônicos, garantindo minha total presença na conversa?

Essas questões são projetadas para ajudá-lo a refletir se você tem escutado as pessoas da maneira como gostaria de ser escutado.

2. **Cultivando a empatia**

A excelência na comunicação transcende a mera troca de palavras; ela exige a capacidade de se colocar na posição do outro, mesmo quando isso representa um desafio. Seja em diálogos cotidianos, liderando reuniões, ministrando aulas ou em qualquer outra forma de interação, esforce-se para enxergar a situação pela perspectiva do interlocutor.

Pergunte-se: "A mensagem que estou transmitindo é aquela que eu gostaria de receber?" Esse exercício de empatia é fundamental para assegurar que a comunicação seja não apenas eficaz, mas também ressonante e significativa para quem a recebe.

3. **Navegando pelas emoções na comunicação**

Dominar a arte de comunicar-se implica saber regular o impacto dos sentimentos e das emoções sobre o diálogo. A precipitação em conversar durante momentos de intensa carga emocional pode levar a desencontros de entendimento, visto que as emoções atuam como lentes que alteram a percepção e a entrega da mensagem.

Portanto, é essencial refletir sobre a conveniência de abordar certos assuntos enquanto se está tomado por sentimentos como raiva ou tristeza. Optar por adiar uma conversa até que se possa abordá-la com uma mente mais serena pode ser a chave para transmitir suas ideias de forma mais precisa e cuidadosa, evitando ferir sentimentos ou obstruir a comunicação devido a ressentimentos não resolvidos.

Para facilitar esse processo, é útil desenvolver estratégias pessoais que induzam ao equilíbrio e à concentração em momentos críticos de interação. Tais estratégias, ou "âncoras", podem ser simples, como um toque consciente em si mesmo, algo que sirva de lembrete para respirar profundamente, ou a evocação mental de uma palavra que simbolize calma e paz. Imagine criar um interruptor mental, ativado por essas âncoras, que, ao ser acionado, inaugura um estado de tranquilidade e clareza? Esse mecanismo, encapsulado na ideia de "quando X ocorre, Y se segue", oferece um caminho para alcançar a serenidade necessária para uma comunicação genuína e efetiva.

4. **Refinando a comunicação através do desafio**

Aprimorar sua capacidade comunicativa e argumentativa é possível por meio de práticas deliberadas. Experimente o seguinte exercício para polir essas habilidades:

a. Selecione um tema controverso sobre o qual você possui uma opinião definida.

b. Em seguida, desafie-se a defender um ponto de vista oposto ao seu. Por exemplo, se você é favorável à ideia "X", tente construir argumentos a favor de "Y" e contra "X".

Esse exercício não só fortalece sua habilidade de argumentação, mas também amplia sua compreensão sobre a diversidade de perspectivas, destacando a importância de ouvir e respeitar diferentes visões.

A comunicação eficaz é vital, pois muitos conflitos interpessoais nascem de falhas ou da falta de diálogo construtivo. No contexto familiar, especialmente entre pais e filhos, a comunicação deficitária pode mascarar desejos não expressos, levando a manifestações inadequadas dessas necessidades reprimidas. Frequentemente, isso resulta em distanciamentos dentro do núcleo familiar, exacerbando tensões entre seus membros.

5. **Comunicação construtiva em relações superprotetoras: o diálogo do zoológico interior.**

Objetivo: Utilizar a comunicação como ferramenta para identificar, compreender e ajustar comportamentos superprotetores por meio da exploração metafórica de um zoológico interior, visando fortalecer relações mais equilibradas e respeitosas.

Mapeamento do zoológico: Reflita sobre as áreas da sua vida onde a superproteção se manifesta. Para cada área, escolha um animal que simbolize a natureza dessa superproteção. Por exemplo:

a. Leão: Representa a necessidade de liderar e tomar a frente de todos os projetos na empresa, protegendo o trabalho de possíveis falhas ou não execuções.

b. Urso: Simboliza a superproteção excessiva sobre os membros da família, especialmente os filhos, tentando blindá-los de qualquer adversidade.

c. Elefante: Reflete a dificuldade em esquecer desilusões do passado, levando a um comportamento superprotetor para evitar novas mágoas.

Preparação para o diálogo: Para cada animal identificado, prepare-se para um diálogo interno. O objetivo é entender as necessidades e sentimentos por trás da superproteção e como ela impacta a relação. Dessa forma, realize um "diálogo" com cada animal, abordando questões como:

a. Por que sinto a necessidade de proteger dessa maneira?

b. Como esse comportamento afeta a mim e às pessoas ao meu redor?

c. Que mensagem eu gostaria de comunicar em vez de superproteger?

Baseando-se nos insights do diálogo, desenvolva estratégias de comunicação que promovam uma proteção saudável, respeitando a autonomia e o crescimento pessoal. Isso pode incluir estabelecer limites claros, expressar preocupações de maneira assertiva e encorajar a independência.

Percebeu como a comunicação é uma grande aliada para evitar conflitos e desvendar o labirinto familiar do controle? Nesses últimos capítulos, você se deparou com uma variedade de fatores que podem desencadear frustrações, incluindo a resistência a mudanças, o perfeccionismo, os desafios na gestão do tempo, a tendência de se comparar com os outros, sentimentos de culpa, a prática de se autocobrar excessivamente, as dificuldades na comunicação, entre outros aspectos.

Entretanto, o que ocorre quando o ser humano não consegue gerenciar eficientemente esses desafios? Pode-se buscar uma válvula de escape, um meio de distanciar-se da própria realidade. No próximo capítulo, serão apresentadas algumas dessas alternativas.

.15.

ADICÇÃO COMO VÁLVULA DE ESCAPE

Uma das coisas mais valiosas que podemos oferecer para uma pessoa é o nosso tempo. É por isso que, em seu livro, *As cinco linguagens do amor* (Mundo Cristão, 2013), Gary Chapman coloca "tempo de qualidade" como um dos cinco tipos de demonstrações de afeto. Quando presenteamos alguém com nosso tempo, é como se disséssemos a essa pessoa: "Olhe, vou te ouvir, porque você é importante." E em um mundo frenético e cheio de atividades como o atual, talvez uma das coisas que o outro mais precise seja o nosso tempo, mesmo que seja apenas para conversar e externar dores que lhe consomem por dentro.

Por isso, quando tive um tempo com Manuel, me permiti ouvir sua história para entender por que razão e de que maneira a adicção havia se tornado parte de sua vida. Foi então que ele me relatou a história a seguir.

"Fui abusado sexualmente aos 7 anos de idade e sempre tive a sensação de que meus pais não souberam lidar com esse fato. O sentimento de desamparo me acompanhou a vida toda. Eu ficava incomodado dentro de casa. Não venho de uma família muito amorosa, apesar de ter um relacionamento próximo com minhas irmãs; abraços, beijos, ou mesmo um "eu te amo" vindos de pai e mãe nunca foram comuns. Inclusive, eles me comparavam constantemente com meus primos, e isso me fez sentir que eu precisava ser diferente para ser aceito e amado. Lembro também que eu e minha família nos mudamos muito ao longo da vida e que toda mudança me fez sofrer para ser aceito em cada um desses ciclos."

Ele compartilhou o desejo de ser reconhecido por seus pais na época. Nessa busca, destacou-se nos esportes, chegando a ser convocado para seleções e jogos importantes. No entanto, seus pais nunca estiveram presentes nas arquibancadas para assisti-lo. Esse vazio o deixava com a sensação persistente de que algo lhe faltava.

"Já a minha trajetória com as drogas começou aos 16 anos, quando experimentei álcool pela primeira vez, seguido pelo uso de maconha. Me envolvi em pequenos delitos, como vender drogas, para financiar meu consumo dessas substâncias.

"Conheci minha atual esposa quando eu tinha 30 anos, e logo nos casamos. O relacionamento sempre foi muito bom. Os dez primeiros anos de casados foram de muita festa. A nossa casa era sempre frequentada por pessoas que tinham os mesmos gostos que eu, o que facilitou a escalada do uso de drogas e álcool. Em certo momento, eu abandonei a maconha. Foi quando decidimos ter um filho. Estávamos com dificuldade para engravidar e, então, descobrimos que minha esposa tinha um problema. Fizemos inseminação artificial e, na segunda tentativa, o procedimento foi bem-sucedido, resultando no nascimento da nossa filha.

"Antes dela, tive meu primeiro filho, aos 23 anos. Ele nasceu de um relacionamento bastante conturbado, e quando ele completou 2 anos, nós já não morávamos mais juntos. Pouco tempo depois, tive meu primeiro contato com a cocaína. Em contrapartida, no nascimento da minha filha, senti uma responsabilidade diferente. Estava bem financeiramente, mas também gastava muito. O fato de ela ter sido uma filha planejada e desejada me fez sentir remorso por meu primeiro filho não ter vivido as mesmas oportunidades. A chegada da minha filha me abalou e eu não soube lidar com essa nova responsabilidade. Como consequência, houve um aumento no uso da cocaína."

É comum que o aumento do consumo de drogas, álcool e até tabagismo ocorra em momentos significativos da vida de uma pessoa, sobretudo quando ela enfrenta dificuldades para processar novas situações e responsabilidades. Somos seres humanos únicos, e nossa maneira de lidar com frustrações similares pode variar drasticamente. Muitos fatores podem influenciar nossa reação, incluindo o ambiente social, a genética, a educação familiar, traumas e experiências vividas, entre outros. Isso implica que não existe uma solução única para gerir nossas frustrações.

Sendo assim, o que existe?

O conhecimento — assim como aquele que se revela a você em cada página deste livro e que você busca conectar com sua própria experiência — é uma chave mestra. Ele ilumina os meandros da mente e o labirinto das emoções que instigam nossos pensamentos e, por consequência, direcionam nossas ações. Esse percurso de aprendizado não só nos capacita a confrontar nossos próprios desafios emocionais e mentais com mais astúcia, mas também nos encaminha para a orientação de mestres dedicados, com o propósito elevado de empregar essa erudição em benefício do próximo.

A aplicação do conhecimento se revela como um antídoto vigoroso diante da frustração.

É verdade que o conhecimento possui um valor inestimável; contudo, sua mera existência não assegura resultados. É essencial colocá-lo em prática para que seus frutos se manifestem em sua vida. Percebeu como este livro se dedica a apresentar exemplos, histórias e exercícios práticos? Isso se deve ao reconhecimento de que o aprendizado, aliado à ação, aumenta significativamente suas chances de êxito.

A ação exige esforço, e muitos hesitam em se movimentar, optando por soluções imediatas que, além de prejudiciais ao indivíduo, prejudicam aqueles ao seu redor e carecem de sustentabilidade. São essas soluções efêmeras que exploraremos neste e nos próximos capítulos.

É compreensível que as pessoas tenham dificuldade para confrontar suas frustrações. Afinal, frustrações geram sentimentos intensos, com os quais muitas vezes não sabemos lidar e que tememos que nos acompanhem por longos períodos. Assim, há aqueles que tentam mitigar sua dor por meio do consumo, a exemplo de Manuel, que começou com álcool e maconha, e, posteriormente, se voltou para a cocaína.

O compromisso com a ação desdobra-se em camadas de esforço e cor, enquanto a adicção oferece um borrão imediato, um alívio que, embora atraente, revela-se apenas um vazio sem pigmento.

Entretanto, assim que o brilho fugaz dessa alternativa se esvanece, o indivíduo se encontra novamente diante de uma tela em branco, e sua frustração fica ainda mais evidente. Esse retorno ao estado original não só esmaece as cores previamente aplicadas com esperança e trabalho, mas também dá início a um ciclo pernicioso que, em vez de enriquecer a paleta da vida com novas nuances, apenas reforça a monocromia da dependência. Um círculo que não se fecha, ocasionando a adicção.

Para obter visões especializadas nesse campo, entrevistei Nicácio Mendonça, psicólogo com especialização no tema. Detalhes fundamentais de sua abordagem serão cuidadosamente explorados neste capítulo. Mendonça enfatiza uma realidade pertinente: ninguém dá início ao consumo de substâncias com o desejo de cair na dependência. Existe uma convicção quase universal entre os usuários de que eles não sucumbirão ao vício, mantendo assim uma ilusão de controle sobre o consumo. Essa autoconfiança, entretanto, é um terreno fértil para a negação, um dos pilares que sustentam o edifício da dependência.

Para exemplificar, imaginemos o caso de uma pessoa que recentemente enfrentou o fim de um relacionamento e encontra-se incapaz de aceitar essa realidade. Em busca de alívio para sua frustração, ela se volta para o álcool, procurando nele um fugaz prazer que a distancie de seus sentimentos negativos.

Mas o efeito da bebida passa. Logo, o sujeito precisa enfrentar a realidade, que continua sendo a mesma; só que pelo fato de ele ter experimentado um momento de efusão de contentamento, a realidade pode parecer ainda pior.

É assim que uma pessoa entra em uma adicção devido à frustração:

Busca pelo prazer imediato
(Como se fosse a solução para a frustração)

⬇

Ápice do prazer
(Desconexão com a realidade frustrante)

⬇

Retorno à realidade
(Que se torna mais frustrante após o ápice)

É verdade que nem todas as pessoas que enfrentam frustrações desenvolvem dependências. Contudo, na maioria dos casos, aqueles que o fazem têm em sua história momentos de frustração significativa. Ou seja, frustrações e adicções estão ligadas por uma linha tênue.

Indivíduos que vivenciam frustrações, mas não caem na armadilha das dependências podem ter descoberto outras formas de escape, como o adoecimento, por exemplo. Ou talvez tenham alcançado o que este livro propõe: enfrentar suas frustrações com coragem e superá-las.

Quanto àqueles que desenvolvem uma dependência como resposta à frustração, é imperativo compreender que uma miríade de fatores pode estar influenciando esse caminho, transcendendo a mera presença da frustração. Muitas vezes, o vício surge como uma estratégia para suprir um vazio interno, cujas raízes podem ser desconhecidas pelo próprio indivíduo.

Esse foi o caso de Elisa, mencionada anteriormente, que luta contra a compulsão alimentar, também vista como uma forma de vício. Para ela, a comida transcendeu seu propósito nutricional, tornando-se um símbolo de afeto, ternura e bem-estar. Esse comportamento é uma tentativa de recriar a sensação de acolhimento e cuidado que ela experimentava na infância, quando sua mãe a alimentava. A tristeza aguça seu desejo por comida, seguido de imediato pelo arrependimento. Dessa forma, Elisa se encontra em um ciclo contínuo de descontentamento consigo mesma e frustração por repetidamente falhar em manter seus esforços de emagrecimento.

A comida representava o único vínculo afetivo que a fazia recordar tempos em que sentia ter o cuidado de uma mãe. Crescendo sob a sombra de uma figura materna narcisista, Elisa enfrentou um aumento nas críticas e nas demonstrações de autoridade por parte de sua mãe, especialmente em situações que propiciavam conflitos.

Ao assumir seu primeiro emprego como cozinheira, Elisa sentiu-se valorizada e notada; sua habilidade culinária, aprimorada pelos anos cuidando de seus irmãos e por sua relação emocional com a comida, permitiu-lhe executar seu trabalho com amor. Com o tempo, ascendeu ao posto de chefe de cozinha em um restaurante renomado. Contudo, comparar-se com as pessoas à sua volta alimentava seu sentimento de inferioridade.

Por essa razão, Elisa frequentemente questionava sua própria competência, atormentada por uma autoestima debilitada, apesar de ter conquistado cargos elevados em sua função. Ela se perguntava: "Se sou boa, por que não me dizem isso?" Gradualmente, sua autoanálise cada vez mais crítica começou a afetar seu desempenho. Em vez do elogio que tanto almejava, veio a demissão, mergulhando-a em profunda frustração por não se sentir boa o suficiente na "única" coisa que o julgava ser.

A dedicação intensa ao trabalho era proporcional à sua expectativa de ser valorizada. Elisa vivenciava uma constante frustração, que, sob um olhar mais atento, revelava-se originada não de fatores externos, mas internos. Inicialmente, a relação com sua mãe, experiências escolares e desafios profissionais alimentaram sua percepção de inaptidão e insuficiência. Contudo, ao longo dos anos, essas experiências externas sedimentaram-se internamente, exacerbando seus conflitos de autoestima.

Hoje, a frustração de Elisa é resultado de uma construção de expectativas não atingidas ou recebidas, o que demonstra que não devemos julgar a magnitude de uma frustração ou supor que ela possa ser maior ou menor que a de outra pessoa. Afinal, podem existir incontáveis experiências acumuladas por trás dela.

A verdade é que todos nós esperamos por um elogio. Depositamos no outro a responsabilidade de validar nossas ações ou nossa essência, em vez de reconhecermos que essa atribuição cabe a nós mesmos.

Quando adotamos essa postura, criamos uma ligação tão forte com o outro, tornamo-nos tão dependentes, que isso afeta nossa autoestima e nos leva a questionar nossa capacidade, culminando em frustração.

À medida que alguém se vê insatisfeito com sua autoimagem, esse sentimento alimenta ainda mais o desejo de demonstrar ao outro sua competência. Esse empenho em se sentir validado torna-se tão abrangente que a pessoa não percebe quando começa a se anular em sua busca por aceitação. Essa ânsia por se sentir "completo" cultiva um sentimento de incompletude, onde há uma crença real de que é necessário o aval de outrem para se sentir inteiro e capaz de impactar positivamente o mundo e a vida das pessoas ao redor.

Elisa talvez não tenha percebido, mas sua busca por aprovação, manifestada através do anseio por elogios — seja a sua culinária ou a qualquer outra característica — é, na verdade, um reflexo de seu embate interno com as cobranças que enfrentou ao longo da vida e não conseguiu superar — as inúmeras ocasiões em que sua mãe, ou até mesmo suas amigas, apontaram que ela estava equivocada em algum aspecto de sua vida. Essa dinâmica sugere uma explicação para o desenvolvimento da relação compulsiva de Elisa com a comida, na qual ela possivelmente procura preencher os espaços emocionais vazios que carrega consigo.

Além disso, a comida pode assumir o papel de conforto, pois ativa nossa sensação de prazer, mesmo que por um momento efêmero. Não é raro que pessoas se "presenteiem" com um prato de que gostam em momentos de estresse ou sobrecarga, como uma forma de autocuidado ou até mesmo de "recompensa" pelo esforço realizado. Contudo, quando essa prática se torna habitual, pode evoluir para compulsão ou dependência.

Dentro do primeiro núcleo social — a família —, a falta de integração entre os responsáveis pela criança também pode gerar instabilidade, como ocorreu no caso de Elisa, que percebia o distanciamento de sua mãe não apenas em relação a ela, mas também em relação a seu pai. Bert Hellinger aponta que o vício pode ser uma manifestação dos filhos diante de um relacionamento disfuncional entre os pais, refletido em crenças do tipo "Tudo o que vem do meu pai é ruim".[1] Assim, a criança interior

1 HELLINGER, Bert. *Ordens da ajuda*. Belo Horizonte: Atman, 2003.

se fere emocionalmente e cresce com a sensação de não ter encontrado nos pais o que ansiava, o que a leva, de maneira inconsciente, ao desenvolvimento de um vício como forma de retaliação.

Contudo, não são apenas os pais e familiares que influenciam esse processo. A mídia, colegas de escola e amigos também podem ser uma porta de entrada para um vício, especialmente durante a adolescência, período em que há uma maior pressão interna para se sentir parte de um grupo. Assim, pode acontecer de o jovem não ter interesse em se envolver em determinada prática, mas, por medo da exclusão e pela necessidade de demonstrar afinidade com o grupo, acaba por adotá-la.

Pessoas que têm dificuldade em lidar com a espera também são mais propensas a desenvolver dependência, pois buscam gratificações instantâneas. Geralmente, são indivíduos que receberam tudo o que desejavam na infância, sem necessidade de aguardar por datas especiais ou momentos apropriados, cultivando, assim, a expectativa de que tudo deveria ser atendido no momento do desejo.

Enquanto alguns não sabem lidar com a espera, para outros pode ser desafiador ter que enfrentar suas dores — algo bastante comum, aliás. Diante de traumas, alguns optam por se distanciar da realidade, refugiando-se em um vício, conforme Manuel mencionou em sua história. Ele foi traumatizado por algo que ocorreu na infância e que, influenciado por outros fatores, tomou uma proporção grandiosa em sua vida, mesmo que de maneira inconsciente.

É como se o passado se desenrolasse em uma espiral, na qual memórias traumáticas não resolvidas continuam a alimentar um ciclo de dor. Segundo a psicanálise, as experiências fundamentais da vida ocorrem nos primeiros anos, em um estágio que costuma ser denominado de "período de molde". É nessa fase da infância que se formam as bases que estruturarão a existência adulta.

Quando, instintivamente e através das experiências que nos formaram, detectamos que o risco é maior do que podemos enfrentar, nós ativamos a fuga, pois entendemos que não possuímos a capacidade física e emocional para lidar com aquela ameaça. Esse mecanismo é incrível, pois garante nossa sobrevivência, sobretudo em situações de riscos físicos, como brigas, acidentes, ataque de animais etc. A grande questão é que nosso cérebro processa todos os riscos, físicos e emocionais, com a intensidade que você dá a eles.

Sendo assim, pessoas que não se preparam para lidar com suas emoções preferem fugir delas através de saídas como as adicções, sem perceber que essa suposta saída é uma porta de entrada para outros problemas, tanto em sua vida quanto na vida de quem os cerca, podendo gerar um ciclo familiar vicioso.

Ao usar uma droga como mecanismo de fuga, a pessoa não precisa pensar, falar ou agir; ela experimenta um sentimento de completude, como se nada mais lhe faltasse e nada mais fosse necessário. Numa sociedade em que, culturalmente, os prazeres são cultuados como objetivo de vida, o uso de drogas se torna um apoio a esse pensamento, uma entrega completa ao prazer momentâneo — mesmo que o preço a longo prazo seja alto. Além disso, a droga iguala as pessoas: não importa quem você é ou o que você tem quando está sob o efeito dela, pois naquele momento nada além da sensação que ela proporciona importa. Não existe passado ou futuro, existe somente aquele momento.

Entretanto, nem todos os que sofrem traumas desenvolvem dependência, embora todos os dependentes tenham experimentado traumas. Frequentemente, a dor da decepção ou da experiência é tão intensa que eclipsa todos os aspectos positivos da realidade, levando a pessoa a desejar escapar dela a qualquer custo, mesmo que o preço seja sua vida. A tentativa de fuga do trauma mantém a pessoa na dependência por temor de enfrentar uma realidade que lhe parece insuportável.

O vício não é somente uma doença, é também um sintoma, ou seja, uma revelação de que, internamente, algo não vai bem com aquela pessoa. É por isso que não devemos questionar por que tal pessoa se viciou em algo, mas sim qual dor ela sentia que se externou em forma de vício.

Na realidade, a vivência plena e ininterrupta é um ideal inatingível; de tempos em tempos, todos recorremos a mecanismos de escape da dura realidade. Diversas atividades têm o poder de nos deslocar do cotidiano, como um esporte que captura nossa atenção, bloqueando temporariamente as preocupações que nos assolam. Assim, emerge a questão crucial: quais são suas válvulas de escape e qual o impacto delas em sua vida?

Abordando a temática da dependência, torna-se essencial discernir as situações onde o cerne do problema reside na dependência propriamente dita, distinta da natureza da atividade em si, e aquelas situações onde a prática em questão já é intrinsecamente problemática. Por exemplo, a prática de jogar videogame, por si só, não constitui uma ameaça, mas tem o potencial de desenvolver-se como uma dependência. De acordo com Nicácio, a dependência estabelecida exige um alto sacrifício do indivíduo, que pouco a pouco se vê despossuído de controle sobre sua vida, sofrendo as consequências de sua condição, mesmo que persista na negação.

Essa dinâmica de perda de controle, entrelaçada à negação, pode servir como catalisador do aprofundamento do vício e, por extensão, do incremento da frustração. Entre as dependências mais prevalentes figuram: alcoolismo, tabagismo, uso compulsivo da internet, dependência de substâncias químicas sintéticas e semissintéticas, hipocondria, ludopatia, obsessão por videogames, compulsão sexual, consumismo exacerbado, ***workaholismo*** e o consumo excessivo de pornografia.

As facetas da dependência são multifárias, tornando exaustiva sua enumeração completa. Vale ressaltar que qualquer atividade pode transmutar-se em uma dependência quando exercida de modo compulsivo, acarretando prejuízos significativos ao praticante, que, mesmo consciente dos malefícios, se vê incapaz de cessar sua prática compulsória.

A perpetuação dessa máscara resulta no ciclo previamente mencionado. Ao tentar rompê-lo, o indivíduo pode enfrentar intensas dores emocionais, e conforme a dependência, essas dores também podem ser físicas, sintomas característicos da abstinência. Portanto, se alguém está canalizando sua frustração em uma adicção, a solução não reside simplesmente em forçar a cessação dessa atividade.

Quando a dependência atua como um paliativo temporário para a frustração, é essencial que o foco seja a resolução da frustração subjacente, não meramente na dependência. Afinal, concentrar-se apenas no vício seria equivalente a tratar um sintoma sem abordar sua causa raiz, resultando em um tratamento parcial e ineficaz. Nesse contexto, a dependência é um subproduto, um sintoma secundário com a frustração servindo como o catalisador primário.

Nicácio oferece uma reflexão profunda sobre a relação entre dependência e frustração, recorrendo à analogia entre o sistema digestivo e o sistema muscular. A mente opera de maneira muito semelhante nesses dois sistemas. Em relação ao sistema digestivo, podemos considerar que nossa mente precisa metabolizar as experiências emocionais assim como nosso sistema digestivo metaboliza os alimentos. Ao metabolizar um alimento, extraímos seus nutrientes e eliminamos o que não foi absorvido pelo nosso organismo. De forma análoga, nossa mente também deve metabolizar as experiências emocionais para extrair aprendizados necessários e descartar o que não nos serve.

E quando nosso sistema digestivo encontra dificuldade para metabolizar certo alimento? Geralmente surgem algumas reações possíveis: indigestão, vômito, diarreia ou intoxicação alimentar. De maneira análoga, nossa mente enfrenta desafios semelhantes quando não consegue processar uma experiência vivida e suas emoções associadas:

1. **Diarreia ou vômitos:** Irritabilidade, impulsividade, compulsividade e outras formas de expulsar ou projetar em outros a carga emocional de situações com as quais não conseguimos lidar internamente. Isso pode ser denominado ***acting out***, ou atuações, uma maneira de converter emoções que não foram adequadamente vivenciadas, sentidas ou pensadas (metabolizadas) em ação;
2. **Indigestão:** Quando somos afetados por um mal-estar emocional profundo causado por uma situação não metabolizada que obstrui nossa capacidade de pensar claramente e domina o contexto;
3. **Intoxicação alimentar:** Quando essas emoções são somatizadas, transformando-se em sintomas físicos como dor de estômago, quadros alérgicos — como rinite, sinusite —, entre outros problemas de saúde de origem emocional.

E como fica a frustração nessa analogia? Podemos considerar que esse sentimento é algo inerente à condição humana. Sempre que nos depararmos com a diferença entre o ideal e o real, vamos viver uma situação de frustração. Sendo assim, diante disso, existem dois caminhos (no sistema digestivo): metabolizar a frustração, pensar sobre ela e dar conta de lidar com esse sentimento (que é exatamente o que este livro propõe) ou não metabolizar a frustração e encontrar formas de aliviá-la. É o caso dos exemplos citados anteriormente.

E o sistema muscular? Bom, vamos pensar nele primeiro para depois relacionar frustração e dependência (ou adicção). Imagine que você precise carregar uma caixa que pesa 20 quilos. Você conseguiria? A resposta provavelmente seria: depende. Depende da distância, do tempo que você precisa aguentar esse peso e do quanto de estrutura muscular você tem. Uma pessoa que faça atividade física e tenha uma musculatura com boa resistência conseguiria segurar essa caixa por um bom tempo e durante uma boa distância. Uma pessoa que tenha pouca resistência muscular, por sua vez, talvez consiga carregar a caixa por um pequeno espaço de tempo e ao longo de uma pequena distância.

Seguindo esse raciocínio, percebe-se que nossa mente funciona de forma semelhante. Se tivermos uma boa musculatura emocional, conseguimos aguentar e carregar determinadas emoções por um tempo maior, conseguimos até aguentar emoções mais pesadas por mais tempo para podermos, então, metabolizá-las. E a frustração? Bom, podemos considerar que a frustração é uma emoção pesada, diferente de alegria e felicidade, que podem ser leves e mais fáceis de serem carregadas. A frustração tem um peso considerável, e para poder geri-la melhor, precisamos ter uma musculatura emocional mais fortalecida.

Portanto, para sintetizar, poderíamos dizer que o desenvolvimento de uma "musculatura emocional" robusta é fundamental para nos equipar para enfrentar desafios e maximizar o aprendizado de cada experiência, descartando o que se revela desnecessário.

Para que isso ocorra, novamente precisamos ter um propósito. Indivíduos sem um sentido claro de direção podem achar difícil atribuir valor significativo à sua vida, pois lhes falta um motivo convincente para valorizar a própria existência. Uma forma de encontrar um propósito, a fim de superar uma frustração que levou a um vício, é concentrar-se em "dar". Mas como assim?

O vício, de certa forma, é um ato egocêntrico, praticado para exaltar o nosso ego. Quando nos entregamos a um vício em busca de prazer imediato, o foco encontra-se apenas em nós mesmos e nos sentimentos que teremos ao concretizar aquele desejo. Ocorre que, muitas vezes, essa prática pode prejudicar os outros, além de causar danos diretos e indiretos a nós.

Observamos os reflexos dessa questão nas relações amorosas contemporâneas, frequentemente vistas como "descartáveis" em meio ao fenômeno dos amores líquidos. A intersecção entre o consumismo e as relações interpessoais sugere uma tendência intrigante: conforme escalamos o consumo desenfreado, parece haver um aumento paralelo na insatisfação dentro dos relacionamentos.

A tendência consumista, com sua constante busca pelo novo, leva o indivíduo a subestimar do que já possui. Zygmunt Bauman, em *Amor líquido*, aborda essa dinâmica, sugerindo que a procura de pessoas umas pelas outras, movida pela autorrealização e pela busca da felicidade, reflete essa mentalidade.

Porém, essa incessante busca por novidade, característica da lógica do consumo, nos conduz a tentar preencher um vazio que parece permanecer eternamente inatingível. Bauman, então, descreve os amores na modernidade como "líquidos", fluidos a ponto de escorrerem com facilidade por entre nossos dedos, passíveis de substituição a qualquer instante, ilustrando assim a transitoriedade e a fragilidade das conexões humanas em nossos tempos.

O consumismo está ligado ao status, ao poder: "Se eu posso consumir qualquer coisa, por que vou manter os mesmos hábitos?" Com esse pensamento, relacionamentos sérios acabam perdendo espaço para novas experiências e, até mesmo, para o vício de trocar constantemente de companhia.

Não é que tenhamos de ser "acomodados". A vida é feita de movimento, e consumir é necessário para se mover. O ponto encontra-se na motivação do consumo: por que você deseja determinada coisa?

Quando prestamos atenção no que motiva nossas ações, aprendemos sobre nós mesmos e evitamos agir por impulso, seja consumindo ou mesmo em nossas relações. Ao comprar de maneira compulsiva, a pessoa busca, na verdade, preencher alguma falta que carrega dentro de si. Do mesmo modo, pessoas que se "relacionam compulsivamente" também sentem esse vazio. Em ambos os casos, nenhum produto ou pessoa "satisfará" esse vazio, apenas o autoconhecimento.

Então, convido você a olhar para dentro de si, analisando como e o que você tem consumido. Em vez de focar o que lhe falta, concentre-se no que você pode oferecer a alguém, mesmo que pareça algo insignificante.

O ato de "dar" nos permite perceber o que temos.

Quando nos permitimos ajudar o outro, descobrimos o poder e as condições de que dispomos, desenvolvendo assim gratidão pela nossa própria vida e pela nossa realidade. Lembre-se de que o vício é uma busca por escapar da realidade. Se a sua realidade valer a pena, essa procura não será necessária. Por isso, faça-a valer.

Jordan Peterson fala sobre esse assunto sob uma perspectiva interessante. Ele diz: "O futuro é como o passado, mas há uma diferença crucial. O passado é fixo, enquanto o futuro pode ser melhor. Pode ser melhor em uma quantidade precisa — a que pode ser alcançada, talvez em um dia, com algum engajamento mínimo. O presente é eternamente falho, mas onde você começa pode não ser tão importante quanto a direção para onde está indo. Talvez a felicidade será sempre encontrada na jornada morro acima e não na sensação passageira de satisfação aguardando o próximo pico."

O exercício proposto neste capítulo é simples. Reflita se você tem desenvolvido algum vício ou se está a caminho de desenvolvê-lo. Em seguida, busque substituir o tempo dedicado a atos que são prejudiciais a você mesmo por atividades que beneficiem outras pessoas. Isso pode envolver participar de serviços voluntários, auxiliar um familiar em necessidade, se colocar à disposição para uma pessoa idosa ou com limitações que precise de ajuda, ou você pode ainda organizar grupos voltados para arrecadação de doações e outras iniciativas de alcance social. Existem inúmeras possibilidades.

Refletindo sobre isso, pesquise e liste as opções que mais despertarem seu interesse:

Se desejar, você poderá experimentar várias opções. Fazer isso ajudará você a perceber que a vida é muito mais valiosa quando nos empenhamos em transformar o que está ao nosso redor através do amor e da bondade. Pois como diz Sri Prem Baba em seu livro *Propósito: a coragem de ser quem somos* (Sextante, 2016), "estamos aqui para despertar o amor adormecido. Só é possível se curar quando trabalhamos para que todos se curem".[2]

As frustrações tornam-se muito pequenas quando o ato de se doar se torna grande.

Contudo, ajudar nem sempre significa fazer o que a pessoa quer ou pede, principalmente quando o assunto é vício. Se eu pudesse dar uma diretriz breve, prática e geral para as famílias, seria esta: estabeleça limites com afeto para o familiar adicto.

Uma das grandes armadilhas que os vícios criam para os familiares é a codependência, transtorno no qual os familiares são levados a sustentar financeira e emocionalmente (sem que se deem conta disso) o vício de um membro. Essa dinâmica transforma a família em refém da situação, dificultando a imposição de limites essenciais para a eficácia do tratamento.

Vivenciei isso recentemente com minha família numa situação onde me questionei sobre como minha atitude poderia ou não ajudar uma mulher que cruzou nosso caminho.

Enquanto voltávamos de viagem, decidimos fazer uma parada para comer na *London Victoria Station*. Inicialmente, tentamos o primeiro

[2] BABA, Sri Prem. *Propósito*: a coragem de ser quem somos. Rio de Janeiro: Sextante, 2016.

restaurante, mas ele estava fechado. Em seguida, fomos a outro, mas não encontramos o que desejávamos. Acabamos optando pela terceira opção.

O que não esperávamos era testemunhar uma mulher jovem com comportamento que sugeriria embriaguez ou uso de drogas andando sem direção e esbarrando em várias pessoas. Policiais, atentos à situação, começaram a segui-la para controlar esse comportamento. Um deles, com muita habilidade e demonstrando paciência e compreensão diante de seus comportamentos desordenados, pediu que ela se sentasse bem perto de nós. No entanto, ela acabou se irritando e o agredindo, chegando a derrubar as cadeiras.

Minha filha de 7 anos observou tudo, e isso se tornou uma oportunidade valiosa para explicar a ela as possíveis consequências dos vícios. O policial acabou pedindo reforço para lidar com a situação, e eles a levaram para a delegacia. Um policial da equipe se sentou ao nosso lado para que pudéssemos testemunhar o ocorrido. Minha filha até comentou o quanto era importante que ela tivesse respeitado o policial, já que ele passou muito tempo conversando com ela na tentativa de ajudá-la. Ela também comentou que tinha ficado com um pouco de medo quando a cena da agressão iniciou.

É possível que muitos pais tivessem optado por sair depressa daquela situação, mas essa experiência me fez refletir sobre quão valiosa foi para minha filha aquela lição sobre vícios e suas consequências. Buscamos mostrar a ela que haverá momentos em que será necessário sair o mais breve possível, mas também existem ocasiões em que simplesmente observar pode ser a ação mais apropriada. Essa é a verdadeira proteção, apresentando as consequências das nossas escolhas, e não temendo mostrar os fatos!

No final, o policial me perguntou se eu teria alguma objeção em comparecer à delegacia como testemunha caso a jovem fosse detida. Isso me levou a uma profunda reflexão sobre diversas circunstâncias.

Comecei a considerar a dor real que aquela mulher poderia estar enfrentando. Também fiz uma associação com uma situação hipotética em uma sala de aula, onde uma professora (ou policial) poderia rotular uma criança com comportamento desafiador como "má" ou "opositora". Em outras palavras, o comportamento daquela mulher podia ser o resultado da exposição crônica a eventos traumáticos que estavam além de seu controle.

Como não refletir sobre essa situação sem considerar o possível envolvimento do comprometimento cognitivo e emocional nesse contexto? Eu poderia pensar em ajudá-la me negando a testemunhar. Mas será que dessa forma a lição seria aprendida? Será que eu realmente estaria ajudando ou reforçando uma atitude negativa e a impunidade?

Não sabemos o que se passa na vida e muito menos na mente de alguém que tem uma atitude como a dela de desacatar uma autoridade e, antes disso, se embriagar ou se drogar ao ponto de chegar a tal ação. Por exemplo, muitas pessoas que, quando crianças, reprimiram sentimentos intensos acabam tentando recuperar, em sua vida adulta, a intensidade perdida usando drogas, álcool, entre outras substâncias.[3]

Além disso, identificou-se uma conexão significativa onde muitos indivíduos que lidam com vícios apresentam sintomas associados, como o TDAH. Estudos indicam que o TDAH é de cinco a dez vezes mais comum entre alcoólatras adultos do que em pessoas sem a condição. Ademais, aproximadamente um quarto dos adultos buscando tratamento para o abuso de álcool e/ou outras substâncias apresenta TDAH.[4]

A probabilidade de desenvolvimento de vício em pessoas com TDAH é ainda maior quando elas possuem comorbidades, ou seja, outros sintomas como bipolaridade, transtorno de conduta, obesidade, entre outros.[5] Além disso, o abuso não se limita apenas ao álcool ou a drogas; num estudo realizado com jovens entre 17 e 29 anos viciados em jogos, 59% dos entrevistados apresentavam TDAH.[6]

Assim, uma criança que demonstra inquietação na escola merece ser escutada em vez de reprimida. Afinal, o objetivo é que ela perceba a escola não como uma ameaça, mas sim como um refúgio seguro,

---

3 MILER, Alice. *The Drama of the Gifted Child*: The Search for the True Self. Nova York: Basic Books, 2008.

4 WATSON, Stephanie. ADHD and Substance Abuse. *WebMD*, 2008. Disponível em: https://www.webmd.com/add-adhd/adhd-and-substance-abuse-is-there-a-link.

5 ABOUT ADHD – Symptoms, Causes and Treatment. *CHADD*, 2018. Disponível em: https://chadd.org/about-adhd/overview/.

6 WACHSMAN, Melanie Wolkoff. Study: Video Game Addiction Prevalent in Young Adults with ADHD. *ADDitude*, 2023. Disponível em: https://www.additudemag.com/study-video-game-addiction-adhd-news/.

evitando-se fomentar um ímpeto de rebeldia que, por sua vez, pode pavimentar o caminho para o surgimento de vícios.

Diante da visão de uma pessoa em situação de rua, somos confrontados com a imensa lacuna entre a realidade visível e as inúmeras histórias não contadas que levaram a essa situação. Desejo, portanto, partilhar insights que possam ampliar sua capacidade de sentir empatia por essas pessoas, bem como pelas crianças que elas foram um dia, reforçando a ideia de que é no cerne da infância que a semente para uma transformação profunda e duradoura é plantada.

Conforme apontam estudos, uma em cada dez pessoas em situação de rua enfrenta comprometimentos cognitivos, isto é, dificuldades relacionadas a cognição, habilidades mentais, memória e desenvolvimento do pensamento.[7] Adicionalmente, uma pesquisa realizada em países como Austrália, Canadá, Japão, Coreia do Sul, Reino Unido e Estados Unidos revelou que 53% dos moradores de rua sofreram algum tipo de trauma cerebral que pode ter sido tanto causa quanto consequência de sua condição. Dentre esses, 25% tiveram lesões de gravidade moderada a severa.[8]

Outro fator vinculado à condição de vida nas ruas, conforme revelam os estudos, é a dislexia. Uma pesquisa realizada no Reino Unido envolvendo 443 indivíduos que enfrentaram a vida nas ruas, identificou que uma parcela significativa desses participantes, que estava envolvida com dependência química ou enfrentando problemas de saúde mental, tinham dislexia. Esse grupo demonstrou inclinação mais acentuada ao uso de metadona, maior predisposição para a automutilação e um índice elevado de tentativas de suicídio.

Nesse sentido, o que faz com que pessoas disléxicas acabem em situação de rua? Será essa uma consequência direta dos sintomas do transtorno? A resposta não é tão simples. Ao refletirmos sobre o assunto, percebemos que indivíduos com dislexia enfrentam desafios

---

7 CHEVREAU, Gaëtan; CASTILLO, Marie-Carmen; VALLAT-AZOUVI, Claire. Une personne SDF sur 10 souffre de troubles cognitifs: Que sait-on de ces troubles? Une revue de littérature sur la cognition des personnes SDF. *L'Encéphale*, v. 45, n. 5, p. 424-432, 2019. Disponível em: https://doi.org/10.1016/j.encep.2019.05.009.

8 BRITO, Sabrina. Mais da metade dos sem-teto sofreu trauma cerebral, aponta pesquisa. *VEJA*, 2019. Disponível em: https://veja.abril.com.br/ciencia/mais-da-metade-dos-sem-teto-sofreu-trauma-cerebral-aponta-pesquisa.

significativos em contextos sociais, resultando em uma taxa de desemprego maior devido às barreiras impostas pelo aprendizado tradicional.

Ademais, indivíduos com dislexia podem enfrentar desafios em relação a autoestima e autoconfiança devido ao reforço negativo recebido ao longo da vida acadêmica e profissional. Assim, essa baixa autoestima pode, consequentemente, aumentar a suscetibilidade à depressão e à ansiedade, tornando os vícios um meio de alívio.

É possível conectar, também, a dificuldade de aprendizado às condutas que podem a levar à punição carcerária. Por exemplo, um estudo de 2006 revelou que 39% dos detentos na Suécia apresentavam algum tipo de dificuldade de aprendizagem. Em 2012, outra pesquisa apontou que 40% da população prisional sueca sofria de dislexia e TDAH. No Reino Unido, a proporção de detentos com dislexia alcançava 50%.[9]

Os estudos mencionados destacam a importância de transcender a mera observação superficial quando estamos diante de uma pessoa em situação de rua ou um detento (ou ex-detento). Há pouco tempo, uma experiência narrada pelo meu marido ilustrou perfeitamente essa perspectiva. Ele saiu de casa vestindo uma camiseta da seleção brasileira e, ao entrar em um restaurante, alguém comentou que um homem em situação de rua, que estava logo à frente, também era brasileiro. Movido pela curiosidade, meu marido decidiu engajar-se em uma conversa com o homem, descobrindo que ele era de Curitiba, a mesma cidade onde vivíamos antes de nos mudarmos para Londres. Para surpresa dele, o homem também compartilhou que era formado pela conceituada Universidade Federal do Paraná. Mesmo ele tendo acesso a oportunidades, sua vida tomou outro caminho. Quantas desconexões essas pessoas experienciam!

Lembre-se de que a vida pode mudar repentinamente, e o momento em que você encontra alguém não encapsula a totalidade da existência dessa pessoa. Essa percepção nos encoraja a adotar uma visão mais ampla e empática em relação aos outros, sobretudo àqueles em situações vulneráveis, como pessoas em situação de rua ou ex-detentos.

---

9 MACDONALD, Stephen J.; DEACON, Lesley; MERCHANT, Jacqueline. "Too Far Gone": Dyslexia, Homelessness, and Pathways to Drug Use and Dependency. ***Insights into Learning Disabilities***, v. 13, n. 2, p. 117–134, 2016. Disponível em: https://files.eric.ed.gov/fulltext/EJ1122799.pdf.

Esta reflexão sobre a importância de olhar além das aparências nos conduz à compreensão de que, enquanto muitos de nós somos movidos por narrativas poderosas a contribuir para causas sociais, políticas ou religiosas, também devemos estar cientes das complexidades envolvidas em oferecer ajuda. Infelizmente, há casos em que a bondade é explorada, seja por indivíduos ou instituições que pretendem lucrar com a miséria alheia, distorcendo as boas intenções de doadores e voluntários em benefício próprio, utilizando-se de algo tão precioso quanto a fé.

Quantos escândalos envolvendo o abuso de fé se tornaram públicos? É provável que muitos tenham vindo à sua mente. Porém, por ora, convido você a deixar esses episódios de lado e ponderar sobre como pessoas lidando com vícios podem ser renovadas através do poder da fé.

Durante um diálogo com a proprietária de uma clínica psiquiátrica, foi-me revelado que a maioria dos pacientes com dependência de drogas ou álcool consegue superar a reincidência principalmente devido a dois fatores: o suporte de uma família engajada e a influência da fé. Ela apontou que a taxa de readmissão na clínica dispara quando essas duas influências não fazem parte da equação de recuperação do paciente.

Contudo, ao inspirarmos alguém a vislumbrar a imensidão que transcende o palpável, estamos, de fato, convidando essa alma a embarcar numa jornada onde a vida se desdobra em novas dimensões, repletas de propósito e profundidade.

Alguns se deixam seduzir pelo doce néctar do prazer, enquanto outros são forjados nas profundezas da dor, tal como narrado nas páginas que precedem esta. Existem os que, ao se depararem com a fé, veem nela um porto seguro, um convite ao abrigo das promessas mais luminosas, enquanto outros a abraçam movidos pelo temor de reprimendas etéreas. Independentemente de qual semente desperte essa fé, você, ou alguém próximo cuja alma ressoa com a sua, pode estar ansiando por um eco, um sutil lembrete de sua capacidade de metamorfose.

A dor, ao invés de ser vista simplesmente como um revés, revela-se como um mestre inestimável no caminho do aprendizado. Essa escrita me transporta de volta ao momento em que tomei a resoluta decisão de embarcar em um intercâmbio, uma empreitada que busquei concretizar por meus próprios meios. Viver em terras desconhecidas, lutando para me expressar numa língua que não era a minha, constituiu uma dor deliberada, um sacrifício que escolhi enfrentar para compreender meu verdadeiro valor. Muitas vezes, é no desconforto que nos deparamos com a real extensão de nossa coragem e capacidade de resistência, preparando-nos para enfrentar desafios ainda maiores. Desafios esses que vivenciei e que, nas páginas seguintes, me disponho a compartilhar com você.

Quando sabiamente canalizados, a dor e o desconforto têm o poder de gerar resultados benéficos. Nessa linha, um estudo conduzido por pesquisadores da Universidade Estadual de Ohio revelou que o uso de analgésicos como o acetaminofeno ou o paracetamol pode estar associado à diminuição da empatia. Em outras palavras, essas substâncias não apenas mitigam a dor física do indivíduo, mas também podem atenuar sua capacidade de compadecer-se da dor alheia.[10]

Nesse sentido, a dor emerge não apenas como um mecanismo defensivo, mas como um chamado do cérebro, transcendendo o âmbito do físico para se afirmar como um fenômeno eminentemente cerebral. Você já se deteve para ponderar sobre essa faceta? Considere, por exemplo, o instante em que sua pele é acometida pelo calor enquanto você prepara uma refeição. Nesse momento, um complexo sistema de sinais é ativado, transmitindo informações do local do incidente até o cérebro por meio de uma rede de nervos que, então, mobiliza o córtex motor para uma ação defensiva: a retirada imediata da mão do perigo e seu subsequente resfriamento sob água. Na ausência desse sinal de alerta, que destino aguardaria sua mão? Assim, a dor desempenha o papel vital de sentinela, promovendo a mudança necessária para evitar nossa própria ruína, sem que tenhamos consciência do perigo iminente na maioria das vezes.

A dor emocional, intrinsecamente ligada à tristeza, também serve como um sinal para nos incitar à ação; contudo, é comum nos tornarmos indiferentes a esses apelos internos. Essa indiferença voluntária às dores da alma pode, paradoxalmente, não inspirar transformações benéficas, mas sim fomentar sentimentos e atitudes negativas. Em vez de catalisar a evolução pessoal, a dor pode, em alguns casos, dar origem ao ódio e a

---

[10] MISCHKOWSKI, Dominik; CROCKER, Jennifer; WAY, Baldwin M. From Painkiller to Empathy Killer: Acetaminophen (Paracetamol) Reduces Empathy for Pain. *Social Cognitive and Affective Neuroscience*, v. 11, n. 5, p. 1345-1353, 2016. Disponível em: https://www.ncbi.nlm.nih.gov/pmc/articles/PMC5015806/.

comportamentos destrutivos. Ao observarmos indivíduos que transgridem os limites da lei e da moral, notamos que muitos deles são impulsionados por dores mal resolvidas. Sem os recursos ou a compreensão necessária para processar de maneira adequada esse sofrimento, expandem sua angústia injustamente para aqueles que nada têm a ver com sua dor original. Atos de violência, como estupros, assassinatos e genocídios, que lamentavelmente permeiam as manchetes, são muitas vezes a manifestação externa de tormentas internas não sanadas, afligindo vidas inocentes e perpetuando ciclos de sofrimento.

É o caso de Leon Ford, que, em sua palestra TED *Turning Pain into Purpose*, narra uma odisseia de transformação e resiliência. Aos 19 anos, indo até a casa de sua avó para jantar, numa jornada que deveria ser corriqueira, sua vida tomou um rumo inesperado quando um criminoso entrou em seu carro. No subsequente confronto, confundido pela polícia como cúmplice, Ford foi alvejado e, de maneira trágica, tornou-se paraplégico. Uma confluência de estar no lugar errado no momento errado fez com que ele fosse erroneamente identificado como parte do crime.

Indagado com frequência se alberga ressentimento contra os policiais, Ford revela, em sua eloquente exposição, três pilares que o auxiliaram a transcender o espectro das emoções negativas: amor, compaixão e compreensão. Essas virtudes não só lhe proporcionaram um entendimento mais profundo do sistema policial, mas também o impulsionaram a orientar outros a adotarem a compreensão em detrimento da revolta. Hoje, ele se destaca como um inovador social no Vale do Silício, evidenciando a importância de avançar, mesmo diante dos desafios.

Persistir em empreender tarefas que nos são desagradáveis ou desafiadoras pode ser o caminho para cada um de nós descobrir nossa própria grandeza. Consideremos algo tão simples quanto o ato de arrumar a cama ao despertar, um gesto aparentemente trivial que, em sua essência, pode cultivar disciplina e autoconfiança, talvez de maneira subliminar.

Desde tenra idade, arrumar a cama e zelar pelo lar deveriam ser práticas habituais, incutindo nos jovens uma noção de ordem e responsabilidade. Contudo, alguns pais, inadvertidamente, transformam a manutenção doméstica em castigo: um erro cometido pelo filho resulta na obrigação de limpar o banheiro ou realizar outra tarefa doméstica. Tal abordagem pode semear uma percepção negativa dessas atividades, gerando aversão ao invés de apreço. Quando as crianças compreendem a necessidade e o valor intrínseco desses afazeres, o desconforto cede lugar a um sentimento de satisfação e propósito, despojando a atividade de qualquer conotação punitiva. Cultivar essa percepção desde cedo pode guiar o jovem a uma vida mais estruturada e menos inclinada à rebeldia e, consequentemente, reduzir a suscetibilidade às armadilhas da adicção.

Por isso, incluir as crianças nas tarefas domésticas transcende a simples manutenção de um ambiente organizado e asseado; tal prática tem o potencial de transformá-las em colaboradoras valorosas, capazes de influenciar positivamente o bem-estar coletivo, até mesmo fomentando a felicidade.

Uma pesquisa realizada pela UCLA – Universidade da Califórnia em Los Angeles, abrangendo mais de 700 jovens de 14 a 15 anos, solicitou que os participantes mantivessem diários ao longo de 2 semanas, anotando sua contribuição nas atividades domésticas e seus estados emocionais cotidianos. Desafiando as noções preconcebidas acerca do temperamento adolescente, os resultados indicaram que as obrigações domésticas não se configuravam como fontes de estresse; pelo contrário, mostraram-se correlacionadas a um aumento significativo no bem-estar. Aqueles que mais colaboravam em casa reportaram níveis superiores de felicidade em comparação aos que menos contribuíam, sugerindo que, ao participarem ativamente das tarefas domésticas, os adolescentes sentem-se úteis e valorizados, reforçando seu senso de pertencimento familiar. [11]

Essa descoberta remete à sabedoria de meu estimado pai. Apesar de contarmos com o auxílio de uma funcionária para as lides domésticas, ele fazia questão de que eu e minhas irmãs nos envolvêssemos em atividades como limpar os banheiros, lavar a louça, organizar a mesa e arrumar as camas. Tais práticas não apenas estreitavam os laços familiares, mas também incutiam em nós a importância da disciplina, ecoando positivamente em várias esferas da vida.

---

11 GRAZER, Joy Suzanne. All in the Family: Why housework might make kids happier. *Greater Good Magazine*, 2010. Disponível em: https://greatergood.berkeley.edu/article/item/all_in_the_family.

Um estudo revelador descobriu que crianças introduzidas às responsabilidades domésticas por volta dos 3 ou 4 anos de idade demonstraram maior facilidade em estabelecer relações interpessoais positivas, tanto com amigos quanto com familiares, além de alcançarem maior êxito acadêmico e, posteriormente, profissional.[12] Essa descoberta sublinha o papel fundamental da organização e da limpeza na moldagem de indivíduos disciplinados e plenamente funcionais na vida adulta.

Paralelamente, a prática esportiva emerge como outra fonte rica de desenvolvimento pessoal. Como na história de Lucas, ao abraçar o tênis, não apenas o transportou para além das circunstâncias adversas de sua origem familiar, mas também lhe ofereceu um exercício contínuo tanto físico quanto mental. Nesse sentido, transcendeu a mera aquisição de uma habilidade; converteu-se em um instrumento de transformação pessoal, proporcionando-lhe um renovado senso de propósito e autoconfiança.

Além disso, um estudo de Harvard concluiu que mulheres que praticam 150 minutos de exercícios por semana têm de 30% a 50% menos risco de desenvolver câncer de mama.[13] Em uma linha similar, outra pesquisa revelou o efeito benéfico do canto para pacientes com câncer. Participar de um coral, desde o primeiro ensaio, pode melhorar a resposta imunológica, pois cantar estimula a produção de imunoglobulina, essencial na luta contra infecções. Mas os benefícios não param por aí; cantar também tem um impacto positivo no humor, na autoestima e na redução dos sintomas de depressão.[14]

A integração de onze estudos distintos também trouxe à tona um insight transformador: a prática consistente de atividades físicas pode reduzir o risco de demência em 28%.[15] Tal descoberta não apenas ressalta, mas clama pela inclusão de hábitos ativos em nosso dia a dia,

---

12 CHANSKY, Tamar E. *Freeing Your Child From Anxiety*. Nova York: Broadway Books, 2004.

13 LIEBERMAN, Daniel. *Exercised*: Why Something We Never Evolved to Do Is Healthy and Rewarding. Nova York: Knopf Doubleday Publishing Group, 2021.

14 PINK, Daniel H. *Quando*: os segredos científicos do timing perfeito. Rio de Janeiro: Objetiva, 2018.

15 Physical activity and the risk of dementia. *Alzheimer's Society*, (s. d.). Disponível em: https://www.alzheimers.org.uk/about-dementia/managing-the-risk-of-dementia/reduce-your-risk-of-dementia/physical-activity.

transcendo a esfera do físico para se estabelecer como uma fortaleza na preservação de nossa saúde mental.

Minha experiência pessoal ressalta o valor inestimável do esporte ao cultivar um senso de pertencimento e competência. Nos corredores silenciosos da minha busca acadêmica, foi no espaço vibrante das quadras que encontrei um eco para minha voz interior, um ambiente onde cada movimento meu era não apenas ressoado, mas celebrado. O esporte, especialmente a esgrima, emergiu como um desafio que aguçava minhas habilidades de agilidade e estratégia, transformando cada duelo em uma aula sobre disciplina, foco, persistência e contínuo aperfeiçoamento. Esse caminho me conduziu aos campeonatos nacionais, arenas onde cada embate me ajudava a solidificar minha autoestima e esculpia minha identidade com definição e propósito.

Ao investigar a influência da dislexia nos esportes, compreendi ainda mais alguns aspectos que podem ter contribuído para minha afinidade com atividades físicas. Segundo o livro *This is Dyslexia* (Ebury, 2021), de Kate Griggs, existem algumas razões pelas quais pessoas com dislexia se sobressaem em competições esportivas: uma memória visual robusta, perseverança, intuição, foco excepcional e uma aguçada consciência espacial. Essas qualidades, particularmente desenvolvidas em indivíduos disléxicos como uma forma de adaptação, acabam se tornando um diferencial competitivo significativo.

Essas habilidades, cultivadas no contexto esportivo, provaram ser igualmente significativas em outros aspectos da minha vida, incluindo meus estudos e minha carreira. Enfrentando desafios com a leitura e a escrita desde cedo, foi a persistência — um valor celebrado tanto nos esportes quanto na educação — que me conduziu por momentos árduos. Essa tenacidade me levou a uma profunda paixão pela psicologia, escolha muitíssimo influenciada por minha própria experiência de ser incompreendida, aos 6 anos, aliada à ausência de estímulos adequados durante a terapia. Essa realidade fez com que eu literalmente fugisse das sessões, a tal ponto que meus pais precisavam dar a volta no quarteirão para me encontrar.

Uma experiência particularmente marcante foi a insistência de duas psicólogas, em momentos distintos, para que eu brincasse de casinha durante as sessões. Em cada ocasião, eu expressava com clareza minha aversão à atividade, revelando um desejo genuíno de jogar algum esporte em vez disso. Essa repetida falta de sintonia entre minhas preferências e as abordagens terapêuticas não apenas salientou quão profundamente me sentia incompreendida, mas também reforçou a dificuldade em ser de fato vista e ouvida.

Esse anseio por autenticidade e compreensão, destacado por minhas experiências pessoais, transformou-se em uma ponte para a exploração de novos horizontes. A discrepância entre minhas expectativas e as abordagens das terapias tradicionais durante minha infância também me motivou a buscar alternativas inovadoras, como a realidade virtual (RV), empregada como uma ferramenta terapêutica. A imersão proporcionada pela RV oferece um estímulo multissensorial que vai além das fronteiras da terapia convencional, possibilitando experiências que promovem um profundo senso de imersão, interação e engajamento.

No contexto deste capítulo dedicado aos vícios, a realidade virtual demonstrou eficácia, podendo colaborar significativamente na diminuição da compulsão por substâncias, como o álcool. Simulações que incorporam sons, odores e, sobretudo, visuais de pessoas consumindo álcool em excesso têm se mostrado benéficas no auxílio aos pacientes, contribuindo para a prevenção de recaídas. Essas experiências imersivas permitem que os indivíduos enfrentem seus gatilhos em um ambiente controlado e seguro, reforçando estratégias de *coping* e resiliência.

Um estudo realizado com indivíduos que consomem álcool de maneira abusiva concluiu que o metabolismo no gânglio basal diminui após a exposição à realidade virtual, o que pode explicar a modulação das respostas límbicas associadas à recompensa e regulação.[16] Além disso, em uma revisão conduzida por Guita (2018) sobre as aplicações da realidade virtual em indivíduos com problemas relacionados ao uso de álcool, foram identificados treze estudos que empregaram a RV no tratamento dessas condições. Os resultados demonstraram uma diminuição

---

16 KOECHLIN, Helen et al. Alcohol-related changes in the basal ganglia and their implication for limbic regulation: an fMRI study using virtual reality. *Frontiers in human neuroscience*, v. 12, n. 61, 2018. Disponível em: doi: 10.3389/fnhum.2018.00061.

no desejo pelo álcool nos participantes, reiterando a eficácia dessa ferramenta nesse campo específico.[17]

Além dos vícios, o adoecimento atua como uma forma inconsciente de escapismo para muitos, proporcionando um refúgio em uma realidade alternativa, apesar de seus desafios. Essa fuga reflete a complexidade das estratégias humanas de lidar com o sofrimento psicológico, mostrando que as frustrações precisam ser enfrentadas com coragem. A seguir, vamos nos aprofundar no adoecimento como uma válvula de escape nem sempre percebida conscientemente, para que, com maior conhecimento sobre o tema, você possa analisar melhor essa possível rota de fuga.

[17] GHIŢĂ, Alexandra; GUTIÉRREZ-MALDONADO, José. Applications of virtual reality in individuals with alcohol misuse: A systematic review. *Addictive behaviors*, v. 81, p. 1–11, 2018. Disponível em: https://doi.org/10.1016/j.addbeh.2018.01.036.

.16.

O ADOECIMENTO: Uma rota de fuga inconsciente

Você já se pegou dizendo ou ouvindo expressões como "Não aguento mais, vou adoecer!"? Tal manifestação é frequentemente relatada, evidenciando que a intensidade das frustrações pode ser tão avassaladora que algumas pessoas podem ser capazes de precipitar um adoecimento físico ou psicológico pelo medo de confrontar as causas de seus descontentamentos.

Revisito uma reflexão inspirada nas palavras de Ruediger Dahlke e Thorwald Dethlefsen em *A doença como caminho* (Cultrix, 1983): temos de encarar os sintomas não como adversários a serem combatidos, mas como aliados que nos orientam sobre nossas necessidades não atendidas. Eles propõem ver os sintomas como mestres que nos guiam no caminho do autoconhecimento e do crescimento pessoal, enfatizando que tais "mestres" podem apresentar-se rigorosos e desafiadores quando negligenciamos nossas verdades internas.

Mas no final das contas, somos nós que decidimos se vamos absorver a lição, promovendo ativamente nossa saúde, ou se vamos enfrentar o diagnóstico ou os sintomas de forma contraproducente, agregando ainda mais desafios.

Ao analisar o que está envolvido no processo de adoecer, é comum perceber a tendência de evitar enfrentar situações desafiadoras. Até porque, se alguém está doente, as exigências para que essa pessoa enfrente a realidade são atenuadas, pois a doença traz desafios impostos pela condição. Além disso, o adoecimento pode colocar o indivíduo — que a isso se permite — em um papel de vítima, mitigando seu poder pessoal de enfrentamento e resolução.

Nesse contexto, é importante entender também que, em muitos casos, o adoecimento pode ser mais uma consequência do que a causa. Por exemplo, no capítulo anterior, discutimos a adicção como uma válvula de escape, um grande precedente ao adoecimento físico e também mental. Lembra-se do caso de Manuel? Tive a oportunidade de conversar com ele sobre esse assunto e, por isso, vou compartilhar com você o que ele me relatou.

"Foi quando eu caí em casa, me tornei desleixado, e o uso se intensificou. O que começou como diversão evoluiu para um hábito constante. À medida que se aproximava o momento de minha internação, meu consumo já ocorria cinco vezes por semana. Minha esposa, ficava perturbada com minha falta de controle e com as frequentes vezes em que me embriagava em excesso. Quando estava longe dela — em viagens, por exemplo —, o uso era ainda maior. Esse comportamento me causava grande sofrimento.

"Encontrei uma distorcida satisfação em me prejudicar, especialmente em momentos cruciais no trabalho, sabotando-me com episódios de bebedeiras excessivas antes de reuniões importantes. Em dado momento, reconhecendo a necessidade de mudança, tomei a iniciativa de parar e procurei o suporte de um psiquiatra.

"Assolado por um medo profundo e sem ver caminhos para mudar, meu desespero só crescia. A cada tentativa frustrada de parar, eu retomava o vício com ainda mais intensidade. Chegava em casa tarde e vinha um sentimento: 'Eu vou ter que encarar a minha mulher. Com minha filha ainda pequena, essas situações tornavam-se frequentes. Em alguns momentos, optei por não retornar para casa, me refugiando em hotéis para evitar confrontos. Isolando-me para consumir longe dos olhos julgadores, eu enfrentava as consequências de meus atos em solidão.

"Vou além, eu também tive vontade de me matar. Isso não é algo que se sai contando por aí. Teve um dia em que eu peguei uma quantidade boa de droga e pensei: 'Agora vou ficar do jeito que eu quero.' Desliguei o telefone para a minha esposa não me encontrar; assim, eu podia fazer o que bem quisesse. Fui ao centro da cidade com os pensamentos perturbados e vontade de ser 'vítima' de uma tragédia que tirasse a minha vida; queria muito acabar com aquilo. Tinha a sensação de que eu iria enlouquecer. Não dormi em casa, fiquei sem comer por dois dias. E todos me procurando, até que me acharam no hotel."

"Mas como eles conseguiram te achar?"

"Através do histórico de um aplicativo de transporte que eu havia utilizado. Então, após uma conversa com um amigo, percebi que a única saída era me internar numa clínica. Cheguei lá devastado, sentindo como se estivesse preso, incapaz de sair, mergulhado em desespero. Minha esposa já não queria me ver, marcando um dos períodos mais difíceis para mim.

"As primeiras seis semanas foram de alívio misturado a ansiedade de reconstruir minha vida, preocupado, pensando se ela me aceitaria de volta e em como eu lidaria com a distância de minha filha. Durante a internação, iniciei a terapia e me reconectei com minha espiritualidade, encontrando pessoas que sofriam de forma muito parecida ou usavam o mesmo método para fugir dos seus problemas. Carreguei o sentimento de desamparo por muito tempo."

A experiência de Manuel destila uma verdade essencial sobre a saúde mental: as frustrações não elaboradas podem escalar silenciosamente até se tornarem insustentáveis, desencadeando um adoecimento mental profundo. A interação entre emoções reprimidas, e a saúde mental é complexa, exigindo uma abordagem cuidadosa para não tratar apenas o adoecimento, mas também para enfrentar as frustrações subjacentes que o alimentam.

Adicionalmente, é imperativo considerar que certos indivíduos já nascem com uma propensão a desenvolver determinados sintomas físicos ou mentais. Em *Segredos que adoecem* (Appris, 2021), Marcia Maria dos Anjos Azevedo desdobra a complexidade do adoecimento em quatro pilares: a transmissão psíquica transgeracional, evidenciando como traumas e padrões podem ser herdados dentro da família; o papel do corpo na transmissão, atuando como veículo para expressar conflitos não verbalizados; a repetição, que manifesta conteúdos psíquicos ocultos através de comportamentos recorrentes; e a técnica analítica, que permite mergulhar nas profundezas do funcionamento psíquico e das forças impulsoras por trás dos comportamentos.

Essa exploração destaca a intricada relação entre predisposições hereditárias e influências comportamentais no surgimento de doenças. Reconhecer e entender quais "bagagens" são genuinamente nossas pode ser decisivo para recalibrar nossas percepções.

O filme *Como Estrelas na Terra*, uma referência que compartilhei como inspiração para Mayra e que pessoalmente me impactou, ilustra de maneira eloquente a metáfora das "bagagens" que carregamos. Na trama, um menino de 9 anos enfrenta os desafios da dislexia, o que resulta na repetição de um ano letivo. Quando ele se depara com a possibilidade de repetir mais um ano, seu pai, convocado pela escola, reage com severidade e decide enviá-lo a um internato. Desorientado, pois não entende sua condição, o menino encontra um ponto de virada com a chegada de um educador no internato; um homem que, percebendo sua luta, se dedica a auxiliá-lo.

Pare um momento para refletir: o protagonista é responsável por ter dislexia? Pode ele ser culpado pela forma ríspida com que seu pai o trata? Evidentemente, a resposta é não.

Muitos dos desafios que enfrentei ao longo da vida surgiram de comparações desfavoráveis e do esforço para conquistar a independência nos estudos. Nesse sentido, encontrei ecos de minhas próprias experiências no filme, sobretudo nas cenas em que o protagonista se compara com seus colegas. Felizmente, tive o apoio e o encorajamento da minha família, que me ajudou a desenvolver crenças positivas. Contudo, o ambiente escolar nem sempre ofereceu o apoio necessário, reforçando, muitas vezes, um sentimento de inadequação.

Da mesma forma, distinguindo nossa bagagem da dos outros, podemos ajustar nossas lentes à realidade de forma mais acertada. Quando identificamos que determinado peso não nos pertence — assim como o protagonista do filme —, é essencial nos desvencilharmos dele. E se a bagagem for de fato nossa, o caminho é transformá-la. Afinal, o significado que atribuímos à nossa vida, assim como aos nossos traumas, dores e desapontamentos, está em nossas mãos.

Adotar a aceitação como resposta à realidade se mostra uma abordagem eficiente para superar o ciclo de adoecimento, oferecendo-nos uma perspectiva mais ampla e libertando-nos das limitações impostas por esse ciclo.

Para exemplificar a força que reside na aceitação da realidade, imagine que você, mesmo já tendo passado da fase de crescimento, sonhe em ter uma altura de 1,70 metros, sendo que possui 1,60 metros. A lógica sugere que almejar crescer esses 10 centímetros adicionais é impraticável. Essa aspiração, desvinculada da realidade, não seria racional, concorda?

Nesse ponto, surgem duas vias distintas: persistir em almejar um crescimento físico inatingível, o que levaria inevitavelmente a uma espiral de desapontamentos; ou aceitar sua altura tal como ela é, empenhando-se em descobrir formas de desfrutar a vida em sua plenitude dentro dessa realidade.

Opções como calçados com solados que elegantemente adicionam alguns centímetros à sua altura ou o desenvolvimento de uma apreciação pelas suas qualidades únicas estão ao seu dispor. É crucial recordar que, para aqueles preparados para se adaptar, o mundo é repleto de possibilidades infindáveis.

Então, faço uma proposta a você: encare a frustração como um guia sábio no processo de autodescoberta, um instrumento para você forjar uma nova percepção de si mesmo. Essa abordagem eleva nossa compreensão sobre nosso próprio valor, pedindo um olhar mais gentil e justo sobre nossas imperfeições.

Nossa existência é um mosaico complexo de experiências; inevitavelmente, algumas peças não se encaixarão como antecipávamos. Ao abraçar essa diversidade com gratidão e exercitar o autoperdão com a ternura que ofereceríamos a alguém querido, cultivamos uma autoestima inabalável e uma paz que floresce de dentro para fora.

A paz é um dos elementos-chave em um adoecimento, já que, num primeiro momento, é a primeira virtude que se perde. Cuidar de um adoecimento pode nos colocar em um estado de alerta constante que pode intensificar o quadro devido à ansiedade. Foi isso que eu senti ainda na minha primeira faculdade, quando minhas crises de epilepsia aconteciam de forma espaçada, mas sempre estavam presentes.

Ao assumir meu primeiro trabalho, elas se tornaram mais intensas e frequentes, me obrigando a procurar um tratamento mais sólido. Tomei remédios por quatro anos, mas as crises se mantiveram. A cada troca de medicação, surgia uma esperança, que era derrubada em seguida pela próxima crise. De repente notei que, com a medicação, eu estava ficando magra demais. Aquilo foi muito intenso, pois mesmo me medicando, as crises continuavam, e isso causa um sentimento de frustração em qualquer pessoa.

Percebi que precisava focar mais em mim, meu corpo, mente e espírito; então, refleti sobre estratégias que poderiam me auxiliar na adaptação a essa situação. Consequentemente, implementei mudanças em meus hábitos, incluindo a reeducação de minha relação com a alimentação, tornando-a mais saudável, bem como a incorporação de exercícios e outras ações em minha rotina. Desde então, observei que as crises se tornaram menos frequentes.

A pressão constante que eu impunha a mim mesma desde a infância e na juventude, somada ao desafio de perder o emprego após várias promoções e ter que começar em uma nova carreira, levou a uma revelação impactante. Enquanto me preparava para o meu casamento, enfrentei um novo grande obstáculo dois meses antes da cerimônia: perdi a sensibilidade do lado esquerdo do corpo.

Devido ao meu histórico de tratamento para as crises epiléticas, minha reação inicial foi dirigir-me ao hospital que eu frequentava regularmente, a fim de avaliar se havia algum risco mais substancial. Na primeira consulta, a orientação foi apenas repousar e voltar para casa. Apesar dessa recomendação, os sintomas se agravaram, e após alguns dias, busquei assistência médica de novo, recebendo o mesmo conselho. Contudo, com o agravamento contínuo dos sintomas dia após dia, decidi procurar ajuda médica pela terceira vez.

Confie em sua intuição, pois ela costuma possuir uma sabedoria que transcende sua consciência.

Nossa intuição é moldada por nossas experiências, nossos aprendizados de vida, nosso conhecimento e nossa autocompreensão. Eu tinha a sensação de que algo não estava certo, e mesmo que nem eu nem os dois primeiros médicos soubessem exatamente o que era, minha trajetória já me havia ensinado a buscar um diagnóstico que fizesse sentido.

Fui hospitalizada na terceira visita ao médico com suspeita de mielite, uma inflamação da medula espinhal que podia causar uma variedade de sintomas neurológicos como dormência, dor, fraqueza e problemas de coordenação motora. Com o tempo, à medida que meu quadro clínico se agravava e eu seguia internada, os médicos passaram a discutir a possibilidade de esclerose múltipla (EM) entre eles, embora não tenham confirmado um diagnóstico definitivo.

Como uma entusiasta da tecnologia, recorri à internet em busca de informações sobre a doença. As descobertas foram devastadoras e me deixaram desolada, especialmente diante do desafio monumental que se apresentava a apenas dois meses do meu casamento. A incerteza sobre a realização da cerimônia crescia, dadas as inúmeras direções que essa doença poderia tomar.

Lembro-me com clareza da conversa que tive com meu marido quando recebi a confirmação do diagnóstico de esclerose múltipla. Essa condição é uma doença autoimune crônica do sistema nervoso central, que afeta a bainha de mielina, essencial para a proteção dos nervos e a transmissão eficiente de sinais entre o cérebro e o resto do corpo. Os sintomas podem variar e incluem dificuldades de locomoção, falta de equilíbrio, dormência, formigamento, fadiga intensa, problemas visuais e até mesmo impactos no funcionamento cognitivo. O efeito depende dos nervos afetados e da extensão do dano, que pode manifestar-se de maneira imediata ou progressiva. Esse diagnóstico significava que, aos 26 anos, eu estava diante de desafios significativos e até então desconhecidos.

É bom mencionar que tem sido observado um aumento desproporcional de doenças autoimunes potencialmente debilitantes, como a esclerose múltipla, em mulheres.[1] Além disso, um estudo realizado na

---

1 ALONSO, Alvaro; HERNÁN, Miguel A. Temporal trends in the incidence of multiple sclerosis: A systematic review. *Neurology*, v. 71, n. 2, p. 129-135, 2008. Disponível em: https://pubmed.ncbi.nlm.nih.gov/18606967/.

Dinamarca demonstrou que os pais enlutados tinham o dobro de chances de desenvolver esclerose múltipla.[2] Isso pode nos levar a questionar a conexão dos adoecimentos autoimunes com as sobrecargas e questões emocionais.

Muitos adoecimentos surgem de uma falha na comunicação, onde indivíduos reprimem sentimentos e palavras que precisariam ser compartilhados. Doenças autoimunes, por exemplo, podem manifestar-se como um reflexo dessas "palavras não ditas", o que pode ser o caso da esclerose múltipla. Contudo, observa-se que um número significativo de indivíduos diagnosticados com esclerose múltipla provém de lares conturbados e famílias desestruturadas, conforme indicado por um estudo realizado em dois hospitais de Montreal. Interessantemente, na primeira referência a essa condição, feita pelo médico francês Jean-Martin Charcot, considerado o pai da neurologia moderna, ela já era associada às consequências do prolongado enfrentamento da tristeza e do estresse.

Foi o caso Miray, uma médica originária da Turquia, que costumava ter crises sempre que se encontrava com sua mãe. Após se mudar para o Canadá, ela viveu um longo período livre de sintomas. Mas, a dinâmica mudou significativamente durante sua gravidez, período em que seu marido enfrentou desafios profissionais e começou a manifestar comportamento agressivo e depreciativo, subjugando-a de forma constante.

As mudanças culturais recentes têm fomentado discussões mais amplas sobre os direitos e a autonomia individuais, levando a um reconhecimento mais forte desses direitos em vários contextos. Isso abrange a capacidade de se distanciar de relações abusivas, conforme exemplificado pelo caso de Miray, entre outros discutidos. A tradicional dicotomia "mulher é emoção e homem é razão" está sendo reconsiderada, indicando uma evolução para uma visão mais complexa das capacidades e expressões emocionais de todos, independentemente do gênero. A apreciação da vulnerabilidade como um elemento da condição humana anteriormente estigmatizado, sobretudo entre os homens, é agora percebida de forma que enfatiza sua relevância na formação de conexões humanas profundas.

---

2 LI, Jiong *et al*. The risk of multiple sclerosis in bereaved parents: A nationwide cohort study in Denmark. ***Neurology***, v. 62, n. 5, p. 726-729, 2004. Disponível em: https://www.neurology.org/doi/10.1212/01.WNL.0000113766.21896.B1.

A pressão emocional atingiu um ponto tão crítico que Miray tomou a decisão de abandonar seu lar e, anos mais tarde, reencontrou seus pais. Surpreendentemente, pouco tempo após esse reencontro, ela perdeu a capacidade de andar. Os disparadores emocionais, como o medo e a raiva, que haviam sido enraizados em sua infância, foram reativados na presença de sua família, ajudando a desencadear uma reação inflamatória em seu sistema nervoso.[3]

Por outro lado, eu, sempre tão ativa e engajada, enfrentei o diagnóstico da esclerose múltipla num período em que, paradoxalmente, desejava "desaparecer". Esse sentimento surgiu quando eu estava prestes a me casar e me cobrava por não poder contribuir financeiramente, mesmo tendo o apoio familiar. A demissão plantou em mim sementes de incerteza e dúvida sobre o futuro profissional. Acredito que esse conflito interno e a intensa autoexigência foram elementos cruciais nesse processo de adoecimento. O peso dessas expectativas e a pressão que eu colocava sobre mim mesma criaram um ambiente propício para o surgimento de desafios tanto emocionais quanto físicos.

Viver com todos esses desafios representou um profundo processo de autoconhecimento, e a presença amorosa das pessoas ao meu redor fortaleceu ainda mais essa caminhada. No decorrer dos meus dias, encarei fadiga, questões intestinais, dificuldade na memorização de conteúdos, problemas na visão, sensibilidade e outros sintomas desafiadores. E em todos os momentos em que tive que tomar medicação no hospital, eu pensava que estava indo tomar um combustível extra para reabastecer o meu corpo.

Na época em que eu estava utilizando uma medicação diária autoinjetável, percebi a oportunidade de empregar essa experiência para auxiliar meus pacientes que sofriam com aicmofobia, o medo extremo de procedimentos médicos envolvendo injeções e agulhas. Aproveitava esses momentos para ajudá-los a compreender que esse medo é algo que pode ser superado. Lembro-me vividamente da paciente, Clara, que compartilhou algo muito significativo comigo: "Comecei a confiar ainda mais no tratamento quando você teve a coragem de aplicar uma injeção na minha frente." Essa experiência fortaleceu nossa relação e contribuiu

[3] MATÉ, Gabor; MATÉ, Daniel. *O mito do normal*. Lisboa: Leya, 2023.

de modo considerável para o progresso dela na superação dos medos relacionados a procedimentos médicos.

A doença não cerceou meus sonhos, inclusive o de formar uma família. Foi necessário, contudo, adaptar meu estilo de vida para gerir os sintomas e compreender as necessidades do meu corpo. Adotei uma dieta anti-inflamatória, estabeleci uma rotina de exercícios matinais, dediquei atenção especial à minha saúde mental — inclusive através do meu trabalho, que me proporciona um profundo bem-estar psicológico, alinhado à minha vocação —, e incorporei outras práticas saudáveis. Em todas as experiências, busquei extrair significado e aprendizado, trilhando um caminho de constante evolução pessoal.

Apesar dos meus esforços, naquela fase, parecia que minhas ações ainda não eram suficientes. As idas ao hospital tornaram-se mais frequentes, e eu lidava com vômitos, dores de cabeça e um agravamento dos sintomas da esclerose múltipla. Perante essa realidade desafiadora, uma das orientações médicas foi a transição para um tratamento farmacológico mais avançado.

Paralelamente, em busca de um entendimento mais abrangente sobre minha condição, explorei diversas fontes, e foi então que descobri o livro da Dra. Terry Wahls, *The Wahls Protocol: How I Beat Progressive MS Using Paleo Principles and Functional Medicine* (Avery, 2014). Nessa obra, a Dra. Wahls narra sua própria experiência de superação da esclerose múltipla progressiva, adotando a dieta Paleo e práticas da medicina funcional. Ela descreve a transformação de sua alimentação e de seus hábitos de vida, culminando em uma expressiva melhoria de seus sintomas, que a levou da imobilidade em uma cadeira de rodas à retomada de uma vida ativa.

Esse contexto impulsionou-me a procurar a orientação de Aline Andretta, nutricionista, cuja influência foi decisiva para ampliar minha visão sobre o tratamento em prática. Com sua ajuda, pude compreender de forma mais concreta o conceito do eixo intestino-cérebro. Foi fascinante descobrir que o intestino não só possui seu próprio sistema nervoso entérico, com um número estimado de 200 a 600 milhões de neurônios, como também se comunica por meio de quatro vias distintas: neuronal, imunológica, endócrina e metabólica. Essa intricada rede de conexões justifica a denominação do intestino como nosso "segundo cérebro".

O eixo intestino-cérebro cria uma via de comunicação bidirecional, sugerindo que ocorrências no intestino podem afetar o cérebro e, reciprocamente, o cérebro pode influenciar o intestino. Por exemplo, é interessante notar como condições psicológicas, como estresse ou ansiedade, podem resultar em manifestações físicas, incluindo dor de estômago.

Além disso, desequilíbrios no intestino podem ser um gatilho para a insônia, tema que exploraremos em detalhes adiante. Pesquisas recentes apontam que diversas citocinas (proteínas) ativadas pelas bactérias intestinais em resposta aos níveis de cortisol desempenham um papel crucial na regulação do sono, sobretudo do sono REM, que é essencial para o restauro do corpo e da mente. Assim, a insônia, que costuma ser associada a distúrbios emocionais, transcende a esfera da saúde mental, apresentando-se também como uma questão biológica intrinsecamente ligada à saúde do nosso intestino.[4]

Para entender a conexão entre o adoecimento e o intestino, é de suma importância reconhecer que esse órgão é o lar de uma vasta comunidade de microrganismos benéficos que nos defendem contra vários agentes patogênicos. Contudo, uma alimentação inadequada, o uso excessivo de medicamentos, períodos intensos de estresse, entre outros fatores, podem comprometer a nutrição desses "guardiões", levando à disbiose intestinal. Essa condição pode desempenhar um papel significativo no desenvolvimento de doenças, em especial aquelas de natureza autoimune.

Essa era precisamente a situação com a qual me deparei ao buscar a orientação de Aline, apresentando sintomas que aparentavam ser gastrointestinais, incluindo intensas dores de cabeça, náuseas e outros mal-estares.

Ela me sugeriu um novo cardápio, que confesso ter sido desafiador no início, pois exigia eliminar itens que eu gostava de consumir. Embora já fosse cuidadosa com minha alimentação, essa nova proposta demandou um rigor ainda maior.

---

4 PERLMUTTER, David; LOBERG, Kristin. *Amigos da mente*. São Paulo: Paralela, 2015.

Com um trabalho de psicoeducação, entendi mais a fundo quanta vida há em nosso intestino: muitos microrganismos (microbiota) que precisam estar em equilíbrio. Além disso, um intestino saudável é íntegro, com as junções apertadas — ou *tight junctions*, proteínas que formam uma barreira entre as microvilosidades para impedir a passagem de compostos que não podem atravessar o intestino —, e apresenta também muco protetor e produção de peptídeos antimicrobianos.

Quando o intestino começa a sofrer agressões, seja por parasitas, medicamentos, hormônios — como o cortisol — liberados em situações de estresse, alimentos, proteínas alergênicas e toxinas, inicia-se um processo de disbiose intestinal. Caso esse processo persista por um período sem tratamento e com aumento dos fatores desencadeantes, pode-se iniciar um processo de *leaky gut*, ou intestino permeável. Nesse estado, o intestino começa a perder seu muco protetor e as junções aderentes, tornando-se mais permeável. Conhecido também como intestino gotejante, esse fenômeno permite a passagem de proteínas mal digeridas e outros compostos que normalmente não deveriam passar, ativando o sistema imunológico de forma inadequada. O sistema imunológico, então, fica superativado, o que pode desencadear uma série de doenças autoimunes.

Seguindo uma dieta mais focada na minha individualidade, em um mês, tive uma melhora significativa dos sintomas. Mesmo assim, fizemos exames para entender melhor a condição do meu organismo, e neles percebemos uma deficiência de vitamina B12, baixos níveis de vitamina D e testosterona muito baixa. Isso me levou a procurar uma ginecologista especialista, que prescreveu testosterona em gel.

Tudo caminhava bem, até que tive um surto de esclerose múltipla, o que não fazia muito sentido, considerando que eu estava cuidando do meu eixo intestino-cérebro. Ao refazermos os exames, notamos que, dessa vez, minha testosterona estava muito elevada.

Ao ler um artigo, descobri que variações abruptas nos níveis de testosterona — oscilando entre baixos e altos — podem provocar danos irreparáveis no cérebro afetado pela esclerose múltipla. Com essa informação, e sob orientação médica, decidi interromper o tratamento hormonal.

Mantive todas as práticas benéficas para mim, mas a eliminação gradativa e completa de glúten, caseína (proteína encontrada no leite e seus derivados), ovos e açúcar refinado da minha dieta representou um verdadeiro desafio. Segundo o Dr. William Davis, cardiologista e autor do livro *Wheat Belly* (Rodale, 2013), abandonar o consumo de trigo e grãos similares pode provocar, nas primeiras semanas, uma reação semelhante à síndrome de abstinência de opioides. Isso ocorre porque existe uma proteína no trigo e em grãos relacionados que, ao ser interrompida, afeta o cérebro humano de maneira similar à cessação de substâncias como oxicodona, morfina ou heroína, desencadeando uma versão mais leve da síndrome de abstinência de opiáceos. Após superar essa fase, comecei a sentir-me incrivelmente bem e mais energizada.

Optei por eliminar o ovo da minha alimentação após ler um estudo sobre a artrite reumatoide, doença autoimune que provoca inchaço e dor nas articulações; o texto destacava uma possível ligação entre essa condição e a alergias a certos alimentos, incluindo leite e ovos. Considerando minha alergia à caseína, a ocorrência dessa doença em familiares próximos e sua semelhança com a esclerose múltipla, que também é uma doença autoimune, a pesquisa despertou meu interesse.

Para investigar essa a relação entre alergias alimentares e artrite reumatoide, os cientistas induziram a condição em ratos por meio da administração de uma proteína específica, acompanhando o desenvolvimento da doença. Procederam à medição de marcadores inflamatórios presentes no sangue desses animais e examinaram a existência de alergias ao leite e aos ovos, através da análise de anticorpos específicos para esses alimentos.

Os resultados mostraram que, nos ratos com artrite, houve um aumento tanto das substâncias inflamatórias quanto dos anticorpos contra leite e ovos. Isso sugere que as alergias alimentares, especialmente ao leite e aos ovos, podem estar relacionadas com a artrite reumatoide, indicando que a reação do corpo a certos alimentos pode influenciar a inflamação que caracteriza essa doença autoimune.[5]

---

5 LI, Jianjie *et al*. The Pathogenesis of Rheumatoid Arthritis is Associated with Milk or Egg Allergy. *North American Journal of Medical Sciences*, v. 8, n. 1, p. 40–46, 2016. Disponível em: https://doi.org/10.4103/1947-2714.175206.

Além de excluir certos alimentos, também priorizei a inclusão de uma ampla variedade de vegetais e frutas na minha dieta. Conforme uma metanálise de quase trinta estudos realizada pela *American Heart Association*, a ingestão de cerca de cinco porções de vegetais e frutas por dia está associada a um menor índice de mortalidade.[6] Interessantemente, o livro *Gut and Psychology Syndrome* (Green Publishing, 2020) aponta que deficiências de nutrientes específicos, como ácido fólico, vitamina B6, manganês e vitamina B1, foram identificadas como fatores que contribuem para a ocorrência de convulsões, enfatizando a importância de uma alimentação balanceada para a manutenção da saúde geral e prevenção de problemas neurológicos.[7]

Percebo que meu organismo está operando de forma mais otimizada e com uma consciência elevada. Desenvolvi a habilidade de atender e nutrir meu ser por meio de escolhas alimentares conscientes, um aspecto que, sem dúvida, foi determinante para os resultados promissores observados nos meus exames mais recentes, que demonstraram melhoras significativas.

Esse percurso me remodelou e me transformou em uma pessoa substancialmente mais resiliente, fortificada e vibrante em saúde. Felizmente, nas últimas ocorrências espaçadas que tive da esclerose múltipla, consegui utilizar os pensamentos positivos e a fé como motivadores do meu processo de superação. O aprendizado que tirei dessas experiências sublinha a importância de acolher um "sim" caloroso a mim mesma, nutrindo uma perspectiva otimista, mas ainda assim realista, sobre o meu caminho.

À medida que o tempo se desdobrava, desafiando as previsões médicas, entrei em um acordo de paz com a esclerose múltipla, passando a encará-la não como uma adversária, mas como uma inusitada aliada. Há algo fascinante na revelação que ela me trouxe: durante toda minha existência, empenhei-me além do necessário, sobrecarregando-me de trabalho e buscando incessantemente a aprovação alheia, sem reconhecer que minhas singularidades e limitações escondiam, na verdade,

---

6 VÁZQUEZ, Marcos. *Vive más*. Barcelona: Grijalbo, 2023.

7 CAMPBELL-MCBRIDE, Natasha. *Gut and psychology syndrome*: Natural treatment for autism, dyspraxia, A.D.D., dyslexia, A.D.H.D., depression, schizophrenia. Reino Unido: Medinform Publishing, 2010.

minhas maiores virtudes. A esclerose múltipla me concedeu, paradoxalmente, uma razão para fazer uma pausa e dedicar atenção genuína a mim mesma.

Essa perspectiva está alinhada com um estudo que descobriu que, após sofrerem um ataque cardíaco, indivíduos otimistas demonstraram maior inclinação a adotar mudanças positivas em seu estilo de vida. Eles se mostraram mais propensos a deixar de fumar, estabelecer uma dieta rica em frutas e vegetais, além de realizar alterações significativas em sua vida. O resultado? O risco de um segundo ataque cardíaco ou o desenvolvimento de doenças graves foi significativamente reduzido. Em contraste, foi descoberto que os pessimistas tinham o dobro de chances de experimentar um segundo ataque cardíaco grave nos quatro anos seguintes ao primeiro.[8]

Em 16 de setembro de 2023, em Londres, participei da caminhada dedicada à luta contra a esclerose múltipla. Minha presença ali carregava um significado profundo, representando um momento de imensa gratidão e simbolizando uma transição significativa em relação à minha experiência passada com a doença.

Antes do evento, ocorreu um episódio curioso: apenas a camisa destinada ao meu marido nos foi entregue; nem a minha nem a da Isabella chegaram. Esse simples acontecimento desencadeou uma profunda reflexão. Receber o diagnóstico de esclerose múltipla apenas dois meses antes de selarmos nosso compromisso matrimonial introduziu desafios sem precedentes em nosso caminho. Contudo, esse incidente peculiar se transformou em uma surpreendente fonte de crescimento, agindo como um catalisador para um amadurecimento profundo na tessitura de nossa relação. Ao "receber e vestir" simbolicamente a esclerose múltipla junto a mim, meu marido abraçou as incertezas e as possíveis reverberações dessa escolha de maneira voluntária. Essa conjuntura de adversidade nos revelou que o amadurecimento pode brotar de múltiplas maneiras, frequentemente emergindo das circunstâncias mais inusitadas, e serviu para consolidar nossos vínculos, enriquecendo nossa empatia e o entendimento mútuo de forma inestimável.

8 SWART, Tara. *The Source*: Open Your Mind, Change Your Life. Canadá: Vermilion, 2020.

No dia do evento, cruzei caminhos com uma mulher em cadeira de rodas, acompanhada atentamente por suas duas filhas, que se alternavam nos cuidados com ela. Embora meu marido tenha proposto que eu compartilhasse minha experiência na esperança de infundir positividade àquela família depois da caminhada, senti uma reserva em abrir-me naquele instante.

Entretanto, quase chegando em casa, ainda no metrô, cruzei com uma mulher que se apoiava em uma bengala. Ela elogiou minha família por estarmos vestindo camisetas do evento em solidariedade à luta contra a esclerose múltipla. Decidi perguntar se ela também convivia com a doença e, para minha surpresa, ela confirmou que sim. Então, me ofereci para compartilhar minha história, perguntando se ela gostaria de ouvir. Sua gratidão silenciosa me comoveu profundamente; ela não conseguiu encontrar as palavras para expressá-la naquele instante, mas seus olhos transmitiam o quanto ansiava por um vislumbre de esperança que pudesse transformar sua situação.

Esses encontros me levaram a refletir sobre a importância das conexões humanas e sobre como pequenos gestos de empatia podem ter um impacto profundo na vida das pessoas. Também me levaram a questionar por que foi tão fácil compartilhar minha vida com aquela segunda mulher quando não aconteceu o mesmo com a primeira. A resposta exata eu nunca terei, mas sinto que fiz o certo; alguns não estão prontos para serem encorajados pela sua história, enquanto outros precisam muito ouvi-la.

Em relação à conexão, uma amiga recentemente relatou a história de uma conhecida que se dedicou ao trabalho voluntário junto a pacientes com esclerose múltipla. Para sua surpresa, após alguns anos, sua própria filha começou a manifestar os sintomas dessa condição. Parece que, de alguma forma, a vida estava preparando-a com antecedência para esse desafio.

A cada dia, fica mais claro para mim que eu não tenho controle sobre os eventos futuros e como eles afetarão o conteúdo deste livro. Em uma determinada manhã, enfrentei um momento de estagnação, incapaz de organizar meus pensamentos ou encontrar inspiração para escrever. Sentia-me como se estivesse em um impasse. Em vez de insistir na escrita, decidi respeitar esse período de bloqueio criativo.

Optei por desviar do que havia planejado a princípio. Nesse ínterim, dediquei-me a explorar alguns e-mails antigos que nunca havia aberto, mesmo sabendo que continham informações potencialmente importantes. Foi assim que descobri a história da renomada violoncelista britânica Jacqueline Mary de Pré (1945–1987), que se viu obrigada a abandonar sua carreira aos 26 anos, afetada pelos sintomas incapacitantes da esclerose múltipla quando já tinha uma fama internacional. Essa narrativa inspiradora me levou a mergulhar na biografia de du Pré e a assistir ao filme ***Hilary and Jackie***, que retrata a vida dela e de sua irmã.

No desenrolar da vida de Jacqueline (Jackie) e sua irmã, Hillary, separadas por dois anos de idade e unidas pelo talento musical, seus destinos se entrelaçam de maneira complexa. Hillary, a favorita de sua mãe e uma renomada flautista, recebeu o convite — quando criança — para se apresentar na prestigiada BBC de Londres. Em um gesto de inclusão, ela insistiu que Jackie participasse do evento. Enquanto Hillary encantou a audiência com sua habilidade excepcional, Jackie encontrou obstáculos em sua performance, resultando em um momento desafiador que foi seguido por críticas de sua mãe, destacando as discrepâncias entre as experiências das irmãs naquela ocasião memorável.[9]

Em busca de aprovação materna e na tentativa de alcançar o talento de sua irmã, Jackie dedica-se com obsessão à prática do instrumento que escolheu. Embora Hillary fosse muitíssimo talentosa, os holofotes do público e da crítica rapidamente começaram a se deslocar em direção a Jackie, elevando-a ao centro das atenções e relegando Hillary a um papel secundário, ofuscada pelo brilhantismo da irmã.

Desde cedo, Jackie destacava-se por sua sensibilidade, introspecção e timidez. Aos 9 anos, em um momento de vulnerabilidade, confidenciou à sua irmã, Hillary, uma previsão sombria e pessoal: "Não conte à mãe, mas acredito que, quando eu crescer, perderei a capacidade de andar e de me mover." Tal revelação precoce evidenciava uma consciência incomum para sua idade, somada a um pressentimento preocupante sobre seu futuro.

9 FELINTO, Marilene. "Hilary e Jackie": Fidelidade aos fatos não é o mais importante. *Folha de S.Paulo – Ilustrada*, 1999. Disponível em: https://www1.folha.uol.com.br/fsp/ilustrad/fq28059919.htm.

Entretanto, a vida de prodígio não poupou Jackie do isolamento e dos desafios emocionais. Sua dedicação à música frequentemente ofuscava suas amizades e sua vida social, que são partes integrantes da infância. Durante esses anos, ela sofreu bullying devido à atenção extraordinária que seu talento atraía, provocando zombarias e inveja entre algumas crianças, que chegaram a criar a canção *Nós odiamos Jackie* para ridicularizá-la. Essa experiência intensificou um sentimento de rejeição nela, apesar de seu talento excepcional. O que ela mais desejava, tanto naquela época quanto ao longo de sua vida de modo geral, era afeto e aceitação.

Aos 16 anos, em sua estreia profissional, a violoncelista já era celebrada como uma das jovens musicistas mais promissoras e vibrantes do cenário mundial. Uma década depois, contudo, sua carreira enfrentou um revés devastador: a esclerose múltipla lhe "roubou" a sensibilidade nas mãos, impossibilitando-a de tocar. Essa abrupta pausa pode ser vista sob a perspectiva freudiana como uma manifestação de "histeria de angústia", caracterizada por sintomas físicos intensos, tais como paralisias motoras, contraturas, dores e disfunções articulares, como no caso da violoncelista — todos decorrentes de emoções reprimidas.

Freud avançou significativamente na compreensão do desenvolvimento humano com sua teoria da sexualidade infantil, postulando que as experiências e os conflitos não resolvidos durante a fase fálica do desenvolvimento — aproximadamente entre os 3 e 6 anos de idade — poderiam precipitar manifestações histéricas mais tarde na vida adulta.[10]

Jackie estava obcecada pela pergunta que assombra boa parte das vítimas de uma doença incurável: "Por que isso aconteceu comigo?" Mas agora, vamos inverter essa pergunta: "Por que não você? O que precisa ser aprendido sobre você?"

A mãe de Jackie enfrentou a perda de seu próprio pai logo após dar à luz ela. Influenciada por essa experiência, Jacqueline cresceu com um medo profundo de adoecer, alimentando a crença de que seu excepcional talento musical era acompanhado por um alto preço. Ela temia que possuir tal dom exigisse uma espécie de sacrifício ou compensação,

10 FREUD, Sigmund. *Três ensaios sobre a teoria da sexualidade*. Vienna: Franz Deuticke, 1905.

manifestando frequentemente a preocupação de não poder reter seu talento sem enfrentar consequências adversas. Para Jackie, o violoncelo não era apenas um instrumento musical, era um símbolo de poder quase divino. Ela venerava o violoncelo a ponto de ajoelhar-se diante dele, encarando-o não só como uma ferramenta de expressão artística, mas como um totem carregado de significado profundo. Esse símbolo fálico representava sua luta por controle e domínio sobre as inseguranças e medos que a assombravam.

Na obra de Mate, percebe-se como Jackie utilizava o violoncelo como sua principal forma de comunicação, compensando as dificuldades que encontrava ao expressar-se verbalmente. "Jacqueline du Pré sempre encontrou desafios ao tentar comunicar-se por meio de palavras", observa Mate (2003, p. 23), e acrescenta que "as vias diretas para a expressão emocional de Jackie foram obstruídas desde o princípio, fazendo com que o violoncelo assumisse o papel de sua voz" (p. 24).[11] Esse vínculo único com o instrumento não apenas lhe permitia uma expressão autêntica, mas também simbolizava sua incessante busca por autonomia e definição pessoal, para além de seu talento.

Sob a proteção excessiva de sua família, Jacqueline desenvolveu inseguranças que impactavam sua capacidade de lidar com atividades cotidianas, desde a utilização de transporte público, até a realização de tarefas domésticas simples, como lavar roupas, mesmo já sendo adulta. Predominantemente sob a influência de seus pais, ela tinha limitado controle sobre sua vida, exceto quando se apresentava no palco. A relação com sua mãe evoluiu para uma dependência mútua tão intensa que ambas se viam incapazes de se desvencilhar. Esse ciclo de superproteção e dependência impedia Jacqueline de experimentar a infância de maneira plena ou de assumir as rédeas de sua vida adulta, confinando-a a um estado de permanente busca por independência e autoafirmação.

Jacqueline du Pré e o pianista Daniel Barenboim uniram-se em matrimônio em 1967, formando um casal celebrado no cenário da música clássica antes de Jacqueline ser diagnosticada com esclerose múltipla em 1973, aos 26 anos. Juntos, realizaram inúmeras colaborações

---

11 MATE, Gabor. ***When the Body Says No***: Exploring the Stress-Disease Connection. Nova Jersey: John Wiley & Sons, 2003.

musicais, até que os desafios de saúde impostos pela doença começaram a afetar Jackie. Infelizmente, assim como em sua família de origem, ela enfrentou dificuldades para expressar sua verdadeira essência no casamento, adaptando-se outra vez às necessidades e expectativas de outra pessoa.

No auge da pressão que lhe era imposta, Jacqueline buscou refúgio em um retiro temporário, distanciando-se das melodias vibrantes de sua carreira e da sinfonia de sua vida a dois. Em um período de intensa turbulência pessoal e imersa em sua busca por significado além das circunstâncias que enfrentava, Jackie viu-se atraída pelo marido de sua irmã, como se almejasse a vida dela, sofrendo de uma solidão que nem seu casamento com o músico conseguia dissipar. Após retomar seu lugar, tanto no matrimônio quanto na música, foi confrontada com o diagnóstico de esclerose múltipla, inaugurando um novo capítulo repleto de desafios.

Curiosamente, a reação de sua irmã Hillary à situação não foi visivelmente expressiva, o que adicionou uma complexidade inesperada à dinâmica já intrincada entre elas. Jacqueline, com sua busca pelo sucesso no mundo exterior, e sua irmã, que se entregava à construção de uma família e às responsabilidades domésticas, formavam um "equilíbrio" harmonioso. Elas se complementavam em muitos aspectos, encontrando admiração uma na outra e, ao mesmo tempo, servindo de fonte de inspiração mútua. Mas, não era incomum que, em meio a essa intensa ligação, ocorressem momentos de inveja e tensão. Essas explosões emocionais eram um subproduto desse relacionamento complexo e afetuoso.

A influência entre pessoas próximas, que fazem com que os valores se tornem similares, é inegável. Nesse sentido, pesquisas têm demonstrado que somos influenciados de várias maneiras pelas pessoas mais próximas a nós, tanto em hábitos saudáveis quanto não saudáveis, seja em emoções ou até mesmo questões financeiras. Por exemplo, estudos revelaram que o divórcio de um amigo próximo pode aumentar significativamente o risco de separação em outras pessoas. Da mesma forma que, se um amigo ganha peso, o risco de também ganhá-lo aumenta em 57% no ano seguinte.

O próprio estresse pode ser uma condição "transmissível" pelo convívio, como demonstrou uma pesquisa realizada por uma equipe do

Hotchkiss Brain Institute da Universidade de Calgary. Eles observaram que os parceiros de acasalamento de ratos estressados apresentavam alterações semelhantes nos neurônios que controlam a resposta do cérebro ao estresse. Até mesmo em seres humanos encontramos evidências de que pessoas que convivem ou trabalham juntas podem sincronizar seus ciclos menstruais em um período de dois a três meses. Isso ocorre por meio de um mecanismo semelhante, onde influenciamos os níveis hormonais de estresse uns dos outros, muitas vezes suprimindo nosso próprio estresse.[12]

Assim, torna-se evidente que as companhias que escolhemos têm um impacto profundo não só em nossos comportamentos e em nossa saúde, mas também na trajetória de nossa vida. A decisão sobre onde trabalhar, morar, as amizades que cultivamos e, de forma ainda mais significativa, com quem compartilhamos nossa vida íntima, são escolhas que ecoam através de nossa existência, moldando nosso futuro. Ao nos cercarmos de pessoas que nos apoiam e inspiram, podemos não apenas melhorar nossa qualidade de vida, mas também potencializar nosso desenvolvimento pessoal e profissional.

À medida que a esclerose múltipla progredia, Jacqueline se submetia a uma série de tratamentos experimentais, buscando soluções em todo o mundo. Ela experimentou uma ampla gama de abordagens, desde acupuntura até megavitaminas, na esperança de que alguma ação aliviasse seus sintomas. Enquanto os esteroides, potentes anti-inflamatórios, podem ter desacelerado o avanço da doença, eles também trouxeram efeitos colaterais, como o inchaço do rosto. Jacqueline mantinha a esperança de uma conclusão vitoriosa em sua luta contra a doença, mas enfrentar uma tensão prolongada e a incerteza constante de viver com a esclerose múltipla era uma experiência desafiadora e desgastante. Mesmo considerando o suicídio em um momento de desespero, ela encontrou forças para enfrentar os desafios que a vida lhe impôs.

A depressão ou a sensação de tristeza podem surgir em determinados momentos, conforme buscamos maneiras de aliviar a raiva e a dor, enquanto tentamos conter comportamentos que nos deixam paralisados.

---

12 SWART, Tara. *The Source*: Open Your Mind, Change Your Life. Canadá: Vermilion, 2020.

Em certas ocasiões, esses sentimentos emergem em resposta às lacunas não preenchidas entre nossos desejos e expectativas.

Em relação à depressão, o livro *The Window of Psychopaths* (William Heinemann, 2012) aponta um ângulo interessante. Pesquisas recentes sugerem que o desânimo pode, de certa forma, ser benéfico. Em teoria, ele pode contribuir para uma maior capacidade de pensamento e uma melhoria na habilidade de resolução de problemas. Em um estudo conduzido por Joe Forgas, professor de psicologia da Universidade de Nova Gales do Sul, foi demonstrado que as pessoas em um estado de "baixo humor" lembravam-se de mais detalhes de suas experiências do que aquelas em um estado de ânimo mais positivo. A chuva, que tende a deixar as pessoas tristes, as fez prestar mais atenção.

No entanto, a depressão também forçou Jacqueline a repensar sua vida e a buscar novas formas de expressão. Ela se aventurou no ensino de violoncelo, na criação de joias, assistiu a concertos e até registrou suas experiências por meio da escrita. Sua participação em um único ato no Festival Hall a transformou em uma heroína para todos que enfrentam o estigma e a incompreensão que cercam a esclerose múltipla. Isso ressalta sua resiliência e sua capacidade de encontrar um propósito mesmo nas situações mais desafiadoras da vida.

Apesar de seu novo e inesperado papel, Jacqueline nunca se sentiu inteiramente à vontade. Ela encontrou satisfação em saber que estava sendo útil, recebendo centenas de cartas nos meses seguintes. Algumas tinham sido escritas por pessoas profundamente solitárias, outras expressavam gratidão e palavras de incentivo.

A família desenvolveu o hábito de priorizar Jacqueline, muitas vezes abrindo mão de sua própria vida e aspirações em prol do cuidado dela. Progressivamente, a preocupação deixou de ser apenas a personalidade brilhante da musicista e passou a ser a atenção dispensada à pessoa que enfrentava a esclerose múltipla. Essa transição foi muitíssimo desgastante para a família, sobretudo quando Jacqueline chegou ao ponto em que não conseguia mais alimentar-se e enfrentava dificuldades para engolir. Além disso, a perda de sua capacidade de fala inteligível tornou a situação ainda mais desafiadora para todos.

Embora Jacqueline du Pré tenha enfrentado contínuos desafios no que diz respeito a sua saúde e tenha vindo a falecer aos 42 anos, a história dela é uma inspiradora lição sobre a urgência da vida e a importância de ter coragem diante das adversidades. O psiquiatra polonês Kazimierz Dabrowski (1972) teorizou que o sofrimento emocional não deve ser simplesmente visto como um sintoma de doença, mas sim como um potencial indicador de crescimento pessoal.

A vida de Jacqueline personifica essa ideia de uma maneira profundamente inspiradora, ressaltando a capacidade de encontrar significado e força, mesmo quando confrontada com as circunstâncias mais difíceis e aparentemente insuperáveis. Jacqueline não foi apenas uma excepcional violoncelista, mas também um exemplo notável da adaptabilidade. Ela não só enfrentou a adversidade, mas a abraçou como uma oportunidade para crescer e inspirar outros. Mesmo quando se viu privada de sua principal ferramenta de expressão, o violoncelo, devido à doença, Jacqueline continuou a transcender os limites da sua condição, encontrando novas maneiras de se expressar e tocar a alma daqueles que a ouviam ou liam suas palavras.

Ao contemplar a história de Jacqueline e de sua família, somos lembrados de que as verdadeiras medidas do sucesso se estendem para além das vitórias materiais, alcançando as esferas da autoanálise e do crescimento pessoal. Essa incursão no "eu" mais profundo desvenda o caráter multifacetado de qualidades como a gentileza, que, apesar de serem universalmente celebradas, muitas vezes brotam de um emaranhado complexo de vivências e sentimentos internos.

Esse conceito de complexidade inerente à condição humana encontra eco nos estudos da neurologia contemporânea. Em um congresso realizado na Baviera na década de 1990, neurologistas da *Cleveland Clinic* compartilharam descobertas intrigantes sobre a Esclerose Lateral Amiotrófica (ELA), destacando uma tendência entre os pacientes da doença a demonstrar níveis excepcionais de gentileza. Anotações de prontuário como "infelizmente, acho que essa pessoa tem ELA, ela é gentil demais" ou "essa pessoa não pode ter ELA, não é gentil o bastante" revelaram uma correlação surpreendente entre a gentileza e a suscetibilidade à ELA, uma observação posteriormente corroborada por estudos publicados em periódicos especializados.[13]

---

[13] MATÉ, Gabor; MATÉ, Daniel. *O mito do normal*. Lisboa: Leya, 2023.

Enquanto reflito sobre esses conteúdos, a música ***Solidão Bateu à Porta***, de Angela Soul, toca ao fundo, trazendo uma dimensão adicional a essas reflexões. O verso "que a solidão bateu à porta e ficar sozinha me sufoca" ressoou em particular, mostrando como muitos dos desafios de saúde mental estão intrinsecamente ligados ao temor da solidão.

Não saber gerir a solidão, ou seja, ter dificuldades em encontrar prazer na própria companhia, pode gerar complicações como a solidão crônica, que tem sido associada a um risco elevado de doenças e à morte prematura, chegando a ser comparada aos danos causados por fumar quinze cigarros por dia. Além disso, a solidão pode comprometer o funcionamento genético e afetar negativamente o sistema imunológico, aumentando o risco de doenças cardíacas e AVC.[14]

Muitos, com medo de sentir essa solidão, buscam a todo custo controlar as situações. Isso pode ser evidenciado quando um filho expressa o desejo de passar mais tempo com um dos pais, o que pode representar um desafio emocional para o genitor não escolhido. Essa situação pode desencadear sentimentos de solidão, especialmente quando se torna uma ocorrência constante. Para aqueles que já enfrentaram rejeição no passado, essa situação pode servir como um lembrete doloroso, e seus impactos emocionais podem ser profundos, podendo desencadear problemas de saúde, como depressão, ansiedade, aumento do risco de doenças cardiovasculares e distúrbios do sono, entre outros.

Em diversas narrativas, observa-se que alguns pais optam por aumentar a família como estratégia para suprir lacunas emocionais, buscando, por meio do afeto dos filhos, uma forma de mitigar a sensação de vazio e solidão. Tal decisão frequentemente emerge como uma tentativa de combater a sensação de isolamento, que pode prevalecer em meio a relações familiares marcadas por distanciamento afetivo e falta de conexão emocional.

Indivíduos que experimentam sentimentos de isolamento podem encontrar dificuldades para adormecer, pois sua mente se mantém ativa e inquieta durante a noite. Essa insônia não só agrava o desconforto emocional e físico, mas também dá origem a um ciclo de sofrimento contínuo e complexo. É comum que pessoas com problemas de sono

14 MATÉ, Gabor; MATÉ, Daniel. *O mito do normal*. Lisboa: Leya, 2023.

sintam-se impelidas a manter-se alertas, como se precisassem estar constantemente vigilantes, um comportamento que Matthew Walker, em sua obra *Why We Sleep: Unlocking the Power of Sleep and Dreams* (Scribner, 2017), atribui ao profundo efeito que traumas emocionais passados podem exercer sobre nossa saúde mental e física. Walker nos faz compreender como experiências dolorosas do passado podem afetar nosso estado físico e mental de maneira duradoura, ressaltando a conexão intrínseca entre sono, saúde mental e a importância de processar e superar tais traumas.

Para ilustrar o impacto duradouro das experiências passadas, vejamos o caso de uma mulher na faixa dos 40 anos, que lida com esses sintomas. Olhando para trás, em sua infância, ela estava sempre em estado de alerta, por várias razões. Uma delas era o medo constante gerado pelas intensas brigas de seus pais, tão severas que ela temia que um deles pudesse acabar seriamente ferido, ou coisa pior, enquanto ela dormia. Outro motivo era a presença de uma ameaça ainda mais sombria: a vigilância constante era sua defesa contra o abuso por parte de seu avô, pois ela acreditava que, se permanecesse acordada, o risco de abuso diminuiria; ela também temia que qualquer sinal de vulnerabilidade, como chorar, pudesse revelar o que estava acontecendo.

Essa realidade ecoa os achados do livro *Por que nós dormimos: a nova ciência do sono e do sonho* (Intrínseca, 2018), que demonstra como a privação de sono na infância pode estimular comportamentos negativos na adolescência, incluindo o uso de drogas e álcool, além de impactar genes ligados ao aprendizado. A falta de sono adequado pode transformar drasticamente o comportamento de uma criança — de tranquilo e doce, para irritado e travesso — evidenciando o profundo papel do sono na regulação do humor e do bem-estar, em todas as idades.

Com o passar do tempo, apesar de não viver mais com seus pais ou seu avô, a mulher continuou a carregar o legado de sua infância. Seu cérebro, habituado ao estado constante de alerta, manteve-se vigilante, mesmo na ausência de ameaças diretas, um testemunho do impacto duradouro de traumas iniciais na saúde mental e na qualidade do sono.

Como resultado desse estado de vigilância constante, a mulher começou a enfrentar dificuldades para atingir a fase de sono profundo, conhecida como Sono Delta. Esse desequilíbrio no ciclo do sono propiciou uma produção excessiva de proteínas, afetando de maneira adversa o funcionamento de seu sistema imunológico. Curiosamente, essa situação pode ser paralelizada com o comportamento de animais selvagens: por exemplo, as zebras dormem somente três a quatro horas por dia, devido ao medo constante de predadores, como os leões, enquanto esses, enfrentando menos ameaças, conseguem descansar até treze horas.[15]

Esse descompasso resultou em um estado crônico de elevação dos níveis de adrenalina, o qual, por sua vez, precipitou o desenvolvimento de dor crônica. Tal condição de dor crônica esteve associada a processos inflamatórios, contribuindo para o surgimento de problemas emocionais, incluindo a depressão, além de redução da autoestima e manifestação de outros sintomas relacionados.

Por isso, tratar as feridas emocionais é um importante passo no desenvolvimento de uma melhor qualidade de sono, evitando que efeitos cumulativos do sono ruim afetem também atividades metabólicas, e podendo levar ao ganho de peso, transtornos do humor, estresse emocional e um aumento nas exigências nutricionais, conforme mencionado no livro *Food, Nutrition & Diet Therapy* do autor Krause's.

Nesse contexto, um estudo específico ilustra a importância da autocompaixão como ferramenta terapêutica para melhorar a qualidade do sono. Os participantes dessa pesquisa foram orientados a refletir sobre erros pessoais antes de dormir. Em seguida, alguns praticaram exercícios de autocompaixão, como meditações e escrita reflexiva, enquanto um grupo de controle não realizou nenhuma atividade. Os resultados mostraram uma melhoria significativa na qualidade do sono dos participantes que se engajaram em práticas de autocompaixão, evidenciando redução de pensamentos negativos repetitivos e um benefício particular para aqueles com sintomas depressivos iniciais.[16]

---

15 Capellini, Isabella *et al*. Ecological constraints on mammalian sleep architecture. *In*: MCNAMARA, Patrick; BARTON, Robert A.; NUNN, Charles L. (Org.), *The Evolution of Sleep*: Phylogenetic and Functional Perspectives. Reino Unido: Cambridge University Press, 2010. p. 12-33.

16 BUTZ, Sebastian; STAHLBERG, Dagmar. Can self-compassion improve sleep quality via reduced rumination? *Self and Identity*, v. 17, n. 6, p. 666–686, 2018. Disponível em: https://doi.org/10.1080/15298868.2018.1456482.

Num estudo que seguiu uma abordagem parecida, 119 mulheres jovens foram distribuídas em grupos para investigar como a gratidão afeta o sono. Um desses grupos escreveu diariamente sobre pessoas e experiências pelas quais eram gratas. Após um período de duas semanas, esse grupo específico demonstrou uma melhora considerável na qualidade do sono. Além disso, houve relatos de aumento na sensação de bem-estar e otimismo, bem como uma redução na pressão arterial.[17]

Complementando essa perspectiva, uma pesquisa relacionada destacou o papel do autoperdão na qualidade do sono. Foi constatado que indivíduos que se perdoavam mais facilmente por erros passados experimentavam uma melhor qualidade de sono. Isso indica que, tal como acontece com a autocompaixão e a gratidão, o autoperdão representa um elemento emocional significativo, capaz de impactar de maneira positiva a qualidade do nosso sono.[18]

Para lutar contra a insônia, uma vertente que pode ser trabalhada é a fotobiomodulação, uma técnica que usa a luz vermelha para influenciar processos biológicos por meio de aplicação de comprimentos de ondas de luz específicos aos tecidos do corpo. Ela ajuda o cérebro a se limpar de fluidos e resíduos tóxicos, ou seja, auxilia na manutenção cerebral, sobretudo à noite, durante o período de descanso. Enquanto as luzes vermelhas de LED melhoram a melatonina, a luz de LED azul dos aparelhos digitais, quando usada à noite, reprime esse hormônio e pode atrasar a hora de dormir.[19] Por isso, é indicado não usar eletrônicos próximo ao momento de dormir, e sim adotar a fotobiomodulação cerca de dez minutos antes de se deitar, diariamente ou três vezes por semana, a depender da necessidade.

Comprovando isso, um estudo feito pelo pesquisador do sono Charles Czeisler e colegas demonstrou que os indivíduos que usaram

---

17 JACKOWSKA, Marta *et al*. The impact of a brief gratitude intervention on subjective well-being, biology and sleep. *Journal of Health Psychology*, v. 21, n. 10, 2015. Disponível: https://doi.org/10.1177/1359105315572455.

18 TOUSSAINT, Loren *et al*. Let it rest: Sleep and health as positive correlates of forgiveness of others and self-forgiveness. *Psychology & Health*, v. 35, n. 2, p. 1-16, 2019. Disponível em: https://doi.org/10.1080/08870446.2019.1644335.

19 VALVERDE, Audrey *et al*. Lights at night: does photobiomodulation improve sleep? *Neural regeneration research*, v. 18, n. 3, p. 474–477, 2023. Disponível em: https://doi.org/10.4103/1673-5374.350191.

um leitor eletrônico antes de dormir liberaram aproximadamente 50% menos melatonina, em comparação com as que leram um livro impresso, além de demorarem mais a dormir, terem menos sono REM e ficarem mais sonolentas pela manhã.[20]

Outra técnica básica e funcional para garantir um sono de qualidade é o relaxamento, como o Método 4-7-8 (Pranayama – controle da respiração – uma prática de respiração da Yoga), que foi popularizado pelo Dr. Andrew Weil, médico formado em Harvard. Três ciclos dessa técnica podem ajudar a pegar no sono.

1. Inspire profundamente pelo nariz contando até quatro;
2. Segure a respiração contando até sete;
3. Expire o ar pela boca fazendo barulho, contando até oito.

Se você tem tido dificuldades para dormir, siga as dicas deste capítulo e adote hábitos de higiene do sono, pois a dificuldade em pegar no sono pode até ser "só" um distúrbio ou um sintoma, mas quando não tratada, pode influenciar no desenvolvimento do adoecimento. Prova disso é um estudo feito na Grécia, com mais de 23 mil pessoas, por seis anos. Fazendo um controle para outros fatores de risco, apontou que pessoas que cochilavam durante o dia tinham uma probabilidade 37% menor de morrer de doenças cardíacas. Até mesmo um breve cochilo pode ter efeitos muito reparadores no organismo, como demonstram os estudos feitos em condições distintas com profissionais da NASA, policiais e pilotos que apontaram melhoria visível no estado de alerta e diminuição de acidentes/imprevistos.[21]

Pensando nisso, não negligencie o seu sono, nem mesmo que seja um pequeno cochilo! Muitas vezes, com a rotina turbulenta e tempo escasso, queremos nos manter acordados para entregar o maior rendimento possível; no entanto, não levamos em conta que uma mente cansada produz muito mais devagar do que uma mente restaurada.

Dormir pouco para render mais é como querer andar em um carro *flex* com pouco álcool; se o caminho for repleto de ladeiras, o esforço

---

20 BLACKBURN, Elizabeth; EPEL, Elissa. *The Telomere Effect*. Reino Unido: Hachette, 2017.

21 PINK, Daniel H. *Quando*: os segredos científicos do timing perfeito. Rio de Janeiro: Objetiva, 2018.

não valerá a pena, pois o carro não vai entregar o que você precisa. Às vezes, só precisamos parar um pouco e reabastecer "nosso tanque" com gasolina aditivada, que limpará e reparará todo o motor para seguirmos nosso caminho com maior agilidade, otimização e segurança.

Cada organismo é único, mas é pertinente mencionar um estudo que observou que homens que dormiam menos de cinco horas por noite tinham telômeros significativamente mais curtos em comparação com aqueles que dormiam sete horas, sugerindo que essa duração pode ser um indicativo saudável para a manutenção dos telômeros.[22]

Quantas horas de sono você tem conseguido obter? Refletindo sobre o conhecimento adquirido, você identifica espaços para melhorar a qualidade do seu sono? Que ajustes poderiam ser implementados para você alcançar um descanso mais profundo e restaurador?

A busca por um sono reparador envolve uma incursão pelas profundezas de nossas emoções, conforme abordado. A teoria do Dr. Mario Martinez acerca da cura emocional ilumina o percurso: para superar a sensação de abandono, é imperativo reconectar-se com a essência do comprometimento, revivendo épocas marcadas por realizações significativas. Quanto à vergonha, o itinerário de cura sugere a valorização da autoestima e do respeito próprio. Em face da traição, é vital reatar laços com a lealdade, rememorando momentos de autêntica conexão.

"As pessoas nunca aprendem nada porque os outros dizem, elas têm que descobrir por si mesmas."

PAULO COELHO.

Recentemente, uma paciente que estava sob meus cuidados veio em busca de conselho, desejando encontrar uma forma literária de apoiar uma amiga diagnosticada com câncer, enfrentando agora uma metástase. Em vez de sugerir títulos de livros, encorajei-a a explorar e expressar seus sentimentos mais sinceros sobre o medo, a doença e o luto, propondo-me a ajudar na elaboração desse compartilhamento emocional. Esse ato ilumina a ideia de que, ao nos voltarmos para nossos sentimentos

22 BLACKBURN, Elizabeth; EPEL, Elissa. *The Telomere Effect*. Reino Unido: Hachette, 2017.

mais íntimos, podemos abordar situações que fogem ao nosso controle de maneira mais significativa.

Ela considerou a sugestão extremamente alinhada com suas expectativas internas, percebendo que, ao escrever sobre o tema, obteria mais recursos para enfrentar o medo que a consumia, além de processar a dor pela situação da amiga.

Talvez seja através da escrita que você conseguirá expressar aquilo que tem lhe sufocado internamente, seja manifestando-se como um vício, adoecimento ou qualquer outro desafio. Experimente escrever de forma livre e sem julgamentos, em primeira pessoa, compartilhando sua história com toda a emoção que sente. Permita que as palavras fluam naturalmente. Essa prática, evidenciada por estudos científicos, pode servir como um exercício de liberação emocional, proporcionando um espaço seguro para explorar e entender os sentimentos mais profundos.

Nesse percurso de autoconhecimento, o perdão surge como uma chave mestra, não só reconfigurando nossa visão sobre os eventos passados, mas também pavimentando o caminho para uma existência liberta das amarras do ressentimento.

.17.

O PODER DO PERDÃO:

Transformando conflitos internos em liberdade

Perdoar é um ato de profundo entendimento e liberação, tanto de emoções quanto de cargas passadas. Para explorar plenamente essa ideia, consideremos a origem da palavra "perdão". Vinda do latim ***perdonare***, ela combina ***per***, que significa "total, completo", com ***donare***, "dar, entregar, doar". Assim, o perdão envolve a entrega total, no sentido de elaborar e compreender o ocorrido, aceitando que, embora não corresponda às expectativas, aconteceu. Essa aceitação não visa justificar a ação que causou dor, mas sim permitir a libertação dela.

Esse entendimento nos revela um aspecto fundamental do perdão: ele se estende além do outro, alcançando nosso próprio ser. Ao perdoar, proclamamos "Isso não faz mais parte de mim; eu escolho não carregar esse peso". Esse ato se distingue da resistência ao perdão, que frequentemente prolonga a angústia e impõe um peso sobre a alma.

Nesse contexto, um estudo envolvendo 117 participantes revelou que a dificuldade de perdoar tende a aumentar entre os mais jovens e/ou quando a pessoa causadora da ofensa é alguém próximo. Entretanto, um fator pode facilitar esse processo: a pesquisa também indicou que indivíduos que seguem uma doutrina religiosa costumam ter mais facilidade para perdoar.[1] Isso não implica que a adesão a uma religião seja essencial para alcançar o perdão; no entanto, compreender esse aspecto nos permite apreciar o papel social que as doutrinas religiosas desempenham.

Sendo assim, perdoar emerge em uma mudança de perspectiva, uma declaração de libertação: "Isto não me pertence mais; recuso-me a carregar este fardo." Esse gesto se contrapõe à resistência ao perdão, que costuma intensificar a angústia e a sobrecarrega da alma. Essa resistência muitas vezes origina-se de uma "proteção" do ego, que pode interpretar o perdão como uma concessão ou uma derrota para aqueles que nos causaram injustiça.

Nada disso é fácil, especialmente quando se considera o tempo e a dedicação investidos em um projeto ou um relacionamento, onde havia confiança, apenas para ver tudo se desvanecer com a revelação de uma traição. Contudo, a raiva e a censura apenas adiam a sensação de liberdade, transformando o ressentimento em uma prisão que, paradoxalmente, concede a "vitória" àqueles que nos feriram.

Essa dinâmica se evidencia no exemplo de Elisa, mencionada anteriormente, que lidava com o desconforto de sentir certo grau de raiva em relação à sua mãe. Como alguém poderia nutrir sentimentos negativos pela própria mãe, aquele ser que lhe deu a vida? A questão é que a mãe de Elisa a diminuía constantemente, desde a infância, nunca reconhecendo seus esforços, o que resultou em traumas, dores, distanciamento emocional e um profundo impacto em sua baixa autoestima. Para Elisa, perdoar a mãe parecia uma tarefa quase hercúlea, mais uma obrigação do que uma escolha voluntária.

Em um contexto similar, envolvendo desafios dos laços familiares, recordo-me de uma paciente em minha prática terapêutica que enfrentava um conflito com sua sogra. A disputa girava em torno da criação de seu filho de 2 anos. A sogra, buscando uma participação excessivamente ativa, ultrapassava os limites impostos pela mãe com frequência,

---

1 SILVA, Gabriela de Castro da. Pesquisa de opinião sobre o perdão: qual a sua relevância e como os indivíduos o percebem. 2020. TCC (Bacharelado em Psicologia). ***Instituto de Psicologia da Universidade Federal de Uberlândia***, Uberlândia, 2020. Disponível em: https://repositorio.ufu.br/bitstream/123456789/30959/3/PesquisaDeOpini%C3%A3o.pdf.

criando tensões e, eventualmente, desencadeando significativas discussões. Esse embate foi intensificado pelo ciúme da paciente, que lutava para assegurar e reafirmar seu papel como mãe.

Esse episódio era apenas a superfície de uma história mais complexa, enraizada nas experiências familiares da paciente desde a infância. Sua mãe, sentindo-se incapaz de criá-la sozinha, pediu que a avó assumisse a maior parte da criação da filha. Muitos dos conflitos surgiram justamente desse arranjo, com cada uma tentando encontrar seu lugar no sistema familiar. Com o passar do tempo, enquanto a mãe tentava se aproximar mais da filha, a avó exercia controle excessivo, sem reconhecer os limites apropriados.

Na relação atual da paciente com sua sogra e seu filho, era possível observar ecos desses padrões antigos. Ambas lutavam pelo controle e pela participação na vida do filho/neto, movidas pelo medo de perder o amor e a conexão que tinham com ele. Durante nossas sessões, exploramos as semelhanças de comportamento entre as duas. Esse processo revelou à paciente que os aspectos pelos quais ela criticava a sogra eram, ironicamente, os mesmos que as uniam.

Da mesma forma, Elisa, que não havia aprendido com sua mãe a desenvolver uma autoestima sólida, começou a perceber que replicava esse padrão em relação a si mesma e que isso a impedia de reconhecer seu verdadeiro valor. Curiosamente, Elisa descobriu que uma de suas maiores virtudes, a paciência diante das críticas, na verdade originou-se dessas mesmas experiências. Ela nunca imaginara que essa capacidade de resiliência e tolerância, forjada em meio a desafios, representasse um legado valioso das adversidades que enfrentou.

Após permitir-se uma reflexão profunda, Elisa conseguiu compreender que perdoar não significava esquecer ou fingir que nada havia acontecido. Ela percebeu que o perdão é uma escolha pessoal, cuja decisão cabe exclusivamente a ela e deve ser tomada no momento em que ela se sentir pronta. Com esse entendimento, sua percepção sobre a mãe mudou, e ela pôde adotar uma visão mais madura da situação.

Temendo a rejeição, a paciente em questão também reconheceu seu papel nessa dinâmica. A princípio, ela aprendeu a reconciliar-se consigo mesma e, depois, com sua sogra; enquanto seu marido passou a desempenhar um papel mais ativo no estabelecimento de limites.

Olhando para trás, ambas expressam gratidão por essas experiências, pois foram elas que as impulsionaram a confrontar e iluminar suas sombras internas, promovendo suas evoluções pessoais. A vida, de fato, revela-se como uma grande escola, onde cada dor sofrida nos relacionamentos aponta para algo em nós que precisa ser transformado.

Quando você se perdoa, torna-se capaz de ser grato pela experiência vivida e substitui a frustração pela gratidão.

Jordan Peterson, em seu livro *12 regras para a vida* (Alta Books, 2018), pontuou acertadamente sobre a função da gratidão, ao mencionar que "há uma utilidade real na gratidão. Ela também é uma proteção contra a vitimização e o ressentimento".

Perguntas que nos colocam no papel de vítima tornam nossa dor ainda maior. Por isso, é essencial aceitar que a ferida é nossa e que, justamente por isso, somos capazes de lidar com ela.

Mesmo que não sejamos culpados pela dor, a ferida é nossa.

Se aceitarmos nossas lesões, aprenderemos a lidar com elas, a ponto de transformá-las em cicatrizes.

Os aprendizados são as cicatrizes de um processo de cura interno.

Uma das melhores formas de transformarmos feridas em cicatrizes é através do perdão. Afinal, quando perdoamos o outro, aceitamos que não somos culpados por aquela ferida, mas que somos capazes de curá-la usando nossa maturidade, entregando ao outro o que ele nos roubou: nossa paz interna.

Pode acontecer de a pessoa que causou a ferida pedir perdão, mas também é possível que isso nunca ocorra. Encare o perdão como um ato de autocura, que transcende o arrependimento de outrem. Por isso, perdoar não quer dizer esquecer ou não aprender a lição. Lembra-se da cicatriz? Ela pode ser grande ou pequena, depende do foco que você lhe dirige, mas ela vai continuar existindo depois do perdão, pois cicatrizes são experiências!

Estamos fadados a viver uma vida com experiências boas e ruins, e aprender com ambas. Seria irracional querer apagar todas as memórias negativas e manter apenas as positivas, pois ambas nos colocam à frente de nossos problemas e contribuem para que nossa intuição seja mais acertada.

Livre-se da dor da experiência ruim, não do aprendizado dela.

Entenda que várias pessoas vão errar com você, inclusive você mesmo. Não é justo se culpar tanto por situações nas quais, muitas vezes, você sequer tinha os recursos atuais para tomar a melhor decisão do momento. Já parou para pensar nisso?

A maior dificuldade em se perdoar está no arrependimento. Quando nos arrependemos de algo, trabalhamos muito as hipóteses, e são exatamente elas que nos trazem ainda mais dor e nos impedem de nos perdoarmos. Só que hipóteses que surgem após as circunstâncias não deveriam ser um peso para você, pois, antes, elas não estavam presentes para lhe ajudar a tomar uma decisão melhor e, se estão agora, certamente isso só ocorreu porque você aprendeu algo com a dor que sentiu a partir desta situação.

E se as hipóteses já existissem antes e mesmo assim você não tomou a decisão mais sensata?

Embora a maioria de nós não tenha capacidade de prever o futuro, nós temos experiências acumuladas, intuição e uma variedade de fatores internos e externos que nos influenciam continuamente. Nesse cenário, nem sempre faremos a melhor escolha, e é essencial reconhecer e aceitar isso. Afinal, se optamos por um caminho que não é o hipoteticamente melhor, nunca saberemos com certeza se a outra opção seria realmente superior.

Muitas vezes, nos prendemos a caminhos que não nos levariam a bons lugares!

Pensamos que seria melhor optar por outra escolha, mas não sabemos o resultado dela, apenas prevemos.

O autoperdão representa uma genuína forma de compaixão consigo mesmo.

Compreender essa verdade é crucial, pois ela revela um princípio essencial: o perdão aos outros brota do autoperdão, já que tudo se origina dentro de nós mesmos. Quem se vê incapaz de perdoar outrem costuma enfrentar desafios semelhantes ao perdoar-se, consequência de um padrão de autoexigência exacerbado. Frequentemente, nossa relutância em perdoar os outros, ou até a nós mesmos, pode ser um reflexo de nossa própria identificação com determinados comportamentos ou atitudes.

Muitas vezes, olhamos para o outro — sobretudo quem nos ressentimos em perdoar — e tendemos a enxergá-lo como um obstáculo, uma espécie de "pedra" em nosso caminho. Porém, pode ser que essa pedra seja um mestre, ou um instrutor disfarçado, que nos possibilita ter vivências e lições valiosas.

Considere o seguinte: ao encontrar uma pedra em seu caminho, você tem algumas opções:

1. Sentar-se sobre ela e aguardar pacientemente;
2. Alterar sua rota;
3. Lamentar-se da presença da pedra, tentando removê-la com um chute;
4. Ver a oportunidade de aprender a superá-la com um salto.

Qual dessas escolhas lhe parece mais sensata?

Optar por sentar e aguardar é como permitir que a vida transcorra diante de si e diante das adversidades, confiando que o tempo sozinho sanará as feridas vividas. Contudo, sem ação, o tempo não é capaz de curar; essa escolha sugere a renúncia ao perdão e o risco de desperdiçar momentos preciosos.

Escolher um novo caminho pode parecer uma tentativa de desviar dos problemas, como se a mudança de rota fosse suficiente para resolver tudo. Muitas vezes, ao não perdoar a si mesmo ou a outra pessoa e optar por evitá-la, acabamos carregando um fardo pesado que, a longo prazo, pode se revelar ainda mais danoso.

Reclamar da pedra e tentar removê-la com um chute só aumentará a dor. Isso ocorre quando, além de não perdoarmos, cultivamos ressentimentos, nos infligindo mais sofrimento. Muitas vezes, a pessoa que causou o mal sequer reconhece a dor que nos aflige.

Aprender a saltar é compreender a lição trazida por aquela situação e transcendê-la. Esse processo se inicia quando entendemos que o perdão emerge de nosso interior, momento em que reunimos força para superar o obstáculo.

É por isso que as pessoas em nossa vida podem ser mestres disfarçados. Até que não haja necessidade, não vamos saltar em um caminho plano. Aprendemos isso apenas diante de uma pedra! Por isso, reflita sobre as pessoas as quais tem tido dificuldade de perdoar: o que você pode aprender com elas? Que salto elas podem lhe ajudar a conquistar? A forma como você enxerga o outro lhe ajuda a lidar da melhor maneira com ele.

Assim como o outro não tem a capacidade de sentir exatamente o que você sente, você também não pode compreender integralmente o que ele vivencia. Isso sugere que nossos julgamentos podem ser tão imprecisos quanto acreditamos ser os dos outros. Reconhecer essa realidade é um passo importante para diminuir o julgamento contra o próximo, lembrando-nos de que cada pessoa vive uma realidade única, em páginas distintas da vida.

Você julgaria alguém por não entender o que está sendo explicado nesta página do livro, sendo que ele ainda está nos capítulos iniciais? Você está lendo isto neste exato momento, mas o outro, não. Por isso, ele dificilmente terá atitudes condizentes com quem já aprendeu o que você aprendeu até aqui. Assim acontece também na vida.

Cobramos do outro uma atitude de alguém que já viveu o que nós vivemos, mas, às vezes, a pessoa não passou por esse capítulo de sua vida — e talvez nunca passe! Portanto, procure ser mais compreensivo, como gostaria que fossem com você.

Existe uma frase incrível de Carlos Drummond de Andrade que pode nos ensinar muito sobre o perdão. Ela diz: "A cada dia que vivo, mais me convenço de que o desperdício da vida está no amor que não damos, nas forças que não usamos, na prudência egoísta que nada arrisca, e que, esquivando-se do sofrimento, perdemos também a felicidade."

A ela, o seguinte acréscimo é válido: "A cada dia que vivo, mais me convenço de que o desperdício da vida está no amor que não damos, no perdão que evitamos, [...]." A esquiva fortalece a dor, e justamente por ter pensado desse modo, Drummond foi tão sábio em ressaltar que a dor é inevitável e o sofrimento é opcional: somos responsáveis por mantermos nossas feridas abertas.

Não é que você vá se tornar insensível à dor, mas a permanência dela se reflete em um sofrimento que pode sim ser uma escolha. E como escolher se libertar? Uma das formas é perdoando, de dentro para fora.

Nesse domínio, a força da palavra é inestimável: expressar-se nessas circunstâncias pode atuar como um bálsamo curativo. Encorajo você a buscar um encontro com aqueles com quem tem desavenças, mesmo que tenha a impressão de que a dívida do perdão não recai sobre você. Nesse momento de aproximação, deixe as palavras fluírem. Compartilhe seus sentimentos e emoções, não como um fardo, mas como um ato de libertação e evolução do seu espírito. E, de suma importância, prepare-se para a incerteza da resposta alheia, abstraindo-se de expectativas preconcebidas. Compreenda que o valor intrínseco do perdão expressado transcende a mera reconciliação com o outro, constituindo-se, essencialmente, numa jornada de autodescoberta e redenção pessoal.

E se não for possível falar pessoalmente?

Considere alternativas como enviar uma carta, uma mensagem, fazer uma ligação ou gravar um áudio. O mais importante é não permitir que as limitações do método de comunicação impeçam o fluxo de diálogo essencial.

O perdão liberta a si mesmo, depois liberta os outros.

O perdão abre portas para recomeços, pois nos desconecta do que nos angustia. Quando tentamos nos "vingar" ou insistimos em uma compensação, reforçamos o que nos feriu.

Mesmo que perdoar faça bem para nós, demanda uma considerável dose de coragem e amor.

Até este ponto, você foi guiado, tanto por abordagens práticas quanto através de histórias, a entender as origens das frustrações. Também aprendemos que cada um de nós possui suas vivências únicas, marcadas por momentos de altos e baixos.

Você percebeu que as frustrações existem e não podem ser negligenciadas; até porque, elas podem nos levar a um caminho que sequer imaginávamos existir. Digo isso pensando na situação que me fez chegar até você, por meio destas páginas: me tornei psicóloga após ser demitida de uma área na qual eu já estava formada e possuía experiência.

A demissão da empresa na qual eu atuava como coordenadora de marketing arrancou-me abruptamente o solo sob os pés e, por instantes, pareceu anular tudo o que eu havia feito até então. Contudo, foi justo nesse vácuo, nessa ausência de fundamento, que voltei meu olhar para um antigo anseio adormecido — o de me tornar psicóloga. Com a coragem a brotar em meio à incerteza, resolvi deixar de lado o universo de gestão e marketing, atirando-me com determinação no desafio de recomeçar, de me reinventar em uma nova graduação. Esse passo não apenas marcou um desvio de rota, mas significou uma profunda reconexão comigo mesma e com meu verdadeiro propósito.

Em meio à turbulência daquele momento, uma particular frustração emergiu da nebulosidade causada pela falta de uma explicação definitiva. A demissão transformou-se num sinal implícito de que eu não me encaixava mais nos moldes da empresa; mas a questão "Por quê?" ficou suspensa no ar, sem resposta. Apesar das várias teorias que formulei, a verdade nunca me foi apresentada em forma de uma comunicação direta e transparente. Diante disso, sinto a necessidade de destacar a importância do feedback através da visão de Joacir Martinelli, distinto especialista em facilitação, dinâmica de equipes e consultoria empresarial, que escreveu o conteúdo a seguir

Por que ainda falamos sobre feedback?

É muito mais difícil sermos pessoas melhores sem recebermos informações verdadeiras de outros. Quando somos "egocentrados", ou seja, quando temos uma autoimagem construída apenas olhando para o próprio umbigo, corremos o risco de cair na maldição do mito grego de

Narciso, que deu origem à expressão "narcisista". Nessa lenda, Narciso olha para sua imagem refletida em um lago e, completamente inebriado de paixão por ela, se afoga ao tentar possuir o que via. Gosto da interpretação de que o que fez Narciso morrer não foi ele amar a si mesmo, mas ele se apaixonar pela "imagem refletida no lago", ou seja, uma visão distorcida da realidade. Ter uma representação deturpada de si, seja para mais ou para menos, será um problema na certa, pois o ideal é a **autopercepção realista**.

O autoconhecimento pode nos levar a ter uma autoimagem mais realista, e isso fica muito mais fácil quando recebemos feedbacks. Mas por que é tão difícil ouvi-los, especialmente os que nos mostram oportunidades de melhoria? Estudos da neurociência explicam que, quando recebemos esses feedbacks, aciona-se a mesma parte do cérebro de quando estamos em risco de um ataque físico. Ou seja, se você é uma pessoa "saudável" e "normal", resistirá ao feedback. O importante é vencer essa primeira resistência e digerir a informação.

É claro que a forma como se dá o feedback interfere muito na possibilidade de que ele seja entendido e aceito. Mostro, a seguir, um roteiro. Para que ele seja lembrado, utilize o acróstico **AMARCA**, onde cada letra representa uma etapa da conversa:

A de abertura
M de movimento
A de ação
R de reação
C de consequência
A de alternativa

A de abertura. O que mais aciona os mecanismos de defesa do ouvinte é quando ele entende que o feedback está desqualificando sua pessoa em sua totalidade ou dizendo que ele não é competente para o exercício de determinado papel. Então, será mais fácil ouvir se a pessoa, no início, perceber que você está falando apenas sobre algo pontual. Para gerar essa percepção em seu ouvinte, comece destacando o que você enxerga de positivo nele ou no papel que ele está desempenhando. Dica importante: se você elogiar apenas para seguir a técnica, não dará certo. O reconhecimento tem que ser legítimo, senão o ouvinte percebe. Fale com o coração, com a verdade.

M de momento. Descreva o momento específico em que você viu a pessoa tendo o comportamento. É bem provável que, mesmo a situação acontecendo com frequência, a pessoa se comporte, algumas vezes, de maneira diferente daquela que você está descrevendo. Então, a generalização, além de injusta, dá margem para a pessoa discordar de você, pois ela se lembrará de quando não agiu daquela forma.

A de ação. No terceiro passo, você deve apenas descrever, com objetividade, o que a pessoa fez, e não qualificar ou avaliar a ação. Vamos ver se você entendeu: qual das frases é uma descrição e qual é uma avaliação da ação?

1. "Durante o jantar, quando dei minha opinião, você me ridicularizou."
2. "Durante o jantar, quando dei minha opinião, você começou a rir muito alto e apontar o dedo para minha cara."

Na primeira frase, seu ouvinte pode dizer: "Eu não estava te ridicularizando." Mas na segunda, seu ouvinte dificilmente dirá: "Eu não ri quando você falou sua opinião", porque nessa sentença você descreveu um comportamento observável por quem estava presente. Quanto menos subjetividade existir, menos chances de contestação haverá. Não use adjetivos como "preguiçoso", "displicente", "irônico", "debochado", "grosso", "ridículo", "ingênuo" ou qualquer outro.

R de reação. Aqui, é importante deixar claro para o ouvinte o que o seu comportamento provocou. Exemplos: "Quando você falou aquilo, eu me senti muito constrangido."

C de consequência. Depois de falar sobre o que ocorreu imediatamente após o comportamento da pessoa (reação), faça-a refletir sobre que consequências serão geradas caso aquela atitude volte a acontecer. Aqui e no passo anterior, o que se busca é sensibilizar a pessoa para que ela procure mudar. Nesse sentido, você pode dizer frases do tipo: "Se você mantiver este comportamento, não vejo como poderemos continuar com nossa relação."

A de alternativa. Até aqui, praticamente só tratamos do que já aconteceu. O "back" da palavra feedback significa justamente fazer a pessoa voltar e refletir. Mas tão importante quanto isso, é terminar a conversa falando do futuro. Aqui, busca-se selar um compromisso de mudança. Ou seja, qual é a alternativa de comportamento que a pessoa terá em uma próxima situação similar? Então, você pode perguntar ao seu ouvinte: "O que você fará para que isso não volte a acontecer?" Termine a conversa mostrando que você acredita no pacto que vocês estabeleceram e que a pessoa tem total condições de mudar. Isso geralmente aumenta o sentimento de compromisso no ouvinte."

Ao transpor esses conceitos para o território pessoal, pratique a mesma generosidade consigo mesmo: celebre seus êxitos com elogios e, se possível, comemore cada pequeno triunfo. É relevante aprendermos a valorizar nossas conquistas, por mais modestas que sejam, pois elas pavimentam o caminho para realizações ainda maiores. Da mesma forma, diante de equívocos, invista tempo na reflexão, buscando compreender como evitar a repetição desses deslizes. Mantenha o olhar sempre voltado para as soluções, não para os obstáculos.

Receber um feedback como o descrito anteriormente até poderia não alterar meu percurso, mas, de certo, me proporcionaria uma compreensão mais ampla da situação. Cada revés ou triunfo serve como um degrau que me permite enxergar a realidade sob uma luz diferente. As frustrações, embora possam parecer nos lançar escada abaixo, na verdade nos oferecem uma oportunidade singular: a chance de ver a vida sob uma nova perspectiva. Reconhecer que cada movimento, ascendente ou descendente, enriquece nossa experiência, é compreender que o verdadeiro valor reside na jornada e nas lições que ela nos ensina.

É raro alguém se sentir grato por se frustrar durante o processo de luto.

Ao confrontarmos a frustração, mergulhamos em um luto íntimo, travando um embate silencioso com nosso ser. No entanto, a verdadeira metamorfose não está no que ocorre enquanto estamos envoltos nessa névoa de desalento, mas sim no que escolhemos fazer quando a bruma se dissipa. A decisão de transformar a adversidade em gratidão, no fim das contas, repousa em suas mãos.

Refletindo sobre o passado, sou invadida por uma gratidão imensa ao me lembrar do momento que me encaminhou para a psicologia. A força desse desejo tem raízes no apoio incansável de minha mãe, que, em uma fase de profunda desilusão, iluminou o caminho para que eu reconhecesse minha vocação e abraçasse com afinco o sonho de ser psicóloga. Essa e tantas outras vezes me fazem agradecer imensamente por ter sido filha de pais excepcionais: uma mãe, que sempre estava ao meu lado e um pai cujas lições sobre ter coragem diante dos desafios moldaram quem sou.

Com igual apreço, agradeço aos desafios que surgiram como mestres rigorosos, impelindo-me a reavaliar e transformar meus hábitos. Eles foram os artífices que me guiaram na jornada de aceitação da minha essência, ensinando-me a celebrar cada uma de minhas particularidades com amor e orgulho.

Aceitar um adoecimento, uma demissão ou um feedback negativo como experiências necessárias desafia nossa visão natural. Mas é pela coragem que nos armamos para atravessar nossos medos e angústias, enfrentando o desconhecido do futuro. Assim, no capítulo que se segue, vamos nos debruçar sobre esta virtude essencial, de nome breve e significado vasto: a coragem.

.18.

POR QUE "ENFRENTANDO COM CORAGEM"?

"A vitória mais bela que se pode alcançar é vencer a si mesmo"

INÁCIO DE LOYOLA

Coragem, em sua essência, transcende a mera ação diante do desconhecido; ela é a alquimia que transforma o medo em uma oportunidade para o crescimento e a autorrealização. Nesse processo, descobrimos que a coragem é intimamente ligada à paz interior — uma harmonia que nasce quando enfrentamos nossas batalhas internas com dignidade e resiliência. Ao mergulharmos nas profundezas de nossas frustrações e desafios, não estamos apenas nos preparando para superá-los, mas estamos também pavimentando o caminho em direção a um refúgio de serenidade dentro de nós.

Para sintetizar a essência da coragem que este livro aspira revelar, propus um acróstico com a palavra **CORAGEM**. Esse acróstico não apenas destila a sabedoria adquirida, mas serve como um guia para abraçar a coragem que conduz à paz interior, iluminando cada passo rumo ao autodescobrimento e à autenticidade.

C – Controle a autocrítica.
O – Olhe para a sua criança interior.
R – Resiliência para enfrentar desafios.
A – Aceite os fatos.
G – Gerencie as expectativas.
E – Enfrente os desafios.
M – Movimente-se.

A essência das frustrações se revela como uma constante universal em nossa existência. A chave para transcender essa realidade não está em nos rendermos ao papel de vítimas, mas sim em assumirmos uma postura ativa, canalizando nossa criatividade e resiliência.

Diante disso, proponho um momento de introspecção. Reserve um tempo para refletir sobre cada segmento desse acróstico, indagando a si mesmo: "Como posso enriquecer este aspecto da minha vida?" Esboce uma ação para cada letra e as repasse todas as manhãs, antes de iniciar suas atividades diárias, até que elas sejam absorvidas e se tornem novos hábitos enraizados. O começo pode parecer árduo; todavia, sua persistência será o farol que iluminará esse processo de evolução.

Lembre-se: os desafios que mais nos assustam são os reflexos de nossas feridas internas. Ou seja, algo que ainda não cicatrizou pode doer muito mais do que uma nova ferida! Se o tempo ainda não solucionou aquela questão, pode ser que ela precise de muito mais do que aquilo que já foi feito; talvez ela necessite de um enfrentamento.

Por isso, encare suas sombras sem temê-las. Elas nunca poderão ser mais fortes que você, pois é você quem as projeta! Já parou para pensar nisso?

Como algo criado pode se tornar mais poderoso do que seu criador? Isso só ocorre quando lhe conferimos força excessiva. Portanto, em vez de nutrir suas sombras com energia e temor, encare-as de frente. Reconheça-as, entenda-as e, através dessa compreensão, retire delas o poder de influenciar negativamente sua vida.

Nenhuma pérola emerge sem esforço; essa é uma verdade que nos lembra como nossos desafios podem se tornar fontes de habilidades valiosas. Minha experiência com a dislexia ilustra essa ideia: ela me desafiou a encontrar meu próprio caminho no aprendizado. Reflito se minha determinação e minha sede por conhecimento seriam tão intensas se minha jornada tivesse sido mais direta. Estaria eu tão comprometida com a busca por compreensão, fosse através de livros ou outras formas de aprendizado, se não tivesse enfrentado esse obstáculo particular? É possível que não. Sem essa barreira a superar, eu poderia ter encontrado conforto no mínimo necessário, sem a urgência de explorar além do convencional.

Nesse cenário, a compaixão por si mesmo não é mera gentileza, mas uma estratégia revolucionária para navegar mares turbulentos, reconhecendo que as tempestades enfrentadas têm o poder de revelar nossas forças mais ocultas.

A analogia das lagostas, ilustrando sua dança de poder e vulnerabilidade, ressoa profundamente com a experiência humana. Na arena da vida, assim como no reino desses seres marinhos, a postura diante do embate é crucial. Quando uma lagosta perde um confronto, ela se retrai, sinalizando a derrota aos demais; enquanto isso, a vencedora se eleva, ampliando sua presença e melhorando suas chances em futuras disputas. Essa postura corporal, influenciando a percepção de vitória ou derrota, demonstra o poder da autoimagem.

Da mesma forma, quando percebemos nossas frustrações como desafios insuperáveis, elas se tornam fontes de temor, impedindo-nos de reconhecer nossas próprias virtudes. Ao enfrentar essas adversidades com uma postura de resiliência e determinação, alteramos não apenas a nossa percepção interna, mas também a maneira como o mundo nos percebe.

Por isso, convido você a um exercício de auto-observação: pare diante do espelho e contemple sua postura. Observe a posição dos seus ombros, a altura da sua cabeça. Esses detalhes, aparentemente triviais, são reflexos potentes do seu estado interno. Assim como nossa mente pode moldar nosso corpo, o inverso também se sustenta: adotar uma postura corporal que exala confiança e abertura pode influenciar nosso estado psicológico. Permita que a expansão do seu corpo seja o espelho de uma mente que se abre para a superação, ecoando a postura vitoriosa de uma lagosta triunfante.

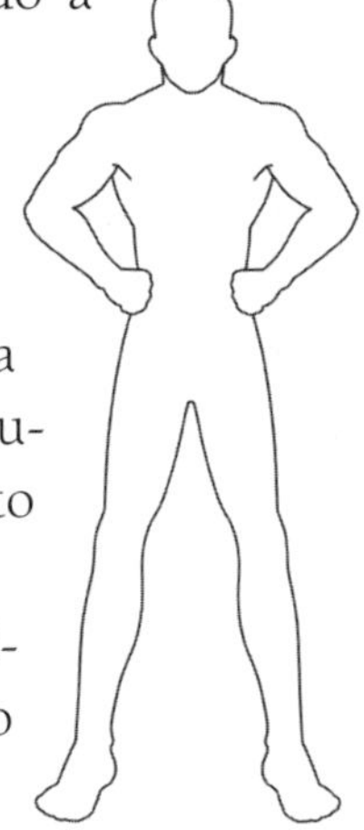

Sabendo dessa influência, em frente ao espelho, busque praticar diariamente a postura do herói, permanecendo por 2 minutos em pé, com o peito para fora e as mãos nos quadris. Ao assumir essa postura de "alta potência", seus níveis de testosterona podem aumentar, permitindo que você experiencie um sentimento de poder e uma maior tolerância ao risco.

À medida que você se observa no espelho, permita que essa prática se torne um momento de reflexão sobre como a humildade e a compaixão por si mesmo podem ser cultivadas, e sobre como elas podem atuar como antídotos para a autocrítica destrutiva. Deixar a autocrítica no comando das emoções é como confiar uma poda a alguém que desconhece paisagismo e esperar um trabalho excepcional em jardinagem. Gradualmente, vamos perdendo nossas virtudes, enfraquecendo até mesmo nossas raízes mais profundas.

É importante reconhecer que mesmo a autocrítica, quando equilibrada, pode ser um solo fértil para o crescimento. No jardim da mente, é essencial não apenas podar as inseguranças, mas também nutrir as virtudes e talentos, permitindo que floresçam na escuridão e no desafio. Cada emoção, como cada planta no jardim, tem seu papel vital no ecossistema do nosso ser.

Pessoas com altos níveis de autocobrança frequentemente enfrentam dificuldades para entender quem realmente são e qual é seu propósito na vida, devido a essa constante e excessiva "poda" de si mesmas, que, muitas vezes, é desnecessária. Isso me faz lembrar do filme *Divertida Mente*, que destaca o valor de todas as emoções, inclusive aquelas que preferimos não sentir, mostrando que cada uma tem seu lugar e importância.

Entender que nossa mente reage a estímulos, sejam eles positivos ou negativos, nos permite estabelecer uma relação mais saudável com a autocrítica. Aprendemos a crescer com os erros e a valorizar os acertos. Não se afogue em sua própria crítica. Lembre-se: até as estrelas precisam de escuridão para brilhar. Às vezes nos cobramos demais sem necessidade. É fácil observar isso quando ouvimos uma visão positiva de outras pessoas sobre nós, uma visão que parece não coincidir com a nossa própria. Para entender esse ponto, gosto muito de uma história que caiu em domínio público e ilustra a diferença de percepções.

"Certa vez, um grande amigo do poeta Olavo Bilac queria muito vender uma propriedade, de fato um sítio que lhe dava muito trabalho e despesa. Ele reclamava que era um homem sem sorte, pois suas propriedades davam-lhe muitas dores de cabeça e não valia a pena conservá-las. Pediu então ao amigo poeta para redigir o anúncio de venda do seu sítio, pois acreditava que, se ele descrevesse a sua propriedade com palavras bonitas, seria muito fácil vendê-la.

"E assim Olavo Bilac, que conhecia muito bem o sítio do amigo, redigiu o seguinte texto:

"'Vende-se encantadora propriedade onde cantam os pássaros, ao amanhecer, no extenso arvoredo. É cortada por cristalinas e refrescantes águas de um ribeiro. A casa, banhada pelo sol nascente, oferece a sombra tranquila das tardes, na varanda.'

"Meses depois, o poeta encontrou o seu amigo e perguntou-lhe se tinha vendido a propriedade.

"'Nem pensei mais nisso', respondeu ele. 'Quando li o anúncio que você escreveu, percebi a maravilha que eu possuía.'"

Algumas vezes, só conseguimos enxergar o que possuímos quando pegamos emprestados os olhos alheios.

Para mitigar a inclinação à autodesvalorização, adotar um símbolo visual que evidencie nossas virtudes se mostra uma tática perspicaz. Esse símbolo atua como uma âncora, mantendo-nos centrados, mesmo diante de falhas próprias ou adversidades.

O símbolo, escolhido por sua representatividade pessoal, serve como um lembrete constante de nossos pontos fortes e como um incentivo para permanecermos motivados. Por exemplo, se você se identifica com determinação e justiça, uma rocha pode simbolizar sua resiliência e estabilidade. Da mesma forma, animais com significados especiais, como uma águia — para sabedoria e ambição — ou uma borboleta — representando transformação e crescimento —, podem ser poderosos emblemas pessoais. Esses símbolos são não apenas lembretes visuais, mas também fontes de inspiração e força.

Podemos aprofundar essa reflexão com uma história da minha família. O primeiro marido da minha avó, seu grande amor, faleceu jovem em um incidente com um touro, que ele considerava um amigo gentil. Supondo a dor da minha avó, passei a usar a imagem desse animal em momentos decisivos. Para mim, o touro simboliza a ideia de que finais podem ser, na verdade, novos começos, e representa força. Essa percepção veio ao entender que a morte prematura do primeiro marido da minha avó foi um evento trágico, mas também um ponto de transformação que possibilitou seu casamento com meu avô, levando à existência da minha mãe — e até à minha. Assim, o touro tornou-se um lembrete de que a vida é regida por ciclos de tempo e mudanças, muitas vezes inesperadas e profundamente significativas.

A habilidade de "abraçar o touro", falando de maneira metafórica, se tornou uma forma de encarar as adversidades da vida. Essa perspectiva representa a valentia necessária para enfrentar desafios, vendo-os como portais para domar ou não o tempo.

Para compreender melhor, reflita sobre minha própria experiência, marcada por desafios únicos devido à dislexia. Cada momento de aula transcendia o mero aprendizado, tornando-se um capítulo de uma luta persistente por entendimento.

As gravações das aulas se transformaram em minhas fiéis companheiras, enquanto a transcrição das palavras servia como minha estratégia para vencer a confusão das letras. Após retornar das aulas de minhas variadas formações, não me permitia repouso; em vez disso, dedicava-me a revisitar as vozes gravadas, interpretando cada sentença num esforço de desafio e determinação.

Essa rotina constituía meu cotidiano, simbolizando resistência e evidenciando meu incessante anseio por superação, uma sensação que eu também experimentava nos campeonatos esportivos dos quais participei. O esporte ensinou-me sobre força e resiliência, atributos que procuro empregar em todas as esferas da vida.

Persistência e regularidade tornaram-se minhas aliadas no enfrentamento da dislexia. Mesmo com profundo conhecimento em um assunto, o ato de reativar e reorganizar as informações mentalmente sempre se apresenta como um desafio substancial. Esse procedimento demanda um investimento considerável de tempo para uma revisão meticulosa e a assimilação completa do conteúdo de palestras, entrevistas e cursos — atividades que, naturalmente, esperaríamos realizar com mais facilidade.

Cultivar um hábito de leitura voraz, absorvendo cerca de dois livros toda semana, e manter uma produção textual contínua em variados projetos se tornaram partes integrantes da minha rotina. Notavelmente, a escrita, que a princípio se apresentava como um campo minado de aversões e frustrações, sofreu uma transformação intensa. Partindo daí, a profunda identificação com a psicologia e a percepção de que a dor pode ser transformada em uma força mobilizadora foram essenciais para essa metamorfose.

Contudo, decifrar os sinais sutis do nosso corpo e respeitar os limites que ele impõe com sutileza desvenda o segredo de que a resiliência, em sua forma mais pura, dança ao ritmo do autocuidado consciente. Em consonância com isso, Vera Regina Miranda me escreveu algo muito interessante:

> "Eu, que sempre fui tão produtiva, organizada, disponível, e que em meu interior admirava minha capacidade de ser resiliente, me vi desorganizada emocionalmente e cheguei a pensar: será que resiliência excessiva também pode vir a ser um problema? Afinal, será que não se faz necessário, em alguns momentos difíceis de nossa vida, andar devagar, parar de produzir tanto, descansar, se permitir chorar, rever o tempo destinado ao trabalho, aumentar o lazer, ter fontes de canalização de tensão e de redução de estresse, pensar mais em si e não priorizar sempre e tanto os outros, além de ter atos de assertividade e autorrespeito?
>
> "Parece que o câncer de mama não serviu de alerta para que eu mudasse de rotina, mas agora, após esta última situação de ameaça à minha saúde mental ocorrida há três anos, eu me sentia em uma encruzilhada irreversível, que exigiria de mim uma revisão de vida: ou adoece (saúde física e mental) ou morre!
>
> "Hoje, antes de concluir este trecho, deparei-me com um pensamento encantador, de Adélia Woellner, impresso em um grande azulejo: 'Os espinhos no caule da roseira são escada para alcançar a flor.'

> "Quantos espinhos Nataly apresentou em seu caule e eu no meu! Mas acredito que fizemos movimentos para escalar e chegar às flores, pois lutamos, e diante de cada espinho, procuramos torná-lo menos destrutivo e mais produtivo, mobilizador de transformação e mudança.
> "Desse modo, podemos pensar que os espinhos podem gerar sangramento e dor, mas eles também podem servir para nos sensibilizar para a escalada rumo a uma mudança positiva."

Saber seguir e saber pausar: essa dualidade é que nos permite usar a resiliência a nosso favor. Quando resistimos à dor, mas também nos permitimos abraçá-la, coisas maravilhosas podem acontecer.

Em meio a esses acontecimentos, o foco precisa ser direcionado a uma ação positiva, em direção à meta, visando o resultado; nesse caso, no quanto passei a estudar, e não na dor ou na dificuldade enfrentada. Essa abordagem se aplica a qualquer experiência na vida que tenha moldado sua criança interior.

Quando entender o aprendizado, aí sim faça as pazes com a experiência, pois assim você terá argumentos para sobrepô-la, perdoando seu passado. Mas tenha cuidado: não devemos justificar nossos traumas, pois, ao justificá-los, damos forças a eles.

Uma criança interior negligenciada pausa o processo de maturidade.

Da mesma maneira que uma criança pequena, ao sentir-se rejeitada e não escutada, pode desenvolver resistência à evolução, a sua criança interior também pode. Já notou o que uma criança faz quando quer chamar atenção? Ela costuma fazer birra, pois sabe que assim será notada, mesmo que de forma negativa.

Assim, uma criança interior negligenciada, ou seja, não acolhida e não reconhecida, é capaz de fazer "birra" metaforicamente, isto é, impedir o desenvolvimento do processo de maturidade.

Vamos ser práticos: imagine que você foi uma pessoa excluída por colegas de escola durante sua infância e sua adolescência. Essa experiência pode ter desenvolvido em você um sentimento de rejeição e exclusão que perdura até a vida adulta. Quando você ignora essa experiência vivida e o aprendizado que dela poderia extrair, você apenas reforça a sensação da dor. Assim, ao integrar um grupo, seja no trabalho ou em qualquer outro ambiente, é comum que você se sinta excluído, o que, muitas vezes, pode ser uma consequência de suas próprias reações diante das situações da vida. A criança interior não acolhida impede que você desvincule aquela experiência passada do sentimento presente, atrapalhando seu processo de amadurecimento.

Agora que você compreende a importância da sua criança interior e a necessidade de não negligenciá-la, vou propor um exercício de autoconhecimento para ajudá-lo a estabelecer uma relação harmoniosa com essa parte de si. Mas antes disso, quero que você considere uma informação.

Um estudo, envolvendo 1.600 crianças de 4 a 5 anos, revelou que 98% delas exibiam um nível excepcional de criatividade, enquadrando-se na categoria de gênios da imaginação. Esse teste avaliou a capacidade delas de gerar ideias novas e inovadoras. Porém, à medida que as crianças cresciam, os resultados mudaram drasticamente:

1. Aos 10 anos, apenas 30% mantinham esse nível de criatividade;
2. Aos 15 anos, o número caía para 12%;
3. Na vida adulta, somente 2% se mantinham nessa categoria.[1]

Esses números são um reflexo de como o processo de crescimento e adaptação social pode limitar nosso potencial criativo. A pressão para se enquadrar em normas, o medo do julgamento e a perda da espontaneidade podem abafar a voz criativa que todos possuímos.

Ao abraçarmos nossa criatividade, descobrimos novas soluções para nossas frustrações, pois passamos a ver além do convencional. Contudo, a busca por soluções muitas vezes passa pela disposição de aceitar a realidade em sua forma mais pura. E algo que pode ajudar muito nesse processo de aceitação é compreender que aceitar os fatos nem sempre significa concordar com a frustração.

---

1 ENGELS, Coert. We are born creative geniuses and the education system dumbs us down, according to NASA scientists. *IDEAPOD*, 2017. Disponível em: https://ideapod.com/born-creative-geniuses-education-system-dumbs-us-according-nasa-scientists/.

Para entender, considere o caso de frustração por término de relacionamento como exemplo. Pode ser que você não concorde com os motivos que levaram a outra pessoa a encerrar aquela relação e você até mesmo pode ter argumentos muito válidos para acreditar que deveriam continuar juntos. O fato é que o relacionamento acabou. Concentre-se nisso: o fim é o fato, não as justificativas dele ou seus argumentos contrários.

Um exemplo pessoal ilustra bem minha abordagem: me vitimizar não foi uma opção. Em várias situações, hesitei em compartilhar abertamente meus desafios e sintomas, buscando não alimentar estereótipos distantes da minha essência. Contudo, ao desenvolver este livro e experienciar diversos acontecimentos, percebi a força que as vivências alheias podem transmitir. Nesse ínterim, entendi que ser transparente sobre minhas experiências não me etiqueta como vítima ou heroína, mas me posiciona como um ser humano consciente de suas provações. Uma pessoa que enfrenta a realidade de frente.

Precisamos encarar a situação através das realidades contidas nela.

A realidade nos aproxima das resoluções e também dos limites até onde é possível ir; o limite entre o que está sob nosso controle ou fora dele. Nesse sentido, aprendi uma valiosa lição com minha filha, Isabella, que veio até mim com uma necessidade não somente de falar, mas de ser ouvida. E ela me contou uma história interessante que vou compartilhar com você.

Desde bem cedo, Isabella sempre foi apaixonada pela Lalá, sua ursinha de pelúcia. Não dormia nem viajava sem ela, até recentemente, quando fomos ao Brasil passar as festas de final de ano com a família e a esquecemos. Em vez de sucumbir à tristeza ou mostrar-se contrariada, Isabella nos presenteou com uma profunda lição de vida, cujo valor transcendeu minha própria experiência.

Encontrávamo-nos em um salão de beleza, e minha filha, sempre sociável e extrovertida, iniciou conversas com as pessoas presentes. De forma inesperada, ela fez uma questão ao coletivo: "Do que vocês têm medo?" Uma das respostas ecoou com particular profundidade: "Temo perder minha filha." Ao contrário de um adulto, que poderia encontrar-se sem palavras, Isabella escolheu compartilhar a história de Lalá, evidenciando sua singular capacidade de navegar por distintas situações emocionais.

"É preciso aprender a desapegar", aconselhou ela, com sabedoria. "Eu ainda amo muito a Lalá, mas ela ficou em Londres, e eu, aqui. Não vou ficar triste por isso, pois ainda posso brincar de montão. A vida vai e volta, como um pulo de coelho! Quando a gente larga uma coisa, ganha outra." Antes mesmo que Isabella concluísse, a mulher já estava em lágrimas. Foi nesse momento que ela compreendeu o peso que depositara sobre sua filha, confiando-lhe a tarefa de sua própria felicidade — um encargo comum, porém capaz de aprisioná-las.

Ao retornar para casa, questionei minha filha se ela gostaria de contribuir com algo a mais para o meu livro. Em resposta, ela propôs algumas estratégias de movimento para o manejo das frustrações:

"Colocar uma música e dançar."
"Respirar fundo dez vezes e tentar seguir a vida."
"Acreditar mais em você."
"Dar pulos, como coelho, porque ninguém fica triste pulando."
"Ler um livro de frustrações."
"Escrever um diário."
"Desenhar."

Além das opções dessa lista, a última sugestão dela foi particularmente marcante: "Montar um quebra-cabeça." Isabella defende que, diante de frustrações ou momentos de desânimo, a melhor estratégia é buscar uma distração. Nesse sentido, a montagem de um quebra-cabeça demanda grande concentração, tornando-se assim uma excelente forma de desviar o foco das emoções negativas.

Essa perspectiva me levou a uma reflexão mais aprofundada. De fato, diante da frustração, somos convidados a montar um quebra-cabeça metafórico, buscando peças que nos ajudem a compreender melhor nossa própria existência. É um processo de introspecção e descoberta, onde cada peça representa um elemento de nossa vida, e a montagem completa oferece uma visão mais clara de quem somos e do que podemos ser.

Enquanto navegamos pela existência, as frustrações serão inevitáveis. Se nos limitarmos a fixar o olhar nos problemas, as soluções, que são as peças que nos faltam, permanecerão escondidas. É essencial mobilizar-se em busca dessas peças ausentes, em vez de permanecermos estagnados, lamentando nossa incapacidade de decifrar o enigma da vida.

Ao solicitar que Isabella representasse visualmente a frustração como uma peça de quebra-cabeça, ela escolheu colori-la de laranja, revelando-me sua percepção única da frustração através dessa cor. Enquanto um adulto poderia associar a frustração a uma cor mais sombria, tal como o preto, refletindo um peso maior, Isabella a visualiza em laranja.

O que o laranja tem a nos dizer sobre as frustrações? O laranja é uma cor intensa, porém não tão forte quanto o vermelho. É interessante observar que, na legislação de trânsito brasileira, placas laranjas sinalizam um evento incomum na pista. Nos automóveis, sinais laranjas indicam falhas moderadas, relevantes, mas que não impedem o funcionamento do veículo. O que isso quer dizer? As frustrações são eventos na pista da nossa vida; inevitavelmente, vamos passar por elas, e será preciso lhes dar atenção, mas não é necessário parar nossa vida por causa delas. Contudo, assim como em um veículo, não podemos negligenciar os "sinais laranjas", pois eles podem se tornar problemas maiores quando não são devidamente tratados.

A associação com o laranja no contexto do trânsito adquiriu um significado ainda mais profundo ao lembrar-me de que eu e meu marido, pai de Isabella, nos conhecemos de maneira inesperada, nas vias, um verdadeiro "evento incomum na pista". Foi em meio ao fluxo do trânsito que nossas vidas se entrelaçaram, e a partir desse encontro inusitado, construímos nossa família. Isso é, para mim, mais uma prova de que as pessoas não se encontram por acaso; e embora nem sempre possa parecer de imediato, com o tempo, o propósito desses encontros se revela.

Fazer associações é uma capacidade notavelmente refinada na infância, que tende a se atenuar com a progressão para a "adultez" e as imposições da maturidade. Nesse sentido, minha interação com Isabella tornou-se um momento essencial, instigando um profundo reavivamento e a percepção de que existe inspiração em cada canto.

Nessa oportunidade de aprendizado com ela, a aceitação da realidade ressoou profundamente em mim. Mesmo sendo uma criança, ela soube lidar com o fato de que sua pelúcia estava muito distante e, por consequência, inalcançável naquele momento. Ainda assim, ela conseguiu apresentar lições valiosas sobre como superar frustrações.

Refletindo sobre a necessidade de criar expectativas realistas, eu relaciono essas ideias à minha experiência pessoal com a esclerose múltipla. Quando me questionei: "O que posso fazer agora para aumentar as chances de viver bem com minha condição?", essa reflexão conduziu-me à compreensão de que o domínio mais significativo emerge da aceitação plena de meus sentimentos e peculiaridades intrínsecas. Alcancei a percepção de que numerosas crises eram ecos do estresse exacerbado, tanto profissional quanto pessoal, nascido da luta contra características que outrora julgava adversas, muitas das quais são reflexos diretos da dislexia.

Ao me questionar: "Quais aspectos desta condição estão além do meu controle?", deparei-me com a importância de não assumir responsabilidades excessivas, o que me levou a concentrar-me somente naquilo que posso efetivamente gerenciar. A essa realização, acrescentei a decisão de transformar meus hábitos alimentares, rumo a um estilo de vida mais saudável, complementado por uma conexão espiritual enriquecedora.

A consciência de que minha recuperação poderia alterar a maneira como recebo cuidados e atenção dos meus próximos trouxe à tona reflexões sobre a interdependência das relações humanas e a busca por autonomia. Essa mudança, embora desafiadora, simboliza um passo significativo em direção ao amadurecimento e à autoafirmação, reiterando a naturalidade do crescimento e do desenvolvimento pessoal.

"A experiência da liberdade e da unidade somente é possível quando você pode realmente seguir o seu coração."

Sri Prem Baba.

Esse processo de autoquestionamento ensinou-me a importância da autoaceitação, independentemente das expectativas externas. Aprendi que o verdadeiro controle reside em permitir-me ser quem eu sou, e aceitar-me tornou-se meu maior sucesso.

Essa lição se estende além da minha saúde pessoal, aplicando-se à maneira como lidamos com todas as nossas expectativas. Não devemos depositar toda a nossa confiança em um único plano de vida, pois, quando focamos toda a nossa energia em uma única direção, corremos o risco de nos sentir perdidos caso ele não se concretize.

É irrealista também projetar nossas expectativas observando o plano de vida de outra pessoa; é injusto conosco, pois nos prende a uma realidade que não é nossa. Por exemplo, quando tomei a decisão de parar com a medicação, o fiz com total respeito a minha vida, minhas condições, meu conhecimento e minhas experiências.

Sempre reconheci a importância do medicamento certo, no momento certo, e enquanto estava refletindo sobre isso, recebi uma mensagem muito profunda da paciente Clara, que pode colaborar com o assunto. Ela entendeu a medicação como um bote em um momento de tormenta. Vou compartilhar parte do que ela me enviou:

"'Câmara de despressurização', esse é o nome do meu novo diário. Quero explicar como tenho me sentido, e o exemplo mais próximo a que consigo chegar é um submarino, algo maciço, redondo, apertado e sob pressão.

"Realizei coisas extraordinárias este ano, mas a ansiedade (agora, pânico) está constantemente baforando meu cangote. E como se isso já não fosse ruim o bastante, agora ela me impede de viver as coisas que eu mais gosto, como permanecer em shows ou encontrar amigos.

"Além da 'ansi', acho que tenho um novo hóspede agora: a depressão.

"Ela é como um gato gordo, grande e folgado esmagando meu peito (sim, igual à definição do desenho ***Big Mouth***, e isso nunca fez tanto sentido quanto agora).

"Percebi sua chegada pela sensação constante de pesar. Seguida, claro, de reafirmações sobre como a vida é maravilhosa (numa tentativa frustrada de que com isso ela fosse embora mais rápido).

"Eu já estive em lugares muito difíceis ao longo desses mais de trinta anos. Mas, acho que é a primeira vez que esse 'gato' se senta tão confortavelmente no meu peito.

"Ansi e deprê são complementares, mas se manifestam de formas diferentes. A ansiedade me dá vontade de correr dos meus conflitos. A depressão me dá vontade de deixá-los dormindo no meu peito, fazendo peso. O pânico tira a força das minhas pernas (literalmente): todo o meu corpo formiga, eu não consigo respirar e tenho a sensação de desmaio. A depressão, por sua vez, me coloca em um lugar nostálgico: como se todos os outros dias da minha vida tivessem sido coloridos e felizes. E fáceis. Menos este dia. Menos o hoje. E menos ainda o amanhã. A tristeza me faz não querer ver meus amigos. Não me deixa limpar a casa ou passear com meu cachorro. A tristeza me impede de ver meus amigos, pois o pânico me ameaça o tempo inteiro de 'fazer cena' e tomar conta de mim caso eu tope sair com eles.

"Algum lugar em mim consegue entender que esses são os hóspedes da vez. Alguma parte de mim entende que tudo é um processo. Enquanto isso, outro fragmento passa furtivamente pela sala e coloca, sem nenhum constrangimento, a vassoura atrás da porta. Assim, bem evidente (como quem diz 'vá embora logo!').

"Talvez essa seja a melhor metáfora que eu consigo para explicar a necessidade de remédios. Estou torcendo para que a medicação seja um 'kit faxina'. Que faça meu corpo voltar a responder, e eu volte a conseguir organizar a minha casa (cabeça).

"Às vezes, eu tenho vontade de desistir (não da vida, que fique claro) e me jogar nessa galáxia absolutamente negra. Sem segurança e sem garantias.

"'Essa festa está boa, mas quero ir embora', canta o Baco Exu do Blues na minha orelha enquanto escrevo.

"Anos de terapia, contudo, me ensinaram que posso analisar as coisas com calma. Com acolhimento e cuidado. Demora, mas é efetivo.

"'Eu sei tudo que eu tenho que fazer, mas me sinto inseguro. Não sei bem o porquê [...] Eu tenho medo, eu tenho medo. Não conte para ninguém o meu segredo', continua Baco.

"A conclusão é: entre um sintoma e outro, estou andando de bicicleta para conseguir levantar do sofá. Ligo para a minha avó porque não preciso falar de mim para ter companhia. Estou vendo desenhos para recalcular o meu sentido de vida. Agradeço demais pelo fato de o cachorro frequentar a creche, pois assim me sinto menos culpada por não conseguir levá-lo para passear. Me sinto orgulhosa por ter conseguido estender a roupa hoje.

"'Sou a consequência inevitável de você', dizem Tom e Gal em *One Note Samba*. E eu entendo que sou a consequência inevitável de mim mesma (não é esse o sentido da música, mas é o que eu capto).

"É o que tenho para hoje. Câmbio."

Clara viveu a superação de uma fobia, sem medicação. Mas depois se deparou com desafios nos quais reconheceu a importância da ajuda. É incrível a analogia que ela faz dos medicamentos como faxineiros.

Entender que nada é permanente, nem a dor nem a alegria, é um princípio fundamental para viver o mais próximo possível da paz. Compreender o nosso papel dentro da narrativa da nossa existência também é fundamental para assumir quem somos e a nossa responsabilidade pelas decisões que tomamos.

Tal como em uma partida de pôquer, ou de qualquer outro jogo similar, nós temos nosso grau de responsabilidade pelo resultado final: nosso treino, nossas técnicas, a maneira de condução do jogo e muito mais. Só que, da mesma forma que não podemos controlar as jogadas de nossos oponentes em uma partida, não podemos dominar fatores externos a nossas expectativas! Se gastarmos todas as nossas fichas em uma única rodada, como conseguiremos participar das próximas?

Pense nas suas expectativas atuais: quantas são? Focar apenas uma área pode limitar nosso potencial. Por exemplo, é possível se dedicar intensamente ao emprego atual, dando o melhor de si. Contudo, às vezes é sábio explorar outras oportunidades. Complementarmente, envolver-se em projetos paralelos, como escrever um livro, participar de cursos ou mudar de casa, pode ser enriquecedor.

Isso não implica necessariamente em fazer muitas coisas ao mesmo tempo. A mensagem central é sobre a distribuição de expectativas nas diversas áreas da vida. Somos seres multifacetados, capazes de gerir múltiplos projetos. Nossa vida abrange várias frentes: afetiva, familiar, profissional, emocional, entre outras.

Quantas pessoas se frustram devido às expectativas que depositam em um novo relacionamento? Essa frustração sempre foi muito recorrente em meu consultório. Ela ocorre porque tendemos a projetar no outro nossos desejos, esperando que ele os realize, mas nem sempre o outro está disposto a isso ou tem conhecimento sobre essas expectativas. Por isso, ao concentrar nosso foco e nossa expectativa em uma relação afetiva, estamos apostando todas as nossas fichas em apenas uma área da vida. Assim, quando sentimos que "perdemos" essa aposta, é comum que não encontremos forças e ânimo para "voltar ao jogo" e continuar nos motivando em outros campos de nossa vida.

Navegar pelo jogo das expectativas é como equilibrar a estratégia de mirar nos objetivos enquanto mantemos uma atenção cuidadosa às regras e limites da realidade. É como jogar com a ambição de vencer, mas com a consciência de que cada jogada deve ser fundamentada nas possibilidades reais do tabuleiro. Essa habilidade delicada requer um profundo autoconhecimento, combinado com a execução de ações intencionais e uma comunicação autêntica. Ao reconhecer que cada experiência carrega potenciais de sucesso e lições valiosas, abraçamos a incerteza com resiliência, pavimentando um caminho de desenvolvimento pessoal, tanto significativo quanto realista.

É importante lembrar, no entanto, que esse caminho pode ser marcado por momentos de angústia, especialmente quando as coisas não saem como esperado e nos vemos enfrentando a "morte" de desejos e projetos. A angústia muitas vezes traz consigo um sentimento de solidão, que não deve ser visto apenas como um vácuo, mas como um convite para uma conexão mais profunda com o nosso eu interior. Nesses momentos, é fundamental nos voltarmos para dentro, explorando e aceitando nossa verdadeira essência, o que, por sua vez, nos fortalece e nos prepara para navegar com mais sabedoria no oceano das expectativas.

Complementando esse processo de autodescoberta, a técnica de meditação ensinada por Hellen Couto proporciona uma oportunidade para introspecção tranquila.

"De olhos fechados, imagine uma intensa luz verde entrando no seu peito, atingindo o chakra cardíaco... Essa luz entra levemente, cada vez mais, e desce em direção ao centro da Terra, buscando toda a energia da mãe Terra.

"Enquanto a luz busca a energia da mãe Terra e a renova, visualize o seu coração. Como ele está? Angustiado? Aflito? Esses sentimentos fazem com que ele tenha rachaduras, e a dor que você sente... vem delas. É por isso que ele gira em sentido anti-horário... Visualize ele girando, girando, vagarosamente com todas as suas rachaduras.

"A energia da luz verde se torna cada vez mais forte, vindo do centro da Terra e renovando você e seu coração, cada vez mais... Então, as rachaduras vão se costurando... se fechando... cicatrizando. Quanto mais elas se fecham, mais livre daquelas angústias e aflições você se sente... Assim, seu coração passa a girar em sentido horário, e você se sente mais leve, mais feliz e tranquilo. Agora você sente seu coração novo e diz sim para todas as renovações positivas dos seus sentimentos."

Não hesite em explorar novos horizontes, mantendo-se, contudo, consciente e fundamentado na realidade. Afinal, as incertezas podem ser uma entrada para as certezas da vida.

E em meio a essas certezas e dúvidas, para ter coragem uma coisa é certa: é preciso ter iniciativa. Aceitar que há chances de algo dar errado, mas que também pode dar certo, e que, independentemente disso, vai ficar tudo bem. Mesmo que demore mais, que envolva mais sacrifícios, que necessite de novos planos. Em algum momento, a coragem sempre é recompensada. E lembre-se: os corajosos de hoje são os medrosos de ontem que não desistiram. Aqueles que, mesmo com medo, foram à luta e, hoje, certamente são gratos pela decisão que tomaram. Todos os dias, o que você sempre tem é o hoje; tome decisões que te farão viver a cada dia uma vida mais corajosa.

Refletindo sobre isso, relembro que, após minha demissão como coordenadora de marketing, optei por estudar para concursos. Minha escolha foi mais motivada pela segurança financeira e pelo receio de enfrentar novamente a dor da demissão do que por um verdadeiro desejo. Durante o processo, senti que essa abordagem era superficial, afetando negativamente meu foco e minha atenção. Essa decisão não me permitia explorar minhas verdadeiras profundezas e habilidades. Contudo, esse período foi essencial para que eu desenvolvesse novas amizades e me motivasse a sair da inércia, já que aguardar por uma oportunidade em marketing sem sucesso estava se tornando desgastante.

A inércia frequentemente se entrelaça com a transferência de responsabilidade. Aqueles que se frustram por inércia geralmente esperam que outros tomem atitudes em seu favor. Quando isso não ocorre, a frustração se instala. Esse tipo de frustração é comum em pessoas que tendem a depender dos outros, buscando constantemente transferir suas responsabilidades. Muitas vezes, tais indivíduos cresceram em ambientes superprotetores, onde os pais assumiram suas responsabilidades, evitando que experimentassem erros e aprendizados. Essa atitude parental pode levar ao desenvolvimento de adultos que se veem como vítimas e se sentem incapazes de assumir responsabilidades por suas próprias ações e decisões.

Alguns exemplos clássicos de frustrações decorrentes da inércia incluem:

1. Depositar nas medicações a esperança de solucionar todos os problemas pessoais;
2. Atribuir ao uso de álcool e drogas a responsabilidade pelas próprias atitudes e ações;
3. Esperar que o(a) parceiro(a) resolva todos os problemas do relacionamento, sem contribuir ativamente para a comunicação e a resolução de conflitos;
4. Colocar a culpa no governo ou em circunstâncias externas por dificuldades financeiras pessoais, em vez de tentar melhorar a gestão das próprias finanças;
5. Atribuir o fracasso de metas de saúde e bem-estar, como perda de peso ou exercício regular, à falta de tempo ou de recursos, em vez de procurar formas criativas e realistas de incorporar essas atividades à rotina diária;
6. Culpar alguém por não ter te ajudado nos estudos de uma matéria, resultando em uma reprovação.

Durante uma de nossas sessões reflexivas, uma paciente compartilhou uma observação penetrante: "É mais cômodo depositarmos a solução nas mãos de terceiros. Assim, até sofreremos pelo sentimento de impotência, mas nunca nos tornamos os 'culpados' pelos males que vivenciamos." Ela sublinhou o desconforto inerente a abandonar a zona de segurança proporcionada pela complacência, já que buscar por soluções concretas requer um engajamento ativo de nossa parte. Romper com a apatia e assumir a responsabilidade por transformar nossa realidade é um desafio; contudo é imperativo. Ela chegou a ressaltar que, mais do que identificar nossas rusgas emocionais ou as dificuldades enfrentadas e seus causadores, nosso foco proativo deve estar direcionado especialmente para o papel que nos cabe nesse processo.

Assim, é importante reconhecer nosso papel como protagonistas não somente de nossas vitórias, mas também de nossos desafios.

Esse reconhecimento implica entender que, muitas vezes, somos nós mesmos que criamos ou ampliamos esses desafios ao nos concentrarmos em detalhes menores, limitando a percepção do nosso próprio potencial.

Muitas pessoas vivem uma vida de frustração por se sentirem medianas e incapazes, presas a pequenas questões que ofuscam sua visão de conjunto. Essa sensação de inferioridade costuma surgir da dependência constante dos outros. Para romper esse ciclo, torna-se essencial realizar uma autoavaliação profunda, questionando-se:

"Em decisões importantes da minha vida, como eu busco a opinião ou a aprovação de outras pessoas antes de agir?"

"Até que ponto me sinto capaz e responsável pelas expectativas que crio em minha vida?"

"Observando minha rotina diária, quanto tempo gasto esperando por algo ou alguém, mesmo ao realizar tarefas simples, como preparar uma refeição?"

"Houve alguma mudança recente em minha vida? Se sim, essa mudança foi impulsionada por minha própria iniciativa ou foi motivada por influências externas?"

As respostas a essas perguntas podem nos auxiliar a reconhecer se a frustração que sentimos decorre do desenvolvimento de laços de dependência, que acabam por reforçar a nossa acomodação.

Para entender melhor essa situação, podemos pensar no filme *Escritores da Liberdade* que foi baseado na história real de Erin Gruwell, uma professora que decidiu mudar a realidade de seus alunos através da educação.

São muitas as lições sobre frustrações que podemos encontrar na jornada dessa professora, mas o destaque, para o assunto que estamos considerando, encontra-se no sistema educacional e nos colegas que trabalhavam nessa escola antes mesmo de Erin começar a lecionar lá.

No contexto histórico, o Colégio Wilson estava passando por um momento conturbado em que as brigas entre gangues eram parte da rotina. A classe para a qual a professora Erin começou a lecionar era considerada a mais desafiadora, mas ela tinha esperança em ajudar os seus alunos. Para isso, quis contar com a ajuda de quem deveria apoiá-la: a direção do colégio e outros professores.

Infelizmente, a resposta deles não foi nada positiva. Acomodados, eles apenas focavam em alimentar o sistema educacional de acordo com as regras, sem abrir exceções ou pensar em como poderiam melhorar. Para eles, aquela turma não merecia o empenho da professora, e eles não estavam dispostos a contribuir em nada, apenas "faziam o trabalho que deviam fazer".

Erin não desistiu e usou a escrita como forma de dar voz, poder e autoconfiança a seus alunos; assim, ela conquistou muito mais do que imaginou: eles se tornaram os melhores! Chegaram a publicar um livro e criaram uma instituição que passou a ajudar na implementação de metodologias educacionais inovadoras.

Esse exemplo extraído do filme mostra o contraste do "fazer apenas o que devemos fazer" com o "dar o nosso melhor". Em que time você tem jogado?

Indivíduos que se limitam a realizar apenas o essencial, por estarem acomodados, podem enfrentar dificuldades em experimentar a realização de ver seus sonhos e metas concretizados. Esse padrão de comportamento pode, em alguns casos, conduzir a um ciclo de dependência, limitando assim o crescimento pessoal e profissional.

O conforto da inércia é o prelúdio de uma sinfonia de frustrações.

Observar as pessoas conquistando suas vitórias, conseguindo manter seus empregos, sendo promovidas, vivendo relacionamentos saudáveis... tudo isso gera ainda mais frustração em quem se acomoda, mas em vez de tentar trilhar rotas diferentes para atingir sonhos diferentes, alguns tentam se enganar, colocando no outro a responsabilidade pela sua felicidade ou pela ausência dela.

Para sair da zona de conforto de maneira significativa, é importante estabelecer um propósito de vida claro, explorando o que verdadeiramente oferece alegria e uma sensação de realização. Junto a essa busca por um propósito, a realização de atividades físicas é recomendável, pois o exercício pode diminuir a sensação de paralisação, gerando uma impressão de progresso e energia que revitaliza o processo de busca por novas metas.

Nesse âmbito, as contribuições do psiquiatra Viktor Frankl são particularmente valiosas. Uma de suas frases mais conhecidas expressa que "o homem não deve perguntar qual é o sentido da sua vida, mas reconhecer que é a própria vida que o questiona".

Pessoas com propósito se movem para alcançá-lo.

Para compreender essa questão, pensemos em nossa própria existência. Estamos em constante movimento desde a nossa gestação, ainda durante nossa formação. Esse movimento gera alegria nos pais, mas também aflições, medos e inseguranças, não é verdade? Quando a criança nasce, ela aprende a se comunicar e a se desenvolver por meio de movimentos. Logo, ela se esforça para engatinhar, e uma vez que começa a andar, nada mais a impede. O que isso nos ensina?

O movimento requer um processo.

Não adianta querermos dar passos que a vida ainda não nos ensinou a dar. Por isso, é preciso compreender que o aprendizado faz parte do movimento e que precisamos olhar as coisas de forma panorâmica, e não restrita apenas ao que está à nossa frente.

Tomar a iniciativa é crucial, mas manter a consistência é ainda mais essencial. A travessia de uma ponte não se faz com um único passo; requer um processo contínuo, composto por várias etapas. Algumas delas serão mais simples, enquanto outras desafiarão suas forças e sua resiliência.

Há uma multiplicidade de caminhos para atingir novos destinos, princípio que se estende igualmente aos contornos de nossa existência. Cada ser resplandece ao ritmo de um itinerário exclusivo, uma abordagem pessoal para a concretização de suas ambições. Assim, é imperativo que busquemos nossa singularidade no avançar, colhendo inspiração ao redor, mas rejeitando a cópia indiscriminada. Afinal, mesmo seguindo os mesmos passos, podemos não chegar ao mesmo destino.

A frustração aflige muitos ao perceberem que, apesar de estarem em movimento, não alcançam os resultados desejados. Frequentemente, o equívoco reside em não reconhecer que a ação por si só é insuficiente; requer uma introspecção apurada sobre nossa propulsão e a diretriz seguida. Revela-se essencial avaliar a pertinência do trajeto eleito e, se preciso for, recalibrar métodos e estratégias.

Essa reflexão emergiu de um diálogo matutino com uma colega que se encontrava frustrada por dedicar-se intensamente sem testemunhar a realização de seus projetos conforme suas expectativas. Ela relatou sua vivência em um processo seletivo rigoroso no qual aplicou considerável esforço, porém sem alcançar o sucesso esperado.

Há alguns meses, ela se orgulhava de sua preparação para essa oportunidade e reconhecia seu valor pessoal. Naquela época, ela também contemplou o que havia assimilado sobre gestão de tempo enquanto aguardava o desenrolar das diversas etapas do processo. Questionada se sua motivação para a vaga era verdadeira ou se ela buscava a estabilidade que o emprego proporcionaria, pois já estava acostumada a esse caminho, ela admitiu inclinar-se mais pela segurança.

Assim, entenda que se mover exige muita coragem e que existe um sentimento propulsor desse sentimento: o amor. E não digo apenas o amor pelos outros; afinal, quando nos movemos, também modificamos nosso entorno. Aqui, me refiro àquele amor que permite que outros sejam verdadeiros: o amor-próprio.

Pessoas que cultivam um profundo amor-próprio encontram nele a coragem necessária para avançar em sua vida, reconhecendo que a realização pessoal depende desse dinamismo. Por outro lado, quando não desenvolvemos adequadamente a percepção de nosso próprio valor, tendemos a interpretar rompimentos, falhas e distanciamentos como reflexos diretos de nossas incapacidades. Essa percepção distorcida muitas vezes é agravada pela comparação constante com os outros, esquecendo-nos de que cada um tem seu caminho único e que os erros são parte essencial do nosso crescimento.

Somos condicionados a nos cobrar excessivamente, a aspirar ser a versão idealizada de nós mesmos ou do que pensamos que deveríamos ser. Mudar essa mentalidade, aceitando nossas imperfeições e valorizando nossas trajetórias individuais, é essencial para uma verdadeira evolução pessoal.

Abraçar o autoamor é se impulsionar com coragem para enfrentar os desafios, uma verdadeira expressão da alma em movimento. Quanto a isso, podemos nos inspirar na famosa metáfora de Albert Einstein, que diz: "Viver é igual a andar de bicicleta. Para manter o equilíbrio é preciso se manter em movimento."

Mesmo assim, é preciso ter cautela, pois os movimentos externos nem sempre refletem um progresso interno. As ações no mundo exterior fazem parte do processo, mas é o desenvolvimento pessoal, o cultivo de nossas experiências e as conquistas internas, que realmente definem nossa evolução.

Logo, o itinerário em busca do crescimento pessoal transcende as pegadas que deixamos no solo do mundo; ele se define, de forma ainda mais profunda, pela metamorfose que vivenciamos em nosso íntimo, adornando nossa jornada com um valor inestimável.

CAPÍTULO FINAL: Crescendo a partir das frustrações

"A maioria de nossas frustrações vem da necessidade compulsiva de desempenhar o papel de alguém que não somos."

HANS SELYE – THE STRESS OF LIFE

Viver uma frustração assemelha-se a sensação de estar no meio de uma tempestade: a intensidade nos deixa transtornados, fazendo parecer que ela jamais cessará. Contudo, mesmo que, nesse momento, você se encontre nessa situação, reflita: quantas frustrações você já superou? Provavelmente, muitas. E embora algumas demandem mais tempo para serem vencidas, sempre há uma saída.

Com isso em mente, é crucial avaliar se você tem dedicado a atenção necessária a si mesmo diante dos seus desafios. É natural que, ao nos sentirmos diminuídos por uma frustração, ansiemos pelo conforto e apoio alheios — e não há problema algum nisso! Somos seres sociais, e o carinho pode fazer uma grande diferença na superação de desafios.

Porém, ao depender desse afeto e da compreensão em todas as situações adversas e não encontrá-los, podemos intensificar ainda mais o sentimento de frustração.

Aceite o afeto, mas não dependa dele.
A escuta é um processo de aprendizado.

Ao nos dispormos a escutar e observar as vivências alheias, abrimos um canal para aprender com elas. O propósito deste livro, do começo ao fim, é fazer você reconhecer como as histórias de outras pessoas podem enriquecer sua própria jornada e, ao mesmo tempo, proporcionar insights preciosos para ajudar os demais.

De forma sincera, ao concluir esse material e meditar sobre tudo o que foi exposto, compreendo que este livro vai além da minha autoria individual. Cada página parece ser impulsionada por um propósito único.

Inesperadamente — ainda que nem tão surpreendente, dadas as inúmeras "histórias inusitadas" que tenho vivenciado —, ontem, justo quando me aproximava da conclusão desta obra, percebi ao meu lado uma brasileira, imersa em seu trabalho e conversando em português. Uma força maior pareceu guiar nossa interação, criando uma conexão tão significativa que ambas sentimos que essa experiência deveria integrar o encerramento desta obra.

Ela dedicou-se profissionalmente à dança por quase doze anos, imergindo no samba ano após ano, estabelecendo uma conexão alegre com esse ritmo vibrante. Contudo, um evento marcante veio a abalar profundamente seu mundo: a morte de seu pai no exato instante em que ela abrigava em seu ventre um menino, a realização de um desejo antigo do patriarca. Essa perda imensurável mergulhou-a em uma depressão profunda e num mar de incertezas sobre a existência de Deus. "Por quê?", questionava-se em meio ao luto. "Por que meu pai foi levado justo agora?"

Na busca por alento e compreensão, as páginas da Bíblia tornaram-se seu refúgio, cada palavra representando um bálsamo para seu coração ferido. E nesse processo de busca espiritual, uma amizade singular com uma mulher muçulmana floresceu. A troca de experiências e saberes entre elas expandiu sua compreensão do divino, pintando um quadro de fé mais rico e diversificado.

Movida por um chamado profundo, ela abraçou a fé islâmica, encontrando nas suas práticas e ensinamentos um guia para transcender sua dor. Segundo sua fala, essa conversão significou uma mudança drástica, do vinho para a água, simbolizando uma purificação e uma nova direção em sua vida, um alívio para sua alma dolorida.

Paralelo a isso, em uma tentativa de reconectar-se consigo mesma e salvar o que restava de seu relacionamento, seu ex-marido também se voltou para o islamismo. Contudo, esse passo foi mais um esforço para manter a união do que uma conversão autêntica, emanando mais o desejo de segurar algo que se esvaía do que uma genuína busca espiritual. Com o tempo, ficou claro que era necessário soltar as amarras, permitindo que ambos seguissem livres em direção aos seus verdadeiros desejos.

Essa história, carregada de realidade e emoção, nos lembra o quanto nos conectamos conosco, e também com nossas crenças, por meio das frustrações. Por trás de cada escolha desenrola-se uma história rica de procura, aflição e, finalmente, renovação, culminando numa transformação simbólica profunda. Em cada coração que se quebra, em cada alma que se transforma, há uma luz que persiste, guiando-nos pela escuridão até o amanhecer de um novo ser. Ela perdeu algo que muito valorizava: o acalento, a presença e a proteção do pai, mas encontrou essas virtudes novamente na espiritualidade.

O caso dessa brasileira impactou-me de maneira singular, evidenciando a relevância do tema abordado neste livro. Foi a partir de uma significativa frustração que ela descobriu a coragem para perseguir seus anseios mais profundos. Isso me faz refletir sobre a imensa coragem necessária para trazer este livro até você, compartilhando histórias de diversas pessoas, incluindo a minha própria.

Lembro-me que uma amiga, ao ler a primeira versão deste livro, aconselhou-me a contar minha história, mas só revelar que era minha no final. Segui o conselho, de escritora para escritora, e agora, observando o desfecho da obra, vejo que isso se ajustou perfeitamente. Cada página deste livro foi uma conversa entre mim e você, leitor, aproximando-nos pouco a pouco. Eu já pressentia a necessidade de compartilhar minha história de maneira progressiva; minha intuição assim me guiava. Felizmente, atendi a ela e às pessoas que cruzaram meu caminho e, hoje, entrego a você este conteúdo que transcende o conhecimento; ele contém fragmentos da minha alma.

A verdade é que todos possuem um sexto sentido. Aquela voz interna que nos orienta sobre o que fazer e quando fazer. Porém, é somente ao compreendermos o papel do tempo que começamos a utilizá-lo da melhor maneira. É por isso que hoje eu sei que o livro precisava ser lançado assim, neste momento exato.

Mas por que a ênfase no tempo? Porque nem tudo ocorre no momento em que desejamos. É por isso que também me permiti, ocasionalmente, ser "espectadora" da minha própria história. Adotando essa postura, ao me observar sob uma nova perspectiva, descubro aspectos que, consumida pela emoção ou pela rotina, de outra forma não perceberia.

O sexto sentido não é algo a ser procurado com esforço. Realmente, tudo o que se necessita é de maturidade para reconhecer que as respostas obtidas nem sempre corresponderão aos nossos desejos.

Ser aberto à sensibilidade constitui a essência para gerir os novos inícios na vida, pois promove a capacidade de compreender e superar as mudanças emocionais, bem como de capitalizar as oportunidades oriundas dos "nãos" que recebemos.

Isso me faz recordar de uma entrevista em que fiquei um tanto sem resposta, mas hoje entendo o sinal que ela tentava me transmitir. O assunto era fobias, com ênfase na aerofobia, quando me questionaram: "E você, qual é a sua fobia?" Naquele instante, fiquei sem resposta. Contudo, nem tudo se esclarece de imediato, então deixei aquilo de lado. Atualmente percebo que todos nós carregamos um medo que nos parece incontrolável, seja ele clinicamente reconhecido ou não, e esse medo pode nos dominar se não o confrontarmos. Essa compreensão se aprofundou após minha filha Isabella fazer uma pergunta similar à da mulher no salão, que se emocionou ao aprender uma valiosa lição sobre desapego. Todos tememos embarcar em nosso próprio "avião", isto é, decolar de alguma maneira, deixando para trás o que já conhecemos. No entanto, é apenas ao voarmos que ganhamos uma nova perspectiva.

Está tudo bem se, durante este voo, você passar por turbulência e precisar de apoio — lembre-se: tanto a turbulência quanto o apoio são temporários. "Será que consigo enfrentar sozinho?", você pode se perguntar. Não se deixe paralisar por essa incerteza, pois você não é o único a enfrentar essa turbulência; há muitos outros passageiros no mesmo avião ou em viagens parecidas. E por pensar tanto nesses outros passageiros pode ser que você descubra até mesmo como ajudá-los.

Isso trouxe à memória uma mensagem sobre o cuidado com a humanidade que li durante uma visita ao *BAPS Shri Swaminarayan Mandir*, em Londres. Segundo o hinduísmo: "O mundo inteiro é um ninho. Somos pássaros do mesmo ninho. Podemos usar peles diferentes, podemos falar em línguas diferentes, podemos acreditar em diferentes religiões, podemos pertencer a culturas diferentes, mas partilhamos a mesma casa: a nossa Terra. Nascido no mesmo planeta, coberto pelos mesmos céus, olhando as mesmas estrelas, respirando o mesmo ar, devemos aprender a progredir felizes juntos ou perecer miseravelmente juntos. Pois os humanos podem viver individualmente, mas só podem sobreviver coletivamente."

Ao final, chegamos a uma compreensão significativa: as histórias que mais nos tocam são aquelas que refletem aspectos das nossas próprias vivências ou as de pessoas próximas a nós. Por isso, é natural que agora tudo pareça ainda mais real: as frustrações são reais, estão sempre ao nosso redor e, frequentemente, habitam dentro de nós mesmos.

Todos enfrentamos desafios, lacunas e medos, mas dentro de cada um de nós existe um valioso diamante a ser lapidado através dessas frustrações. Dessa forma, a cada etapa superada descobrimos habilidades que até então poderiam estar ocultas.

Não é por acaso que o acróstico principal deste livro é sobre a palavra **CORAGEM**, pois a vida exige isso de nós, e para enfrentar nossas frustrações, é essencial desenvolver essa qualidade. Portanto, controle sua autocrítica, pois nem sempre seu conceito sobre si está certo; olhe para sua criança interior e a acolha, pois é esse olhar protetor que afastará seu medo; desenvolva resiliência diante dos desafios; aceite aqueles fatos que estão fora do controle, pois eles apenas lhe privam de viver plenamente; gerencie as expectativas, evitando as frustrações; enfrente seus desafios para provar a si mesmo seu potencial e se fortalecer cada vez mais; e movimente-se em direção a seus objetivos.

Compreenda que a coragem é uma virtude recíproca: quanto mais você a busca, a pratica e a valoriza, mais ela se desenvolve e se torna parte de você. Essa coragem é essencial não só para enfrentar desafios externos, mas também para um processo interno de autoaceitação e compreensão.

É por meio da coragem que conseguiremos ver as pessoas — e nós mesmos — além dos estereótipos. A verdade é que nós não somos nossos sintomas, nós vamos além deles. Não podemos negar o fato de que eles fazem parte de nós — como vimos neste livro, a negação é uma fase do luto e nossa vida merece ser vivida de forma plena, e não em um estado permanente de luto. Mas, ao mesmo tempo em que não devemos recusar a presença dos nossos sintomas e doenças, também não precisamos nos definir por eles.

Com frequência, somos nós que nos etiquetamos e nos rebaixamos diante dos outros. Já me encontrei em diversas situações onde coloquei o desejo de satisfazer os outros acima do meu próprio, pois só de pensar em decepcionar alguém, fosse profissionalmente ou em qualquer outro aspecto da vida, já me sentia mal. Porém, é crucial nos desvencilharmos desse autocriticismo que nos coloca constantemente no banco dos réus.

É preciso se permitir errar com outros, assim como erramos conosco. Walsh diz que a forma de sabermos que um tapete foi feito por mãos humanas é que ele tenha falhas.[1]

Nem sempre vamos conseguir atingir as expectativas alheias. E tudo bem! O que o outro espera de nós pertence a ele, não a nós mesmos. Temos de nos esforçar para dar nosso melhor, claro, mas sempre dentro do limite do que nos permite sermos saudáveis. Por isso, eu espero que este livro tenha servido como um sinal para você sobre a importância de escutar a si mesmo, a seu corpo e ao ambiente a seu redor.

Pense no maior desafio que você já enfrentou, seja uma doença, uma perda... uma frustração. Quanto esse desafio contribuiu para a sua evolução? Tente parar de focar o que você perdeu por ter um sintoma ou enfrentar um desafio e comece a observar o que ganhou a partir dele, mesmo que isso possa parecer difícil inicialmente.

Albert Einstein não falou uma palavra sequer até seus 3 anos de idade, e seu desafio com a comunicação o acompanhou ao longo de sua

---

1 OSORIO, Luiz Carlos; VALLE, Elizabeth Pascual. *Manual de terapia familiar*. Volume 1. Porto Alegre: Artmed, 2009.

vida. No entanto, pelo que ele é lembrado? Pela diferença que fez no mundo. E Walt Disney, criador do parque que se tornou o sonho de muitas crianças e adultos? Foi demitido por seu editor quando trabalhava em um jornal sob a justificativa de "lhe faltava a imaginação e não tinha boas ideias". Será mesmo que faltava?

Isso mostra que nem sempre as pessoas verão em nós mais do que nossos desafios. É por isso que precisamos fortalecer a imagem que temos de nós mesmos e confiar que, tendo um propósito de vida, independentemente dos nossos desafios, nossa contribuição para esse mundo vale o esforço.

Lembre-se de que seus erros servirão como pontes que o conectarão ao sucesso, e é impossível alcançá-lo sem falhar. Em contrapartida, o sistema educacional pode vir a reprimir a criatividade infantil, punindo os erros e instaurando barreiras mentais que persistirão por toda a vida. Assim, se deseja contribuir para a educação, valorize uma criança pela sua habilidade de inovar, pelo seu esforço, e não apenas por suas notas em testes que padronizam sua singularidade.

Portanto, desejo encerrar este livro com duas narrativas. A primeira é a minha própria: apesar de todas as frustrações que compartilhei com você — e muitas outras que não mencionei —, consegui alcançar este momento singular: fazer com que você segure um livro meu em suas mãos. Percebe quão emocionante é essa conquista para mim? Cheguei até aqui porque a persistência e a determinação triunfaram sobre o medo e a adversidade.

Portanto, encorajo você a encarar seus desafios, tendo a consciência de que eles nunca superarão o privilégio de estar vivo. Nenhuma frustração deveria ofuscar a felicidade de simplesmente existirmos. Faço essa reflexão a partir de minha própria jornada, após ser diagnosticada com epilepsia, dislexia e esclerose múltipla, momentos que intensificaram minha percepção sobre o que verdadeiramente merece valorização: nossa vida, nossa família, nossas qualidades... Reflita: o que tem sido essencial para você? Quanta gratidão você tem nutrido pelo simples fato de estar vivo agora?

Uma das maiores lições que aprendi com a dislexia foi a importância de integrar e não viver na duplicidade, tanto dos sentimentos quanto das relações com as pessoas. Um exemplo claro disso é a confusão entre letras como "P" e "B". Em vez de ver essa troca como um erro, comecei a entender como uma parte única da minha experiência, que me ensina a abordar a comunicação e o aprendizado de maneira diferente, criativa e mais inclusiva.

Percebi que, quanto mais me conformava com os padrões, menos legitimada eu me sentia; quanto mais uniforme ou seguidora de regras, menos autêntica e criativa me tornava. Com a dislexia, aprendi que ser singular é uma batalha diária, mas é possível sair vitorioso nessa luta contra si mesmo quase todos os dias.

Diante da epilepsia e da esclerose múltipla, assimilei uma lição vital: a vida é passageira, e devemos encarar cada momento como se fosse o último. A consciência da brevidade da nossa existência me ensinou a valorizar a intensidade com que a vivenciamos. Assim, esforço-me para realizar diversas atividades em um período curto, sem aguardar pelo "momento perfeito" para iniciá-las, ciente de que tal momento pode jamais chegar.

A segunda história como qual quero encerrar este livro é igualmente verdadeira e de grande importância: a sua. Ela está sendo escrita agora, a cada pensamento que o motiva a agir em busca da felicidade — que deve ser seu objetivo diário. Agora, eu apenas desejo que você reflita sobre algo: qual será o título da sua história?

Faça da sua história de vida uma história de coragem.

Neste percurso que é a vida, cada um de nós é como uma semente destinada a desabrochar e trazer sua beleza singular ao mundo. O verdadeiro contentamento surge quando nos libertamos da ideia de imitar os outros, abraçando e exaltando aquilo que nos faz únicos. Esse caminho de autoconhecimento e aceitação nos leva também a reconhecer as diversas vibrações ao nosso redor.

Já sentiu um incômodo em um ambiente sem explicações óbvias do porquê? Nem sempre entendemos tudo, mas somos capazes de sentir. E quanto mais "ouvimos" o que sentimos, mais conectados com nós mesmos seremos. Muitas vezes, ao entrar em um ambiente ou conhecer uma nova pessoa, sentimos que estamos em vibrações diferentes, como se não nos encaixássemos ali. Por que isso acontece e como podemos reagir?

Cada pessoa está em um nível de elevação da alma. Para ilustrar, imagine o universo e seu funcionamento: cada planeta gira em sua órbita. Embora se movam na mesma direção, os astros seguem uma trajetória diferente.

De modo semelhante, nós, apesar de vivenciarmos situações similares e compartilharmos os mesmos ambientes, somos responsáveis apenas pela nossa própria trajetória. Assim, quando encontramos alguém que vibra em outra direção ou camada, sentimos esse desconforto. Como reagir?

Em vez de optar prontamente pelo afastamento diante de vibrações discordantes, somos convidados a uma introspecção mais profunda: "Que sabedoria oculta essa vibração distinta pode revelar à minha alma?" Evitar novos horizontes sem antes sondar suas profundezas é negar-se a uma jornada de autodescoberta e crescimento. Por outro lado, é vital discernir quando uma órbita não ressoa com nossa verdade interna. A sabedoria reside em saber quando é o momento de se desapegar, abrindo espaço para novos caminhos e possibilidades. Essa é a dança delicada da evolução pessoal: um balanço entre abraçar o desconhecido e honrar a autenticidade do nosso ser, navegando com consciência e coragem no vasto oceano da existência.

Nessa dança, como evidenciado ao longo deste livro, enfrentar frustrações é um aspecto incontornável da vida. Apesar do nosso desejo natural de evitar frustrações, elas funcionam como catalisadoras, fomentando nossa resiliência diante dos desafios, aguçando nossa criatividade para descobrir soluções e cultivando nossa maturidade para aceitar os erros.

Ao virar a última página deste livro, convido você a uma profunda reflexão: quem você seria sem as lições aprendidas através de suas frustrações?

Assim, considerando que todo término pavimenta o caminho para novos inícios, desejo-lhe dinamismo; que as palavras contidas nesta obra inspirem mudanças significativas em sua existência. Transformações tais que, ao olhar para trás, você sinta orgulho das decisões tomadas no presente.

Anexo
Lidando com a perda (Luto)

1. Comece encontrando um lugar confortável. Tome um momento para simplesmente estar presente, voltando sua atenção para sua respiração. Observe como o ar entra e sai, sem tentar alterá-lo, apenas observando sua natural fluidez. Sinta a leveza em cada inspiração, trazendo frescor e calma para todo o seu ser. E ao expirar, imagine que está liberando qualquer tensão ou preocupação.
2. Aceite suas emoções conforme elas emergem, livres de qualquer julgamento. O luto é um mosaico de sentimentos — seja tristeza profunda, uma súbita onda de raiva, momentos de confusão ou até sensações de alívio — e todos têm seu lugar. Este é um espaço seguro para acolher e honrar cada uma dessas emoções, reconhecendo-as como partes autênticas de sua experiência.
3. Aqui, sua verdade interior é válida e respeitada. Agora, gentilmente redirecione toda a sua atenção para o aqui e agora,

ancorando-se no ritmo da sua respiração. Este momento é para estar plenamente presente, com sua experiência, se permitindo estar em total aceitação do seu estado atual, seja ele qual for.

4. É natural que pensamentos sobre o passado ou preocupações sobre o futuro surjam. Quando isso acontecer, acolha-os com gentileza, sem julgamento. Lembre-se de que nossa atenção é uma luz que podemos direcionar. Suavemente traga sua atenção de volta ao presente, à sua respiração, cada vez que se distrair.
5. Reconheça sua força e resiliência ao percorrer esse caminho do luto. Neste momento, reflita sobre a seguinte analogia: em sociedade, somos como constelações reconfiguradas no céu noturno da existência, e a cada perda, desenvolve-se um vazio, alterando os desenhos que compõem o céu e, por consequência, a nossa alma.
6. Diante deste espaço vazio, aprendemos a criar novas formas, encontrando no infinito das memórias a possibilidade de uma nova orientação, onde o amor e a saudade se tornam os guias luminosos, imortais em seu brilho, que nos conduzem pelos caminhos invisíveis da continuidade e da renovação
7. Aquele espaço nunca será substituído, mas pouco a pouco criamos novas constelações, honrando a luz de quem já esteve presente.
8. Imagine que sua perda, embora dolorosa, lhe oportunizou incríveis memórias, e é esse ponto que devemos focar. Quando olhamos para o céu, vemos a luz que irradia das estrelas mais brilhantes, que, por sua vez, estão 500 anos-luz da Terra, ou seja, elas viajaram por 500 anos para enxergarmos o brilho que vemos daqui. Do mesmo modo, pessoas que são luminosas em nossa vida deixarão seu brilho visível para nós por muitos e muitos anos. Por isso, agradeça e as honre.
9. Neste momento, convide todo o seu poder de imaginação para visualizar montanhas magníficas, repletas de histórias e beleza natural. Este lugar sereno e revigorante convoca você a uma respiração profunda e consciente. Ao inspirar, absorva a essência pura e revitalizante que a visão dessas montanhas

evoca, contemplando as estrelas cintilantes acima, deixando-se preencher de paz e frescor. Ao expirar, libere lentamente qualquer tensão ou preocupação, entregando-se por completo à tranquilidade oferecida pela paisagem diante de seus olhos.

10. Quando enfrentamos a perda de alguém ou algo especial, seja um ente querido, um relacionamento, um animal de estimação, um trabalho ou qualquer forma de perda, pode se tornar difícil perceber e apreciar as coisas belas da vida. Entretanto, a beleza e as histórias ao nosso redor continuam existindo, assim como essas montanhas permaneceram, firmes e serenas.

11. Se você está passando por um momento de luto, é importante ser gentil consigo mesmo, evitando comparações. Cada pessoa vivencia a dor à sua maneira, cada um escolhe quando e como "abrir os olhos", no seu próprio tempo.

12. Lembre-se que, mesmo diante da perda, a história, as memórias e o legado deixado por quem partiu continuam conosco. Esses são tesouros imutáveis, eternizados em nosso ser, prontos para serem revisitados sempre que sentirmos necessidade.

13. Assim como as montanhas ao seu redor, a força e o amor que compartilhamos com aqueles que se foram permanecem imutáveis. Permita-se sentir a presença deles nas pequenas coisas, nas memórias que emergem, no legado de amor que deixaram.

14. Concentre sua atenção nas montanhas: desde seu início, até o seu pico.

15. Veja como cada uma delas é diferente e possui uma forma única.

16. Escolha uma montanha e imagine-se subindo nela, passo a passo.

17. Primeiro passo... Puxe o ar profundamente... (Pausa de dois segundos.)

18. Segundo passo... Solte o ar lentamente... (Pausa de três segundos.)

19. Terceiro passo... Puxe o ar... (Pausa de dois segundos.)

20. Quarto passo... Segure por três segundos... Três... Dois... Um (conte lentamente).

21. Solte o ar... (Pausa de três segundos.)

22. Estamos constantemente subindo montanhas em nossa vida. Em alguns momentos, ficamos mais em cima, e em outros, mais embaixo. Mas em meio a tudo, continue sua jornada. A vida é uma sequência de movimentos.
23. Se estiver confortável, imagine o seu antigo eu ou a situação em que você estava quando partiu e diga a si mesmo: "Sou grato(a) pelo que você trouxe para minha vida. Em tua memória, prometo fazer algo de bom." Em alguns casos: "Se meu comportamento não foi o ideal, foi porque eu não tinha o conhecimento ou a maturidade necessária naquele momento."
24. Imagine agora um feixe de luz dourada envolvendo as montanhas. Essa luz começa a se aproximar, envolvendo você completamente. Permita que a essência daquilo que partiu se aproxime do seu coração. Deixe que a paz venha até você, sabendo que, neste instante, você está conectado(a) ao amor universal, abraçando a eterna presença daqueles que, mesmo partindo, permanecem conosco em espírito e amor.

Índice

B

C

D

E

N

O

P

R

S

T

V

W

Este livro foi impresso nas oficinas gráficas da Editora Vozes Ltda.,
Rua Frei Luís, 100 – Petrópolis, RJ.